한국해양수산개발원 학술총서 6

남중국해: 아시아의 패권투쟁

THE SOUTH CHINA SEA:
The Struggle for Power in Asia

Bill Hayton 지음
박명섭 옮김

KMI 한국해양수산개발원
KOREA MARITIME INSTITUTE

이 책을 쓰기 시작했을 때에는

필자가 런던의 BBC에서 근무 중이었으며,

끝냈을 때에는 미얀마의

라디오 · TV 방송 개혁을 위해 파견 근무를 하고 있었다.

판이하게 다른 두 세계의 뉴스 편집실의 벗들과

동료들에게 이 책을 바친다.

"누구도 인쇄하고 싶지 않은 것이 있다면, 그것이 뉴스다.

나머지는 모두 광고다"

출처 불명 (출처와 관련한 사람은 많지만)

역자 머리말

이 책은 BBC의 아시아 문제 전문가인 빌 헤이턴이 예리한 통찰과 필력으로 선사시대부터 현대에 이르기까지 남중국해 문제와 관련해, 여러 각도—역사, 국제법, 자원, 정치, 군사 등—에서 해설하며 장래를 전망하는 야심적 저서《THE SOUTH CHINA SEA: The Struggle for Power in Asia》의 번역서다.

고대로부터 해상 네트워크가 발달된 남중국해는 민족적 정체성도 국가관도 없는 주민이 거주해 온 곳이다. 갖가지 문명의 흥망성쇠와 침입자의 왕래, 무역풍과 전쟁이 이 바다를 제국들의 운명과 연관시켜 왔다.

20세기 이후 남중국해에서 일어난 주요한 사태에는 1937년 중일전쟁 후 일본이 시사 군도와 난사 군도를 당시 일본 식민지인 대만에 복속, 1947년 중국 국민당 정부가 남중국해를 대만 소속으로 표시한 지도 발간 및 11단선 설정, 1949년 중국 공산당의 11단선 유지, 1953년 중국이 하이난다오海南島와 베트남 사이의 2개 선을 줄여 9단선으로 변경, 1954년 제1차 인도차이나 전쟁 후 프랑스가 철수하자 중국이 시사 군도 동부 점거, 1973년 미군의 월남 철수 후 중국이 시사 군도 전역 지배, 1980년대 중반 소련의 베트남 주둔군 축소 후 중국이 시사 군도로 진출, 1992년 미군의 필리핀 완전 철수 후 중국은 영해법 제정으로 남중국해 영유권화, 1994년 중국이 난사 군도의 미스치프 암초에 건물 건설, 2014년 중국이 난사 군도의 7개 암초 매립·활주로 건설과 5곳의 등대 설치 등이 포함된다. 이러한 일련의 과정을 거치면서 시사 군도와 난사 군도의 운명이 여러 차례 달라졌다. 선사시대부터 20세기 중반까지 후난, 참파, 당, 송, 명 등의 동양뿐 아니라 당시 서양의 해양강국이 남중국해에서 행한 무역과 해상 네트워킹 그리고 영유권 투쟁의 역사는 이 책의 1장과 2장에서 소개되고 있다.

남중국해는 중국·대만·필리핀·말레이시아·브루네이·인도네시아·베트남 등 7개국에 둘러싸인 주머니 모양의 해역이다. 면적은 350만 km²로 수심이 대부분 200m 이하로 얕고 하이난다오를 제외하면 큰 섬도 없다. 대신 작은 섬들과 썰물 때만 수면 위로 나타나는 간조 노출지low-tide elevation인 수비 암초Subi Reef와 미스치프 암초Mischief Reef와 같은 산호초와 암초로 이뤄진 군도가 흩어져 있다. 서쪽으로는 멀래카 해협을 통해 인도양으로, 동쪽으로는 대만 해협을 통해 동중국해와 서태평양으로 이어지는 길목에 위치한 남중국해는 지금 중국의 야심과 미국의 전략적 의지가 맞부딪치는 곳으로, 언제 폭발할지 모르는 화약고다.

중국뿐만 아니라 주변 6개국이 모두 영유권을 주장하고 있는 이 해역에는 250개의 암초와 산호초가 산재해 있다. 이 가운데 11개 섬과 5개의 모래톱, 20개의 암초가 물 위에 드러나 있고, 나머지는 수면 아래에 잠겨 있다.

넓은 세계에 있어서 남중국해가 얼마나 중요한가를 이해하려면, 맑은 날에 싱가포르의 창이공항에서 비행기를 타고 높이 올라가면서 눈 아래의 바다를 보면 된다. 자그마한 낚싯배로부터 초대형 탱커, 컨테이너선 등 무수한 배들이 수로를 메우고 있다. 남중국해는 세계 연간 교역량의 약 1/3 (약 5조 달러)이 통과하는 전략적 요충지다. 한국을 포함한 동북아 국가로 가는 무역량과 세계 원유 수송량의 약 60%가 지나는 길목이다. 한국과 일본의 원유 수입량의 약 90%, 중국 원유 수입량의 약 80%가 이 해역을 통과한다.

중국은 1953년에 남중국해 주변을 따라 U자 모양으로 9개의 점선을 그어, 그 안쪽 해역에 대해 영유권을 주장하고 있다. 남중국해 해역의 약 90%가 이 안에 들어간다. 중국이 공식 지도에 "남해 9단선"을 넣어 자국 영해라고 주장하지만, 주변국들은 이 선을 인정하고 있지 않다.

중국은 한漢나라 이후 2000여 년간 역대 왕조와 정부가 이 해역 섬들을 발견하고 관리해 왔다는 점과 9단선 등을 근거로 인도 크기만한 남중국해에 대한 관할권을 주장한다. 중국은 2012년 필리핀이 실효지배했던 스카버러 암초를 강제 점유하고, 필리핀 어민의 진입을 금지했다. 이게 단초가 되어 2013년 1월 필리핀이 중국을 상대로 제소했다. 필리핀은 9단선에 대해 "해양 경계는 수면 위로 나와 있는 육지를 근거로 설정한다"는 유엔해양법의 원칙과 맞지 않다는 입장이다.

썰물 때만 물 위로 노출되는 간조 노출지는 빈 바다로서 중국이 가입한 유엔해양법협약상 섬으로 인정될 수 없고, 독자적 영해를 가질 수 없음에도 불구하고 중국은 인공섬 주변 12해리 이내 수역을 영해로 간주하기 때문이다. 유엔해양법협약은 "인간의 거주나 독자적 경제생활 유지가 불가능한 바위는 EEZ나 대륙붕을 갖지 않는다"고 규정하고 있다.

국제분쟁 해결기구인 상설중재재판소PCA는 2016년 7월 12일 필리핀과 중국 간 남중국해 영유권 분쟁 중재안 선고에서 중국이 인공섬을 건설해 온 남중국해 스프래틀리 군도 (중국명 난사 군도) 내 암초들을 섬으로 인정할 수 없고, 남중국해에 대한 중국의 영유권 주장을 인정하지 않는 판결을 내렸다. 이 판결 후 중국은 격앙된 반응을 보이고 있다. 판결을 내린 네덜란드 헤이그 상설중재재판소 웹사이트가 중국의 해커들의 공격을 받은 것으로 알려졌다. 이번 판결은 중국과 필리핀이 다투고 있는 남중국해 내 스프래틀리 군도에 한정된 것이지만, 중국과 베트남 간 파라셀 군도(중국명 시사 군도) 등 다른 분쟁 수역에도 거의 그대로 적용될 가능성이 크다. 이렇게 되면 남중국해에서 중국이 주장할 수 있는 영해는 크게 줄어든다. 영해와 배타적경제수역EEZ으로 인정받기 위해 암초를 메워 인공섬을 조성하는 것 또한 무의미하다. 이 해역을 자기들의 앞마당으로 만들어 지역의 패권을 잡겠다고 하는 중국의 야망에 큰 차질이 생긴 셈이다.

이번 판결은 남중국해에서 물에 잠겨 있는 암초의 법적 지위를 어떻게 부여하는가에 대한 국제법적 해석의 토대가 된다. 하지만 중요한 것은 준수의 여부이다. 미국과 중국이 남중국해 영유권 관련 판결을 둘러싸고 정면으로 충돌했다. 미국은 국제법 준수의 차원에서 판결 이행을 촉구하고 있지만, 중국은 "이 판결은 효력·구속력이 없고, 접수·승인하지 않는다"라고 하는 "2무2불"을 주장하고 있다. 향후 어떻게 진행될지 사뭇 궁금하다.

"세계사적으로 로마시대 이후부터 이른바 강대국으로 성장한 국가들은 대부분 주변 국가와의 해양 경쟁에서 주도권을 확보하고 이를 바탕으로 대양 경영을 통해 해양강국으로 성장해 왔다"(김성귀 외, 《국제 해양문제 주도권 확대 방안 연구》, 한국해양수산개발원, 2009). 해양강국이 되기 위한 필요충분조건은 해양력을 보유하는 것이다. 1889년에 "해양력이 역사에 미치는 영향The Influence of Seapower upon History"을 발표한 바 있는 해양 전략가이자 미국 해군 대령 알프레드 마한Alfred Thayer Mahan이 제시한 전략에 따라 대서양 국가였던 미국은 1900년에 하와이를, 1898년에 필리핀을, 1898년에 괌을, 1944년에 사이판을 지배함으로써 대서양에서 태평양으로 쭉쭉 뻗어 나왔다. 그러는 사이 세계의 중요한 해상 길목을 지키면서 세계경제를 좌지우지하는 국가가 되었다.

고대의 아테네·카르타고, 중세의 베네치아·포르투갈·스페인 그리고 근대의 네덜란드·영국·일본·미국 등이 해양 패권의 역사에서 보였던 활동을 볼 때, G2국가로 떠오른 중국이 남중국해의 지배에 집착하는 것이 이해되지 않는 것은 아니다.

영국의 전략가이며 정치가였던 월터 롤리Sir Walter Raleigh (1554-1618) 경은 "바다를 지배하는 자가 무역을 지배하고, 세계의 무역을 지배하는 자가 세계의 부를 지배하며, 마침내 세계 그 자체를 지배한다"라고 했다. 이 말은 해상 교통로의 확보가 국부의 원천이며 국력 신장의 기본이라는 것을 의미하고 있다. 이와 같이 역사적으로 보면 전 세계의 부는 해양 루트와 해상 길목을 지배하는 자들이 차지했다.

나는 1990년 11월 스페인 말라가에서 차를 몰고 도착한 지브롤터 바위산에서 내려다보이는, 대서양과 지중해를 연결하는 전략요충인 지브롤터 해협을 경이롭게 바라보며, 지브롤터를 1704년 이래 지배해 온 영국이 새삼 위대하게 느껴졌던 일을 아직도 생생히 기억하고 있다. 지중해는 지브롤터 해협을 거쳐 서쪽으로 대서양으로 연결되고, 1869년에 개통한 수에즈 운하를 거쳐 동쪽으로 홍해와 인도양으로 연결된다. 이 수에즈 운하를 영국은 1888년 10월에 공식적으로 소유하게 되고, 1956년 7월에 이집트 정부에 반환했다. 수에즈 운하는 아프리카 대륙을 우회하지 않고 유럽과 아시아를 연결하는 유일한 항로이다. 이 지브롤터와 수에즈 운하의 영국 지배는 월터 롤리 경의 생각에 어긋남이 없는 행위이다. 1885년 4월 15일부터 1887년 2월 28일까지 약 23개월간 영국 해군이 당시 조선의 거문도를 점령한 것도 같은 맥락이다.

이번 번역은 유달리 힘들었다. 역사적 내용의 기술, 나라마다 달리 부르는 섬의 다양한 이름, 섬, 암초, 환초, 산호초, 모래톱, 둑의 개념, 여러 나라의 인명, 지명—특히 중국어의 영어 발음 표기를 중국어 한자로 표기하는 작업이 그랬다. 여러분의 도움에 힘입은 바가 크다.

30년 넘게 대학 강단에서 강의 · 연구를 해 왔는데, 그 키워드는 바다와 연관이 있다. 부산수산대 교수 시절에는 선원수첩을 발급받아 약 2달간 원양어업 실습선에 승선도 해 보고, 매년 1~2회 학생들과 승선해 왔다. 뱃사람들에 비하면 훨씬 뒤떨어지지만, 그동안 다양한 모습의 바다를 현장에서 경험하려고 노력해 왔다. 이 글을 쓰고 있는 지금부터 딱 30년 전에 나는 남중국해와 동중국해를 항해하는 원양어업 실습선에 승선하고 있었다. 당시 동승했던 선장, 기관장, 초사 (영어 chief officer라는 두 단어의 첫 음 ㅊ과 오를 결합한 초와 사士를 붙여서 부르는 통칭—역자), 1항사航士, 3항사航士, 냉동장, 선의船醫 그리고 부산수산대 어업과와 기관과 학생들에게 이 자리를 빌어 안부를 전하고 싶다.

이 바다를 통해 웃고 우는 사람들, 살고 죽는 사람들 그리고 이 바다로 즐기고 싸우는 세계 속에서, 지구가 생긴 이래 육지에 비해 모습이 지금도 크게 바뀌지 않은 바다를 지구인이 자자손손 평화롭게 사용하고 지킬 수 있기를 바란다. 남중국해도 분쟁의 바다가 아니라 평화 · 자유 · 우호 · 협력의 바다가 되길 간절히 바란다.

끝으로 본서의 발간에 도움을 준 한국해양수산개발원과 아카데미프레스에 심심한 감사의 뜻을 전한다.

2016년 8월 15일
아버님의 서재에서 광안대교를 바라보며
역자 씀

저자 머리말

미래의 어느 날 두 척의 어선이 필리핀의 루손 섬을 출발해 서쪽 공해로 향한다. 이 배들은 이제 막 출항한 항구의 이름을 따라 한때 바호 데 마싱록이라고 불렸던 산호초로 항행하게 될 것이다. 과거 300년에 걸쳐 이 산호초는 여러 이름으로 불려 왔다. 스페인인은 마루나 암초라고 불렀으며 영국인은 스카버러 암초, 중화민국은 민주 암초라고 했고 중화인민공화국은 그것을 황암黃岩으로 바꿨다. 그리고 최근에는, 가장 어울리지 않게도, 내셔널리즘이 강한 필리핀인은 그것을 파나타그 (조용한'이라는 뜻) 암초라고 불렀다. 거기에 도착하더라도 보이는 것은 거의 없을 것이다. 깊이 4000m의 해저로부터 높이 솟아 있는 산꼭대기 — 남중국해에 홀로 우뚝 서 있는 바위, 탑 하나가 있을 뿐이다.

이 산이 3m만 낮다면, 지나가는 배들에게 위험하다는 점 말고는 사람의 눈을 끌지 않을 것이다. 하지만 만조시에도 바위 몇 개는 모습을 나타내고 있으며 사람들이 그 위에 설 수 있을 정도의 크기는 된다. 섬의 공식 정의가 "자연적으로 형성된 육지이며 물에 둘러싸이고 만조시에도 수면 위에 있는 것"이라고 되어 있으므로, 이 몇 미터라고 하는 게 천양지차를 가져온다.[1] 섬의 영유가 인정되면 그 주위의 해역과 거기에 헤엄치고 있는 물고기에 대한 권리, 해저와 땅속에 있는 광물 자원에 대한 권리가 주어진다. 더욱이 최근에는 섬의 영유란 의미가 한층 더 커졌다. 사람에 따라선 섬의 영유는 긍지와 굴욕의 차이이며 위세와 패자의 신세와 같은 차이다. 미래에도 오늘처럼 어선이 그 곳에 가려고 하는 것은 그 때문이다.

이 가상적인 날에 이 두 척의 어선엔 깃발을 흔들고 있는 필리핀인들, 국회의원과 퇴역군인 그리고 연로한 시민 활동가들이 타고 있다. 어둠을 이용해 이들은 중국의 해안 경비선을 피해 빠져 나가려고 한다. 이 경비선은 바로 이런 기습을 막기 위해 활동하고 있다. 거의 목표 지점까지 다다랐다. 중국선이 환초環礁의 반대쪽을 돌고 있는 동안에 두 척은 환초의 입구로 급진한다. 위험한 수법이다. 입구의 폭은 350m이지만 조류와 파도에 떠밀려 배는 암초에 부딪힌다. 거의 암초에 다다르자 총성이 울려 퍼진다. 조명탄의 섬광으로 주변이 대낮처럼 밝아진다. 소형선이 고속으로 달려와서 확성기에 대고 영어로 경고한다. "여기는 옛날부터 중국 영토다. 즉시 물러가라. 나가지 않으면 조치를 하겠다" 하지만 필리핀인들은 듣지 않는다. 거의 환초 내에 들어가자 또 경고가 나온다. "당장 나가지 않으면 무력행사를 하겠다. 배를 돌려라" 선두의 어선이 환초 입구 10m 앞에 이르자 또 총성이 울렸다. 이번에는 조명탄이 아니다. 탄환이 바다에 떨어져 물이 튕겨 오른다.

어선에서 군인들이 선장에게 그냥 전진하라고 재촉한다. 총탄 공격을 겪은 경험이 있다. 겁은 먹지 않는다. 여기까지 와서 포기할 수 없다. 이 필리핀 영토에 자신들의 깃발을 꽂을 것이다. 또 한 차례의 사격이 갑판을 때린다. 선원 한 사람이 사망한다. 의원 한 명이 어깨를 다치고 두 활동가가 중상을 입는다. 그러나 두 척의 배는 이미 환초 내에 들어와 있다―그리고 군인들은 총을 뽑아 응사하기 시작한다. 중국 쾌속정은 후퇴했지만 그 모선은 환초의 하나뿐인 출구를 봉쇄하고 있다. 탄환 세례를 당한 어선 위는 패닉 상태다. 응급처치가 이루어지고 의원 보좌관들이 위성전화로 구조와 지원을 요청한다. 생중계 인터뷰가 TV 뉴스 스튜디오의 숨막히는 앵커에게 전달된다. 마닐라에선 국방부와 중국 영사관 주위에 모여든 군중들이 행동을 요구하면서 외친다. 베이징에선 사람들이 모여 필리핀 대사관에 돌을 던진다. 인터넷에서는 사이버 전쟁이 시작하고 웹사이트가 무너지고 지워져 버린다. 모두가 행동을 촉구하고 있다. 중국 정부는 어선이 환초를 떠나는 걸 허용하지 않으며, 불법으로 중국 영토에 침입했기 때문에 위법 처리가 되어야 한다고 말한다. 필리핀 정부는 어선과 그 승무원 전원의 해방을 요구, 자국의 최대 군함인 그레고리오 델 필라르 호를 현장에 파견한다.

중국선은 움직이지 않는다. 그레고리오 호가 위협 사격을 한다. 반응이 없다. 필리핀 해군특수부대가 중국선에 승선하여, 브리지에서 격투가 벌어지고 채류가스가 터지고 총격전이 벌어진다. 그러자 중국의 제트기 두 대가 떠서 그레고리오 호를 폭격하려고 한다. 빗나가기는 했지만 최후의 수단이었다. 특수부대를 철수하자, 그레고리오 호는 중국선에 포격을 개시해 선미 부근을 타격했다. 중국선은 물러나고 필리핀 활동가들은 환초에서 벗어나 치료를 받기 위해 그레고리오 호에 옮겨졌다. 이런 도발은 중국 정부로선 참을 수 없는 것이었다. 온 세계가 냉정과 자제를 촉구하는 가운데 하이난 섬海南島 산야三亞로부터 남중국해 함대사령부의 원정군이 출격한다.

해상보험료는 치솟고 컨테이너선은 취소되고 항공기의 항로는 변경되고, 반도체의 공급 라인이 두절되고 저스트 인 타임의 네트워크가 붕괴되기 시작한다. 어부들은 조업을 중단하고 시장은 황폐화되고, 도시 노동자들은 굶주리게 되고 시민단체 활동가들의 분노는 더욱 치솟는다. 원유 가격은 앙등하고 정치인들의 목소리는 더 강렬해지고 경고의 언사는 더 한층 험악해진다. 하지만 모두가 아무 소용이 없다. 중국은 스프래틀리 군도의 최북단의 파로라 섬 (노스이스트 섬) ─ 스카버러 암초 몇 백 킬로미터 서쪽 ─ 에 처음으로 상륙한다. 보잘것없는 필리핀 수비대는 허울만의 저항을 할 뿐이다. 그러나 거기서 3km 앞의 송투타이 섬 (사우스웨스트 섬) 을 점거하고 있는 베트남군은 무장을 한 상태이고, 이 같은 중국의 움직임을 중대한 위협이라고 생각한다. 베트남은 총포와 연안 미사일로 중국 함대를 공격한다. 양군 모두 항공 지원을 요청한다. 전투는 스프래틀리 군도 전역으로 확산한다. 군이 넓은 해역에 걸쳐 암초와 모래톱에 상륙한다. 미국 정부는 항행의 자유와 관련한 중대한 국익에 대한 경고를 계속 발령한다. 항공모함을 이 해역으로 이동시키며, 국제적 해결의 의지를 보여 주기 위해 다른 국가들도 함선을 합류시킨다. 중국과 미국 함선 간의 대결적 긴장도는 한결 높아진다. 해상에선 충돌이 발생하며 해중에선 잠수함이 술래잡기를 하고 있다. 일본 군함이 명령을 받아 유조선을 호위한다. 후쿠시마 시대 이후 일본에서는 6시간마다 유조선이 도착하지 않으면 전력 공급이 어렵게 된다. 인도 정부는 전략적 파트너인 베트남에게 지원을 제의함으로써 판돈을 끌어올린다. 그런데 인도 정부 내의 누군가가 히말라야 산맥의 잃어 버린 영토를 되찾는 절호의 기회라고 생각 …….

　이상은 하나의 시나리오에 불과하며, 이 글을 쓰고 있는 이 순간에도 이 같은 일이 발생하지 않도록 사람들이 노력하고 있다. 하지만 아시아를 그것과 반대되는 방향으로 밀어붙이려는 세력이 존재하고 있다. 경제적 경쟁, 초강대국의 논리와 대중 영합적 내셔널리즘이 무력 충돌의 위험을 고조시키고 있다. 남중국해는 중국의 야심이 미국의 전략적 의지와 처음으로 정면으로 맞부딪친 장소다. 중진 국가들로부터 보잘것없는 정치가까지 수많은 이해 관계자들이 전개되고 있는 충돌로부터 이익을 얻으려고 날뛰고 있다. 이익이 평가되고 동맹이 맺어지고 또 재체결된다.

전략적 파트너, 상호방위조약—상호 간의 약속과 결속의 틀이 세계를 이 지역의 장래와 맞물리게 하고 있다. 이럴 때 "오스트리아 황태자"가 피격된다면 어떻게 될까?

* * * * * *

넓은 세계에 있어서 남중국해가 얼마나 중요한가를 이해하려면, 맑은 날에 싱가포르의 창이공항에서 비행기를 타고 높이 올라가면서 눈 아래의 바다를 보면 된다. 자그마한 낚시배로부터 초대형 탱커까지 무수한 배들이 수로를 메우고 있다. 터그보트, 트롤어선, 컨테이너선, 자동차 수송선, 대형 화물선—이런 배들이 현대 생활의 물자를 이동하고 있다. 동쪽으로 가고 있는 석유는 남중국해의 반대쪽에 있는 경제대국—대만, 한국, 일본—에 연료를 공급하고 있다. 서쪽 방향으로는 세계의 공장들이 만든 생산품이 함께 모여 흘러간다. 단단한 것도 있고 부드러운 것도 있으며, 큰 것도 있고 작은 것도 있다. 가장 신뢰할 수 있는 추산에 따르면 세계의 해상 무역의 절반 이상이 멀래카 해협을 통과하고 있으며, 세계의 액화 천연가스의 절반, 원유의 3분의 1이 이곳을 통과해 운송되고 있다고 한다. 그런 배들이 움직이지 못하게 되면 머지않아 세계의 이곳저곳에서 전등이 꺼질 것이다.

남중국해는 세계무역의 정점이며 충돌의 도가니이기도 하다. 1974년과 1988년에 전투가 있었으며, 그 후에도 소규모 충돌이 수십 회나 있었다. 미국은 처음부터 남중국해 사태에 관여해 왔으며 인도도 이해 관계를 가지기 시작했다. 이 지역은 관심을 모을 만한데도, 학자와 직업적인 전문가 그리고 편파적인 관찰자 등 소수를 제외하면 잘못 이해하고 있는 사람이 많다. 남중국해에 관해 믿고 있는 대부분은 거의 매스컴이 반복해서 보도하고 있는 것인데, 모두가 사실이 아니거나 사실로 증명되지 않은 것들이다. 남중국해는 특별히 석유가스 자원이 풍부하지도 않으며, 분쟁 대상의 섬에 있는 군사기지는 거의 미사일 한 발로 파괴가 가능하므로 특별한 "전략적"요지라고 할 수도 없다. 인도네시아는 관계없는 척하지만, 실제로는 관계있기 때문에 영토 문제에 연루된 나라는 5개국이 아니라 6개국이며, "역사적 영유권"이 발생한 것은 극히 최근의 일이다.

남중국해에 관한 중요한 저술의 대부분—적어도 영어 저술—은 출전을 찾아 올라가 보면 구미의 두 학자의 것에 다다른다. 하나는 독일의 역사학자 디터 하인지그Dieter Heinzig의 "남중국해의 분쟁 중의 섬들Disputed Islands in the South China Sea"이라는 제목의 1976년 논문이며, 또 하나의 미국 지리학자 마윈 사무엘스Marwyn Samuels의 저서 《남중국해를 둘러싼 항쟁 Contest for South China Sea》이다. 양쪽 모두 뛰어난 선구적 업적이며, 이 문제에 대해 필수적인 식견을 제공해 준다. 하지만 이 두 연구가 다룬 역사 해설은 거의 모두 중국 공산당의 잡지에 게재된 기사다. 그것도 1974년 1월에 중국이 파라셀 군도를 침공한 직후의 기사, 즉 1974년 3월판 《월간 70년대》에 게재된 한 기사와 1974년 5월판 《월간 밍파오》의 두 기사다. 분명히 중립적 학술논문은 아니고, 중국의 침공을 정당화할 목적으로 쓰인 것이다. 그렇다고 해서 하인지그와 사무엘스를 질책할 일은 아니다. 당시는 달리 문헌을 입수할 수 있는 길이 없었다.

그러나 이런 초기의 업적 (과 그에 바탕을 둔 업적)에 지금도 의존하고 있는 학자와 전문가가 너무나 많다. 중국의 이 세 기사는 발표된 지 40년이 지났음에도 불구하고 남중국해에 관한 모든 논의의 틀을 짜는 데 골격이 되고 있다. 남중국해의 역사와 현상에 관한 지식은 깊어졌으며 연구가들은 오래전부터 사실이라고 믿고 있는 것들을 재검토하게 되었다. 하지만 새로운 연구 결과의 문헌은 독자의 주목을 받지 못한 채 학술지 속에 파묻혀 있는 게 너무나 많다. 그런 업적의 일부라도 널리 알림으로써, 이 책이 논의의 틀을 바꾸는 데 보탬이 되었으면 하는 바람이다.

불모의 암석 덩어리를 놓고 벌이는 소인배적인 다툼처럼 보일지 모르지만 남중국해에는 훨씬 많은 문제가 얽혀 있다. 그 연안에는 불가사의한 문명의 흥망이 있었으며, 침입자의 출몰이 있었고, 몇 세기 동안 무역품과 전쟁이 이 바다를 멀리 떨어져 있는 제국들의 운명과 연결시켜 놓았다. 그 역사는 세계의 역사이기도 하다. 그 미래는 당연히 세계의 관심사일 것이다. 그리고 이 시대에 남중국해에서 일어나는 일이 세계의 미래를 결정할 것이다. 중국의 대두는 강대국 간의 충돌로 이어질까? 중국 지도부는 국제적 게임의 룰을 따를 의향이 있을까, 아니면 룰에 도전할 것인가? 미국은 스스로의 입지를 고수할 의지가 있을까? 동남아시아 국가들은 패권 경쟁으로부터 얻게 될 것인가 잃게 될 것인가? 석유 가스 자원 찾기는 이 충돌에 어떤 영향을 미칠까? 무엇보다 전쟁 발발을 방지하기 위해선 어떻게 하면 좋을까? 남중국해의 연안에 살고 있는 수억의 가난한 사람들에게 이 바다의 자원을 공평하게 분배하기 위해선 어떻게 하면 될까? 이 책에서 답을 찾아보기 바란다.

2013년 12월
미얀마 양곤에서

차례

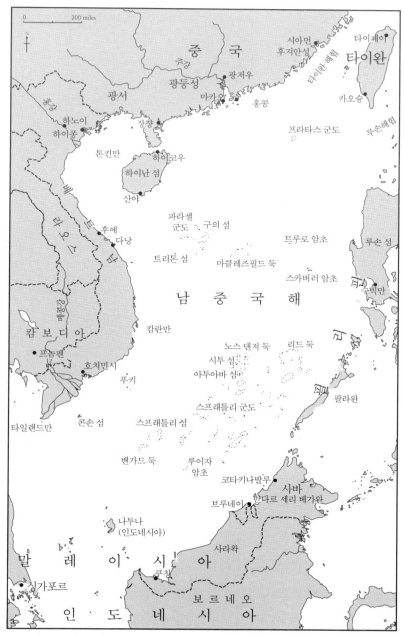

남중국해 — 베트남에선 동해, 필리핀에선 서필리핀해라고 부른다.

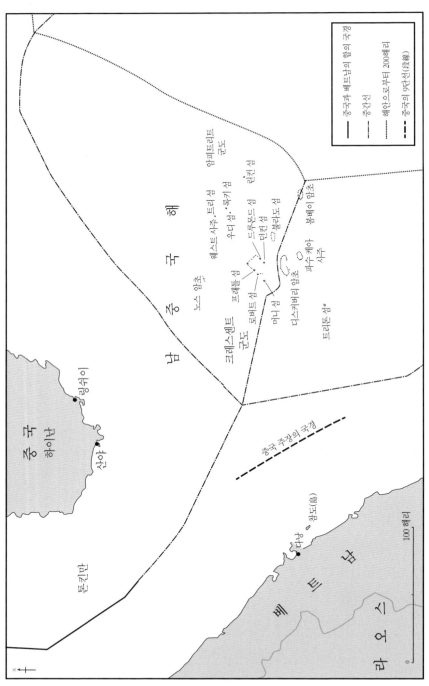

파라셀 군도: 중국의 점거 (시사西沙 군도라고 부른다), 베트남이 영유권을 주장 (중앙사 군도라고 부른다)

범례

━━━ 중국과 베트남의 합의 국경

─·─·─ 중간선

········· 해안으로부터 200해리

─··─··─ 중국의 9단선(段線)

중국 해

남 중 국 해

노스 암초

크레스센트 군도

웨스트 사주 트리 섬 임페리어트 군도

우디 섬·록키 섬 린컨 섬

파틀 섬 드루몬드 섬 린컨 섬
로버트 섬 단컨 섬
머니 섬 볼라도 섬
디스커버리 암초
파수 케아 사주
트리톤 섬· 봄베이 암초

중국 주장의 국경

통킨만

중국

하이난 하이커우

링쉬이

다낭 참도(島)

베 트 남

라오스

N

100해리
0

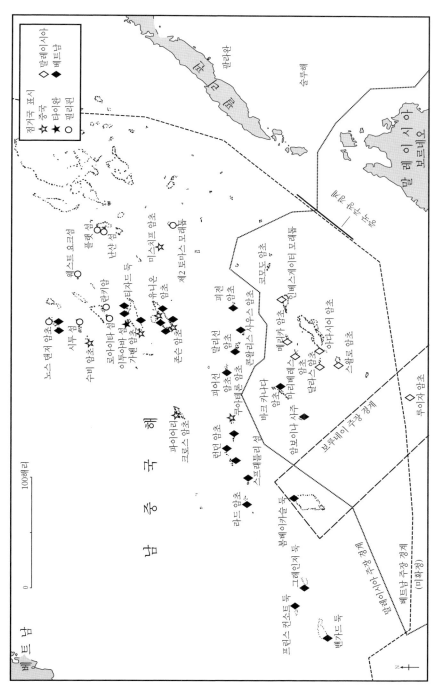

스프래틀리 군도 (중국에서는 난사 군도, 베트남에선 트루옹사 군도, 필리핀에선 칼라얀 군도)

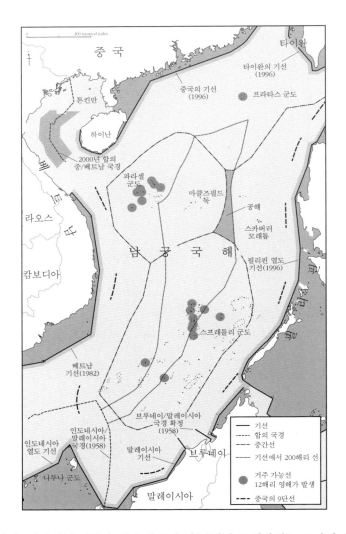

남중국해—"사람의 거주나 경제 활동이 가능"하다고 생각되는 크기의 섬을 나타낸다. 12해리의 영해와 추정되는 배타적경제수역EEZ을 표시하고 있다. EEZ는 최대한으로 섬과 가장 가까운 해안의 중간선을 그리고 있다. 최근의 국제사법재판소의 판결에 따르면 이 선은 섬에 가깝게 그어지는 것 같다. 이 지도는 중국의 "U자형 라인 (9단선段線)이 연안 국가들의 EEZ 속으로 들어와 있는지를 보여 주고 있다 (인도네시아 가자마다 대학교 공과대학 측지학 · 지구수학과 강사, 이 마데 안디 아르사나의 지도에 따름).

중국
추강
광저우
광둥성
광서
마카오
홍콩
시아먼
후지안성
타이완 해협
타이페이
타이완
카오슝
하노이
하이퐁
장쟝
하이코우
하이난 섬
톤킨만
프라타스 군도
루손해

제1장

잔해殘骸와 오해誤解
선사시대~1500년

남 중 국 해

루손

주빅만

캄란만

보디아
프놈펜
호치민시
푸키
드만
콘손 섬

노스 댄저 둑
시투 섬
아투아바 섬
리드둑
팔라완

스프래틀리 군도
스프래틀리 섬

밴가드 둑
루이자 암초
코타키나발루
사바
반다르 세리 베가완
브루네이

나투나
(인도네시아)

사라와
쿠칭

레 이 시 아
가포르

빅토르 파즈는 숨을 크게 들이마셨다. 눈앞에 세 개의 판석이 있다. 모두 합치면 사람의 신장쯤 된다. 그렇게 하는 건 쉬운 일은 아니었다. 잠시 동안 흥분을 억제했다. 기대와 조바심이 뒤섞이는 순간이다. 동작을 멈추자 종달새가 마르멜로 나무 사이를 날아오른다. 그 노래는 동굴의 입구 주변에 메아리치고 고고학적 발견을 예고하는 듯했다. 동굴 위엔 "일레"의 석회암으로 만든 탑이 논에서 높이 솟아 광대한 녹색 계곡을 압도하고 있다. 지금은 전원이 도구를 내려놓고 옆에 모여들어 구경하고 있다. 한가운데 돌이 들어올리기가 제일 쉬울 것 같았다. 빅토르는 그 돌을 두 손으로 잡고 서서히 들어올렸다.

그 판석 밑에는 늑골이 보였다. 부서졌으나 틀림없이 인간의 것이다. 빅토르는 빙그레 웃었다. 발굴의 계절이 끝날 무렵에 이건 좋은 보상이다. 동굴 주위에 사람들이 모여 있고 깊이 1m의 굴 속에서 빅토르는 무릎을 꿇고 있다. 돌이 옆으로 옮겨지자, 그 해골의 주인이 의식을 통해 매장되었다는 걸 알 수 있었다. 가슴 중앙에 망칫돌이 놓여 있었는데, 이것은 신석기 시대 장인에겐 요긴한 도구다.

그 돌 옆에는 조그마한 조개껍질 덩어리가 놓여 있는데, 그것이 들어 있었던 자루는 이미 썩어 문드러졌지만 조개껍질은 지금도 덩어리가 되어 굳어 있었다. 한쪽엔 큰 고둥껍질이 두 개 있었다. 하지만 그 뒤의 가장 중요한 발견은 목 밑에 있었던 것, 즉 원판과 원판 사이를 구슬로 연결하고 있는 네클레스이지만, 그보다 그 구슬의 원재료인 작은 원추형의 조개껍질이었다.

빅토르가 나머지 두 장의 판석을 옮기자 전체 해골이 나왔다. 매장이 매우 정중하게 치러졌다는 걸 알 수 있었다. 주위에는 더 많은 돌이 정교한 형태로 유해를 둘러싸고 있었다. 머리 위에는 돌이 삼각형으로 되어 그 꼭지엔 윤이 나는 돌이 놓여 있었다. 필리핀대학의 고고학 프로그램의 책임자로서 빅토르는 학문적으로 신중하지 않을 수 없었다. 하지만 그는 이 발견이 과학적으로 중요한 것은 물론, 정서적으로 중요한 것이라는 걸 알고 있었다. 그의 전임자이자 스승인 빌헬름 솔하임은 수십 년에 걸쳐서 이 파라완 섬의 말단 지역을 조사하고 증거를 수집해 동남아시아 전역에 민족과 언어와 문화가 어떻게 그리고 왜 퍼져 나갔는지를 설명하는 학설을 제창했다. 하지만 남중국해 주변을 평생토록 연구해 온 솔하임에겐 시간이 얼마 남지 않았다. 81세가 되자 그의 건강 상태는 서서히 나빠졌다. 2005년 4월의 이 일레 동굴Ille Cave에서의 발견은 그에 대한 보답이었다.

빅토르는 일어서서 유해를 둘러싸고 있는 돌을 다시 한 번 바라보았다. 돌은 배 모양을 하고 있으며, 그 배는 동굴의 어둠을 향해 그리고 저승의 사후 세계로 향하고 있었다. 윤이 나는 돌은 뱃머리를 나타내며, 베일러 조개 (대형 고둥, 소라, 영어 bailer는 배 밑에 모이는 물을 퍼내는 도구라는 뜻 ─ 역자)는 그 이름이 나타내듯이 물이 스며들기 쉬운 카누로 대양을 향하는 데 없어선 안 되는 도구다. 그러나 빅토르마저도 그 다음의 발견을 예상하지 못했다. 원추형 구슬은 마닐라의 연구소에 보내져 검사되었다. 조개껍질은 그 조개가 먹은 영양과 미네랄로 만들어지기 때문에 그것이 살고 죽은 시간과 장소를 나타내는 분자적 기록을 지니고 있다. 이 조개껍질—채집되고 세공되고 보석이 되어 이 무덤에 부장품副葬品이 되어 있는—은 적어도 4200년 전의 것이다. 또한 이것은 빅토르 파즈와 빌헬름에게는 여러 해 동안 추구했던 그 증거였다. 고고학자 사이를 갈라놓은 문제를 해결할 기회를 제공했다. 즉 현대 인간이 어떻게 그리고 왜 동남아시아에 살게 되었는가 하는 문제다. 이 발견은 일레 동굴에 사망자를 매장했던 사람들이 4000여 년 전에 이미 항해자였다는 걸 증명하는 것 같다. 만일 그렇다면 동남아시아 문화는 단지 중국 남부로부터 흘러나왔다는 지배적 설명의 근거를 뒤집게 될 것이다. "아직 모르는 것이 많습니다"라고 파즈는 인정한다. "하지만 이것은 점점 무시할 수 없는 논거가 되고 있습니다."

파즈와 솔하임 등은 사람이 살지 않는 팔라완의 북쪽 끝에 있는 외진 계곡까지 가서 하나의 설說을 증명하려고 했다. 그들의 동기는 개인적인 것이자 동시에 학문적인 것이기도 했다. 그들은 앞서 미리 세운 학설을 뒷받침할 증거를 의도적으로 찾고는 있었지만, 그 절차는 거짓이 없었고 조사도 공개적이며 논리 전개도 정연했다. 유감스럽게도, 순수한 지식의 탐구란 것이 남중국해의 고고학적 조사에 있어서는 여러 가지 동기 가운데 하나의 동기에 불과했다. 이미 답을 가지고 있기 때문에 중요한 문제에 대해 관심이 없는 사람들도 있다. 그들의 목적은 보물을 찾거나 아니면 영토 주장을 정당화하는 일이다. 그런 고상하지 않은 의도를 가진 사람들이 막대한 자원을 차지하게 된다.

고고학자와 역사학자—그리고 그들의 고용주—의 동기가 다양하다고 하는 점은 동남아시아에선 새로운 이야기가 아니다. 몇 세기 동안 이 지역의 역사 기술은 과거나 지금이나 시대의 강박 관념을 다루고 있다.

동남아시아는 외부인들이 제국주의 게임을 연출한 무대에 불과했던가? 남중국해 주변에 살고 있는 사람들은 중국이나 다른 곳에서 온 사람들의 후손인가? 참파, 앙코르, 스리비자야라는 위대한 문명은 이 땅에서 생겨난 것인가, 아니면 다른 곳으로부터 이식된 것인가? 문화 문명의 원류源流는 하나인가 여러 개인가? 누가 지배했으며, 그리고 지배란 실제적으로 어떤 의미인가? 식민주의, 국수주의, 국제주의 역사학자들은 이 물음에 대해 모두 다르게 답하고 있다. 그러나 언어학, 도예학, 유전학, 식물학, 퇴적학堆積學의 최근 결과는 여기에 새로운 빛을 안겨 주고 있다. 밝혀지면 밝혀질수록 이야기는 더 복잡해진다.

* * * * * *

가장 오래된 자료에 따르면 동남아시아에 인류가 등장한 것은 150만년 전이다. 이른바 "자바 원시인", 더 정식으로는 "호모 에렉투스"라고 불리는 인간인데, 그 화석은 자바와 중국에서 발견되었다. 그러나 자바 원시인은 5만년 전에 사멸한 것 같다. 두뇌가 더 좋은 친척인 호모 사피엔스에 의해 절멸로 몰렸을 것이다. 현대적 인류는 대개 5만년 전에 오스트레일리아에 나타난 듯한데, 그 도중에 있는 동남아시아에는 그때 이미 정착하고 있었다고 생각된다. 보르네오와 필리핀에서 발견된 두골의 화석에서 판단하면, 각각 4만년 전, 2만 2천년 전엔 현대적 인류가 등장해 있었던 것 같다. 문제는 그 밖의 다른 증거가 거의 없다는 점이다. 이는 주로 당시의 지형이 지금의 지형과 크게 달랐기 때문이다. 1만 7천년 전엔 지금보다 해면이 120m 정도나 낮았다. 지금의 자바 섬, 수마트라 섬, 보르네오 섬은 대륙에 붙어 있었고 오스트레일리아는 뉴기니아와 연결되어 있었다. 호모 사피엔스는 아마 해안에 살았던 것같이 보이는데, 그렇다고 하면 그들이 세운 마을과 만든 도구는 지금 고고학의 손이 미치지 않는 깊이 120m의 바다 밑에 수장되어 있을 것이다. 우리의 지식에는 큰 간극이 있으며 그걸 메울 자료는 거의 없는 실정이다.

그러나 현대로 가까워지면서, 즉 수천 년 전부터 증거가 많아지고 논쟁도 늘어났다. 각지에 흩어져 있던 자급자족의 부락들이 어떻게 도시로 발전하게 되었는가? 석기밖에 모르던 사람들이 어떻게 청동과 철의 제련법을 익히게 되었는가? 최초의 해설은 독일 학자인 오토 뎀프올프Otto Dempwolff의 놀라운 통찰에서 나왔다. 그는 20세기 초경, 동남아시아의 여러 상이한 언어들 간에 유사성이 있음을 처음으로 지적했다. 20세기 말에 미국 언어학자 로버트 블러스트Robert Blust가 이 가설을 발전시키게 되는데, 이땐 대만, 하와이, 이스터 섬, 뉴질랜드, 말레이시아 그리고 마다가스카르 같은 멀리 떨어져 있는 지역에서 쓰이던 1000개 이상의 언어 사이에 공통점이 발견되었다. 그것이 의미하는 바는 보통 문제가 아니었다. 몇 천 마일이나 되는 대양을 사이에 두고─지구의 절반 거리가 되는─사람들이 문화적 뿌리를 공유하고 있다는 사실이다. 블러스트의 주장은, 이 뿌리는 약 5500년 전 대만에서 사용된 단일 언어로 거슬러 올라간다는 것이다. 그는 이 언어를 "오스트로네시아조어祖語"라고 부른다. 이 언어가 어떻게 다양하게 다종으로 분파되었는지를 밝힘으로써 오스트로네시아어가 확산되어 있는 것은 민족의 이동, 새 영토에의 정착, 그리고 농경 및 기타 기술의 보급과 관련이 있다는 학설을 제시했다. 이것은 "대만 탈출Out of Taiwan" 모델이라고 알려졌다.

그런데 이 오스트로네시아조어를 말하는 사람들은 어디서 왔는가? 오스트레일리아에서 활동하는 고고학자 피터 벨우드Peter Bellwood는 그들이 8500년 전 양자강 유역에서 처음으로 벼농사 기술을 완성한 농경민족의 후손이라고 믿고 있다. 이 시기의 중국에는 오스트로네시아조어 이외에 시노 티벳어 (중국어, 티벳어, 버마어의 선조), 오스트로아시아어 (베트남어, 크메르어의 선조), 타이어 (타이어) 등 수많은 어족의 언어를 사용하는 사람들이 살고 있었다. 쌀 재배 이외에 이 민족들은 돼지와 닭도 사육하고 토기를 만들고 석기를 사용했다. 그 후 1000년간에 걸쳐 부락의 사정이라든가 외계에 대한 기대 등으로 이 집단은 동아시아에서 동남아시아로 이동했다. 벨우드의 설에 따르면 오스트로네시아조어의 화자는 서서히 동남쪽으로 방향을 넓혀 마침내 5500년 전경 중국 연안에 도착했다고 한다.

이때까지 이주는 육로로 이루어졌다. 하지만 오스트로네시아로의 대모험은 여기서 양상이 크게 달라진다. 5000년 전의 해발은 지금과 거의 같아, 대만 해협은 제일 좁은 곳이라도 약 폭이 130km다. 그렇지만 이 장애는 극복된 것 같다. 왜냐하면 이 시기에 대만에서 벼농사가 있었다는 증거가 나왔기 때문이다. 다음 1000년에 걸쳐 오스트로네시아어의 화자는 대만으로 더 많이 유입되거나 자손을 늘려 그 이전의 이주자의 잔여 집단을 완전히 압도하고, 그들의 언어도 몇 개의 방언으로 나누어지기 시작했다. 벨우드의 설에 따르면 그 다음 단계는 "대만 탈출"이었다.

제1단계는 루손 해협을 건너가는 남행 여정이었다. 바탄 군도로 가더라도 가장 긴 항해가 80km 정도다. 한층 더 가면 루손 섬, 즉 필리핀의 주도主島에 다다를 것이다. 여기서도 오래전에 일찍 이주해 온 사람들과 마주칠 것이다. 갓 이주한 사람들은 진보된 기술과 문화를 가지고 부락을 건설하고 부유해지고 수가 늘면 또 이동했다. 벨우드에 따르면 약 4000년 전 (기원전 2000년경) "대만 탈출"로 온 사람들은 필리핀 전역에 분산되고 거기서 서쪽으로 오늘의 인도네시아에 들어갔다. 일부 집단은 동쪽으로 갔다. 기원전 1500년이 되었을 땐 루손 섬에서 2500km 떨어진 마리아나 군도에 이미 도달해 있었으며, 거기서 계속 전진해 피지에 이르렀다. 기원전 800년엔 통가에 정착하고, 기원후 300년엔 하와이, 1200년엔 뉴질랜드에 정주하고 있었다.

드라마틱한 이야기이며, 이를 지지하는 증거―언어학 및 고고학적 발견 그리고 유전학적 연구결과―는 많다. 하지만 문제점이 몇 가지 있다. 바탄 군도 (필리핀 최북단 섬들)에서 발견한 유적엔 루손 섬의 그것보다 새로운 것이 있으며 이주가 북쪽으로부터가 아니라 남쪽으로부터 왔음을 암시했다. 베트남 남부에서 발견된 매장 기법은 대만과 루손에서 발견된 유사한 기법보다 연대가 오래된 것이었다. 대만에는 이른 시기의 쌀 재배에 대한 증거가 희소하며, 널리 보급된 것은 4000년 전 이후였던 것 같다. 벼의 유전자 분석에 따르면 "중국" 품종이 남하하기보다 그 이전에 다른 계통, 즉 인도와 자바의 품종이 남쪽으로부터 북상했다는 가능성도 있다. 또 유전학적 연구에 따르면, 태평양의 돼지와 쥐는 대만이 아니라 인도네시아가 근원지라고 한다. 반론이 거세다.

그 결과, 남중국해 주변의 언어와 문화의 확산에 관해 벨우드에게 대립하는 학설이 등장했다. 반대 논리는 "대만 탈출"이라는 이주에 의한 집단의 흐름을 중시하지 않고, 정보와 기술을 다방향으로 끊임없이 교류하는 네트워크가 존재했다는 설을 제시했다. 또 이 설에 따르면 중국 연안 지역은 이 문화의 수용자이자 전수자이기도 했으나 유일한 발신원은 아니었다는 것이다. 빌 솔하임Bill Solheim이 파라완 섬 북부에서 무덤을 발견하고 기뻐한 건 그 때문이었다.

솔하임이 동남아시아 문명의 기원을 조사하기 시작한 건 반세기 전 1950년대 캘리포니아대학교 버클리 캠퍼스와 애리조나대학교에서 연구하며 필리핀에서 발굴 작업을 하던 때였다. 그가 피터 벨우드와 판이한 설을 내세우게 된 것은 토기에 대한 자신의 연구 때문이었다. 필리핀의 마스바테 섬의 칼라나이에서 발견한 2500년 전의 토기와 베트남 남부 해안의 사후인에서 1920년대에 출토된 토기의 유사성은 우연이 아니라고 솔하임은 주장했다. 토기의 대부분은 극히 정밀한 기하학적 모양―

삼각형, 지그재그형, 평행선과 사선—이 점토에 새겨져 있거나 찍혀 있었다. 세련된 형상의 토기도 있고, 특징적인 붉은 띠가 들어 있는 것도 많았다. 이걸 출발점으로 하여 솔하임의 시야는 넓어져 동남아시아 일대에 퍼져 있는 다른 유적지에서 출토된 토기와 기타 유물—특히 도구와 장식품—까지 연구하게 되었다. 이어서 그 시대의 전후 연대에까지 연구를 확장했다. 수많은 동료는 이견을 제기하고 유사성의 정의가 너무 모호해 실용성이 없다고 반론했다. 그럼에도 불구하고 솔하임은 밀고 나갔다. 다음 과제는 이런 유사성이 어떻게 해서 발생했는지를 설명하는 일이었다.

한 가지 결정적 통찰은 유사한 유물이 여러 곳에서 발견되었지만 그것들이 각각 다른 시기에 나타났다고 하는 사실이었다. 즉 "유단有段 돌도끼"(물건을 자르는 옛 도구)는 중국 남동부에서 약 5000년 전에 나와서 그후 1000년 사이 대만과 베트남으로 확산되었는데, 옹관은 베트남과 파라완 섬에서 4000년 전의 것이 출토되었고 루손 섬과 대만에선 1000년 전의 것이 출토되었다. 마찬가지로 "링링오"라고 알려진 기묘한 옥 귀걸이(원형으로 되어 있으며 맨 위쪽에 구멍이 있고 아래와 양쪽으로 뾰족 나온 가지가 있다)는 베트남에선 4000년 전의 것인데, 대만과 필리핀에선 시대가 훨씬 뒤떨어진다. 솔하임의 생각으로는, 이것이 의미하는 것은 물건, 지식, 문화가 여러 곳에서 생겨나서 동남아시아 본토와 섬들로 멀리까지 전진하다가 후진하는 등 확산되고 전파되는 과정에서 진화했다는 것이다.

이와 같이 솔하임은 해상 네트워크라는 개념을 제시했다. 반유목민적 공동체가 바다와 하천을 따라 이동하고 어로와 채집과 교역으로 생활하는 개념이다. 솔하임에게 있어서 골칫거리는, 가령 그런 공동체가 있었다고 하더라도 흔적이 없다는 것이다. 영구적 부락도, 기념되는 건조물도, 문자 기록도 남아 있지 않다. 그것들의 존재를 믿기 위해선 상상력의 비약이 필요했다. 한때 증거는 실제로 지금도 도처에 있다는 걸 알았다. 미국 인류학자 알렉산더 스포에르Alexander Spoehr는 늦은 시기인 1950년대에 필리핀 민다나오 섬에 사는 사말 족 출신 여성들과 마주치게 되었는데, 이들은 출생 후 한 번도 육지로 올라간 적이 없고 육지에 올라가면 악령에 피습된다고 믿고 있었다. 오늘날에도 필리핀의 "바다의 집시"라는 바자오 족, 말레이시아의 바자우 족, 인도네시아의 오랑 라우트 족, 중국 남부의 탄카 족 (탄민蛋民), 베트남의 단 족 등 다수 부족들은 해상과 연안에서 생활하면서 어로와 교역으로 생활을 유지하고 있다. 사실, 중국으로부터 베트남, 태국에 걸친 전체 지역에 지금도 바다의 민족들이 존재하고 있으며 몇 천 년, 몇 만 년 전과 기본적으로 같은 삶을 영위하고 있다. 솔하임은 오스트로네시아어의 "남도南島"와 "사람들"을 뜻하는 단어로부터 이들을 지칭하는 단어를 새로 만들었다. 그것이 "누산타오Nusantao"다.

이 사람들을 정말 이해하려면 육지는 안전한 곳이고 바다는 위험한 곳이라는 상식을 뒤집어야 한다. 육지는 무서운 곳이고, 위험한 것들의 본거지고 도적과 세금 징수인도 있다. 바다에는 먹을 게 풍부하고 대체로 이동하기가 쉽다. 과실과 채소는 하천 둑에서 수확하거나 교역이 가능하다. 뉴질랜드의 인류학자 아솔 앤더슨Atholl Anderson이 설명했듯이, 맑은 물의 공급문제도 극복이 가능하다.[1] 대나무 속에 대량을 넣어 운반할 수 있다. 대나무는 튼튼하고 쉽게 쌓아 둘 수 있으며, 그 안이 비면 배를 수리하는 데 사용한다. 거기에다 빗물을 보태고 물고기의 피가 있으면 3주간이나 4주간의 항해 정도는 문제가 되지 않는다.

솔하임은 자신의 모델을 스스로 "누산타오 해상교역·통신 네트워크"라고 부르고 있는데, 이 모델이 뛰어난 점은 과거와 현재 사이에 큰 단절이 필요하지 않은, 즉 대규모의 단일 민족 이동을 상정할 필요가 없다는 것이다. 이 모델은 특정 민족 집단을 의존하거나 배제하지 않는다. 기술과 문화는 점차적으로 발전했다. 누산타오 가운데는 오스트로네시아어를 말하는 사람도, 그렇지 않은 사람도 있다. 반정착 생활을 하는 사람도 있고 완전히 방랑생활을 하는 사람도 있다. 해상에서 사는 사람도 있고 하구河口에서 사는 사람도 있으며 멀리 들어가 오지에서 사는 사람도 있다. 그들은 정착민과 교류하면서 서서히 전체적으로 혼성이 되었음에 틀림없다. 누산타오는 의식적으로 단일 집단으로 행동하지 않았고, 그들의 기술이라는 건 단순했지만, 여기저기 이동하며 교역하는 등의 단순한 행동을 통해 돛과 노의 힘으로 방대한 네트워크를 창출했다. 그리하여 해삼을 오스트레일리아 북부로부터 중국 남부의 식탁에 보내고, 바나나 나무를 뉴기니아의 정글로부터 마다가스카르의 정원으로 가져다준다. 그리고 가고 오고 할 때마다 물자, 지식, 문화가 전해졌다.

지극히 막연한 모델이지만 마음에 드는 인간적인 모델이다. 남중국해를 발견한 사람들은 우리가 오늘날 인정하는 민족적 정체성을 갖고 있지 않으며 국가란 것에도 아무런 애착이 없다. 정치적 단위가 육상에서 발전하기 때문에 누산타오는 그 지배를 벗어나서 살려고 했을지 모른다. 교역과 밀수, 해적행위와 반란의 구별은 분명하지 않았다. 짓궂은 얘기지만 현대 국가들이 영해를 주장할 때, 지난 옛 시대에 이들 국가가 규제하거나 심지어 제거의 대상으로 삼고 싶었던 바로 그 사람들의 활동에 의지하고 있다는 사실이다.

누산타오는 단일의 민족 집단이 아니기 때문에 그들의 기원을 알고자 하는 건 의미가 없다. 하지만 솔하임은 누산타오 네트워크의 주요 거점이 베트남 중앙부와 홍콩 사이의 연안 지역이었다고 주장하고 있다. 그 네트워크는 이 곳에서 출발하여 서쪽으로는 멀리 마다가스카르까지, 동쪽으로는 이스터 섬, 남쪽으로는 오스트레일리아, 북쪽으로는 일본까지 뻗어 나갔다. 기원전 400년경 인도제 유리 구술이 중국에 반입되었는데 그것을 가지고 온 사람들은 중국의 문헌에 "말레이인"이라고 기록되어 있다. 또 2000년쯤 전 베트남 북부에선 "동손"이라고 불리는 청동으로 만든 독특한 북이 동남아시아 전역과 중국 남부의 무덤에서 발견되었다. 이 시기는 급속한 발전의 시대였으며 복잡한 사회와 제국이 세계의 여러 지역에서 나타나기 시작했다. 그리고 그 전체가 연결되어 해상 네트워크를 형성했던 것이다.

왜냐하면, 해상 공동체들이 연안을 왕래하면서 교역하고 장거리를 넘어 교류하고 있었다고 한다면, 지금 말하는 "동아시아" "동남아시아" "인도" "아라비아" "유럽"을 나누는 경계에서 그 연결이 단절되었을 것이라고 생각하는 건 우스운 일이기 때문이다. 해안의 상인들은 동서남북의 동료 상인들과 접촉했을 것이다. 정보도 물자도 네트워크 사이를 흘러다녔을 것이며 한 곳의 사람들은 다른 곳의 사상과 물품에 대해서 알게되었을 것이다. 멀리서 온 방문자와 관련한 민족의 기억들은 오래 남고 이국적 물품들은 세대를 지나 전승되었을 것이다. 물론 해로만이 유일한 이동 수단은 아니었다. 육로도 이용되었지만 바다가 더 빠르고 안전하기도 했다.

1939년 인도제의 상아 입상이 폼페이의 불탄 재 밑에서 출토되었다. 이로써 고고학자들도 기원후 79년에 베수비어스산이 분화하기 전에 이미 로마와 남아시아 간에 원거리 무역이 활발했었다는 걸 인정하기 시작했다. 조상彫像만이 동양으로부터 들어온 것이 아니다. 기원후 63년경의 로마의 문헌《에리트라해 항해기》에는 명주의 산지로서 잘 알려진 "시나Thina"라는 곳에 대한 언급이 있다. 지금부터 2000년 전에 중국으로 가는 항로를 알고 있었던 유럽인들이 있었던 것 같다. 로마의 박물학자 플리니우스Pliny가 기원 1세기에 기술한 것이 과연 클로브 (정향나무)인지에 관해 논란은 있지만, 클로브는 기원후 180년경에 이집트의 수입품 목록에 들어 있었다. 당시 클로브를 재배한 장소는 한 곳뿐이었다. 몰루카 군도의 북부, 지금의 인도네시아다. 그리고 기원후 284년 동로마제국이 중국에 파견한 첫 사절단은 지금의 베트남인 린이林邑 연안을 경유했다.

* * * * * *

동남아시아 전역을 걸쳐 베트남의 참파 유적, 캄보디아의 앙코르와트, 인도네시아의 보로부두르 및 프람바난 등에 산재되어 있는 수많은 거대한 탑과 사원의 유적은 주변의 경관과 달리 완전히 이색적인 분위기를 자아낸다. 분명한 인도 양식이고 요염하고 풍만한 여성상으로 장식되었으며 보석을 몸에 달고 있다. 신들을 모신 제단을 갖추고 있는 석상들은 물러간 힌두의 파도가 남긴 물 위에 뜬 표류물 같다. 수천 년이나 정글 속에 묻혀 있다가 유럽인들에 의해 발견되었다. 식민주의가 성숙해져 고고학자가 제국의 구석구석을 찾아 헤맬 수 있는 여유가 생긴 것이다.

그리고 이 고고학자들은 누가 왜 이 거대한 구조물을 세웠는지 빠른 결론을 내렸다. 이들 학자들은 자신들의 사회가 이런 이방의 땅에 존재했다는 걸 정당화하고 싶은 마음에서 이 사원들을 외래자들의 선대의 유업이라고 생각했다. 유럽인이 현지인에게 문명과 진보를 가져다준 것처럼 이 거대 사원을 건립한 사람들도 수세기 전에 그렇게 했다. 그걸 건립한 사람들은 인도에서 왔을 것이며 자신들의 언어와 생활양식을 미개 주민에게 강요했으며, 이런 과정에서 미개인으로 하여금 문명의 단계를 몇 개 뛰어오르게 했음에 틀림없다. 즉 유럽의 식민주의는 동남아시아의 오랜 확립된 행동 패턴의 연속에 불과하다.

이 설은 오랫동안 이어져 왔다. 1964년이 되어서도 프랑스 역사학자 조르즈 세데스George Coedès는 "후방後方 인도 (유럽에서 보면 인도의 배후에 있는 지역이라는 의미. 구체적으로는 동남아시아—역자) 사람들은 인도의 힌두 문화, 불교 문화가 처음으로 들어왔을 때 후기 석기시대 문명을 공유했다"라고 기술하고 있을 정도였다. 이걸 바꿔 말하면 기원후 400년경에 힌두교도와 불교도가 서쪽에서 와서 식민지화할 때까지 이 지역은 계속 석기시대에 갇혀 있었다는 말이 된다. 동남아시아 민족들은 이 역사의 기록에서 누락되었고, 역사는 그들이 만든 것이 아니라 그들에게 닥쳐온 것에 불과하다는 것이다. 반세기 동안의 발굴, 번역, 고찰이 쌓이고 쌓인 끝에 비로소 이 견해는 뒤집어졌다.

그 결과로 지금 이 거대한 사원들을 건축한 사람들과 몇 세기 동안 동으로 서로 바다를 건넜던 누산타오라는 방랑민 간의 직접적인 연결을 이해할 수 있다. 사실인즉, 인도 문화가 동남아시아에 뿌리를 내리기 몇 세기 전부터 동남아시아인들은 인도와 교역을 하고 있었던 것 같다. 물자와 지식이 교역 네트워크를 건너 나가기도 하고 들어오기도 했다. 오스트로네시아어로 배를 지칭하는 단어가 기원후 1세기에는 이미 인도 남부의 언어에 합류했다. 또 그보다 더 일찍 인도의 유리 구슬 제조기술은 동남아시아에 건네졌다.

1세기부터 5세기 사이 동남아시아의 연안은 인도의 여러 문명권과의 무역을 통해 부유해졌다. 백단향, 향미료, 장뇌, 클로브, 보석과 귀금속이 거래되었다. 인도의 문헌에는 "황금의 섬들 (스와르나드비파)"이라든가 "황금의 땅 (스와르나부미)"이라는 단어가 보인다. 무역과 더불어 서로 다른 문화권의 요소, 예컨대 도자기의 모양으로부터 종교, 나아가 철학과 정치 사상까지 전달되었다. 동남아시아의 지배자는 남아시아에 의해 식민화된 것이 아니라, 자신들이 왕과 성직자와 권력에 관한 남아시아적 생각을 채택해 백성에 대한 지배를 강화하고 적국에 대항해 영토 수호를 강화했다.

많은 것은 모르지만, 1세기의 동남아시아의 지배 세력은 중국 문헌에 있는 "후난扶南"이다. 후난은 메콩델타를 중심으로 지금의 남베트남에서 캄보디아에까지 이른다. 유리한 지리와 교활한 정략을 통해서 후난은, 서쪽으로는 유럽과 인도, 동쪽으로는 중국을 연결하는 그 중간에 교역 루트의 요지에 제국을 세워 부유해졌다. 로마는 중국의 명주와 동남아시아의 향료를 수입했으며 중국인은 아라비아의 유향乳香과 몰약沒藥을 구했으며, 유리와 도자기와 금속제품, 상아, 무소 뿔, 희소한 광물 등이 전 지역 간에 교류되었다.

이 루트를 최초로 개척한 건 누산타오였다. 여기저기를 이동하면서 물건을 교환하고 이익을 취했다. 중국 문헌에 따르면 말레이인의 배들 (중국에선 쿤룬선崑崙船이라고 부른다)은 일찌기 기원전 3세기에 왔다고 한다. 인도와 중동의 연안에서도 서서히 여기에 합류했다. 한편 중국 배가 10세기까지 남중국해를 건너 항해를 했다는 고고학 기록은 없다. 이 사실은 이와 반대되는 중국 측의 주장과 상치되는 것 같다. 예컨대 "후한後漢 (23~220)의 양후楊孚가 《이물지異物志 (진귀한 기록)》라는 책에서 난사南沙 군도를 언급했다."고 하는 중국 외교부의 주장이다.[2] 현존하는 증거에 따르면 양후의 조사는 스스로 항해한 것이 아니라 항구에 도착한 외국 상인들에게 질문하는 형식을 취한 것 같다. 외국 배를 타고 여행한 중국인도 있었으나 지금의 중국 남부 주민은 바다에 나가는 위험은 남에게 맡기고 선창가에서 거래를 처리한 것 같다.

후난扶南의 위치는 문자 그대로 요지였다. 이 시기의 교역은 릴레식이었기 때문이다. 출발지부터 종착지까지 전 항로를 항해하는 배는, 있었다고 하더라도 거의 없었다. 아마 상인들은 가장 잘 아는 항로의 부분만 왕래하면서 상품을 운반했을 것이다. 먼저 유럽에서 인도까지, 다음 배는 인도에서 말레이 반도까지, 거기서 말레이 반도의 제일 좁은 부분인 크라 지협地峽 (이 40km를 육로로 가면 1600km의 항해를 피할 수 있다)을 육로로 지나고, 다음 배로 후난까지 가고, 끝으로 후난에서 중국 남부에 도착한다. 장사를 잘 하기 위해선 바람의 계절적 변동 주기를 숙지하고 있어야 했다. 그 바람은 지금 "계절"이라는 뜻의 아라비아어 마우심 즉 몬순이라 불린다.

북반구의 여름, 아시아 대륙은 열기가 상승하고 대륙 위의 공기가 상승해 엷어지면 바다로부터 공기가 남쪽으로 이동하기 때문에 정기적으로 바다로부터 육지로 강한 바람이 분다. 이것이 남서 몬순이다. 반면에 가을과 겨울 동안에는 온도가 내려가면 공기가 대륙에서 바다로 밀려나간다. 이것이 북동 몬순이다. 남아시아로부터 부는 바람 덕택으로 말레이 반도에서 후난으로는 12월에서 1월 사이가 가장 항해하기 쉽다. 하지만 후난에서 남중국으로의 항해를 시작하려면 6월까지 오래 기다려야 한다. 게다가 7월 중순엔 태풍 계절이 시작하므로 배가 항구에 들어와 있어야 한다. 반대 방향으로의 항해는 중국 남부에서 동남아시아로 범선으로 간다면 가장 편한 시기가 1월과 2월이다. 이 시기엔 바람도 해류도 북동쪽에서 남서쪽으로 흐르기 때문이다. 그 후는 또 대기 기간이다. 남아시아의 몬순 방향이 변해 서로의 항해가 안전하고 편리해질 때까지 기다려야 한다.

매년 2월부터 6월까지 바람과 해류의 방향이 불순한 시기는 오히려 수세기에 걸쳐 지금의 베트남에 해당하는 지역의 연안에 번영을 안겨주었다. 그 당시 상인들은 후난에 머물면서 그 지방의 물자를 보급하지 않으면 안 되었다. 3세기에 나온 중국 문헌에 이들 말레이 선박에 관한 기술이 남아 있다. 그에 따르면 길이는 50m를 넘고 돛은 네 개, 700명의 승조원과 600톤의 짐을 운반했다고 한다.[3] 수많은 배와 승조원·승객은 현지 농가와 일용품 상인에게는 신뢰할 수 있는 시장을, 통치자와 그 궁정에게는 삶을 떠받치는 관세와 소득세가 확실히 흘러들어 오는 걸 의미했다. 또 후난은 그 덕택으로 상거래의 큰 중심지가 되었으며 2세기엔 페르시아인, 인도인, 중국인 그리고 동남아시아 전역에서 모여드는 상인의 집산 거점이 되었다. 중국의 영향을 무시할 수 없지만 후난의 문화적·정치적 모델이 된 것은 인도였다. 후난의 지배층은 힌두교를 믿었으며 인도식 이름을 붙이고 인도 지배층의 정치 사상을 차용했다. 심지어 도시계획까지도 인도식을 따르고 있었던 것 같다.

후난은 기원후 일천년 사이에 생겨나 번영하다가 사라져 없어진 남중국해에 접한 여러 제국, 수장국首長國과 봉국封國의 하나에 불과하다. 그 나라들의 역사는 아직 발굴·조사가 진행되고 있다. 문자 그대로 고고학적 발굴이나 비유적으로는 중국 문헌과 기타 문헌을 통해 발굴되고 있다. 다른 사람에 의한 기록이기 때문에 머릿속에 그려 보기만 하는 경우가 많다. 현대의 선입견을 통해서 볼 때가 더 많다. 즉 과거 수세기의 국경의 변천과 민족들의 이동을 통해서 현대 국가의 기원을 추적하려고 한다. 그러나 현대의 국경과 국적은 오래전 이 시대에 실제로 살고 있었던 사람에겐 아무런 의미가 없을 것이다. 역사학자 마이클 처치먼Michael Churchman에 따르면 한대漢代에서 당대唐代에 걸쳐 (기원전 111년~기원후 938년) 쓰인 기록엔 "중국인"과 "베트남인"을 구별하는 말이 나오지 않는다고 한다. 고대 민족들에게 현대적 국민의 정체성을 억지로 부여한 건 19세기에서 20세기의 역사학자들이었다.[4] 프랑스 제국주의 관리들이 자국의 영토와 "중국"과의 국경을 확실히 하려고 노력한 이 시기에, 프랑스 역사학자들도 고대인의 이름을 "중국식"이 아니면 "베트남식"으로 바꿈으로써 그들을 각각 별개 부류로 나누었다.

지금 중국이라는 곳은 2000년 전엔 아주 다른 양상이었다. 남부의 연안 지역엔, 여기에 현 베트남의 홍하紅河 델타도 포함되지만, 중국 문헌에는 유에越 또는 벳粵이라고 불린 민족들이 살았다고 한다. 그들은 기원전 221년 진秦에게 잠시 정복되었으나 진이 15년이 지나기 전에 멸망했기 때문에 남쪽의 연안은 1세기 동안 독립을 되찾았다. 이 남부 지역이 한漢에게 패배한 것은 기원전 111년이 된 후였다. 하지만 이때도 그후 1세기 동안 대략 자치를 계속했다. 기원후 1세기의 전반에는 한漢이 직접 통치를 밀어붙여 가끔 반란을 유발하기도 하고 징벌적인 군사행동을 일으켰으나, 이런 모호한 지배 상태는 한이 멸망한 220년까지 계속했다. 마침내 한이 망하자 제국은 셋으로 분열하고 양자강의 남쪽 지역은 대부분 우吳에 넘어갔다. 그러나 우吳는 북의 적국인 진晉에 패배해 265년경까지밖에 가지 못했다. 진晉은 불과 80년 후 316년에 북부에서 밀려나, 남부를 기반으로 한 국가가 되었으나 420년엔 역시 멸망했다. 그 후에는 이 남부를 중심으로 하는 나라가 연이어 흥하고 망했다.

그렇다면 이 시대에 중국은 어디에 있는가? 중국 역사학자들은 정치학자 루시안 파이Lucian Pye (중국명 白魯恂)의 공식에 따라 "국가를 가장하는 문명"을 기술하고자 하는 경향이 있다. 하나의 문명·문화가 동아시아라는 땅덩어리를 수천 년 면면히 지배해 왔다고 생각하는 경향이다.[5] 남중국해의 관점에서 볼 때 이건 그렇게 보이지 않는다. 수천 년 동안 이 바다의 북쪽 연안을 지배한 왕조와 민족들은 중국의 내륙부를 지배한 세력과는 다르다. 북부를 중심으로 하는 왕국은 안쪽으로 향하고 있었고, 남부의 왕국들은 바깥을 향하고 있었다. 이들 왕국은 해상 교역 네트워크에 직결되어 있었으며, 그것을 통해 후난과 여타 지역에 연결되어 있었다.

이 시대에 대부분 후난은 동남아시아의 교역 중심지로서 성공하는데 없어선 안 되는 두 가지 조건을 갖추고 있었다. 즉 인도와 중국 남부의 지배자와 좋은 관계를 맺은 일이었다. 위기가 발생했을 때, 특히 정변 후에 후난은 중국에 "사절"을 파견해 우선 무역 상대로서의 위치를 유지하려고 노력했다. 그 대표단은 회담을 원활하게 진행하기 위해 "공물貢物"을 바쳤다. 이러한 조공朝貢의 관계에 의해서 많은 것이 이루어졌다. 민족주의자인 중국 역사학자들은 이걸 가지고 동남아시아 국가들이 중국 황제에게 예속한 증거라고 주장하고 있다. 옛 중국 문헌도 대개 이렇게 기록하고 있다. 하지만 현대의 동남아시아의 기록에 의하면, 이 "조공관계"는 봉건적 주종관계가 아니라 교역의 파트너 관계라는 것이다. 중국의 지배자는 자신의 지배권을 외국이 인정해 주는 표시로서 "조공"을 환영했다. 조공은 외국과의 좋은 관계를 보증했으며 잠재적 정적에 대해 국내에서의 권력을 상징적으로 공고히 했다. "조공국"에 있어서 그것은 항구에 들어가기 위해 필요한 형식에 불과했다. 이 "조공관계"라는 지위 덕택으로 후난은 그 세력권 내의 부富와 멀리 지평선 너머에 있는 부에 대해 그 교류를 통제하는 문지기 역할을 할 수 있었다.

거의 3세기 동안의 격렬한 경쟁과 적국의 공격에도 불구하고, 후난은 남중국해의 교역을 지배해 온 것 같다. 외교력과 무력을 행사해, 4세기 중반까지 장거리 해상무역의 오르막과 내리막에 대처해 나갔다. 대략 이 시기에 중국 항구의 높은 관세와 독직으로 인해 거래가 줄고, 실직 상인은 해적으로 변하고, 경합하는 상선들은 말레이 반도를 우회하는 항로를 알아내게 되어, 크라 지협을 장악하고 있던 후난의 패권은 종말을 고했다. 동남아시아의 여타 지역의 상인들은 후난을 경유하지 않고 해안 너머 저 멀리에 있는 항구와 직접 거래했다. 후난은 서서히 경쟁자들에게 그 지위를 빼앗겼다. 진晉이 420년에 멸망하고 해상교역이 다시 활성화된 시기에 그 이익을 거두는 건 다른 항구들이었다. 특히 괄목할 만한 것은 남중국해의 먼 북안北岸에 있는 참파의 항구들이었다.

후난은 거의 흔적을 남기지 않았는데, 참파는 대량의 유적을 남겼다. 지금의 베트남 중앙부 전역에 붉은 벽돌 탑들이 점재해 있다. 그것들이 인도 형상인 것은 분명하다. "참파"라는 명칭조차 인도의 왕국에서 빌려온 것 같다. 참파의 뿌리는 석기시대 사후인Sa Huynh 문화에 있다. 빌헬름 솔하임이 누산타오의 네트워크의 일부라고 확인한 바로 그 문화다. 그리고 참파의 번영은 그 앞의 후난처럼 해상무역과 내륙 상품 수출의 결합을 바탕으로 구축되었다. 상아와 무소뿔은 내륙의 산림지역이 공급한 독자적인 두 가지 진귀품이었다. 참파는 중앙집권 국가는 아니고, 해안 근처의 강 유역을 중심으로 발달한 일군의 부락에 가까웠으며, 이 부락이 통치자를 승인하는 체제였다. 1000년의 역사를 통해서 권력은 여러 유역 사이를 자주 이동하고 있었다.

참파는 평화로운 적이 거의 없었다. 참파는 4세기 말 중국과의 합법적 무역이 쇠퇴하자 나타난 해적이 만든 나라다. 진晉의 멸망 후 중국 남부에 송宋이 흥했으나 중국에서 서로 통하는 육로는 이 송에 대해서는 닫혀 있었다. 결국 해상교역에 의존하게 되었으나, 이것이 참파의 해적에게 위협을 받았던 것이다. 그 위협이 너무 지나쳐 송은 446년에 참파를 침공하고 수도를 파괴했다. 그러나 동시에 교역을 공인한다는 걸 선언하고 참파는 무역의 거점이 되었다. 한편 해적에 대해 시종 관대하고 때로는 부추기기도 했다. 같은 시기에, 주강珠江의 하구에 생긴 광저우廣州가 중국 남부의 주요 항이 되고, 참파와 광저우 간의 교역은 해마다 몬순의 주기에 힘입어 높은 이익을 가져다주었다.

하지만 참파는 중국과의 해상교역을 지배했으나, 독점하지는 않았다. 다른 무역항도 관계를 발전시키기 시작했다. 자바 섬 서부의 타루마 왕국과 수마트라의 권력자들도 460년이 지나기 전에는 중국에 사절을 파견하고 있었다. 이들 지역의 한 가지 공통점은 인도의 종교적, 정치적 문화를 채택하고 있는 점이었다. 즉 처음엔 힌두교, 그 다음은 불교였다. 왕국을 일컬어 산스크리트어의 "만달라mandala" 즉 "바퀴"라고 했으며, 지배자는 "차크라바르틴cakravartin" 즉 "바퀴를 돌리는 자"라고 불렀다. 그들은 스스로를 네트워크의 중심이라고 보고 있었고, 확실한 국경이 있는 국가라고 생각하지 않았다. 지배자의 정통성은 영토에 대한 물리적 지배보다 다른 지배자가 인정해 주는 데서 확립되었다. 지배자 간의 관계에서 유동적이고 힘이 약은 지배자는 복수의 만달라에 충성을 다했다. 그러나 이러한 정통성은 군사력의 뒷받침이 있어야 했다. 중심적 지위를 유지하기 위해서 만달라는 필요할 때 종속적 위치에 있는 집단에 동의를 강요할 수 있어야 했다.

'인도식' 통치법을 사용하여 지역 내에서 인도 종교를 계속적으로 확산했다는 것은 첫 10세기가 끝날 때까지 동남아시아와 서쪽에 있는 지역 사이에 강한 교역 관계가 있었다는 증거다. 향목香木, 수지樹脂, 황금, 향료 그리고 때로는 노예에 대한 수요가 높았다. 확실한 증거는 없으나 이 시대의 대부분의 동남아시아는 중국과의 통상보다 인도의 왕국들과의 통상이 한층 중요했던 것 같다. 중국과의 교역은 6세기 말에는 눈에 띄게 부진해졌다. 하지만 618년 중국에서 당唐이 흥하고 200년 만에 처음으로 저지대를 통일하자, 남중국해의 교역은 다시 이륙한 것 같았다. 이 기회를 이용할 다른 "만달라"가 등장하기에 좋은 여건이 성숙되었다. 위대한 "인도화" 문명의 시대였다. 유럽의 식민주의자를 흥분시켰으며 오늘날까지도 사람들을 매혹하는 유적을 건설한 건 참파였으며 스리비자야였으며 앙코르였다.

참파가 그 후에도 때때로 해적 행위를 하고 있을 때, 아주 멀리 남방, 수마트라 섬의 남동 연안에 더 신뢰할 수 있는 교역 상대가 나타났다. 그게 스리비자야다. 오랫동안 스리비자야에 관해 알 수 있는 자료는 중국 문헌밖에 없었다. 스리비자야가 어디에 있었는지조차도 알 수 없었다. 그러나 1993년에 비로소 프랑스의 고고학자 삐에르 이브 망강^{Pierre-Yves} Manguin이 그 이전부터 있었던 추측을 확인하는 데 성공했는데, 즉 스리비자야가 있었던 곳은 지금의 인도네시아의 도시 팔렘방의 무시 강江의 연안이었다고 한다. 안타깝게도, 동남아시아 최대 문명의 하나인데도 그 대부분이 지금은 PIHC 비료공장의 밑바닥에 묻혀 있는 것 같다. 이 기업은 한때 PT푸푹 스리위자야라고 불렸으나 지금은 고대 도시의 그 흔적마저 사라지고 없다. 이 회사가 1960년대에 무심코 없애 버린 그 유적처럼.

스리비자야는 전형적인 "만달라" 국가였다. 주요한 동서 교역 루트에 걸쳐 번영하던 일군의 교역 집락 중에서도 군림하는 패권국이었다. 그리고 그것을 거점으로 하여 북의 멀래카 해협과 남의 순다^{Sunda} 해협을 통하는 두 항로를 장악했다. 683년엔 약 2만의 병력을 지휘할 수 있게 되었는데, 그 대부분은 유목민적인 누산타오였을 것 같고 그들은 지배자를 위해 교역도 하고 전투에도 참가했다.[6] 동서의 해상교역은 스리비자야의 승인이 없으면 사실상 불가능했다. 그 영향력이 지극히 컸기 때문에 683년 중국의 당唐이 처음으로 난양南洋이라는 곳—동남아시아의 섬—에 사절을 보내 양국이 우호관계를 공고히 했다.[7] 스리비자야는 사실상 이 지역에 있어서 당唐의 문지기가 되었다.

* * * * * *

해삼—인도네시아어로 트레팡^{trepang}—은 적어도 2000년 전부터 진미이자 의약품으로 동남아시아에서 중국으로 수출되어 왔다. 그런 이유로 남중국해 무역사의 이해를 완전히 뒤집은 것은 문자 그대로 한 사람의 트레팡 채집인의 발견이었다고 해도 과언이 아니다. 1998년 8월 인도네시아의 벨리퉁 섬 북안北岸으로부터 2km쯤 되는 해저에서 이 질질 미끄러져 움직이는 것을 찾고 있던 잠수부가 이상하게 높이 솟아 있는 둑을 발견했다. 알고 보니 그것은 아랍의 다우 범선이었는데, 그 범선은 5만 5천 점 이상의 중국 도자기를 싣고 있었다. 이 도기제품은 그 후 3200만 달러에 매각되었는데 이 돈은 이 잠수부도 자신의 나라도 보지 못한 큰 돈이었다. 이 도기제품의 표시 등을 보아서 이 배가 침몰한 건 826년, 당 왕조의 중반인 것으로 나중에 밝혀졌으며, 이는 이때 이미 아랍 세계와 중국 간에 직접 해상교역을 하고 있었다는 최초의 구체적 증거이기도 했다.

모든 역사학자가 추구하는 건 증거이지만, 몇 세기의 문헌·기록을 가진 중국과는 대조적으로 동남아시아에는 증거가 없다. 문헌은 거의 없으며 해변의 부락들은 바다에 휩쓸려 사라져 버렸고 나머지 대부분의 흔적도 열대 기후와 탐욕스러운 곤충이 처리해 버렸다. 잃어 버린 대도시에 유용한 비문은 남아 있지만 역사 기록엔 아직 간극이 크다. 그 간극을 메우는 최선의 길은 물리적 유물을 발견하는 데 있다. 이 발견은 조개껍질의 분자적 구성으로부터 선박의 건조에 사용된 기법에 이르기까지 극히 사소한 일, 즉 사람들이 어디서 어떻게 이동했는지, 무엇을 먹고 어떤 사회에서 살았으며 다른 사람들과의 관계가 어떠했는지 등의 수수께끼를 풀어 주기도 한다. 따라서 현대의 고고학자는 반론에 관해서 모든 것을 철저하게 기록한다. 예컨대 배의 주거 공간의 배치는 그 문화와 배를 타고 있던 사람들의 사회 계급을 알게 해 주며, 화물의 적재 양상은 그 배가 입항한 항구의 순번을 알게 해 준다. 아무리 하찮은 자료일지라도 무시할 수 없다. 더욱이 발견 내용이 정확하게 기록되고 평가와 재해석이 공개적으로 이루어지지 않으면 고고학계에서는 해석을 유효하다고 인정하지 않는다. 벨리퉁 섬의 난파선에선 이 같은 일은 없었다. 적어도 처음에는 매우 절박하게 우선해야 할 문제가 생겼다.

트레팡 잠수부들이 도자기 몇 개를 찾아내어 시장에서 팔게 되자, 그 소문이 퍼져 그 현지의 술룽 세가라 자바라는 회사가 인도네시아 정부의 난파선 조사위원회로부터 허가를 얻어 문제의 난파선을 발굴하게 되었다. 거기에 곧이어 가담한 것은 독일의 토목 엔지니어였다가 수중탐색가가 된 틸만 발터팡Tilman Walterfang이 소유한 시베드 엑스플로레이션즈였다. 이 두 회사는 신속하게 작업을 진행했다. 그렇게 하지 않으면 당장 약탈당한다는 걸 과거의 아픈 경험을 통해 알고 있었다. 그런데 1998년 8월 인도네시아는 국가 붕괴의 위기에 처하게 되었다. 수하르토 장군이 실각되고 1000명 이상이 폭동으로 사망했다. 분리주의가 기승을 부리고 국외 탈출자들과 그 재산이 국외로 빠져 나가고 있었다. 발터팡은 일손을 놓았고 그들의 장래의 부는 바다 밑에 그대로 남게 되었다. 작업 팀은 일을 계속해 몬순 때문에 작업이 중단되기 전 9월과 10월에 될 수 있는 한 많은 화물을 인양했다. 우려한 대로 지방의 도굴자들이 재빨리 움직이기 시작했다. 발터팡은 매리타임 엑스플로레이션즈라는 다른 엔지니어 출신 마이클 플레커Michael Flecker가 소유한 회사와 계약을 하고 이듬해 나머지 발굴작업을 하고 과학적 분석을 다시 하도록 했다. 플레커는 이 해역에서 수십 회 이상이나 침몰선을 발굴한 경험이 있었으며, 해사고고학의 박사학위도 가지고 있었다.

지금 알고 있는 것은, 벨리퉁 섬의 침몰선에 실려 있던 도기제품은 중국 내의 최소 5개소에서 각각 제조된 대량 생산품이었다. 중국 연안을 따라 광저우廣州까지 운송되고 거기서 문제의 배에 적재되었다. 이 배는 오만에서 지금도 사용되고 있는 배와 유사하며 그 자재인 목재는 본래 중앙아프리카와 인도에서 재배된 것이었다. 선원은 아마 아랍인, 페르시아인, 말레이인으로 다국적으로 구성되었으며, 화물의 최종 고객은 수도가 바그다드인 압바시드 왕조의 상·중류 계급이었을 것이다. 이 배는 몬순 바람을 타고 광저우에서 남서쪽으로 향했다. 아마 도중에 식료와 물을 보급받고 난 후 스리비자야의 세력권 내에 들어가서 암초에 부딪혀 침몰되었을 것이다. 그렇다고 한다면 이 발굴된 배의 화물의 소유권은 누구에게 있을까? 발터팡에 따르면 답은 간단하다. 바로 자신이다. 그리고 그에게서 구매할 용의가 있는 사람이다. 도기가 보존과 손질을 위해 인양되고 침몰선의 유래에 대한 조사가 시작되자, 한편에서는 논쟁이 시작되었다.

최종적으로 싱가포르만 발터팡이 요구하는 금액을 지불하고 이 보물을 갖고 싶어했다. 이 유물의 취득을 배후에서 추진한 사람은 파멜리아 리Pamelia Lee, 당시의 싱가포르 관광국장이자 장기간 싱가포르 수상을 역임한 리콴유Lee Kuan Yew의 처제였다. "싱가포르도 이젠 삶의 질을 높일 품격을 생각할 때가 왔다고 생각했습니다"라고 그녀는 당시를 되돌아봤다. "나라가 부유해지면 모두 뿌리를 구축해야 합니다"[8] 당시는 싱가포르의 센토사 섬에 거대한 리조트 시설의 건설을 계획하고 있었는데, 거기에 관광객을 유치하면 그 유물에 지불한 대금을 회수할 수 있을 거라고 생각했다. 2005년 4월, 싱가포르 통상산업부 산하에 있는 센토사 코포레이션이라는 국영 기업이 적재화물을 3200만 달러에 매입하기로 발터팡과 합의했다고 발표했다. 그 절반은 동남아시아 최대 부호의 한 사람, 은행·호텔 왕인 쿠 탄스리邱德拔가 부담했다. 이 거래는 센토사의 개발계획—새 해양박물관을 건설해 침몰선들로부터 인양된 유물을 소장하는 일 —을 핵심적 목적으로 삼았다.

2011년 전반기, 해양박물관의 건설 중에 "당대唐代의 보물" 일부가 싱가포르의 해변지구에 있는 예술과학 박물관에 전시되었다. 그 이듬해에 워싱턴 DC의 스미소니언 박물관에 전시할 계획이었으나 거기에 미국 고고학자 단체가 개입했다. 일개 민간기업이 이 같은 희귀하고 귀중한 유적을 발굴하도록 허용한 것에 대해 반발했던 것이다. 스미소니언이 도굴을 부추겼다고 비난하는 사람도 있었다. 한쪽은 어떠한 경우에도 최고의 고고학적 관행이 지켜져야 한다고 생각한 사람들이고, 다른 한쪽은 도굴과 발굴 비용이라는 현실적 문제에는 현실적 해결이 필요하다고 생각한 사람들이다. 2011년 4월, 스미소니언은 계획을 접고 전시를 취소했다. 발터팡은 자신을 비판하는 사람들에 대해서 "입신양명을 노리는 자들"이 "또 한 가지 정치놀이"를 연출하고 있다고 비난했다.9) 그 이후 양자 관계는 그다지 개선되지 않고 있다.

더 나쁜 것은, 센토사 섬의 해양체험박물관도 당대의 보물을 무시했다. 거기엔 다른 난파선의 유적은 몇 개 있으나 벨리퉁의 유물은 하나도 없었다. 이 책을 쓰고 있던 시점에 공개되고 있는 건 화물의 극히 일부에 불과했다. 한때 쿠 탄스리 씨가 소유했던 싱가포르의 굿우드 파크 호텔 내의 진열관에 전시되어 있을 뿐이다. 싱가포르 사람들은 세계의 최고급 고고학적 발견에 대해 거의 관심이 없는 것 같다. 파멜리아 리는 이 섬나라 사람들은 여러 가지 측면에 있어서 후난扶南이나 스리비자야의 현대판이지만, 싱가포르 국민은 이 보물의 중요성을 이해하지 못하고 있다고 낙담하고 있다. "저의 전망은, 수년 내에 최고의 생활 용품을 지니게 되면 확실히 무엇인가 다른 것을 찾을 겁니다"라고 그녀는 한숨을 쉬었다.10) 하지만 여기에 한층 심각한 메시지가 숨어 있지 않을까. 싱가포르라는 나라는 전적으로 해상무역 때문에 존립하고 있는데도 불구하고, 싱가포르인은 그 적재화물의 "소유권"의 의미를 모를 뿐만 아니라, 바다에 대한 소유권의 의미도 모르고 있다. 싱가포르는 집산 거점이며 그 항들을 통과하는 동서 물류를 이용해 살아가고 있다. 그렇다고 해서 그것이 부에 대한 소유권이 있다는 의미가 되지는 않는다.

그 현대적 의미는 별도로 하고, 고고학적으로 볼 때 벨리퉁의 난파선에 의해 증명된 것은 남중국해의 교역이 당대唐代 (618년부터 907년까지의 3세기간) 중엽엔 긴밀하게 조직화된 수출산업이 되어 있었다는 사실이다. 중국 각지의 기업들은 특정 시장을 위한 제품을 디자인하고 (필요에 따라 불교의 심볼과 코란의 글귀로 장식해) 대량으로 생산했다. 지방 대리인들은 그 상품을 육로로, 수로로 운송해 해안을 따라 집산 거점으로 운반했다. 거기서 외국 상인들이 장거리 해상운송을 했다. 국내에서의 제조와 외국과의 무역 간에 뚜렷한 분업 체제가 이루어졌다.

당唐의 황제는 이 같은 관계를 권장하기 위해 특별한 조치를 취했다. 초기에는 광저우廣州에 오는 외국인이 살 수 있는 생필품의 제조를 명하고, 교역을 감독할 공식 부서를 마련했다. 말레이 상인 (이들도 누산토일 것이다)이 다수 광저우로 이동해 왔으며 아랍인, 페르시아인, 아르메니아인, 인도인도 찾아왔다. 그들은 자국으로부터 고급 상품을 가지고 왔다. 페르시아에서는 진주, 양탄자, 광물 (도자기의 유약용 코발트 블루 등), 아랍에서는 유향, 몰약, 대추야자, 인도에서는 보석과 유리제품, 동남아시아에서는 양념류와 향료를 가져왔다. 이 상품들이 중국의 도자기, 명주, 금속품과 교환되었다. 이 해상의 실크의 길, 즉 당-아바시드 왕국 슈퍼 하이웨이는 스리비자야와 스리랑카를 경유해 광저우와 바그다드를 연결하고 있었다. 그리고 그것을 통제하는 자에게 막대한 부를 안겨 주었다.

당唐에선 교역은 황제의 관할이며, 수입은 임명된 관리만 다룰 수 있었다. 즉 환관宦官은 마음대로 뇌물을 요구하고 상인들의 약점을 이용해 착취했다. 부패가 악화 일로로 치달아 758년 10월에 폭동이 일어났다. 페르시아와 아랍 상인들은 도시를 약탈하고 교역을 다른 곳으로 옮겼다. 지금의 베트남의 홍하 하구지역의 지배자들 (명목상으로는 당에 예속되어 있었으나 대개 자치를 유지하고 있었다)은 이 기회에 뛰어들었다. 롱비엔 항이 그 이후 수십 년간 교역로의 종점이 되었다. 그러나 826년경, 벨리퉁 선박이 출범했을 때는 이미 광저우가 그 지위를 회복한 후임에 틀림없었다. 그러나 그로부터 40년 후인 878년 반당反唐 폭도들에 의해 광저우는 점령되었다. 아랍의 한 문헌에 따르면 거기에 살고 있던 아랍인, 페르시아인, 유대인, 기독교인 등 수천명을 찾아내어 학살했다고 한다. 그럼에도 불구하고 살아남은 외국 상인들은 이 해안을 발판으로 삼아 끈질기게 살아온 것 같다.

이 폭동은 전주곡이었다. 906년에 당 왕조가 붕괴하고 그 영토가 분열하고 연안부가 독립을 되찾았다. 이 분열 때문에 이 지역 전체가 바뀌었다. 남서 연안부의 광저우 주변 지역은 독립해 난한南漢이 되었고, 홍하 하구지역의 지배자들은 분리되어 나와 다이베트大越를 세웠다. 다이베트는 그 후 세력을 키워 참파와 경쟁하게 되었고 종국엔 그 영토를 정복했다 (그리고 그로부터 1000년 이상을 지나 베트남이 되었다).

한편 남동안岸에선 지금의 후지안성福建省에 민閩이라는 왕국이 나타났다. 북쪽과 단절되어 있는 민은 바다에서 활로를 구했다. 그리고 10세기를 통해서 민은 완전하게 해양 무역국가가 되어 갔다. 촨조우泉州 항은 활기가 넘치는 산업 중심지로 변하고, 중동 상인이 좋아하는 항이었다. 외국인과 1000년 이상이나 거래하고 난 후 "중국인"이라고 불리는 사람들은 여기서 처음으로 자신들의 배로 대양을 건너는 항해에 나섰다.[11] 이것을 시작으로 항해의 전통이 구축되어 후지안인과 민족閩族 등의 사람들이 남중국해로 그리고 더 먼 바다로 진출했다.

독립한 지 60년이 된 970년에는 남부는 송末의 지배하에 있었으며 그 수도는 북쪽의 카이펑開封에 있었다. 송 왕조의 바다에 대한 생각은 처음으로 내륙국의 통치자들과 일치했다. 즉 위협의 근원이라고 보았다. 바다는 "불량 분자"—밀수업자이든 정치적 적수이든—가 숨는 장소가 될 수 있으며, 외국의 불온사상이 전파되는 장소였다. 985년에 모든 중국 상인에게 국외 여행이 금지되었다. 송末은 선배 격인 당唐을 따라 국가가 무역을 독점했다. 민간 거래는 금지되었고 외국 상선의 화물은 나라의 창구를 통해서만 수입하도록 통제했다. 따라서 왕실이 배에 과세하고 수입품에 관세를 부과하고, 또 화물 일부를 몰수해 국내 고객에게 팔아 이득을 취했다.

그러나 수년 후 송 왕조는 놀랍게도 정책을 180도 변경했다. 987년 송 왕조는 4개의 사절단을 외국에 파견해 교역을 권장했다. 하지만 그것만으로는 충분하지 못했다. 통제를 완화하라는 왕실을 향한 압력이 점점 거세졌다. 연안의 상인들은 이익을 추구하고 국내 소비자는 외국 제품을 탐내고 국가 재정은 관료직을 뒷받침하기 위해 세수가 필요했다. 989년 중국의 민간 선박은 무역을 위해 국외로의 항해가 허가되었다. 몇 세기 동안 수입만 하는 교역의 입장으로부터, 마침내 10세기 후반에 중국 상선이 공식 허가를 얻어 자신들의 독자적인 무역 항해를 하게 되었다. 세금의 경감책도 있었다. 국가에 자동적으로 징발되던 몫의 수입품은 종전의 절반으로 인하되었으며, 그 후에는 더 줄었다. 조선업자는 외항선의 건조법을 배웠다. 중국 내륙의 물 장사에서 알게 된 발명 기구를 이용하여 방수 구획실과 선미의 키를 만들었다. 그러나 몇 세기 전부터 중국 연안을 방문하던 말레이 배를 부분적으로 모방하기도 했다. 이 배들은 "포po"라고 불렀는데 이것도 그 어원은 말레이어다.

1069년 이후 여러 해 동안 송 왕실의 관리 왕안시王安石가 무역을 촉진해 나라의 세입을 늘리기 위해 개혁에 앞장섰다. 자유주의 경제의 초창기 실험으로서 수입세를 인하하고 무역의 관리를 각 항에 위임했다. 이것은 성공이었다. 20년이 지나기 전에 무역액은 두 배가 되었다. 다른 한 개혁은 한층 광범위한 영향을 가져왔다. 왕실은 동전의 수출을 해금 조치했다. 이 통화는 급속히 남중국해 교역 네트워크 전체에 확산되고, 먼 수마트라와 자바에서도 송전宋錢이 교환 매개수단으로 쓰이게 되었다.

1090년에 중국선은 모든 항으로부터 외국으로의 출항 허가를 받게 되었으며, 무역 수익은 훨씬 널리 확산되었다. 이런 추세에 의해 후지안福建 무역상은 그때까지 외국인이 독점해 왔던 사업에 진출할 수 있었다. 그리고 외국인들처럼 몬순을 따르고 외국 항에서 순풍을 기다려야 했다. 머물고 있는 동안 그들은 그곳에 뿌리를 내리기 시작했다. 항해의 여신을 모시는 사당을 짓고 중국인 거리를 조성했는데 차이나타운의 효시인 셈이다. 그럼에도 불구하고 규제가 완전히 없어지지 않았다. 중국선은 항을 떠나서 9개월, 즉 몬순의 한 주기 이내에 돌아와야 했다. 귀국하기 전에 수마트라까지밖에 갈 수 없었다. 서인도양은 여전히 아랍과 인도, 스리비자야 배의 활동 무대였다. 그러나 중국 상인 중에서도 대담한 사람들은 개의치 않고 인도와 페르시아 만까지 진출했다.

그러나 국내에서 송의 왕실은 압력을 점점 더 받게 되었다. 1126년 송은 만주에서 온 여진족女眞族의 침공을 받아 북부의 지배권을 빼앗기고 동안東岸의 항조우杭州로 수도를 옮겼다. 그 결과, 위기 가운데 중국선은 외국으로의 출항이 금지되고 사치품의 수입도 거의 전면적으로 중단되었다 (단, 주목할 것은 관리들의 벨트 바클을 만드는 데 필요한 상아는 예외였다). 하지만 이 위기도 길어야 6년 계속되었을 뿐 송 왕조는 다시 무역의 자유화를 실시했다. 14년이 지나기 전에 무역정책은 위기 이전의 수준으로 거의 완전히 복귀했다. 무역의 필요성은 압도적으로 컸다. 1160년대에 촨조우泉州의 외국인 공동체는 그 규모가 너무 커져 전용 묘지가 필요할 정도였다. 그 상인들의 대부분이 이슬람교도이고, 이때 이미 이슬람교는 참파에 뿌리를 내리고 있었으며 중동의 이슬람교도와 그리고 중국에서 늘어나고 있는 이슬람교도와 참파는 양호한 관계에 있었다.

그 후 송 왕조는 또 한 세기를 지속한다. 전체적으로 보면, 906년 당왕조의 멸망부터 1279년 송 왕조의 멸망까지의 시기는 남중국해 주변의 상업에 있어서 초기의 "황금시대"였던 것 같다. 중국과 인도의 변화 그리고 이슬람교도의 상업활동의 활성화에 의해 교역이 폭발적으로 증대하고 막대한 부가 생겨났다.[12] 참파 왕조 가운데서 가장 강대했던 비자야국Vijaya은 이 시기에 번영했는데, 한편 스리비자야는 1025년 인도 남부의 쏠라 왕국의 침략을 받아 세력이 쇠퇴했다. 이 때문에 수마트라, 자바, 발리, 보르네오 그리고 동남아시아 본토 연안에 여러 항이 등장했다. 필리핀의 섬들 (중국의 문헌엔 부투안蒲端, 마이麻逸라고 불리고 있다)도 교역 상대로서 기록되기 시작했다. 1981년 필리핀의 민다나오 섬의 끝자락에 있는 도시 수리가오에서 놀라운 황금 보물이 대량 발견되었는데, 이 발견은 이때 이미 힌두화된 부유한 지배층이 존재했음을 시사한다.

새로운 상품이 교환되고 사람과 영토가 지역 규모, 나아가서 궁극적으로는 지구 규모의 교역 시스템 속으로 편입되어 갔다. 그러나 13세기 말엔 이런 융성이 종말에 온 것 같았다. 1275년 스리비자야의 중심 항 잠비는 자바의 공격을 받아 파괴되었다. 동시에 몽골인들은 북으로부터 송의 영토로 진격했다. 1279년 몽골에 의한 후지안福建과 광저우廣卅의 정복으로 인하여 한 세기 후 몽골이 세력을 잃을 때까지 계속된 지역무역은 전면적으로 쇠퇴했던 것 같다. 그 대신, 몽골이 세운 유안元 왕조가 바다의 지배권을 탐내게 되자 남중국해는 충돌의 무대로 변했다. 유안의 황제 쿠빌라이 칸은 14회의 해외파견을 실시해, 특히 참파와 자바를 공격하고 파괴했다. 그러나 해상무역에서 부를 얻지 못한 유안은 그 패권을 유지하는 데 필요한 여력을 창출할 수 없었다. 1368년에 유안은 역사의 뒤안길로 사라져 버렸다.

유안元 다음에 등장한 왕조가 밍明이었다. 밍은 건국하자마자 민간 해외무역을 금지하고 다시 완전히 국가의 관리하에 두려고 했다. 교역 관계는 공식적으로는 "조공朝貢" 형식으로 되돌아가고 개방 시장은 사라졌다. 광저우가 "합법적" 항으로서 동남아시아에서 오는 배들이 정박하는 항으로 지정되었다. 그러나 이미 4세기 가까이 중국 상인은 사적 무역을 해 왔으며 대리인과 가족의 조직에 의한 인프라도 지역 주변에 갖추어져 있었으므로 특히 후지안성福建省의 상인 간에는 비공식 무역이 끊이지 않았다. 마지막엔 밀무역이 성행했는데, 특히 국외에 나와 있는 중국인 공동체가 "조공" 무역을 은신처로 사용하는 경우에는 밀무역 거래가 더욱 심했다. 그러는 사이에 밍은 내륙의 문제 때문에 바다에 등을 돌렸다. 하지만 그 이전에 중국의 국력을 바다에 과시하는 거대한 사업이 전개된다. 30년간의 "환관의 항해"다.

* * * * * *

제오프 웨이드Geoff Wade는 오스트레일리아 역사학자이며, 밍조明朝와 그 연대기《밍시루明實錄》를 연구한 냉철한 전문가다. 그를 화나게 만들고 싶으면 개빈 멘지즈Gavin Menzies가 쓴《1421 — 중국이 신대륙을 발견한 해》에 대해 질문을 하면 된다. 이 책은 중국의 환관 젱헤鄭和 제독의 이른바 "위업"을 기술하고 있다. 그러나 웨이드는 비웃을 뿐이다. 그에 따르면, 멘지즈의 저서는 "놀랍게도 진실이라고는 한 마디도 없는, 아예 믿을 수 없는 책이다. 환관 제독은 그 책에선 세계를 일주했다고 말하고 있으나 실제로는 아프리카 너머에는 가지 않았다. 중국 문헌이나 다른 문헌에도 그런 얘기는 없었으며, 아시아 밖에서 중국의 난파선은 한 척도 발견된 적이 없고 아시아 바깥에는 밍明의 정착지라든가 건조물은 존재하지 않는다. 이런 장대한 픽션 (가공의 얘기)이 논픽션 (비소설 기록물)으로서 출판·판매된다는 건, 멘지즈 씨로선 창피스러운 일이고 더 죄가 무거운 측은 이 책을 펴낸 출판사다"[13] 웨이드보다 화를 더 심하게 내고 있지는 않지만, 멘지즈의 책에 대한 견해는 전문 역사학자 간에는 대동소이하다.

멘지즈의 책은 대부분이 창작이었을지 모르지만 쩡헤鄭和가 매력 있는 역사적 인물이었음에는 틀림없다. 쩡헤는 윈난雲南 출신의 이슬람교도였는데 밍明의 침공 시 체포·거세되고, 그 후 밍의 제3대 황제의 왕위 계승을 위한 전투의 승리에 공헌한 인물이다. 쩡헤는 지금은 대단히 유명한 사람인데, 한때 무명 인사였다는 건 믿기가 어렵다. 그것이 변한 것은 1984년 10월, 중국의 지도자 덩샤오핑鄧小平은 공산당중앙자문위원회에서의 연설에서 이 제독을 내세워 서구와 교류하는 "문호개방" 정책을 정당화했다. 그 이후 쩡헤는 베이징의 "평화적 굴기"라는 정책의 이미지 캐릭터가 되었다. 중국이 세계와 교류하는 데 있어서 귀감이라는 것이다. 2004년 쩡헤의 첫 항해 600주년을 기념하는 성대한 식전이 개최되었는데, 이를 조직한 교통운송부 차관 수주유안徐組遠은 쩡헤의 업적에 대해 공식 견해를 이렇게 요약했다. "이것들은 참으로 우호적 외교 활동이었다. 서해로의 일곱 번에 걸친 항해를 통해서 쩡헤는 한 평의 땅도 점령하지 않았으며 요새도 구축하지 않았고, 타국으로부터 부를 빼앗지도 않았다. 상업과 교역 활동에 있어서도 받는 것보다 더 많이 주는 걸 실천했다. 그래서 가는 도중 여러 나라에서 환영받고 칭송받았다"[14]

하지만 제오프 웨이드의 주장은, 쳉허에 관한 이 이야기도 멘지즈의 책과 거의 다름없이 오도하고 있다는 것이다. 웨이드가 연구한 《밍시루 明實錄》에 따르면, 1403년부터 1430년대 전반까지 여러 명의 환관 사령관 들에 의해 25회의 항해가 있었으나 그 중에 쳉허가 인솔한 건 불과 5회 뿐이었다. 항해의 대부분은 동남아시아 행이고, 쳉허가 유명해진 건 그 의 함대가 훨씬 멀리 인도양 주변까지 갔기 때문이다. 웨이드에 따르면 이들 항해는 평화 사절이 아니고 명백한 세력의 과시였다. 각 원정마다 배는 50~250척, 승선한 병력은 2만명 이상, 당시로서는 최신예 무기로 무장하고 있었다. 그 목적은 분명히 충격적이고 위협적이었다. 1405년 에 명령을 받은 최초의 항해에서 쳉허는 수마트라 섬의 팔렘방에 정박 해 밍明 왕실로부터 도망와 있는 첸주이陳祖義를 추적해 체포했다. 이때의 전투에서 5000명이 사망했다고 기록되어 있다. 또 같은 항해 시 쳉허의 무적함대는 자바의 군과 싸웠다. 웨이드의 생각으로는, 이 군대는 아마 마자파히트 왕조, 당시 남중국해에서 중국과 패권을 다투고 있던 적대 국가의 군일 것이다. 또 1411년의 항해에서 쳉허는 스리랑카의 시에 침 입, 군을 섬멸하고 괴뢰 지배자를 임명해 놓고 왕을 중국으로 연행했다. 1415년 수마트라 내전에 개입했으며, 또 아라비아 반도에서 쳉허의 군대 가 잔학 행위를 범했다는 기록도 있다.[15]

웨이드에 따르면 쳉허의 배로 수많은 지배자와 대사들이 중국으로 이송되었다. 이로써 알 수 있는 건, 그들이 강제적으로 연행되었으며 그 로써 밍 왕조는 항과 항로를 확보할 수 있었다는 것이다. 1405년 이 제 독은 멀래카에 수비대를 설치했다. 멀래카는 불과 3년 전에 건설된 도시 인데, 이 도시에 힘입어 밍은 그 도시가 바라보는 해협을 지배할 수 있 게 되었다. 그 보답으로 쳉허는 그곳 지배자에게 왕의 칭호를 부여했다. 이런 항해의 전체적 목적은 두 가지였던 것 같다. 하나는 교역 루트를 지배하는 것이고 다른 하나는 외국 지배자에게 충성을 강제적으로 맹세하게 함으로써 왕위를 찬탈한 밍의 황제에게 국내에서의 정통성을 부여하는 것이다. 이것은 중국 정부가 선전하는 "빛나는 평화와 우호의 사절"이라는 공식 젱혜의 상像과는 거리가 한참 멀다. 결국, 이 "함포 외교"는 꼬박 30년으로 끝났다. 질투심이 강한 왕실 관리들이 젱혜의 발목을 잡았다. 정책의 우선순위는 국내로 향했다. 젱혜의 해도海圖는 불태워지고 배는 썩을 정도로 방치되었다. 중국은 그 후 남중국해에 도달 가능한 외항선이라곤 한 척도 갖지 못했다. 그 후 500년 만에 입수한 한 척은 미국으로부터 얻은 것이었다.

그러나 중국 공산당은 신화가 역사적 사실보다 영향력이 크다는 걸 알고 있다. 동남아시아에서 "해양에서의 협력"의 필요성이 논의될 경우나 동아프리카에서 투자계약의 체결을 축하할 경우, 지금도 이 상냥한 외교관 젱혜가 내세워진다. 공산주의 중국에선 "공식 역사"가 일반적으로 중요한 역할을 하는데, 이는 천안문 광장의 중국국가박물관을 잠시 돌아보면 알 수 있다.

이 박물관은 공산당 통치의 정당성을 주장하고 정적을 폄하하기 위해 있다. 특정한 역사의 줄거리가 일단 당의 교리가 되면, 그것에 도전하는 건 출세의 길을 막는 불복종 행위가 된다. 그러나 증거로써 이를 지지하면 보상을 받는다.

1986년 중국의 국가문물국은 수중고고학연구실을 창설, 중국역사박물관 중국국가박물관의 전신이 운영을 하도록 했다. 이 결정이 신속하게 추진된 이유는 풍부한 자금을 가진 일부 외국인에게 멀리 있는 침몰선에 대한 소유권을 빼앗기지 않을까 하는 우려 때문이었다. 하지만 목적은 그것만이 아니었다. 수중고고학연구실의 첫 해양조사는 중국이 실효지배하고, 베트남이 영유권을 주장하고 있는 파라셀 군도 (서사 군도)에서 이루어졌다. 1999년 3월 연구실 실장 장웨이腸風는 907년의 유물 1500점을 바다로부터 회수했다고 발표하고, 파라셀 군도에 "가장 오래전에 거주한 건 중국이었다는 것이 증명"되었다고 주장했다. 장웨이 실장보다 당파심이 강하지 않은 고고학자들은 크게 웃었다. 907년이라면 당唐이 무너진 직후다. 따라서 그 침몰선은 막 독립한 민閩에서 출항한 최초기의 배라고 생각하는 게 타당하다. 그러나 말레이 배이거나 아랍 배일 확률이 훨씬 크다. 중국 도자기는 이 지역의 전역 그리고 그 너머에까지 수출되고 있었기 때문이다. 어느 암초에서 도자기가 발견되었다고 하더라도 그건 중국의 역사적 영유권의 증거가 되지 않는다. 중국의 헤난성河南省 안양시安陽市에 있는 청동시대의 묘에서 수천 점의 자패紫貝 껍질이 발견되었다고 해서 헤난성의 영유권을 필리핀이 주장할 근거가 될 수 없는 것과 같은 이치다.

장웨이가 초대 실장에 임명된 것은 역사적 자료를 학문적으로 분석하기 위한 것은 아니었다. 2005년 수중고고학연구실을 국제기념물유적회의에 소개했을 때, 장웨이는 "난사 군도 南沙群島 (스프래틀리 군도)에서 한두 척의 침몰선의 발굴" 준비가 진행 중이라고 설명했다. 그리고 "그 발굴 결과는 중국이 남중국해 섬들에 주권이 있다는 걸 의심할 바 없이 실증할 수 있을 것"이라고 언명했다.[16] 이 연구실과 중국의 외교정책 간에는 공생관계가 있다. 수중고고학연구실은 이 지역의 다른 고고학자들이 꿈도 꿀 수 없을 만큼 예산을 많이 가지고 있다.[17] 칭다오시青島市에 있는 "조사기지"만으로도 2400만 달러가 소요되었고 그 밖에 후베이潮北, 하이난海南, 후지안福建에도 센터가 있다. 그리고 새 조사선도 보유하고 있다.[18] 주강珠江 하구의 침몰선 "난하이 1호"의 발굴엔 무려 1억 5천만 달러가 투입되었다. 그래서 이 연구실은 이 은혜에 보답하기 위해 나라에 충성으로 봉사하고 있다. 공식 역사를 강화하는 "증거"를 발견한 중국은 남중국해에 대해 논의의 여지가 없는 주권을 가지고 있다는 이야기를 강화하고 있다.

그 바다의 반대편에서 다른 수중고고학자들은 그와 다른 이야기를 연구하는 데 더 많은 어려움을 겪었다. 2012년 4월, 마닐라의 필리핀 국립박물관은 프랑스와 필리핀의 공동 조사를 기획하고, 필리핀의 주도主島인 루손 섬의 서쪽 220km에 있는 스카버러 암초의 침몰선을 조사했다. 지원선 사란가니 호를 기지로 하여, 조사단은 최선의 방법을 따랐다. 즉 유적을 그 자리에서 조사하고, 상업 목적이 아닌 그리고 다른 전문가가 검토하도록 조사 결과를 공표할 뜻이었다. 하지만 그때 중국의 해양 조사선이 나타나 철수를 명령했다. 그 침몰선은 중국의 것이라는 이유에서다. 중국의 고고학자에게만 유적 조사가 허용된다는 것이고, 이는 논의의 여지가 없는 중국 주권의 "증거"를 다시 발견할 수 있었던 결과가 되었다.

이 같은 어려움이 있었지만 빅토르 파즈, 피터 벨우드, 빌헬름 솔하임, 피에르 이브 망강 그리고 다른 동료 학자들의 힘으로 증거는 충분히 수집되었다. 그 증거는 남중국해에 대한 이야기가 중국 측의 이야기와 아주 판이하다는 걸 보여 주었다. 이 바다는 여러 나라의 사람들이 교환과 교역을 했던 장소였으며, 영유권과 관련한 문제도 오늘 제기되고 있는 것과는 전혀 다르다. 16세기 전반까지 동남아시아를 지배하고 있었던 것은 인도의 영향을 받은 "만달라 국가" 군群이었다. 그러나 권력이 한 패권국으로부터 다음 패권국으로 정연하게 이양되지는 않았다. 그 세력이 흥하는 것도, 망하는 것도 점차적으로 진행되었다. 장구한 세월 동안 그렇지 않은 때가 많았다. 메콩 하구의 후난扶南은 1세기부터 4세기까지 지배권을 쥐고 있었다. 지금의 베트남 중부에 있던 참파는 6세기부터

15세기까지, 수마트라의 스리비자야는 7세기부터 12세기까지, 메콩 하류의 앙코르는 9세기 전반부터 1430년대까지, 자바의 마자파히트는 12세기부터 16세기까지, 그리고 말레이 반도의 멀래카는 15세기 전반부터 포르투갈이 몰려온 16세기 전반까지 각각 지배권을 쥐고 있었다. 오늘날 중국이라고 하는 지역인 남중국해의 북안 지역을 통치한 세력이 다른 정치권의 문제에 개입한 적은 있었지만, 그런 예는 드물었고 단기간이었다. 어떠한 의미에서도 이 바다를 "소유"했던 나라나 사람은 존재하지 않았다. 1975년 9월, 덩샤오핑은 베트남 공산당 서기장 레 두안Le Duan에게 남중국해 섬들은 "고대로부터 중국의 것"이라고 말했다고 한다.[19] 이 발언은 1975년 11월 중국의 세 개의 출판물에 처음으로 공표되었다.[20] 그 이후 이 말은 수없이 반복되어 왔다. 하지만 앞으로 알게 되겠지만, 증거를 검토해 보면 이 같은 의미의 소유의 개념은 고대로부터 내려온 게 아니라 최근에 나온 것이다.

중국

추강

시아먼

후지안성

타이페이

타이완

광동성

광저우

타이완 해협

광서

마카오

카오슝

홍콩

하노이

하이퐁

장장

프라타스 군도

루손해

톤킨만

하이코우

하이난 섬

제2장

지도 地圖 와 선 線

1500년~1948년

루손

수빅만

남 중 국 해

보 디 아

캄란만

프놈펜

노스 댄저 둑

리드 둑

시투 섬

아투아바 섬

팔라완

호치민시

푸키

스프래틀리 군도

콘손 섬

스프래틀리 섬

밴가드 둑

루이자
암초

코타키나발루

사바

반다르 세리 베가완

브루네이

나투나
(인도네시아)

사라와

레 이 시 아

쿠칭

2008년 1월, 옥스퍼드대학의 보들리안도서관, 채광·습도 조정이 잘되고 있는 지하실, 스프래틀리 군도로부터 약 5500해리 떨어진 이 장소에서 로버트 배첼러Robert Batchelor가 펼쳐 놓은 한 두루마리는 남중국해의 역사에 대한 우리의 인식을 송두리째 바꾸어 놓았다. 그것은 지도였다. 길이 1.5m, 폭 1m, 현재 동남아시아라고 부르는 지역이 그려져 있다. 동북쪽의 일본으로부터 남쪽의 수마트라 섬, 티모르까지가 포함된다. 하지만 이것은 예술품이기도 했다. 350년간 이 도서관에 보관되어 있었는데, 섬세하게 채색된 그 산수화를 보고 많은 사람들이 탄복해 왔다. 옅은 녹색의 바다가 대나무, 소나무, 백단향 나무들에 둘러싸여 있다. 언덕과 냇물 그리고 수목들도 실물처럼 생생하게 그려져 있다. 그러나 배첼러의 눈에 들어온 것은, 그때까지 수세기 동안 아무도 발견하지 못한 것, 즉 중국 남부의 촨조우泉州 항으로부터 쭉 그어 놓은 그물 모양의 옅은 선이었다. 이 선은 촨조우를 나가사키에서 마닐라, 멀래카 그리고 그 너머 저쪽까지 이 지역의 모든 항과 연결하고 있었다. 더욱 놀라운 것은 모든 루트에 항해 지시가 표시되어 있는 점이었다. 방위와 거리가 중국식으로 적혀 있었다.

미국의 역사학자 배첼러가 재발견했던 것은 아시아의 무역 하이웨이 안내도였던 것이다. 그것에 의해 17세기의 중국에 대한 이미지, 즉 내향적인 고립주의 대국이었다는 이미지는 무너졌다. 그 지도가 표시하고 있는 건, 바다와 연관이 있는 중국 그리고 바다를 통해서 넓은 세계로 연결되고 있는 중국의 모습이었다. 그것은 또 정식 국경에 의해 고통을 받지 않는 지역의 모습이기도 했다. 왕국들과 봉토封土들이 모두 연결되어 있었다. 이 지도가 만들어진 시대에 지배자들 사이의 경계가 오늘날 이 지역을 분할하는 국경과는 전혀 다른 성격을 가지고 있었다. 그렇지만 그 성격은 이 지도가 그려졌을 당시에 서서히 변하기 시작하고 있었다. 그 원인이 된 것은, 세계의 반대편에서 벌어지고 있는 제국 간의 전투 그리고 사상가 간의 논쟁이었다. 이러한 전투와 논쟁은 모두 현대 국제법의 기초가 되고, 또 새로운 국경관을 가져왔다. 그것이 지금도 남중국해라는 해역을 어지럽히고 있다.

이 지도의 내력이 그런 사실을 뚜렷이 보여 주고 있다. 이 지도에 따르면 1600년대에 이미 유럽과 아시아는 강하게 연결되어 있었다는 걸 알 수 있다. 이 지도가 보들리안도서관에 기증된 것은 1659년, 소유자 존 셀덴John Selden의 사후다. 이 사람은 17세기의 영국에서 최고 법학자의 한 사람이었다. 셀덴은 자신의 유서에서 이 지도는 "한 영국의 사령관"이 입수한 것이라고 했다. 하지만 어느 사령관인지는 쓰지 않았다. 로버트 배첼러는 몇 년이나 열심히 조사하고 나서야 알아냈다. 1620년 여름, 영국 동인도회사의 엘리자베스 호라는 배가 대만 항에 들러 거기서 한 척의 배—중국선 혹은 일본선—의 승객 중에 포르투갈인 도선사 1명과 스페인인 사제司祭 2명이 포함되어 있는 걸 알았다. 엘리자베스 호 선장 에드먼드 레미즈Edmond Lemmys는 이것을 구실로 삼아 그 배와 화물을 몰수했다—그리고 배첼러가 믿는 바로는—이 지도도.[1] 셀덴의 유서에 따르면,

문제의 영국 사령관 (그가 누구이든 간에)은 "막대한 보상금으로 반환을 강력히 요청받았지만" 그 지도를 돌려주는 걸 거부했다. 사령관은 이 지도를 보자마자 그 가치를 알아차렸을 것이다.

셀덴이 이 지도를 어떠한 경위로 입수했는지 알 수 없으나, 그는 하원의원이었으며 영국 동인도회사의 주요 투자가들과 잘 아는 사이였다.[2] 로버트 배첼러는 이 지도는 길고 힘든 여행을 거쳐 1624년 잉글랜드에 도착했다고 믿었다. 아마 그것은 전리품으로 팔렸거나, 아니면 유력한 후원자에게 선물로 건네졌을 것이다. 존 셀덴은 선물을 받기에 이상적 인물이었을 것이다. 영국의 정치 경제를 이끄는 엘리트 집단의 핵심 인물이었으며 법학계에서도 선구자였다. 지금 그의 명성이 가장 잘 알려져 있는 것은, 자국 주변의 바다에 대해 영유권을 주장하는 국가들에 대해 그 법적 근거가 되는 논의를 가장 일찍 제창한 인물이기 때문이다. 잘 알려지지 않은 부분은 국제법의 주요한 기초가 된 셀덴의 공헌이 작은 기름진 생선에 관련된 논쟁이라는 점이다. 유럽의 청어의 운명이 아시아에의 접근을 둘러싸고 논란에 휩쓸렸다. 그것은 바다의 자유를 둘러싼 다툼이었으며, 세계의 자유무역과 경제적 지배를 둘러싼 분쟁이었고 그 분쟁의 근본 원인은 1세기 전의 발견들에 있었다.

* * * * * *

1498년 5월 바스코 다 가마Vasco da Gama가 인도에 도착했다. 인도와의 관계는 처음에는 별 문제가 없었으나 그 후 곧 악화되었다. 그는 유럽으로부터 먼 길을 항해해 온 최초의 인사라는 사실 때문에 처음엔 명사의 대접을 받았으나, 그가 지참한 포르투갈 산 선물로는 칼리커트Calicut의 군주 자모린Zamorin의 환심을 살 수 없었다.

명주와 상아와 황금을 좋아했던 자모린에게 다 가마da Gama가 내놓은 주홍색 코트와 모자와 기름과 벌꿀은 모욕으로 생각되었다. 더 안 좋은 것은, 칼리커트의 유럽과의 무역은 이미 아랍과 페르시아 상인이 좌우하고 있었으며, 그들은 다 가마가 주는 위험을 알아채고 칼리커트로부터 그를 추방할 것을 공모했다. 그래서 자모린은 다 가마를 추방했으며, 몬순에 대한 지식이 없는 다 가마는 포르투갈로 돌아가는 데 곤란을 겪고 선원의 3분의 2를 잃었다. 그럼에도 불구하고 이 원정 비용을 치르고도 남을 정도로 많은 향료를 가지고 와, 스폰서인 포르투갈 왕 마누엘Manuel 1세는 기뻐했다. 아프리카를 돌아서 인도로 가면, 포르투갈 상인은 이교도인 아랍인을 앞지를 수 있다. 또한 그때까지 베네치아 상인이 동지중해를 지배하는 요새를 통해 무역을 독점하고 있었으나, 그 독점을 타파하는 것도 가능했다.

향료와 기타 사치품을 아시아로부터 유럽으로 운송하는 데는 단 한 번의 항해로 운반하는 게 종래의 아랍-베네치아 노선—단거리 항해와 육상의 대상隊商과 결합하는—보다 훨씬 더 저렴하고 안전했다. 화물도 대포도 운반 가능한 포르투갈의 현대식 대형 무장상선은 재빨리 이 무역을 장악하게 되었다. 불과 몇 년 후 고아Goa에 기지를 구축해, 칼리커트를 지나 벵갈 만을 건너 멀래카 해협에 이르는 해로를 확립했다. 멀래카 해협이라고 하면 향료 군도Spice Islands로 가는 관문이다. 불운하게도 멀래카의 술탄Sultan (회교국의 군주)은 그들을 그냥 통과시켜 줄 생각이 없었다. 그의 통치는 지금의 인도네시아와 말레이시아 간을 통과하는 화물에 대한 과세에 의존하고 있었다. 멀래카는 이 지역의 새 물류 거점이었다. 후난扶南과 스리비자야의 후계이고, 마자파히트의 경쟁 상대였다. 외국 상인들이 붐비고, 그들은 모국과 세상에 알려진 모든 나라들과의 교역을 중개했다. 주민과 체류자를 합해서 인구는 적어도 10만 명이었고, 그 중엔 말레이인, 타미르인, 구자라트인, 자바인, 중국인, 루손인 (루손 섬의 상인) 이 섞여 있었다.

1509년 포르투갈 대사가 술탄과 면담하게 되었다. 이 대사는 10년 전의 바스코 다 가마보다 더 호화스러운 선물을 바쳤기 때문에 포르투갈인은 "재외 상관"을 얻어 거기서 거래를 했다. 그러나 다른 상인들, 특히 구자라트 상인들은 이에 불만을 품고 술탄을 설득해 반역이라고 죄를 덮어씌워 기독교인들을 체포하도록 했다. 1511년 6월, 아폰소 데 알부케르크Afonso del Albuguergue 제독이 이끄는 포르투갈 포함대가 왔다. 협상이 오래 지속되고 있는 동안 제독의 스파이는 틈을 타서 멀래카의 방위 체제에 관한 정보를 수집하고 중국인 상인들 중에 동조자를 발견해 내기도 했다. 술탄이 포로들의 석방을 거절했기 때문에 성聖 야곱의 축일에 데 알부케르크는 공격을 개시했다. 2주 후에 술탄은 도망가고, 1511년 8월 10일 멀래카는 포르투갈 군에 넘어갔다. 그 이후 130년간 그곳은 포르투갈의 지배하에 있게 되었다.

데 알부케르크의 함대에 31세의 장교 페르디난드 마젤란Ferdinand Magellan이 있었다. 아마 전투를 한 후 멀래카 시내를 돌아다니다가 그는 루손 사람들을 만나 그들의 얘기를 들었을 것이다. 10년 후 마젤란은 충성을 다하는 부하들을 스페인에 이동시켜 놓고, 동으로부터 루손 섬과 금이 있는 광산에 도달하기 위해 출범, 1521년 태평양을 횡단해 아시아에 도착한 최초의 유럽인이 되었다. 그 이전의 항해 때처럼 처음엔 따뜻한 환영을 받았다. 세부 섬에선 지배자도, 대부분의 백성들도 기독교로 개종한 것처럼 보였다. 마젤란을 동행한 학자 안토니오 피가페타Antonio Pigafetta에 따르면 섬사람들은 최고급의 도자기를 가지고 나오는 등, 이미 중국과 교역이 있었음을 보여 주었다. 마젤란은 신앙과 칼을 가지고 왔지만 섬사람들이 예수를 믿는 걸 거부하거나 스페인에 대해 불복종하리라고 예측하지 못했다. 그러나 불과 한 달 후 1521년 4월 27일 마젤란은 막탄섬에서 난도질당해 사망했다.

포르투갈인도 우호적이지 않았다. 마젤란을 방해하기 위해 함대를 파견했으며, 마지막엔 티도르라는 향료 군도 (지금은 몰루카 군도 또는 말루쿠 군도라고 불린다) 근처에서 트리니다드 호를 발견하고 거기에 타고 있던 마젤란 원정대의 생존자들을 바로 체포했다. 포르투갈인은 갖은 고난 끝에 간신히 향료 군도에 도달한 마당에, 반대 측에서 온 침입 상인들에게 자신들의 이점을 넘겨줄 수는 없었다. 하지만 이것은 두 기독교 제국 간의 여러 대립 가운데 하나에 불과했다. 그 대립을 해소하기 위해 스페인 왕 카르로스 1세 (신성 로마 제국으로서는 카르 5세)는 누이를 포르투갈 왕에게 시집을 보내고 또 3년 후엔 이 새 동서의 누이동생 이사벨라Isaella와 결혼했다. 이 두 쌍의 정략결혼으로 나중에 생겨난 게 1529년의 사라고사Zaragoza 조약이었다. 이때 처음으로 외부인이 유럽의 제국들 사이에서 동남아시아를 중간에 두고 선을 그었다. 지도를 정확하게 작성한 것은 아니었으나, 그 결과 포르투갈은 그 뒤 인도네시아가 된 향료 군도를 획득했으며, 스페인은 필리핀이 될 지역을 확보했다. 그로부터 5세기가 지난 지금도 이 선긋기는 남아 있다. 필리핀 남부에서 이슬람교도의 반란이 계속되는 것도, 말레이시아의 사바 주州에 대해 필리핀이 전부터 영유권을 주장하고 있는—이 때문에 이 양국은 남중국해의 영유권에 관해 합의를 보지 못한다—것도 근원을 찾으면 사라고사 조약에서 유래한다.

포르투갈인이 멀래카를 찾아온 것은 메이스, 넷메그, 클로브 등의 향료가 목적이었으나, 때로는 운 좋게도 당시 유럽인이 "캐세이Cathy" (중국을 가리킴)라고 부른 신비의 땅으로 가는 입구를 발견했다. 멀래카를 장악하고 있는 마당에, 포르투갈의 동진을 저지할 수 있는 군사력을 가진 나라는 없었다. 밍明 왕조의 중국은 말할 것도 없었다. 1세기 전의 환관 제독에 의한 30년간의 포함외교가 있은 후 당시의 밍에는 해군이 존재하지 않았다. 황제의 관심은 북방 국경에 대한 위협과 국내의 재정 위기에 관한 문제에 쏠려 있었다. 밍은 사상 처음으로 종이 화폐를 발행한 국가이자, 사상 처음으로 하이퍼인플레를 겪은 국가다. 돈이 가치가 없어지면 해군을 유지할 수 없다.

그 후 수십 년간 정식 함대가 쇠퇴하자 비공식 민간부문이 대두하여 수입품에 대한 중국인의 수요를 충족했으며, 세부 등의 시장에 명주와 도자기를 공급했다. 이 시기의 중국의 무역은 "조공"의 형식을 띤 국가사업이라고 인식되고 있었으나, 남동부의 후지안 성에서는 밀무역으로 악명이 높았다. 후지안의 배는 이 지역 전체에 물자를 운반했을 뿐 아니라, 수천수만의 후지안인을 국외로 내보내 원방의 항에 거래소를 설치했다. 이렇게 하여 남중국해 연안에 처음으로 소규모의 차이나타운이 생겨났다.[3] 멀래카에서 포르투갈에 협력한—전투에서도, 그 후로도—것은 이들 중국인이었다.

이 후지안인의 자극을 받아, 포르투갈인은 명주와 도자기의 고장을 찾아나섰다. 멀래카의 동쪽 바다에 마레 다 시나Mare da China 즉 중국해라고 오늘날의 명칭을 최초로 붙인 건 이 포르투갈인들이다. 그 후 일본까지 발을 뻗치게 되자, 그들은 "중국의 남해"를 중국의 동해안의 해역과 구별할 필요가 있음을 깨달았다. 중국인에게 그곳은 그냥 "바다"일 뿐이거나 학식이 있는 중국인에겐 남쪽바다, 즉 난하이南海였다.

현지 도선사에게는 유럽인이 알고 있었던 그런 해도가 없었다. 그들이 축적하고 있는 지식은 항해 안내의 형태로 쓰이고 있었다. 즉 한 지점으로부터 다른 지점으로 가기 위해 배를 조종하는 데 필요한 지침서다. 이런 항해 안내서엔 신화, 전설도 포함되어 있었는데, 특히 유명한 것이

"완리시탕南里石塘"의 전설이다. 1178년의 중국의 기술《초우추페이周去非의 嶺外代答》에 따르면, 이것은 대해 속의 긴 제방인데 가까운 해저에는 물이 흘러들어가는 구멍이 있다고 한다. 도선사의 조언에 따라 포르투갈인 탐험가도 "완리시탕"의 존재를 믿었다. 즉 위험한 암초와 섬들이 장대하게 연결되어 지금의 베트남 연안까지 이어져 있다고 생각하고 있었다. 포르투갈인은 르네상스의 과학이 제공할 수 있는 최고의 기구를 갖추고 있었으나, 그래도 속았던 것이다. 그 후 300년에 걸쳐 이 지역의 지도엔 예외 없이 돛의 모양을 한 완리시탕南里石塘이 그대로 표시되었다. 그러나 1700년대 후반부터 1800년대 전반에 조사가 실시되어, 북단의 파라셀 군도 (시사 군도) 이외에 그러한 것이 존재하지 않는다는 사실이 밝혀졌다. 300년간 군도의 존재에 대한 오해 때문에 대부분의 선원들은 남중국해의 중심으로 배를 몰고 나가지 않았다.

1500년대 초기에 포르투갈인이 찾아온 "중국"은 단일 통일국가는 아니었고[4], 남안南岸의 대부분은 밍의 수도 베이징의 지배를 받고 있지 않았다. 포르투갈인으로는 후지안의 개별 상인과 거래하는 것이 광저우의 국가 지정 입국항의 적대적 관리를 상대하는 것보다 한결 더 용이했다. 당시 중국은 한 가지 특정한 상품을 절실히 필요로 하고 있었는데, 포르투갈은 그걸 공급할 수 있었다. 초기의 하이퍼인플레 때문에 상인은 지폐에 등을 돌리고 은으로 지불할 것을 요구했다. 은이 있는 가장 가까운 곳은 배로 가면 가까운 일본이었는데, 이때 양국의 관계가 최악이었으므로 밍은 1549년 양국 간의 직접적 항해를 금지하고 있었다. 거기에 포르투갈인이 나타나 때마침 적절한 때에 중개역을 맡았다. 나가사키長崎와 마카오를 왕래하면서 일본의 은과 중국의 명주를 매매할 수 있게 되었다.[5]

1567년 밍明의 황제는 마침내 밀무역의 단속을 단념, 후지안 성에서의 민간무역을 해금했다. 그 결과 폭발적인 무역의 성장을 가져와, 몬순 때마다 200척이나 되는 정크선 (전통적 중국식 범선—역자)이 출범하게 되었다.[6] 그 이전 1000년간 "중국 무역"을 지배한 건 동남아시아의 상선이었지만, 대규모의 중국 민간 상선단이 사상 처음으로 그걸 수로써 압도할 수 있게 된 것이다.

독일 학자 안젤라 쇼텐하머Angela Schottenhammer가 말했듯이, 이 변화는 언어에도 나타났다. 처음으로 중국 문헌에 "하이샹海商"이라는 단어가 나타났으며, 게다가 '바다海'라는 중국어 단어의 의미까지 변했다. 옛적에 그 단어는 문명과 미지未知의 세계가 만나는 장소라는 함의가 있었으나, 16세기 중반 이후에는 그 수수께끼 같은 함축이 없어지고 다만 지형을 기술하는 말로 변했다.[7]

밍明의 계속된 개혁은 중국뿐만 아니라 전 세계를 바꾸게 되었다. 1570년 정부는 부득이한 저항에 굴복, 세금을 은으로도 지불하도록 정했다. 하지만 그 수요를 충족할 만큼의 은은 중국에도 일본에도 없었다. 은의 가격은 엄청나게 올랐다. 그때 밍 왕조를 구제한 것은, 멀리 2만km 떨어진 스페인령領인 안데스 산맥 속의 포토시에서 발견된 세계 최대의 은광이었다.

사라고사 조약에 의해 스페인은 필리핀에 기반을 확보하고 있었으므로 마젤란의 후계자들은 1571년 마닐라에 무역 기지를 건설했다. 그들은 바다 건너 저쪽에는 은값이 급등하고 있다는 걸 알고 "아카뿔코 무역"을 시작했다. ("갈레온 무역"이라고도 함. 아카뿔코는 멕시코 남서, 태평양에 면하고 있는 도시—역자). 1세기 이상 동안 갈레온 선박이 태평양을 횡단해 멕시코로부터 마닐라에 연간 약 150톤의 은을 운반, 중국의 금, 명주, 도자기와 교환했다. 포토시의 은은 또 유럽을 경유해 동쪽으로도 대량 운반되었다. 그러나 금과의 교환비율로 비교하면 중국 내의 은값은 유럽의 두 배였다. 안데스의 은을 중국에 수송하고 금과 교환해 그 금을 유럽에 팔기만 함으로써 스페인 제국은 막대한 이익을 얻고 유럽에서의 전쟁 비용을 충당할 수 있었다.[8] 그와 때를 같이하여 유럽의 상류층은 재빨리 중국의 명주와 도자기 같은 사치품을 좋아하게 되었다.

이 같은 "은의 호기"의 덕택으로 마닐라의 중국인 인구는 팽창해 30년 이내에 일만 명에 이르렀으며, 그 대부분은 후지안 성 진지앙의 네 구역의 출신뿐이었다.[9] 마닐라는 남중국해 주변의 동으로 가는 교역 루트의 주요한 착륙장이 되었다. 후지안 상인들은 은뿐만 아니라, 중국 남부의 미래 성장의 종자―문자 그대로―를 모국으로 수송해 왔다. 스페인인은 옥수수, 고구마, 땅콩을 남미로부터 들여왔으며 그 모두가 중국 남부의 땅에서 잘 자랐다. 그것이 이 지역의 농업혁명과 급속한 인구 증가를 가져왔다.

좋든 나쁘든 중국 연안부는 지금은 세계 경제 속에 단단히 통합되어 있다. 중국인, 말레이인, 아랍인, 유럽인의 네트워크를 통해 대포와 통화의 충격이 온 세계로 전해졌다. 16세기 말경엔 스페인 · 포르투갈 제국이 유럽의 아시아 무역을 지배하고 있었다. 하지만 이 제국은 내부로부터 붕괴하고 있었다. 1581년, 폭동과 진압의 20년이 경과한 후, 네덜란드의 7개 주가 스페인 · 합스브르크 제국으로부터 독립을 선언했다. 보복으로 포르투갈은 아시아에 대한 향료 공급을 중단하려고 나섰고, 이에 대한 네덜란드의 대응이 세계를 진동하게 되었다. 네덜란드가 필요로 한 것은 좋은 지도였다.

칼빈파의 기도가 통했는지 그때 등장한 사람이 얀 호이헨 판 린스호텐Jan Huyghen van Linschoten이었다. 네덜란드인이지만 10대에 스페인 여행을 했고 포르투갈 배로 고아, 멀래카, 마카오 (포르투갈이 중국 당국으로부터 거류를 인가받은 촨초우에 가장 가까운 항)의 거류지를 왕래하던 인물이었다. 그는 포르투갈인이 가진 지도와 항해 안내서를 열심히 보고 적어 그의 트렁크에는 사실상 아시아로의 항해 끝에 필요한 중요한 정보가 가득 들어 있었다. 1594년 위험한 항해로 네덜란드에 돌아온 그는 그 자료를 자국인 코넬리스 데 하우트만Cornelis de Houtman에게 건네주었다. 하우트만은 이듬해 처음으로 네덜란드의 원정대를 조직해 동남아시아에 갔으나 결과는 참담했다. 승조원의 3분의 2가 사망했으며, 하우트만은 반텐 국왕의 감정을 상하게 하고 부하들에게 현지인의 살해와 강간을 명한 탓으로, 간신히 살아서 귀국했다. 그럼에도 네덜란드가 독자적으로 향료 군도와 무역을 할 수 있다는 걸 보여 주었다.

1596년 얀 호이헨은 자신의 지식을 공개했다. 항해 기록《이티네라리오》와 지도 (즉시 영어와 독일어로 번역되었다)를 발표해 향료 군도로의 항로에 관한 지식을 유럽 전역에 보급했다. 이렇게 하여 이 지식에 대한 포르투갈의 독점은 타파되었다.[10] 유럽 북부의 기업인들에게 있어서 이것은 이중의 기회였다. 합스부르크의 지배를 타파하는 것과 동시에 일확 천금을 노릴 수 있었다. 1600년 12월 31일 영국의 엘리자베스 여왕의 재가를 얻어 216명의 귀족과 상인이 동인도회사를 설립했다.

그 2년 후 암스테르담에서 여섯 개의 작은 회사가 합병해 영국 동인도회사의 네덜란드 판이 형성되었다. 바로 네덜란드 동인도회사 Vereenigde Oostindische Compagnie (VOC)다. 이 VOC는 무역회사이자 국가 기관으로서 포르투갈과 싸우는 허가가 주어져 있었다. 그러나 포르투갈도 쉽게 물러서지 않았다. 이 양국 간의 경합은 최종적으로는 첫 번째의 "세계대전"으로 이어졌으며 동남아시아의 세력 지도를 재작성하고 국제 해사법 체계를 낳았다. 그리고 그것이 오늘날까지 남중국해에 있어서의 대립의 근원이 되었다.

* * * * * *

16 02년 후반에 VOC는 말레이 반도의 남단에 무역과 군사의 교두보를 구축해 놓고 있었다. 말레이 반도 남단의 조호르 국왕은 네덜란드인 못지않게 포르투갈인을 싫어했다. 그 이유는 그 자신이 포르투갈에 패배한 멀래카 지배자의 후손이기 때문이었다. 1601년 9월 포르투갈은 중국과의 무역에 뛰어들기 위해 광저우廣州 (유럽에선 칸톤이라고 불렀다)로 향하던 네덜란드 배의 승무원 17명을 체포해 처형했다. 이제 네덜란드와 조호르가 동맹을 맺고 있다는 걸 알고 조호르 연안을 포위해 공격했다.

1603년 2월 25일 네덜란드와 조호르는 반격했다. 야콥 판 헴스케르크 Jacob van Heemskerk 제독과 새 동맹군은 화물을 가득 실은 포르투갈 선 산타 카타리나 호가 마카오로부터 멀래카를 향해 항해 중 가까이에 와 있다는 통보를 받았다. 당시의 기준으로 산타 카타리나 호는 거대한 배였다. 생사 1200짝, 다마스크 직織과 타프타 몇 상자, 금 70톤, 도자기 60톤 그리고 대량의 면, 마麻, 사탕, 향료, 목재 가구를 싣고 있었다. 승객의 수는 거의 1000명 정도였다. 병사 700명, 여자와 아이들 100명, 그 외에 다수의 상인과 승조원으로 구성되어 있었다. 기가 막힌 것은, 이 막대한 전리품의 방위 상태가 너무나 형편없었다는 점이다. 포르투갈에서는 능력이 가장 뛰어난 사람이 장교가 되는 것이 아니라, 가장 높은 값을 지불하겠다는 사람이 그 지위를 낙찰받는다. 반면에 네덜란드인은 훈련이 잘 되어 있었다.[11]

일출 직후 판 헴스케르크의 소함대 (네덜란드 선 2척, 조호르 선 몇 척)는 조호르 강의 하구 (현대의 싱가포르의 창이공항 근처)에 정박해 있는 산타 카타리나 호를 발견했다. 최초의 일제포격으로 카타리나 호의 돛을 갈기갈기 찢어 버려 도망을 못 가게 하고, 그 날 이어서 가끔 (하지만 적재물을 손상할 만큼 자주 하지 않고) 선체에 포탄을 쏘았다. 선체에 구멍이 생기고 희생자가 많아지 자, 선장 쎄바쓰찌앙우 쎄항우Sebastião Serrão는 항복했다. 생명을 살려 주는 대가로 승객과 승조원은 배와 화물을 몰수당했다.

산타 카타리나 호의 적하물이 마침내 네덜란드에 도착하자, 그 대량 의 귀금속, 호사스런 섬유제품, 고급 도자기가 일대 센세이션을 일으켰 다. 상인들은 동양에 틀림없이 깔려 있을 절호의 기회에 마음이 들떠 가 만히 있을 수 없었다. 그 물건들은 경매에 붙여져 350만 길더로 낙찰되 었다. 그 낙찰액은 VOC 총자본의 절반에 달하는 금액이었다. 그러나 문 제도 있었다. VOC의 주주 가운데는 회사가 돈이 많이 소요되는 전쟁보 다 이익을 최대화하는 일에 더욱 집중해야 한다고 생각하는 사람들이 있었다. 그러나 네덜란드의 정치 엘리트들은 신생 네덜란드에는 이익과 전쟁이 모두 필요하다고 생각했다. 주주를 설득할 필요가 있었다. 그래 서 21세인 휴고 그로티우스Hugo Grotius를 불러들였다.

휴고 그로티우스 (Huig de Groot의 라틴어화)는 사실상 유명한 변호사였다. 명문가 출신인 그는 신동으로 인정되어 11세에 대학을 졸업하고, 15세에 프랑스 왕을 알현했다. 변호사가 되어, 그 후 정부 공인의 네덜란드 사학 자 (학자라기보다 지금 말하는 정치 고문 같은 지위)가 되었다. 1604년 후반에 그는 VOC 이사회의 의뢰를 받아 산타 카타리나 호의 압류를 정당화했다. 그 가 제시한 변론은 무역상 겸 군軍이라고 하는 VOC의 이중 역할을 옹호 했으며, 이것은 나아가 국제법의 기초 문헌의 하나가 되기도 했다. 더욱 이 네덜란드의 식민지 지배의 지적 기초를 구축했으며, 정치 권력과 영 토라는 개념을 둘러싸고 유럽과 동남아시아 간의 "문명 충돌"을 야기하 게 되었다.

휴고 그로티우스에 대한 종래의 견해는 최근 두 사람의 역사학자에 의해 대부분 뒤집어졌다. 그 두 사람은 마르틴 율리아 판 이테르슘Martine Julia van Ittersum과 피터 보르슈베르그Peter Borschberg였다. 그들은 그로티우스의 사적·공적 문건을 여러 차례 면밀하게 읽어 봄으로써 그로티우스는 중립적 정치 사상가가 아닌 VOC의 로비스트이자 네덜란드의 경제적·정치적 권리의 열렬한 주창자였다고 밝혔다. 그로티우스는 상황에 맞추어 논의를 바꾸고, 타자의 입장을 의도적으로 왜곡하고, 인용하는 방법도 정확하지 않았다. 그럼에도 불구하고 그의 글은 오랫동안 큰 영향력을 미쳤다.

포르투갈은 아시아 무역에 대해서는 자국이 배타적 권리를 가지고 있다고 주장했다. 항로를 발견한 것은 포르투갈이라는 이유에서다. 이베리아의 가톨릭 세계관에 따르면, 비기독교인에 의한 발견은 인정되지 않았다. 이에 대해 그로티우스는 혁명적인 새 노선을 주장했다. 아시아의 지배자들은 인류의 일부이며, 따라서 누구와 교역할 것인지를 결정할 권리가 있다고 했다. 또 포르투갈 측이 자국의 지배하에 있는 해역에 타국의 항해를 금할 권리가 있다고 주장한 데 대해, 그로티우스는 바다는 공기처럼 어느 한 국가권력이 점유할 수 없으며 따라서 누구나 자유롭게 이용할 수 있다고 주장했다. 이런 견해는 근대적이고 진보적인 것으로 생각될지 모르지만, 이기적인 주장이기도 했다. 그 목적은 VOC의 권리를 옹호해 아시아의 지배자와 계약을 맺는 데 있었다. 그로티우스는 그 뒤 이들 계약에 따라 합법적으로 타자를 모두 배제할 수 있으며, 수송을 저해하거나 계약을 위반하려고 하는 사람에 대해서는 무력행사도 가능하다고 주장했다.

그로티우스의 로비 활동은 무대 뒤에서 성공했으나, 그의 주장이 널리 알려진 것은 1609년 그것이 익명으로 출판되었을 때다. 이 《해양 자유론*Mare Liberum*》이라는 소책자는 큰 반응을 일으켰다. 이번에도 그의 목적은 정치적인 것이었는데, 네덜란드와 스페인의 평화협상에 영향을 주려고 했다. VOC는 협상의 방향을 걱정했다. 평화의 조건으로서 네덜란드 정부가 양보해 스페인과 포르투갈의 배타적 권리가 인정되면, VOC의 배는 아시아로부터 축출되어 버린다. 그래서 어용학자 그로티우스가 다시 등장하게 되었다. 이번에도 그는 성공했다. 1609년 4월 10일에 체결된 안트워프 조약에서는 스페인과 포르투갈이 이미 거주지로 삼고 있는 곳은 제외하고, 어디서나 네덜란드 상인에게 무역을 할 수 있는 권리를 부여했다.

하지만 그로티우스는 마음속에 또 한 가지 욕심이 있었다. 청어였다. 자신의 생각으로는 항행의 방해보다 어업의 방해 죄가 더욱 컸다.《해양 자유론》에서 그것을 "미친 탐욕"이라고 했다. 잉글랜드 왕 1세 (스코틀랜드 왕으로서는 제임스 6세)는 네덜란드 어선이 스코틀랜드와 잉글랜드 연안을 항행하면서 해마다 찾아오는 청어를 가로채는 것에 격분했다. 청어는 수백, 수천의 지역사회의 생계에 없어선 안 되는 식료원이었다. 제임스 1세는 "자신의 것"이라고 간주하고 있는 해역으로부터 네덜란드 선을 축출하고 싶어했지만, 유럽 내의 얼마 안 되는 동맹국의 하나와 싸우고 싶은 생각은 없었다. 1609년 5월 16일《해양 자유론》이 출판된 지 얼마 안 되어, 제임스 1세는 공식 허가 없이 영국 연안에서 외국인에 의한 어로행위에 대해 금지령을 내렸다. 하지만 제임스 1세는 그 금지령을 법적으로 정당화함으로써 강화할 필요가 있다고 느꼈다. 1613년 법학교수 윌리엄 웰우드William Welwood가 논문을 발표했다. 성서와 로마 문헌을 인용, (요즘 말하는) 환경 관련 등의 논의를 근거로 외국인에 의한 어획을 제한하는 국왕의 권리를 옹호했다. 제임스 1세는 그것으로는 부족하다고 생각한 나머지, 1619년에 다른 법률가를 찾았는데 존 셀덴 John Selden이다.

셸덴의 소책자는 그해 여름에 완성되어 왕의 승인을 받기 위해 상달 되었다. 그러나 마지막 단계에서 제임스 1세는 처남인 덴마크 왕 크리스티안Christian 4세가 반대할지 모른다고 우려했다. 영국이 이 해역에 권리를 주장하고 이에 대해 덴마크 왕이 반대하면 북대서양 전역을 둘러싸고 대분쟁이 일어날지도 모른다. 출판은 재빨리 중단되고 법학적 논의는 일시 멈추어지게 되었다. 그 후 수십 년간, 그로티우스도 셸덴도 국내 정치에서 적극적 역할을 수행했으나, 각각 자국에서 왕의 신망을 잃고 한동안 투옥되기도 했다.

1630년대 중반에 셸덴은 잉글랜드의 새 왕 찰스 1세와 가까워져야 할 필요성을 느꼈다. 찰스 1세는 선왕先王보다 해양 논쟁에 한층 강경한 입장을 취하고 있었다. 1635년 셸덴은 휴고 그로티우스에 반론하는 일련의 법률적 논거를 발표했다. 그 제목까지도 네덜란드인에 대한 직접적인 도전이었다. 다름 아닌《폐쇄된 바다Mare Clausum》란 것이었다.

어느 나라의 수역이든 배는 그곳에서 "선의의 항해"를 할 수 있는 권리가 있다는 점에 대해 셸덴은 그로티우스와 견해를 같이하고 있었다. 그러나 상황에 따라선 자국 해역에의 접근을 제한하는 권리도 국가에 있다는 것이 그의 주장이었다. 또 공해일지라도 장기간 사용이라는 실적을 바탕으로, 국가는 특정 해역에 대한 권리를 주장할 수 있어야 한다고 논했다.[12] 열려 있는 바다는 "점유"가 가능하며, 따라서 누구에게나 반드시 열려 있다는 건 아니다―특히 거기에 대량의 청어가 잡히는 경우에는.[13] 셸덴이 문제의 중국 지도를 입수하게 된 것은 아마 이 시기, 즉 그가 궁정 정치에 있어서 지도적 역할을 하고 있던 시기였을 것이다.

그로티우스와 셸덴의 논쟁, 즉 바다가 열려 있느냐 닫혀 있느냐라는 논쟁은 오늘날까지 계속되고 있다. 셸덴은 대양에 가상적 선을 긋는 데 대해 분명히 찬성했으나, 그로티우스도 결국은 만^{bay, gulf}과 해협은 소유 가능하다고 인정했다. 두 사람은 바다에 선을 긋는 것이 가능하고 옳다고 모두 같은 결론을 내렸지만, 그 선을 어디에 긋느냐에 대해선 의견이 달랐다. 17세기 말 유럽 국가들은 일단 합의에 도달해 있었다. "포탄 도달 거리" 룰이라고 부르기도 하는데, 연안으로부터 3 내지 4해리까지는 국가의 주권을 인정한다는 것이다. 그 후 몇 세기 동안 셀덴 설이 패배한 것같이 보였다. 그 주요한 이유는 잉글랜드 (1707년 이후는 스코틀랜드와 통합해 그레이트 브리튼 왕국이 된다)가 해양대국이 되었기 때문이다. 그 이후 영국의 이익과 관련해 셀덴 설보다 그로티우스 설이 더 유리했다. 대영제국은 국가들이—특히 한 국가—세계 중 어디에서나 자유롭게 무역을 행할 권리를 가졌다는 전제 위에 있었다. 청어를 지키기 위해 광대한 영해를 주장한 적이 마치 없었던 것처럼, 이제 브리태니아(Great Britain의 의인화한 이름—역자)는 보다 좁은 영해를 주장했다. 바다를 될 수 있는 한 더 많이 지배하기 위해선 항해를 제한하는 타국의 권리를 최소화하는 게 필요했다. 이 법적 원칙에 관해 중대한 견해 차이가 생길 경우, 문제 해결을 위해서는 대개 영국 해군의 힘을 빌렸다. 영국의 독자적인 "포탄 도달 거리" 룰을 적용했다.

어느 시대이든 세계의 패권국가—최초는 네덜란드, 다음은 영국, 그리고 지금은 미국—는 항행의 자유를 표방하며 타국이 그 자유를 침범하지 못하게 하기 위해 군사력을 행사해 왔다. 하지만 셀덴의 견해는 그 후에도 집요하게 지지를 받고 있다—주로 포탄을 맞는 측의 사람들로부터. 연안국은 자국의 해양 주권을 주장할 수 있는가, 또 그 주권을 어떤 방법으로 주장할 수 있는가? 이 문제는 오늘도 미해결로 남아 있으며, 그것이 가장 격렬하게 논의되고 있는 장소가 남중국해다.

* * * * * *

산타 카타리나 호의 나포는 첫 "세계대전"의 신호탄이었다. 네덜란드와 포르투갈은 17세기 전반을 통해 유럽 각지에서, 남미에서, 아프리카에서 그리고 아시아에서 늘 전쟁을 하고 있었다. 그리고 단기간 영국 동인도회사EIC와 네덜란드 동인도회사VOC는 동맹을 맺게 되었다. 1620년 포르투갈인과 스페인인 승객을 태우고 있다는 이유로 엘리자베스 호의 렌미즈 선장이 대만의 앞바다에서 중국선을 나포하고, 화물과 아름다운 그림이 그려져 있는 지도를 빼앗을 권리가 있다고 생각한 건 그 때문이었다. 17세기의 거의 전 기간에 남중국해를 지배한 것은 네덜란드였다ㅡ장거리 무역에서 그리고 아시아의 항港들을 연결하는 선편의 중개에 있어서도. 우수한 화력에 힘입어 네덜란드는 일본의 은무역과 대부분의 향료 취급 항으로부터 포르투갈 선을 밀어내고, 1623년 안본 섬 (지금의 인도네시아)의 "안보이나 대학살 사건"에서는 그들의 동맹국인 영국의 상사원商社員을 모두 살해하는 폭거까지 일으켰다.

1625년엔 네덜란드 공화국은 국제무역을 지배했는데, 그 후 50년간에 걸쳐 그 상황은 변하지 않았다. 절정기에는 포르투갈, 프랑스, 잉글랜드, 스코틀랜드, 독일의 상선을 모두 합한 것보다 네덜란드 일국이 보유한 상선의 규모가 더 컸다. 배는 6000척, 선원은 5만명이었다. 암스테르담은 세계경제의 중심이었으며, 바타비아 (현재의 자카르타)는 동쪽 전초지로서 대만과 일본과의 무역을 담당했다. VOC는 드디어 1641년 동남아시아에 있어서 결정적인 돌파구를 달성했다. 멀래카를 정복해 이 해협의 지배세력이 되었다.

그러나 그 지배권은 결코 완전하지 못했다. VOC가 언제나 조호르 왕 같은 현지 동맹자의 지원에 의존하고 있었기 때문이다. 이 회사는 점점 지역 정치와의 관계가 깊어지고, 이윽고 영토를 가지게 되었다. 그로티우스의 설, 즉 계약의 불가침이라는 논법을 원용해, VOC는 무력으로써 난폭한 거래를 밀어붙였다. 저항하는 자는 잔인하게 탄압하고 때로는 학살하는 일도 있었다. 하지만 중국 정부는 강력한 힘으로 VOC를 축출하고 후지안 상인을 통해서 거래를 하도록 했다. 바타비아는 이 지역의 새 화물 물류 거점이 되어 유럽과 중국의 정크 무역이 만나는 지점이 되었다.

이 기간에 중국의 은 수요는 충족되지 않은 것 같았으며, 남미의 은화는 이 지역의 통화로 널리 유통되고 있었다. 하지만 아카뿔코 무역의 70년 동안에 스페인이 대량의 은을 중국에 수출했기 때문에 은의 가격이 떨어지기 시작했다. 즉 은으로 살 수 있는 금과 곡물의 양이 이전보다 줄어든 것이다. 이 같은 경제적 불균형이 원인이 되어 1644년에 밍明이 멸망하고 그 뒤에 침입한 것이 칭淸이었다. 하지만 그 파장은 널리 퍼졌다. 아카뿔코의 갈레온 배에서 나오던 이익이 없어져 스페인은 30년 전쟁을 계속할 수 없게 되었다. 그 결과가 1648년의 웨스트팔리아 강화조약인데, 여기서 나온 것이 현대 유럽의 기본 정치 구조이며 동시에 오늘날의 국제적 국가 체제다.

중국의 체제 변화에는 유혈과 장구한 세월이 필요했다. 칭淸의 신정부는 궈싱가國姓爺라는 후지안인 주모자의 저항에 직면해 1656년에는 다시 외국무역을 금지하고 남부의 연안 전역에 사상 처음 보는 지독한 "초토작전"을 펼쳤다. 엄청나게 많은 사람들이 내륙 쪽으로 강제 이주를 당했으며, 중국 문헌에 처음으로 "바다의 경계" — 하이지앙海彊 — 라는 단어가 사용되었다. 그러나 이 정책은 예상과 어긋났다. 사람들이 살아갈 수단을 찾게 되자 무역과 이주가 오히려 늘어나고 말았다.

결국 칭淸은 대담한 군사작전에 의해 연안 지역을 장악했다. 그리고 1684년 신정부는 안전이 회복되었다고 생각해 민간에 의한 대외 교역의 금지령을 해제했다. 중국의 남부 연안 전역에서 상인들은 모두 새 시장을 찾아 출항했다. 이렇게 해서 17세기 말엔, 본국의 이점과 낮은 마진 (고비용의 전쟁을 치를 필요가 없으므로)에 힘입어, 중국 상인은 남중국해에서 유럽인을 "기타 세력"의 지위로 전락시켰다. 포르투갈은 마카오와 티모르를 차지하고 있었으나, 그 밖엔 없었다. 스페인은 남미와 마닐라 간에 번창 일로의 무역으로 재미를 보고 있었지만, 그 이상의 확장은 없었다. 수십 년간 이 지역을 지배해 온 네덜란드는 대만에서 추방되고, 톤킨 (베트남 북부)과 캄보디아에서도 쫓겨나고 일본과의 특별한 관계도 잃었다. 이 지역에서 "대영제국"이라고는 칸톤의 상사商社 하나뿐이었다. 요컨대 유럽인은 외국인 상인으로 구성된 여러 집단 중의 하나에 불과했으며, 현지의 관습을 존중하는 한, 용인되는 지위로 전락한 셈이다. 이와 같이 남중국해 지역에 있어서 "중국의 세기"가 막을 열었다.

이주를 막는 장벽은 없어지고 다수의 중국인이 일확천금을 노리고 출항했다. 오가는 사람들도 있고 행선지에 남아 있는 사람들도 있었다. 대개 상인이었으나, 소수는 행정관으로서 현지의 지배자를 섬겼다. 그리고 노동자들도 해외로 나가기 시작했다. 중국 국내에서 후추, 금, 주석의 수요가 증대함에 따라 수천 수만 명의 중국인이 동남아시아로 이주해 대농장plantation을 설립하기도 하고 광산에서도 일하게 되었다. 지역에 따라선 공시公司라고 하는 자치 공동체가 형성되었으며, 또 어떤 곳에선 이 공동체가 유럽의 무역회사가 만든 부락의 주요 구성원이 되기도 했다.

포르투갈령領 마카오, 스페인령 마닐라, 네덜란드령 바타비아라는 식민 도시는 중국인의 노동력 없이는 운영이 불가능했을 것이다.

유럽인들은 자신들이 중국에 종속되는 걸 두려워해 중국인을 억압하기 위해 인종 차별 정책을 썼다. 이런 수법은 지극히 불공평한 상관행과 합세하여 자주 폭동의 원인이 되고 때로는 학살로 이어지기도 했다. 그럼에도 해외의 중국인 공동체는 살아남아 부를 창출하고 기술과 노동을 제공함으로써 그들을 받아준 공동체의 발전에 공헌했다. 그 결과로 생긴 것이 남중국해 주변의 "비공식 제국"이다. 칭조淸朝가 제도적으로 착취하지 않았다는 의미에서 "비공식"이라는 것이다. 그곳은 영토가 아니라 수입원收入源에 불과했다. 칭 정부는 바다 너머 세계에 대해선 관심이 없었다.

바다를 오가는 중국 상인은 일반적으로 바다를 위험한 장애물이라고 보고 늘 해안을 항행하고 있었다. 인도차이나 연안에서는 완리시탕萬里石塘이라는 신비스러운 군도가 길이 1만 마일에 걸쳐 뻗어 있으면서 직항로를 차단하고 있다는 걸 여전히 믿고 있었다.[14] 이에 대해서는 중국의 항해 안내서 ― 1616년에 출간된 《퉁시양카오東西洋考》 등 ― 에서 명확히 밝히고 있다.[15] 어리석게도 그 한가운데를 관통하는 직항로를 찾으려고 한 것은 유럽인이었다. 그들의 성공과 실패는 지금도 해도sea charts에 기록되어 있다. 남중국해 한가운데에 있는 마클즈필드 퇴堆, Bank는 영국선 마클즈필드 호의 선장 존 헤일John Harle에 의해 1701년 처음으로 문헌에 기록되었다.[16] 한 유명한 실패를 가리켜 이름 붙여진 곳이 스카버러 암초다. 이것은 1748년 9월 12일 영국선 스카버러 호가 여기서 좌초해 붙인 이름이다.[17] 이런 해난사고는 유럽인에겐 비극이었으나 난파선을 약탈하는 기술을 가진 사람에겐 비즈니스 기회를 제공했다. 벌이가 잘되는 비즈니스였기 때문에 현재의 베트남 중부에 있는 지역을 지배하고 있던 응우엔阮, Nyugen 왕조는 선원 집단에게 침몰선의 화물을 회수하는 특허를 부여할 정도였다. 지금은 그것이 파라셀 군도 (시사西沙 군도)에 대해 베트

남이 영유권을 주장하는 근거가 되었다.[18]

1795년 영국 동인도회사EIC는 남중국해의 항해를 혁명적으로 바꾸는 사람을 고용하게 된다. 그 사람은 제임스 호스버러James Horsburgh라는 이름의 수로측량가였다. 1807년부터 1810년까지 EIC는 남중국해 연안 대부분을 측량해 완리시탕南里石塘의 존재를 최종적으로 부정했다. 1809년과 1811년 호스버러는《인도 지시서India Directory》라는 두 권의 항해 지침서를 출판하고, 이어서 1821년에 남중국해의 해도를 출판했는데, 이것은 오늘날 말하는 파라셀 군도와 스프래틀리 군도를 그런 대로 정확하게 작성한 최초의 지도였다.[19] 이 유럽인의 지식은 중국의 지도 제작자에게는 재빨리 전해지지 않았다. 1843년에 와서도 작가 왕웬타이汪文泰는 유럽 항해가가 취하는 항로와 중국 항해가가 취하는 항로를 대비하고 있을 정도였다. 왕웬타이가 저술한《외국인의 연구》에 의하면 마클즈필드 퇴堆에 대한 명칭 "홍마오챤紅毛淺"은 "붉은 머리털을 한 야만인의 퇴堆"라는 뜻이다. 이것은 프랑스 지도에서 사용되던 "방데장글레 (혹은 영국의 퇴) ― 그 후 마클즈필드 퇴로 개칭된다 ― 의 중국어 역이다.[20]

호스버러의 해도가 출판된 지 20년이 되었는데도 왕汪은 여전히 파라셀 군도는 전체 길이가 1000리 (500km)라고 믿고 있었으며, 스프래틀리 군도에 관한 기술에선 "7주州 대양에는 거대한 암석이 있지만 상세한 건 아는 바가 없다"라고 말하고 있었다.[21]

하지만 호스버러가 만난 현지 선원 몇 사람은 이 암초와 암석 사이를 항해하는 방법을 잘 알고 있었다.《인도 지시서》의 1852년 판에는 파라셀 군도에 관해 다음과 같이 쓰여 있다.

하이난海南 섬에는 수많은 어선이 모여든다. 전나무로 건조된 중국선과 달리 이들 어선은 무겁고 단단한 목재로 만들어졌으며, 빠르게 달린다. 그 대부분은 매년 어로를 위해 2개월간 바다로 나간다. 700 내지 800마일을 항행해 중국해 동남쪽에 무수하게 있는 암초와 사주砂洲 사이에서 해삼을 잡고 거북의 갑각이라든가 상어 지느러미를 얻는다. 3월에 출항해서 북부의 퇴堆에 들러 생수를 넣은 병을 건네주고 동료 선원 한두 사람을 거기에 남긴다. 어선은 보르네오 섬 부근의 커다란 암초로 향하고, 6월 전반까지 거기서 어로를 계속하며, 돌아올 땐 또 북부에 들려 거기에 남아 있던 동료와 동료들이 잡은 수확물을 회수한다. 중국해의 암초 주변에 가 보면 이런 어선을 많이 만날 수 있다.[22]

호스버러는 단단한 목재선과 "중국선"을 구별했는데, 그렇게 한 이유는 무엇일까? 아마 이 어민들이 그가 생각하는 의미의 "중국인"이 아니었기 때문일 것이다. 여기에 묘사되어 있는 반유목적 생활방식으로 보면, 이 사람들은 "바다의 집시"—탄민蛋民 또는 단쟈蛋家 아니면 우트사트 족의 일부—즉 베트남과 중국 남부의 연안에 살았던 누산타오 네트워크(제1장 참조)의 생존자일지 모른다. (단쟈蛋家는 지금도 하이난 섬의 수상부락에서 살고 있다.) 그리고 먼 곳으로부터 온 사람들도 있었는지 모른다. 필리핀의 바자오 족, 말레이시아의 오랑 라우트 족 등 바다의 유목민 집단은 모두 이 섬들의 주변에서 어로 활동을 했다고 알려져 있다. 어디서 왔든, 이 바다의 유목민들은 육지의 권위로부터 대체로 독립해 살았다.

그들은 수상한 사람으로 취급되고 도적이나 해적으로 간주되는 경우가 많고 버젓한 시민으로 인정되지 않았다. 이 해역에 있어서 현대 국가가 제기하고 있는 영유권 주장과 관련해 이런 사람들이 이제 와서 영유의 선구자로 간주되고 있는 것은 우스운 얘기다.

영국의 EIC가 나서서 측량에 돈을 지출한 이유는 중국과의 무역이 많은 이익을 가져다주었기 때문이다. 처음엔 아주 보잘것없는 것이었으나 나중엔 대영제국 전체를 떠받칠 만큼 커졌다. 18세기 전반 EIC가 관둥廣東에 수출한 물량의 90%는 은이었다. 그러나 1세기 전과 꼭 마찬가지로 은의 가격이 폭락했다. 1775년 이후에는 관둥으로의 수출에서 은이 차지하는 비율이 65%까지 떨어졌다.[23] 1780년 EIC는 갑자기 새로운 비즈니스 모델이 필요했다. 영국 정부는 중국 차茶에 대한 세율을 인하했기 때문에 중국 차에 대한 수요가 폭발적이었다. EIC는 그 대가로 수출할 것이 필요했다. 그때 벵갈에 있는 이 회사의 땅에서 재배되고 있는 것에서 답을 찾았는데, 아편이었다. 인도의 최면제와 중국의 각성제의 교환은 엄청난 규모로 팽창했다. 1800년에는 런던의 차 수입액이 2300만 파운드에 이르렀다. 차에서 얻은 관세는 영국 정부를 살찌우고 해군의 예산이 되어, 종국적으로 그 해군이 무역상과 제국을 방위했다. 그 모두가 아편을 바탕으로 이룩된 것이었다.

EIC도 그 이전의 다른 단체나 국가처럼, 멀래카 해협에 기지를 절실히 설치하고 싶어했다. 여기에 항을 확보하게 되면 포르투갈과 스페인과 네덜란드가 한 것처럼 할 수 있으며, 중국의 정크무역과 연결될 수 있다. 1786년 해협 북단의 페낭 섬을 임대하기는 했으나 크게 성공하지 못했다. 하지만 대영제국은 1819년에 싱가포르를 획득하여 발판을 확보하게 되었다. 사방팔방으로부터 화물이 모여들고 전통적 지배자도 없으며, 배타적 종교도 성가신 관료조직도 없었다. 말라리아 모기가 들끓는 늪이었던 싱가포르는 급속히 발전해 앵글로·차이나 (영·중)의—아마 더 정확하게는 시노·브리티시의—지역적 허브 도시로 변모했다. 영국은 나폴레옹 전쟁에서 프랑스에 승리함으로써 새로운 세계적 패권국이 되어 이전의 패권국처럼, 멀래카 해협을 경유하는 대對 중국 수출입품의 움직임을 통제하고자 했다. 네덜란드는 항의는 할 수 있었지만 저항할 입장은 아니었다.

19세기까지는 유럽 열강의 동아시아 및 동남아시아에의 개입은 중요하기는 했으나 대체로 국지적이고 일시적인 것이었다. 그러나 이 상황은 산업혁명의 세력을 배경으로 변했다. 무역제국이 영토제국으로 변용하고, 새 제국이 새 국경선과 새 대립을 낳았다. 이 점을 잘 보여 주는 두 가지 영토 분쟁의 사례를 들고자 한다. 17세기 중반 베트남의 레黎 왕국의 황제와 라오 족 왕은 메콩강 상류 유역의 일부를 둘러싸고 영토 분쟁을 하고 있었다. 이 분쟁을 해결할 때 황제와 왕은 다음과 같이 합의했다. 즉 지주支柱 (라오) 위에 세운 집에 거주하는 사람들은 왕에 속하며, 지면에 바로 세워진 집에 거주하는 사람들 (베트남인)은 황제에 속한다는 내용이었다. 국경선의 획정이란 인민의 개인적 소속에 비하면 조금도 중요한 문제가 아니었다.[24] 이것과 지극히 대조적으로, 영국과 네덜란드는 19세기에 멀래카 해협에서 발생한 영토 분쟁을 아주 이례적인 합의로 해결했다. 1824년의 영·네 조약에 따라 바다를 둘로 나누는 선이 그어지고, 영국은 그 선의 북쪽, 네덜란드는 남쪽에서만 활동할 수 있게 되었다. 이 때문에 영국인은 수마트라 섬의 벤쿨렌의 거류지를 포기하고, 네덜란드인은 멀래카에서 철수해야 했다. 인간적인 유대는 아무런 의미가 없고 국적과 장소가 전부였다. 유럽의 문제 하나는 해결되었으나, 보이지 않는 가상의 선 양쪽에서 오랜 세월 오가던 현지의 말레이인에겐 문제가 한층 더 많아졌다. 종전 방식대로 살아가고 싶어하는 주민들은 "밀수업자"라고 불리고, 저항하면 "해적"이라고 불리게 되었다.[25]

19세기 초 유럽인과 동남아시아인은 무엇이 "나라"인가라는 문제에 대해 서로 판이하게 다른 개념을 가지고 있었다. 전통적 동남아시아의 정치 단위는 그 중심, 즉 지배자의 개인적 위신에 의해 정해졌다. 이 "만달라" 체제에서 지배자의 권위는 왕국의 중심에서 멀어질수록 약해졌다. 반면에 유럽에선, 적어도 웨스트팔리아 조약 이후, 정치 단위가 그 경계에 의해 결정되었다. 즉 법, 권리, 의무도 영토 내에서는 동등하게 적용되지만 경계 밖에서는 전혀 미치지 않는다. 아시아식 체제에서는 이 권위에서 저 권위로 점차적으로 이동하는 것도 가능했으며, 또 지배자가 없는 틈새 지역도 있었다. 소규모 정치 단위에 둘 이상의 군주가 있거나, 반대로 한 사람도 없는 경우도 있었다. 예부터 동남아시아의 국경은 유동적이었으며, 해상의 경계는 극단적으로 모호했다. 그 모호성 때문에 지배자들 간의 관계가 변하고 국경이 이동하기 쉬웠다—평화적인 경우도 있었으나 폭력적인 경우가 많았다. 유럽식 체제에선 틈은 어디에도 없었다. 모든 장소가 한 군주에게만 속하게 되어 있었기 때문이다. 선택권이란 본래부터 없는 것이나 다름없었다.

그로티우스와 셀덴 (과 그 후계자들)의 논쟁 결과, 이런 명확한 경계선을 해상에 연장하는 문제와 관련해 서구 지배자들 사이엔 이미 합의가 나와 있다. 제국의 확대에 따라서 그 합의는 동으로 이동해, 해상 경계에 대해 아예 상이한 이해를 하고 있던 지역으로 밀려 갔다. 유동적 국경으로부터 고정적 국경으로의 이동이 현재의 남중국해 분쟁의 근본 원인이 되었다.

* * * * * *

유럽의 무역회사들은 상인 겸 용병으로서 이익 추구의 권리를 위해 싸울 태세를 갖추고 동아시아로 진출했다. 정부로부터 특허를 받고 있었으나 자신들의 이익을 위해 활동했다. 가장 성공한 두 회사—영국 동인도회사EIC와 네덜란드 동인도회사VOC—는 19세기엔 그 자체가 일종의 정부가 되어 있었다. 동맹을 맺고, 경쟁 상대를 무너뜨리고, 관세를 부과하고, 밀수를 막기 위해서 영토를 거머쥐고 주민을 지배하지 않을 수 없었다. 하지만 그 수법은 극도로 난폭하고 마음 내키는 대로 하는 경우가 많았다. 본국 정부가 그런 회사의 직권 남용을 제재하고 회사의 재정문제를 해결하려고 하자, 회사의 이익과 국가의 이익이 완전히 뒤얽히게 되었다. VOC는 1800년에 도산하고 그 영토는 네덜란드 정부가 인수했다. EIC는 몇 번이나 궁지에 빠졌으나 아편무역과 차무역의 이익으로 살아남았다. 남미에서 독립전쟁이 벌어져 은값이 치솟아 오르자 칭淸 당국은 은으로써 지불할 것을 요구했다. 아편이 없으면 중국으로부터 수입되는 차와 기타 상품에 대한 지불에 있어서 영국의 현금은 마구 국외로 흘러나가 버린다. 칭淸이 아편 수입을 중단하면 무역적자 때문에 영국이 경제 위기에 처하게 된다. EIC와 영국 정부는 합동으로 중국 시장을 개방시키려고 했는데, 아편뿐만 아니라 모든 제품에 대해 문호를 열도록 강요했다. 무역 불균형을 해소하려고 한 것이다. 1840년과 1860년의 "아편전쟁"에 의해 그 목적은 달성되었다. EIC와 영국 해군—아편의 이익으로 지원되고 있었다—의 함포는 칭조淸朝의 해군을 압도했다. 이 군함들이 해안을 봉쇄하고 있는 동안, 영국군은 황제를 압박해 홍콩을 할양하고 그 밖의 다섯 항을 개방해 국제 무역을 인정하라고 요구했다. 그 후 60년간 총 10개국을 상대로 칭淸은 유사한 "불평등조약"을 26회나 맺는 처지가 되는데, 그 제1호가 난징南京조약이었다.

아편 전쟁은 EIC의 최후의 영광이었다. 1874년에 파산하고 회사에 대한 반감이 점점 거세져 마침내 강제적으로 국유화하게 되었다. 그러나 동남아시아에 있어서 영국의 상업적 야심과 영토적 야심으로 인한 혼란은 그것으로 끝나지 않았다. 1842년 제임스 브루크James Brooke라는 모험가가 사라왁의 라자 (번왕藩王)가 되고 1882년엔 북보르네오 특허회사가 지금의 사바 주州를 점령했다. 두 곳 모두 "영국의" 영토로 인정되고 있었지만 정식으로 대영제국에 편입된 것은 한참 지난 후였다.

다른 한편, 프랑스와 독일의 제국주의적 프로젝트는 처음부터 국가 주도형이었다. 가톨릭 선교사에 대한 폭력을 구실로 삼아, 프랑스 해군이 1858년 베트남 중부의 다낭시를 포격했다. 이듬해 프랑스군이 사이공을 습격해, 10년 못 가서 "코친차이나Cochinchina"는 식민지가 되었다. 캄보디아와 안난은 그 후 곧 프랑스의 보호령이 되었으나, 프랑스가 정말 노린 것은 하천이나 철도로, 잠재적으로 거대한 중국 내부의 시장으로 향하는 독자 루트를 확보하는 것이었다. 이를 위해선 톤킨 북부를 장악할 필요가 있었다. 프랑스 측의 이 움직임은 베이징의 궁정에게는 중대한 사태였다. 중국 정부는 흑기군黑旗軍 (산적山賊의 집단이라는 견해도 있고, 반자치적 정치 단체라는 설도 있다)에게 자금을 제공해 프랑스를 격퇴하려고 했다. 그러나 이 때문에 발발한 전쟁 (1884년~1885년)이 끝난 후, 중국은 톤킨을 프랑스령으로 하는 걸 승인하고 양국 간의 국경 획정에 협의하지 않을 수 없었다.

같은 시기에 독일 제국도 아시아에서 영토를 찾고 있었다. 그 준비를 위해 중국 내의 희망하는 미래의 식민지와 본국을 연결하는 항로의 요소에 일련의 해군 기지를 구축하려고 했다. 1881년부터 1884년까지 독일 해군은 파라셀 군도 주변에서 일련의 측량조사를 실시했다. 독일은 이 측량과 관련해 중국으로부터도 프랑스로부터도 허가를 얻지 않았고, 어느 정부도 눈치 채지 못한 것 같았으며 항의가 없었던 것은 말할 필요가 없다. (일부 중국 전문가들은 중국 측의 항의 성명이 있었다고 주장하고 있으나, 증거는 없는 것 같다) 독일 당국은 1885년에 측량 결과를 실제로 출판했다. 그 후 영국과 프랑스의 지도에서 그것이 참조되고 있으나, 이상하게도 중국의 지도에는 그렇게 되어 있지 않았다.[26) 1897년 유럽의 선교사에 대한 폭력이 또다시 제국주의적 개입의 구실이 되었다. 몇 개월이 지나기도 전에 독일은 중국 북동 지역의 칭다오靑島를 손에 넣었다.

미국의 경우, 아시아에 있어서 제국주의적 프로젝트는 1853년 페리 제독에 의한 도쿄만에서의 모범적 함포외교—화약은 대량으로 사용되었으나 희생자는 없었다—로 막을 열었다. 칭淸 왕조와는 다르게, 일본 지배층은 저항하지 않고 근대화를 수용해 반세기 내에 중국을 해체하는 일에 가담하게 되었다. 일본에서 성공한 미국은 한층 더 야심을 품게 되었다. 1890년 미국해군대학 학장 알프레드 마한Alfred Mahan은 《해양패권의 역사적 영향The Influence of Sea Power upon History, 1660~1773》을 출판해 세계 제국을 구축한 영국의 성공에 대해 분석했다. 마한에 따르면, 미국이 번영하려면 해외에 새 시장을 확보할 필요가 있으며, 해군 기지의 네트워크를 구축해 그 시장으로 향하는 통상 루트를 보호하지 않으면 안 된다. 그의 주장은 신세대의 정치가로부터 호응을 얻었으며 8년 뒤에 기회가 찾아왔다. 미국·스페인 전쟁이었다. 그 결과 미국은 진정한 태평양의 대국이 되어 필리핀, 하와이 그리고 괌을 합병하게 된다.

이 같은 열강에 의한 "땅따먹기"가 남중국해에 있어서 현재의 국경선의 근원이 되었다. 열강은 국가를 만들었고, 나라와 나라 사이의 국경을 만들어 그것을 바탕으로 해상 경계선이 그어졌다. 필리핀과 인도네시아는 1529년의 포르투갈과 스페인의 합의에 의해 분할되고, 말레이시아와 인도네시아의 국경선은 대체로 1842년 영국과 네덜란드에 의해 결정되었다. 중국과 베트남의 국경은 1887년 프랑스가 일방적으로 중국에 강요해 정해졌으며, 필리핀의 전체 국경선은 1898년 미국과 스페인에 의해 정해졌다. 그리고 필리핀과 말레이시아의 국경은 1930년 미국과 영국이 정했다.

이상은 여러 다양한 식민 국가 간의 경계를 획정하고 선을 긋는다고 하는 거창한 절차의 일부이지만, 이 과정은 한편으로 격렬한 증오와 저항을 낳기도 했다. 네덜란드는 보르네오와 기타 섬에 국경을 획정·집행하는 데 1세기 가까운 세월이 걸렸다. 20세기 초두가 되어서도 네덜란드 정부는 아직 900개나 되는 토착민의 정치 단체를 상대로 협상을 계속했다.[27] 그러나 식민지시대 후의 국가들은 그 국경선과 더불어 탄생했으며, 국경선은 국가의 상징으로 신성화되고 있다—아직도 슬픔의 원인으로 남아 있지만. 한층 더 깊숙한 뿌리는 국경선에 대한 사고방식이다. 웨스트팔리아 체제의 영향력이 너무나 대단한 나머지 고정적 국경과 영토 주권의 개념은 마치 몇 천 년 전부터 존재해 왔던 것처럼 당연시되고 있다. 하지만 동남아시아만 하더라도 그런 생각이 있은 지 1세기를 조금 넘었을 뿐이다. "만달라" 체제하에서 존재했을지 모르는 경계를 근거로 현대의 정치적 경계를 상정하는 건 무의미하고 위험하다.

이 지역에 있어서 국가들이 국경과 주권에 대해 과민한 태도를 갖는 최대 이유는, 말할 필요가 없이, 이 시기의 중국의 경험 탓이다. 중국에선 이 시기를 가리켜 "국가적 수치의 세기"라고 부른다. 산업화를 이룩한 유럽 국가들의 침입 앞에서 보여 준 칭조淸朝의 무력함에 대한 기억이 지금도 중국 지도층을 부추기고 있다. 그렇지만 물리적 점령이란 면에서, 세계의 다른 지역과 비하면 19세기 서구의 제국주의는 중국 영토에 그다지 큰 영향을 주지 않았다. 1900년 이전에 할양한 영토 (홍콩과 기타 국제적 조계租界)는 중국 영토의 한 조각에 불과했다. 인명의 희생도 많지 않았다. 1840년과 1860년의 "아편 전쟁"에서 확실히 2만명이 사망했으나, 세기의 중반 "태평천국의 난"에선 엄청나게 더 많은 (2천만 내지 3천만) 희생자가 나왔다. "치욕"이라고 하는 것은 사상적 문제다. "타자他者"에게 유린당했다는 의식과 그렇게 된 것은 국내의 부패와 타락이 원인이라는 인식이 뒤섞여 있다. 그것과 대조적으로 일본은 새로운 세계 체제에 성공적으로 적응해 확립된 동아시아 체제에 도전할 태세를 갖추었다.

* * * * * *

18 94년에서 1895년에 걸쳐 앞으로 닥쳐올 진전의 징조로서 일본은 칭淸으로부터 조선 (현 한국)과 대만의 지배권을 획득했다. 일본에 패한 지 얼마 안 되어 1901년 "의화단義和團의 난"을 진압하기 위해 열강국의 연합군이 개입했다. 칭조는 위기에 빠지게 되고 국토를 방위하지 못했다는 비난에 대해 극도로 민감한 상태가 되었다. 그 가운데서 국권회복촉진회, 국가치욕기념회, 자치회 등의 단체가 나타나 영·미·일 등 외국 제품의 불매운동을 일으켰다.[28] 이 같은 움직임에 눌려 중국 정부는 1909년 남중국해 섬들의 영토 문제를 처음으로 중국의 위신 문제로 다루게되었다. 당시도 지금처럼 쟁점은 육지에서 멀리 떨어진, 거의 사람이 살수 없는 해상의 점氏의 운명이었다. 중국 정부의 태도에 따라 지도상에선이 그어지고, 그 후 그 선이 남중국해에 있어서 중국 주장의 근거가 되어 왔다.

일찌감치 1907년 10월 일본의 탐험가 일단이 프라타스 섬東沙島에 상륙해 있다는 소문이 퍼지고 있었다. 프라타스 섬은 분화석糞化石 (구아노, guano)에 덮인 환초인데 대만 (당시는 일본령이었다)의 남서쪽으로 400km, 중국본토에서는 260km 떨어져 있다.[29] 이 소문이 확인된 것은 1909년 3월, 프라타스 섬에 중국 배가 왔을 때였다. 니시자와 요시지西澤吉治가 100명 정도의 부하와 함께 거기서 구아노 (조류의 똥)를 채굴하고 있었다. 이런 행위에 도전을 받자, 니시자와는 이 섬을 발견한 건 자신이고, 지금까지 아무도 살지 않았기 때문에 지금은 자신의 것이라고 주장했다. 그의 의도는 단순했다. 구아노는 일본 논에 맞는 좋은 비료로 인정되고 있었다. 니시자와는 이것으로 한 재산 장만할 생각이었다.

이 소식이 칸톤 (광저우)에 전해지자 자치회가 다시 일본 상품 배척운동을 전개하고, 정부에 대응을 촉구했다. 자치회의 중류층 회원들은 프라타스 섬이 중국에 속한다는 걸 증명하기 위해 증거 수집에 나섰다. 이 국수주의자들은 안락의자에 버젓이 앉아 옛 서적을 들추어 보기도 하고, 노어부들의 얘기도 들으면서 이 섬과 본토와의 관계를 밝힐 증거물을 탐색했다. 국민들의 압력이 거세지자, 중국 정부는 이 문제를 현금으로 해결하려고 했다. 일본 정부도 협력하겠다고 나섰다. 중국의 보이콧 운동은 수많은 회사에 심각한 타격을 주었으며, 프라타스 섬을 점령할 가치는 거의 없다고 생각했다.[30] 일본 정부는 증거가 제시된다면 중국령으로 인정하겠다고 조건을 제시했다.[31]

1909년 10월 12일 칸톤 총독과 이 시의 일본 영사는 합의를 이루었다. 일본은 중국의 영유권을 인정하고 니시자와는 13만 달러 은화의 배상금과 교환하는 조건으로 이 섬에서 퇴거하기로 했다.[32] 칸톤 당국은 니시자와와의 사업 계획을 계속함으로써 이 돈을 회수할 생각이었다. 그가 고용하고 있던 구아노 채굴 전문가 두 사람을 상담역으로서 고용하기까지 했다. 그런데, 불행하게도 만사가 헛되고 말았다. 부두가 없어 대형 선박에 화물을 실을 수가 없었고, 이 프로젝트는 전체적으로 경제성이 없었던 것이다. 1910년 크리스마스에는 이 사업이 포기되고 프라타스 섬은 다시 무인도가 되었다고 전해지고 있다.[33]

하지만 중국의 영해에 대한 불안은 불식되지 않고 광저우廣州 총독 장옌준張人駿은 단지 펜을 흔들기보다 칼을 흔드는 게 한층 더 효과적이라고 생각하고, 이번엔 프라타스 섬의 남서쪽으로 수백 킬로미터에 있는 파라셀 군도를 주목했다. 이때 중국의 공식 지도 (국가가 만들었건, 다른 지역이 만들었건)에는 하이난 섬이 중국 영토의 최남단으로 나와 있다. 1760년, 1784년, 1866년, 1897년에 발행된 모든 지도에도 그렇게 표시되어 있다.[34] 프라타스 섬에 관한 협상이 진행되고 있던 1909년 5월, 장 총독은 파라셀 군도로 배를 보내고 그 다음 달 두 척을 더 보냈다. 중국 문헌에 따르면, 이 세 척은 3주간에 걸쳐 이 섬들의 주위를 순항하고 측량도 하고, 가끔 일제히 예포를 쏘아 중국의 영유를 주장했다고 한다. 그러나 이 해역을 가로지르는 항로를 자주 이용하고 있는 해운회사의 프랑스인 사장 P. A. 라삐끄Lapique는 20년 후에 출판한 책에서 이것과 다른 이야기를 전하고 있다.[35] 그것에 따르면, 이 원정 (대형 무역회사 칼로비츠社의 독일인 사원 2명이 안내를 맡았다)에 나선 배는 하이난 섬의 앞바다에 정박해 2주간을 날씨 관계로 대기하다가, 6월 6일 파라셀 군도로 급행했지만 다음날 칸톤으로 돌아갔다. 이 원정이 현재, 이 군도에 대해 중국이 주장하는 영유권의 근거가 되었다. 그 뒤 광동성이 발행한 새 지도에는 파라셀 군도가 광동성의 일부로 기재되어 있는데, 이는 중국제 지도에 처음 있는 일이었다.[36]

그것은 멸망해 가던 칭조 시대에 있었던 최종의 사건들 중의 하나였다. 칭은 마침내 1911년에 망했다. 그 후 수립된 중화민국 정부가 처음으로 발행한 지도 — 1912년의 《연감》에 수록되어 있다 — 에는 국경이 그려져 있지 않았다. 중국의 신정부는 "근대적"임을 자인하고 국제적 체제에 참여하길 열망했으나, 지리학자 윌리엄 캘러한William Callihan이 지적했듯이 국민국가로서의 새 정체성과 만달라식 서열의 중심으로서의 낡은 정체성의 모순을 해소하지 못했다. 중화민국의 첫 헌법은 "중화민국의 영토는 종전의 제국이 소유했던 영역으로 한다"라고 천명함으로써 이것을 명확하게 밝히고 있다. 옛 "영역"과 새 "주권적 영토"를 단순하게 대등한 것으로 연결하는 것이 남중국해의 국경을 둘러싼 현재의 갈등의 근본 원인이다.[37]

이 같은 상황에서 민간 지도 제작자 후진지에胡晉接는 중국의 역사적 영토의 새 지시서를 작성하는 일을 시작했다. 그 일은 최종적으로《중화민국 지리신도》가 되어 1914년 12월에 출간되었다. 거기에 들어 있는 지도에는 중국 발행 지도로서는 처음으로 남중국해에 경계선이 그어져 어느 섬들이 합법적인 중국의 영토인지가 표시되어 있었다. 후쿠는 그 지도에 "건륭·가경乾隆·嘉慶 이전의 중국 영토 지도"라고 타이틀을 붙였다.[38] 즉 그 경계선은 1736년 이전에 중국이 "지배"하고 있던 범위를 표시하고 있는데, 중요한 점은 그 경계선 안쪽에 있는 섬은 프라타스 섬과 파라셀 섬뿐이라는 것이다.[39] 그 선은 북위 15도보다 남으로는 더 나가고 있지 않았다. 1920년대에서 1930년대 전반에 걸친 동란의 "군벌軍閥의 시대"에, 중국에서 간행된 지도에는 모두 이와 같은 선이 그어져 있었다. 중국이 오늘날 주장하고 있는 해역을 이 선이 포섭하기까지는 20년의 세월이 흐르고, 또 한 번의 해상의 국제적 위기를 직면하고 난 후였다.

1915년 5월 9일 중화민국 정부가 일본의 새로운 요구에 굴복하고, 영토와 기타 권리를 할양하라는 일본의 요구를 받아들이자 국가적 침해에 대한 의식은 한층 더 강해졌다.[40] 전국교육자회는 5월 9일을 "국치기념일"로 선포했다. 1916년 상하이의 중앙지도제작학회는 외국에 빼앗긴 영토를 표시한 "국치지도國恥地圖"를 출판했다. 흥미로운 것은, 이 지도에는 홍콩, 대만, 톤킨은 뚜렷이 표시되어 있지만, 남중국해의 다른 지역에 대해선 아무런 언급이 없었다는 것이다. 그 후 10년간 경합하는 당파와 군벌 간의 내전으로 중국은 기진맥진한 상태에 빠졌으나, 국민당이 1927년에 권력을 장악한 후에는 군민을 결속하는 이념으로서 "국치"를 활용했다. "국치기념일"은 공휴일로 지정되기까지 이르렀다.

1930년 4월 13일 프랑스 군함 말리시어스 호가 스프래틀리 군도 중 스프래틀리 섬의 앞바다, 프라타스 군도와 파라셀 군도로부터 수백 km 남쪽 지점에 닻을 내리고 21발의 예포를 쏘았다. 이 제국주의적 시위행동을 목격한 것은, 조난을 당해 굶주리고 있는 네 사람의 어부들뿐이었다. 그런데 그들은 몰랐지만, 이것은 그들의 어장 지배권을 둘러싼 아직 종결되지 않은 전투 개시를 알리는 포성이었다. 말리시어스 호를 파견한 것은 프랑스의 코친차이나 총독이었다. 코친차이나 연안으로부터 500km 지점에 있는 이 섬을 일본 정부가 장악하려고 하고 있다는 보고를 받았기 때문이었다.[41] 프랑스 정부는 그 섬의 점유를 공표했으나, 이상하게도 정식 합병은 하지 않고 3년 후 영국 정부가 합병 관계 서류의 사본을 요구할 때까지 방치하고 있었다. 중국 정부는 1930년의 점령을 알아채지 못하고 있다가, 1933년 7월 26일 스프래틀리 섬과 다른 5개소―암보이나 사주砂洲, 이투아바 섬, 노스 댄저 둑, 로아이타 섬, 시투섬―의 합병이 발표되자 격렬한 반응을 보였으며, 동시에 당황했다.

합병이 발표되던 날 마닐라 주재 중국 영사 퀑 씨는 미국령 필리핀 식민지 정부에 대해 문제의 섬들의 지도를 부탁했다. 유력한 상하이의 신문 《셴바오申報》의 그 당시 보도로 알 수 있듯이, 중국 정부는 어느 섬이 합병되었는지, 그것이 어디에 있는지 알아내지 못했다. 7월 28일의 보도에 따르면 중국 외교부는 상황을 조사하기 위해 배를 보내라고 정부에 요청했다. 이틀 뒤 문제의 섬들은 사람이 안 사는 산호초이며, 파라셀 군도가 아니라고 하는 파리 특파원의 기사가 《셴바오》에 게재되었다. 그럼에도 그 후 몇 주 동안이나 이 섬들의 위치를 둘러싼 논란이 신문을 어지럽게 했다. 중국 정부는 프랑스 측이 상황을 혼란스럽게 만들기 위해 섬 명칭을 변경했다고 생각하고 있었던 것 같다. 중국은 외국 정부에 조언을 구하지 않을 수 없었다. 8월 1일 마닐라의 미국 당국은 퀑 씨에게 지도 한 장을 건네주었다. 그는 파라셀 군도와 스프래틀리 군도가 실제로 다른 장소에 있다는 걸 알고 놀랐다고 한다.[42] 그 지도가 난징南京의 정부에 건네진 것은 8월 15일의 일이다. 거리에서 항의 시위가 계속되고 있는 와중에도 중국 정부는 계속 우왕좌왕하고 있었다.

한편 일본은 맨 먼저 프랑스에 항의한 나라다. 8월 21일 라사주식회

사라는 일본 회사가 바로 최근까지 그 섬에서 구아노를 채굴하고 있었다고 주장했다. 그러나 일본도 혼동하고 있었던 게 틀림없다. 이 회사가 활동하고 있던 산호섬 (파틀 섬)은 스프래틀리 섬이 아니라 파라셀 군도의 섬이었던 것이다. 그 후 몇 주간에 걸쳐 《션바오》는 당국의 갈팡질팡한 태도를 계속 보도했다. 중국은 야단법석을 떨며 분노하면서도 실제로는 한 번도 프랑스에 대해 정식 항의를 하지 않았다.[43] 그 이유인즉, 자국의 최남단은 스프래틀리 군도가 아니라 파라셀 군도라고 하는 것이, 이 당시 중국 정부의 인식이었기 때문인 것 같다. 1933년 9월 1일에 군사위원회에 보낸 서한—한때 기밀서류였다—은 이 점을 확인하고 있는 것 같다.

> 우리나라의 전문 지리학자는 모두 파라셀 군도의 트리톤 섬이 우리 영토의 최남단이라고 말하고 있다. 하지만 스프래틀리 군도 중의 9개 섬이 과거에 우리 영토였다는 증거가 발견될 가능성도 있다. …… 프랑스와 분규를 일으킬 필요가 없으나 우리나라의 어업권을 지키기 위해 어선의 활동은 계속하도록 해야 한다. 우리나라의 해군력은 약하며 현재로서는 9개 섬은 이용 가치가 없다. …… 지금은 시사西沙 군도 (파라셀 군도)에 온갖 노력을 쏟아야 한다. 이와 관련한 증거는 무수하기 때문에 일본을 제외한 전 세계가 우리나라의 영유를 인정하고 있다.[44]

중국 정부는 물리적 수단을 행사할 수 없었기 때문에 지도 제작에 관심을 집중했다. 그리고 1933년 6월 7일 프랑스가 스프래틀리 군도를 점령했다는 소문이 퍼지기 시작하자, 수륙지도심사위원회를 설립했다. 이 위원회의 심의가 진행되고 있을 때, 첸두오陣鐸라는 지도 제작자가 《신간 중국지도》를 출판했다. 이 지도에는, 중국 영해는 북위 7도까지 뻗어 있고, 프랑스가 영유를 주장하고 있는 스프래틀리 군도도 확실히 그 안에 포함되어 있었다.[45] 위원회는 이것에 영향을 받은 듯, 1년 반의 심의 끝에 마침내 프랑스의 도전에 맞대결했다. 위원회는 21발의 예포 따위는 날리지 않고, 그 대신에 목록 하나를 들이댔다. 1935년 1월에 간행한 회보 제1권에 남중국해에 있는 132개의 섬 이름을 열거함으로써 이 섬들은 합법적인 중국의 영토임을 천명했다. 132개 가운데 28개가 파라셀 군도, 96개가 스프래틀리 군도에 속한다. 이 명단은 종전의 중국 명을 모아 놓은 게 아니라 항해용 해도에 기재되어 있는 서구명의 음역音譯이나 번역이었다. 예를 들어, 스프래틀리 군도와 관련해서 노스 댄저는 베이시안北險 ("북의 위험"의 중국어 역), 스프래틀리 섬은 시발라투오斯普拉特利 (영어명의 음역), 그리고 파라셀 군도의 안텔로프 암초는 링양 (antelope의 중국어 역)이 되어 있다. 또 파라셀 군도의 다른 섬 (암피트리트 군도의 최서쪽 암초)은 영어로 "웨스트 샌드West Sand"라고 명명되었는데 이 이름이 파라셀 군도 전체의 이름이 된 것 같다 (시사西砂는 중국어로 "서西의 모래"라는 뜻). 또 이 해역의 중앙에 있는 마클즈필드 퇴堆는 난사南砂 ("남의 모래"), 그리고 스프래틀리 군도는 투안사 ("뒤섞인 모래")라고 이름이 붙여져 있다.[46] 물론 여기서 중요한 것은 마클즈필드 퇴堆가 "남南쪽"이라고 간주되고 있는 점이다.

이 위원회는 분명히 영국 지도에 나와 있는 이름을 그냥 중국어로 번역한 경우가 많으며, 게다가 기존의 오류를 다수 인용할 뿐 아니라 새로운 오류도 더 보탰다. 그 중 좋은 예가 제임스 암초일 것이다. 이 위원회는 여기에 쩡무Zengmu (James의 음역, 발음에 따른 표기) 탄灘이라는 중국어 명칭을 부여했다. 하지만 탄灘이라는 단어는 해안이나 사구砂丘 등 물 밖으로 나와 있는 장소를 가리키는 말이다. 그러나 영어의 해사 용어에서 모래톱, 초shoal는 수중에 있는 것, 즉 해저가 솟아올라 얕아진 곳 (고대 영어 "얕은" shallow를 의미하는 단어에서 유래)을 의미한다. 제임스 암초는 실제로 해면 아래 2m에 있다. 그럼에도 위원회는 이 해역을 소상하게 모르기 때문에 이것을 해면 위에 있는 것이라고 선언해 버렸다. 따라서 남중국해에 대한 중국의 영유권 주장은 어느 정도 오역에 기인한 것같이 보인다. 현재 "최남단의 중국령"이라고 언급되고 있는 땅은 존재하지 않는다. 8세기 전의 완리시탕萬里石塘 이야기와 크게 다르지 않은 결과가 되었다.

위원회는 영토 추구에 대한 임무를 멈추지 않고 3개월 후 1935년 4월엔 《중국 남중국해 도서도》를 발행해 중국 영해를 보르네오 연안에서는 불과 107km, 중국 본토에서는 1500km 이상 떨어진 북위 4도에까지 끌어내려서 표시했다.[47] 그리고 중국의 저명한 지리학자 바이메이추白眉初는 자신의 독자적인 개혁안을 주창했다. 바이白는 중국지리학회 창립자의 한 사람이며, 열렬한 애국주의자였다. 1930년 독자적으로 "중국국치도"를 작성해 자국이 얼마나 많은 영토를 빼앗겼는지 국민을 교육하고 싶어했다.[48] 이 해에 지리학회의 편집위원장이 된 바이는 이렇게 선언했다. "나라를 사랑하는 것은 지리를 배우는 데 있어서 최우선 사항이며, 나라를 건설하는 일은 지리학을 배우는 목적이다"[49] 1936년 바이가 60세일 때 그는 불후의 업적을 남기게 된다. 《신중국건설도》에 나오는 지도다. 이 지도에는 먼 남쪽의 제임스 암초까지를 포함해 U자형 라인이 그어져 있다. 이것은 그 후 다른 지도에도 그대로 채택되었다. 1936년부터 45년에 걸쳐 이 선은 여러 가지 형태로 26종의 지도에 그려져 출판되었다. 제임스 암초까지 뻗어진 선도 있으며 대개 스프래틀리 군도에서 멈춘다.[50] 그러나 10년 후 중국 정부가 채택한 건 바이메이추가 그은 선이었다. 이 선은 중국의 역사적 섬 영토를 정의하기 위해서 복사되고 주장되고 있다.

이 같은 명단 작성과 지도 제작도 1937년 일본에 의한 중국 침략과 더불어 막을 내렸다. 중국의 주권 수호는 군의 일이 되었고, 그동안의 애국주의적 분노의 대상—특히 영국, 러시아, 미국—은 한층 큰 적에 대항하는 동맹국이 되었다. 그러나 제2차 세계대전은 남중국해에 있어서 영토 분쟁을 되돌리게 된다. 일본은 1895년에 대만을 영유하고 있었기 때문에 필리핀 내의 미군이 1942년 5월에 항복하자, 남중국해 연안의 거의 전역, 즉 대만에서 싱가포르까지, 또 돌아서 대만까지 수천 년의 역사상 처음으로 단일국의 손에 들어가게 되었다. 남중국해는 "일본의 호수"가 되었고 이 상태는 1945년 1월까지 계속되었다. 일본은 파라셀 군도의 우디 섬과 스프래틀리 군도의 이투아바 섬을 점거했다. 이투아바 섬의 기지는 1945년 5월 1일 미군기의 내이 팜탄과 기총소사로 완전히 파괴되어, 그 후 잠시 방치되어 있다가 1945년 11월 18일 미국 정찰부대가 상륙했다.[51] 또 우디 섬에는 1945년 2월 3일 오스트레일리아 코만도 commando 두 명이 미잠수함 파고 호 편으로 상륙해, 일본인 두 사람과 유럽인 한 사람이 프랑스의 3색기 아래서 살고 있는 걸 목격했다. 코만도 병의 철수 후, 파고 호는 섬의 건조물을 모두 폭격했다.[52] 3월 8일 미군기가 우디 섬과 패틀 섬의 무전국을 폭격하고[53], 또 다른 잠수함 캐릴라 호가 7월 2일 우디 섬에 가 보니 3색기는 아직 걸려 있었으나 이번엔 그 위에 백기가 나부끼고 있었다.[54]

전쟁의 진행 방향이 바뀌어 감에 따라 연합국들은 종전시 지도상에 그어야 할 선에 대해 논의를 시작했다. 가달카날 섬의 전투가 있은 지 수 주 후인 1943년 5월에 이미 미국무부는 문서 T-324를 작성해 남중국해의 섬들의 처리 문제를 고찰했다. 계속해서 일본에 영유를 허용하는 건 아예 있을 수 없는 일이었으나, 어느 한 국가나 지역에만 중대한 이익관계가 있는 게 아니기 때문에 미국의 입장은 명확하지 않았다.[55] 그 뒤에 작성된 문서들도 이 섬들에 대한 명확한 영유권을 가진 국가가 하나도 없다고 말하고 있다. 문서 CAC-301인 "스프래틀리 및 기타 도서 (신난 군도新南群島)" — 이것은 얄타회담 이전 1944년 12월 19일에 작성되었다 —

에는 이들 섬을 "계획되고 있는 국제기구" 즉 미래의 국제연합 아래에 두는 것이 주창되고 있다. 하지만 여기에는 프랑스의 승인이 필요하다고 주의를 환기하고 있었다. 또 문서 CAC-308에는 파라셀 군도에 대해 세 가지 선택지가 제시되어 있었다. 즉 국제적 신탁통치, 중국과 프랑스의 협상 그리고 셋째는―"중국이 1816년 안남 (베트남 중부)에게 파라셀 군도를 양도했다고 주장하는데, 그 증거를 프랑스가 제시하지 않는 한"―중국의 영유권을 지지한다는 것이다.[56] 그러나 전쟁이 끝나자, 미국무부는 어느 섬이든 국제연합의 관리하에 두는 건 어려울 것이라고 판단했다. 그 이유는 프랑스가 거기까지 양보할 것 같지 않았기 때문이다. 결국 미국은 입장을 명확하게 하는 걸 피했다.

1946년 7월 4일 필리핀이 미국으로부터 독립했다. 그로부터 3주가 지나기 전에 부통령 엘피디오 키리노Elpidio Quirino가 성명을 발표했는데, 스프래틀리 군도는 필리핀 세력 범위 내에 있다고 선언했다. 이에 대해 프랑스 당국은 인도차이나에 대한 지배권을 재주장하기 위해 소해정 셔브류 호를 스프래틀리 군도로 파견했다. 도착해 보니 무인도였으므로 1946년 10월 5일 이투아바 섬에 표시석을 세워 프랑스의 영유권을 주장했다. 1946년 12월 9일 중국 해군―미국으로부터 수척의 함선과 훈련된 승조원과 해도를 막 제공받고 있었다―은 파라셀 군도에 2척, 스프래틀리 군도에 2척의 함선을 각각 파견했다.[57] 타이핑太平 호 (이전의 미국함 데커 호)와 종계中建 호 (이전의 미국함 LST-1056)의 승조원은 12월 12일 이투아바 섬에 상륙해 프랑스에 대항하는 자신들의 표시석을 세워 중국의 영유를 주장했다. 이어서 1947년 1월 중국과 프랑스는 각각 파라셀 군도의 다른 섬에 상륙해 또다시 영유권 투쟁을 벌였다 (상세한 것은 제3장 참조).

1947년 5월 중국 의회는 파라셀 군도를 프랑스로부터 탈환하도록 정부에 요구하는 동의를 가결했다. 필요하면 무력을 행사하더라도 되찾아 "우리 영토의 경계"를 명확히 하려고 했다. 무력은 불가능했지만 경계를 획정하는 건 간단했다. 내무부 지리국은 남중국해의 모든 섬에 새 이름을 붙였다. 이투아바 섬은 타이핑도太平島, 시투 섬은 종계도中建島 (모두 1946년 원정에 사용한 함선의 이름을 따랐다)라고 개칭되었고, 다른 섬과 암초 등에도 비슷한 애국주의적 명칭이 붙여졌다. 예컨대 스프래틀리 섬은 난웨이도南威島 (당당한 남의 섬)가 되었다. 또 자신들의 잘못을 알았는지, 제임스 암초는 "탄灘" (砂洲의 뜻)으로부터 "안사暗沙" (암초의 뜻)로 바뀌었다. 또 네 군도의 이름도 바뀌었다. 파라셀 군도는 시사西沙 그대로이지만, 프라타스는 동사東沙 (동의 모래)가 되었다. 또 난사南沙 (남의 모래)는 그 이전까지 마클즈필드 퇴堆를 가리켰으나 남쪽으로 이동해 스프래틀리 군도를 가리키는 이름이 되었으며, 마클즈필드 퇴堆 (이전의 난사)는 중사中沙 (중간 모래)로 부르게 되었다.

1947년 말에 지리국은 이들 섬에 대하여 신구명 전체의 대조표를 완성했는데, 그 수가 자꾸만 늘어나 159건으로까지 올라갔다.[58] 이 대조표는 12월 1일에 정식으로 발표되었으며 그 날 이들 섬은 모두 하이난특별행정구의 관할 아래 들어갔다.[59] 같은 시각에 지리국은 새 "남해제도위치도"를 인쇄했으나, 이것은 1948년 2월 새 "중화민주 행정구역도"의 부도附圖로서 내무부에 의해 정식으로 간행되었다. 새 명칭이 모두 기재되어 있는 건 물론, 10년 전에 바이메이추가 처음으로 그린 그 선도 들어 있었다. 11개로 나누어진 선이 대만으로부터 남중국해의 동쪽을 따라 보르네오 연안까지 남하하고, 거기서 북상하여 톤킨에 다달아 커다란 U자를 그리고 있다. 이 선의 의미에 대해서 공식 설명은 없었으나, 지도 제작자의 한 사람인 왕시광王錫光은 이 선은 중국의 영토—즉 중국령이라고 주장되고 있는 섬들—와 그 인접국 영토의 중간선을 나타낼 뿐이라고 말한 것으로 전해지고 있다.[60]

1947년 6월 12일 중화민국의 해군부, 국방부, 내무부의 합의에 따라, 정부는 문제의 선 내측에 있는 모든 것에 대해 영유를 주장하며 해상의 정확한 국경에 대해서는 차후에 현행 국제법에 따라 타국과 협의할 것을 결의했다. 국경이 획정되지 않았는데, 이는 그 후의 이른바 남중국해의 "전략적 모호성"의 시작이었다.[61] 하지만 이때는 이미 중화민국의 앞날이 얼마 남지 않은 때였다.

그로부터 몇 달 뒤, 지도층은 대만으로 도망하고 공산당이 인민공화국의 건국을 선포했다. 공산당은 선임자의 지도와 선을 채택했지만, 독립을 위해 싸운 형제 공산국에 대한 특별한 배려로 1953년에 중국과 베트남 사이의 톤킨 만에서 선 두 개를 없애 11개를 9개로 줄였다.[62] 이 해역 내의 양국 간의 경계가 최종적으로 정해진 것은 1999년에 들어와서였다. 2013년 6월 중화인민공화국 국가측회총국測繪總局은 새로이 공식 국가지도를 발행했는데, 대만 동쪽에 열 번째 선이 추가되어 대만도 확실히 중국 영토라는 것을 명확히 나타내고 있었다.[63]

2009년 5월 중국 당국은 "U자형 라인"이 들어 있는 지도를 국제연합 대륙붕한계위원회CLCS에 제출한 서류에 첨부했다. 중국이 공식 국제 회의에서 이 선을 언급한 것은 이번이 처음이고, 이것으로 인한 지역 전체에서 분노와 항의가 쏟아졌다. 이걸 보면 400년 전 중국의 무명 지도 제작자가 "셀덴 지도"를 만들었던 이후에, 경계와 국경에 관한 생각이 얼마나 크게 변했는지를 알 수 있다. 지도에 고정선을 그어서 정치 권력의 범위를 표시한다는 것이 아무런 의미가 없었을 뿐 아니라, 바다를 "소유"할 수 있다는 그 생각 자체가 황당무계한 일이었을 것이다. 이 같은 사상은 모두 17세기의 유럽에서 나와 무역회사와 열강 제국들에 의해 아시아에 건네졌다. 유럽인은 새 지도를 그리고, 새 선을 그었다. 그리고 그 과정에서 지도와 선이 두 가지에 대한 새로운 사상을 확산시켰다. 한 사상체계에서 다른 사상체계로의 이행, 즉 만달라적 체제에서 웨스트팔리아 체제로의 이행이 역사적 혼란이라는 유산을 남겼으며, "U자형 라인"이 공표된 이후의 시기에는 남중국해에서 영토 획득 경쟁을 낳게 된 것이다.

중 국

추강

광저우

광둥성

광서

마카오

홍콩

카오슝

하노이

하이퐁

장장

프라타스 군도

루손

톤킨만

하이코우

하이난 섬

제3장

루손

위험과 골칫거리

1946년~1995년

수빅만

남 중 국 해

캄란만

보디아

노스 댄저 둑

리드 둑

시투 섬

프놈펜

아투아바 섬

팔라완

호치민시

푸키

스프래틀리 군도

콘손 섬

스프래틀리 섬

밴가드 둑

루이자 암초

코타키나발루

사바

브루네이

반다르 세리 베가완

나투나

(인도네시아)

사라왁

레   이   시   아

쿠칭

제 2차 세계대전 종전 직후 1년 남짓한 동안에는 파라셀 군도 (시사西沙 군도)나 스프래틀리 군도 (난사南沙 군도)를 어느 누구도 점거하거나 지배하지 않았다. 하지만 50년이 지나자 이들 섬의 거의 전부가 영유·지배되었다. 지배하기 위해 전투가 한 번도 일어나지 않았지만, 그렇다고 해서 영유가 서서히 그리고 조금씩 진행된 것도 아니다. 1946년부터 1947년, 1970년대 초, 1988년 그리고 1995년, 모두 네 번 위기적 상황이 일어났다. 한쪽의 행동이 대개 다른 쪽의 반응을 유발했다. 언제나 처음 행동하는 측은 특정한 동기가 있었다. 애국주의적 정통성의 주장이라든가, 전략상의 이점이나 경제적 이익의 추구 등이었으나 어느 나라도 기대한 성과를 올리지 못했다.

장제스蔣介石의 목표는 공산당 세력의 신장을 직면한 가운데 이 섬들을 이용해 자신의 지도력을 강화하는 것이었다. 한때 중국을 황폐케 했던 서방 제국에 맞섬으로써 자신이 중국의 통치자로 적격하다는 걸 과시할 좋은 기회라고 생각했다. 1946년이 끝나가는 마지막 몇 달 동안 장제스 정권은 입수한 지 얼마 안 되는 미국의 퇴역함을 파견해 중국의 영유권을 주장했다. 이때 그의 상대는 수도사 출신인 조르즈 티에리 다르장류Georges Thierry d'Argemlieu 제독이었다. 다르장류 제독은 제1차 세계대전 때 프랑스 해군에서 명성을 떨쳤으며, 그 후에는 가톨릭의 수도회에서 법의를 입고 샌달을 신고 살아간 인물이었다. 수도회에서도 명성을 떨쳐 프랑스 지회장支會長에까지 올랐다. 그런데 1939년 9월 조국이 독일에 의한 침략의 위기에 직면하게 되자 다르장류 사제司祭는 법의를 벗어던지고 지상의 권력에 다시 헌신하기 위해 해군으로 돌아갔다.

다르장류는 자유 프랑스군에서 승진을 거듭해 드 골de Gaulle 장군 아래서 아프리카와 아시아에 남아 있는 프랑스 식민지 내 사절 겸 사령관으로 파견되었다. 공을 세우고 승진을 거듭해, 1945년 8월 중순 프랑스령 인도차이나를 되찾는 업무를 맡게 되었다. 이 식민지는 대 혼란 속에 빠져 있었다. 일본이 항복하고 공산당이 주도하는 혁명이 일어나 호치민이 신생 "베트남민주공화국"의 국가 주석이 되어, 그것을 9월 2일에 선포했다. 그런 가운데 북으로부터 중국군이 진격해 오고 남으로부터 영국군이 상륙했다. 영국군은 일본군의 잔당을 이용해 현지의 혁명을 진압하고 프랑스령이라고 인정해 다르장류에게 넘겨주었다. 다르장류는 해방신학의 신봉자는 결코 아니었다. 군인으로서 그의 신조는 프랑스 제국에 전심 전력으로 헌신하는 일이었다.[1] 두뇌는 좋았으나 극보수파인데, "12세기 최고의 두뇌"의 소유자라고 어느 비판자가 야유할 정도였다.[2]

다르장류는 1945년부터 1946년까지 베트남의 민족주의자를 약체화하고 그들과 타협을 바라는 본국 프랑스의 정치가의 힘을 꺾기 위해 열심히 노력했다. 따라서 다르장류, 프랑스 정부, 호치민이 이끄는 민족주의자, 중국의 민족주의적 정부 사이에 미묘한 협상이 잇따라 있었다. 프랑스도 베트남도 중국이 떠나길 바라는 데는 의견이 같았으나, 의견의 일치는 그것뿐이었다. 다르장류는 "베트남"이라는 말까지 싫어해 식민지의 이름 "안난安南"을 좋아했다.[3] 정치 상황이 악화된 것은 다르장류가 자신의 계획을 추구했기 때문이다. 1946년 6월 베트남에 대항하는 "코친 차이나공화국"의 수립을 선언했다. 이로써 호치민의 베트남과 평화적 타협을 탐색하는 프랑스 정부의 희망이 깨졌다. 이런 충돌이 계속되는 와중에 베트남의 해안으로부터 200km나 떨어진 파라셀 군도의 앞날과 관련한 문제는 어느덧 잊혀졌다.

비교적 잘 알려진 스프래틀리 군도와는 달리, 파라셀 군도는 정상적인 섬, 즉 대부분 거주가 가능한 토지다. 하이난 섬에서는 남쪽으로 350km 정도, 베트남 중부의 항구 도시 다난에서는 동쪽으로 똑같이 350km쯤에 있다. 몇 세기 동안 중국과 베트남 연안에서 온 어부와 해적에게 이용되어 왔다. 파라셀 군도는 두 그룹으로 나뉜다. 북동쪽의 암피트리트 군도 (이 이름은 1696년 이것을 "발견한" 프랑스 배 이름을 따라 작명)4)에는 여섯 개 섬, 즉 (상상력을 발휘해 작명된) Woody (숲이 많은), Rocky (바위가 많은), Tree (나무가 많은)섬, 그리고 남도南島, 중도中島, 북도 (北島라는 이름이다)가 있다. 가장 큰 우디 섬은 전체 길이가 2km에 가깝고 폭은 1km가 넘는다. 이 섬들에는 일곱 번째 섬으로서 린컨 섬을 포함할 때도 있다. 이 암피트리트 군도의 남서쪽으로 64km에 또 다른 일곱 섬을 포함한 크레센트 군도가 있다. 그 중 중요한 것이 파틀 섬과 로버트 섬이며, 나머지는 트리톤, 던칸, 머니, 드라몬드, 파수 케아다. 이 섬들은 전쟁 중에 프랑스군, "안난"군, 일본군에 의해 차례로 점거되었고, 때로는 동시에 점령되는 경우도 있었다. 그러나 1945년 후반에는 사람이 전혀 살지 않게 되었다.

1년 후 중국이 파라셀 군도의 합병을 계획하고 있다는 소문이 파리로 전해져, 해외영토장관은 1946년 10월 22일 수비대를 파견하여 섬들을 점령하도록 다르장류에게 명했다. 다르장류는 그것을 무시하고, 그 대신에 프랑스인의 지배를 거역하게 되면 어떻게 되는지, 베트남의 민족주의자에게 "교훈"을 가르쳐 주기로 결심했다. 1946년 11월 23일 하이퐁

항에서 프랑스군과 베트남군의 충돌이 발생하자, 다르장류는 순양함 쉬프랑 호와 다른 배 4척에게 명령을 내려 하이퐁시를 포격했다. 포격으로 몇 개 지역이 전멸되고 6000명 가량의 베트남인이 희생되었다. 얼마 후에 보복이 시작되었다. 12월 19일에는 하노이에서 프랑스군과 베트남인 사이에 시가전이 발발했다. 이렇게 해서 베트남 전쟁은 제1단계로 돌입했다. 프랑스 정부의 명령대로 다르장류가 쉬프랑 호를 파라셀 군도에 파견했더라면 그 후의 역사는 달랐을지 모른다.

다르장류는 자신이 시작한 전쟁에 너무 집착한 나머지, "당장" 파라셀 군도를 점령하라는 파리에서 온 수차례의 지시를 악천후를 빙자로 거부했다. 역사학자 스타인 토네손Stein Tønnesson은 그 뒤의 경위를 추적해 보았다. 악천후는 장제스의 야심을 꺾지 못했다. 중국 정부는 새로 마련한 군함을 남중국해에 파견했다. 1947년 1월 4일 소해정 용싱 호 (이전의 미국함 엠배틀)와 종지안 호 (이전의 미국함 LST-716)는 약 60명의 중국군을 우디 섬에 상륙시켰다. 이에 대항하기 위해 다르장류는 간신히 톤키노와 호로 원정부대를 파견했다. 프랑스군이 도착한 것은 중국보다 2주 뒤였다. 톤키노와 호의 함장은 중국군을 퇴거시키려고, 처음엔 매수를 시도했다가 다음엔 무력을 썼다가, 마지막엔 공중에 위협 사격까지 했다.[5] 그러나 중국군은 버텨 나갔으며, 한편으로 두 정부 간에 격렬한 외교전이 전개되었다. 결국 프랑스는 물러나고 톤키노와 호는 명령을 받아 우디 섬을 떠나고 대신에 크레센트 군도 중의 파틀 섬에 부대를 배치했다. 중화민국은 승리를 거두고 프랑스는 지켜보고 있을 뿐이었다.

파라셀 군도의 주권을 둘러싼 역사적·법적 논쟁은 1947년보다 훨씬 더 일찍 시작했다. 그렇지만, 다르장류가 정부 명령을 따르고 중국보다 앞서서 우디 섬을 점령했다면, 이 섬들은 오늘날에도 베트남의 것이 되어 있을 것이다. 하지만 6주가 지나기도 전에 다르장류 제독이 취한 호전적 선택 때문에 베트남은 30년의 전쟁에 돌입하는 처지가 되고, 나아가 파라셀 군도의 운명을 둘러싼 중국과의 기나긴 적대관계에 처하는 운명이 되었다. 프랑스 정부는 격분해 곧 다르장류를 해임했다. 자신이 시작한 전쟁이 격화 일로로 치닫고 있는 가운데 다르장류는 신과 카르멜 수도회로 돌아갔다. 여생을 수도회에서 보내고, 1967년 브리타니의 수도원에서 숨을 거두었다.

1947년 이후, 주권을 다투던 두 세력이 파라셀 군도를 절반씩 점령하게 되었다. 중화민국이 우디 섬을, 프랑스령 베트남이 파틀 섬을 각각 차지했다. 하지만 섬에서의 장제스의 승리에는 희생이 많았다. 그의 입장은 계속 약화되어 국민 정부는 대만으로 도망가지 않을 수 없었다. 1950년 공산군이 하이난 섬을 탈취하게 되자 국민당은 우디 섬에서 군을 철수시키고, 또 스프래틀리 군도의 이투아바 섬에서도 철수했다. 프랑스령 인도차이나의 기상 관측소에 따르면, 이 두 섬으로부터 전해지는 기상 보고는 1950년 5월 4일과 5일에 각각 중단되었다.[6] 프랑스는 이 두 섬이 포기된 걸 알면서도 점령하려 하지 않았다. 한 가지 이유는, 대만과 베이징을 상대로 불필요한 분쟁에 휩쓸리는 걸 두려워한 까닭이지만, 더 큰 이유는 인도차이나 본토에서 한층 더 급박한 전쟁에 직면하고 있었기 때문이다.

1950년 5월부터 5년간, 남중국해의 도서 가운데 어떤 나라에 점거되어 있었던 것은 파틀 섬뿐이었다. 미국, 영국, 프랑스가 이 해역을 지배했는데, 특히 1950년 6월에 시작한 한국전쟁 중에 3국의 지배가 강했다. 중국에는 이 3국의 세력과 대결할 수단이 아예 없었다. 그렇다고 해서 영유권을 단념한 것은 아니고, 1955년엔 공산 중국 부대가 우디 섬에 배치되었다. 마오쩌둥毛澤東 군은 장제스의 위세보다 조용히 한 수 높은 길을 택했다. 하지만 그것은 시위행동 식의 원정이 아니고, 그들의 관심은 한층 현실적인 소박한 것에 있었다. 즉 본국의 논, 밭에 비료로 쓸 구아노를 채굴하는 게 그 목적이었다. 장제스가 품고 있던 섬에 대한 꿈은 한갓 새의 배설물로 변해 버린 셈이다.

토마스 클로마Tomas Cloma가 스프래틀리 군도에 대해 품고 있던 꿈도 역시 생선 통조림과 함께 구아노에 대한 특별한 관심이었다. 하지만 그의 꿈은 개인적으로 욕심으로, 한 밑천 버는 것이었다. 신장이 165cm인 그는 작은 키를 야심으로 보완하고 있는 사람 같았다. 태어난 고향인 보홀 섬을 떠나 마닐라에서 재봉사의 조수를 하면서 고등학교를 졸업한 후, 처음엔 통신기사, 그 다음에 운송 중개업 그리고 1944년에 《마닐라 불리틴》 수습기자가 되어 운송업 관계를 담당했다. 낮에는 운송업계의 동향에 관한 기사를 쓰고 밤에는 법률을 공부해 마침내 1941년에 사법 시험에 합격했다. 그런데 몇 개월 후 변호사가 되려고 했던 그의 꿈은 일본군의 필리핀 침공으로 깨졌다. 가족을 먹여 살리기 위해 클로마는 바다에 나가서 보홀 섬에서 익혔던 어로 기술을 발휘해 사람과 화물을 섬에서 섬으로 운송하면서 3년을 보냈다. 가족은 전쟁에서도 살아남아 생활이 한결 편해지려고 할 무렵, 여섯 살 되는 아들 바실리오가 칼람바 시에서 교통사고로 사망했다. 아내인 루즈는 비통한 나머지 교회에 가는 것을 그만두었으며, 클로마는 슬픔을 잊기 위해 일에 몰두했다.

1947년 3월 토마스와 아내인 루즈는 토마스의 동생인 필레몬과 세 사람의 우인과 공동으로 비사얀수산회사를 설립했다. 바실리오의 사후에 받은 배상금으로 미군이 불하한 타그보트 몇 척을 어선으로 개조해, 경험이 풍부한 승무원을 고용했다. 회사는 잘 되어 나갔으나 토마스는 항상 다른 기회도 살피고 있었다. 1947년 9월 정부가 운영하는 필리핀선박학교PNS가 파업해 폐교했을 때 클로마는 그것과 경합하는 필리핀해양전문학교를 설립했다. PNS에서 반년이 소요되는 과정을 그 절반인 3개월로 수료하게 하며, 또 경비 절약을 위해 마닐라의 파시그 강의 하구 근처에 정박하고 있는 거룻배를 교실 대용으로 사용했다. 그 후 곧 학교는 어선으로 옮겨가 실무훈련을 실시했다 (동시에 비사얀수산회사에 값싼 노동력을 제공했다). 1년 반 후에 정식 학교로서 정부 인가를 받아 육지에서 교실을 가지게 되었다. 또 한 번의 기회는 위기일발의 상황에서 찾아왔다. 1947년 필레몬이 파라완 섬 앞바다에서 고기를 잡고 있을 때 태풍 제니호— 사상 최대 태풍의 하나—가 닥쳐와 부득이 피해 간 곳이 앞바다의 이름도 모르는 군도였다. 그 후 몇 년간 두 형제는 그 섬에 통조림 공장을 세워, 구아노를 채굴할 계획을 세웠다.

토마스 클로마는 여러 지도를 조사해 보았으나 어디에도 이 섬들은 나와 있지 않았다고 그 후 자신의 사업을 설명하면서 이야기했다. 그는 오늘날에도 필리핀에서 스프래틀리 군도의 "발견자"로 불리고 있다. 그러나 그것이 사실이 아니란 것을 본인은 알고 있었을 것이다. 전국지全國紙의 해운업계 담당 기자보로서 8년간이나 근무하고, 그 전엔 국제 해운의 중개인이었던 사람이 자국의 앞바다에 있는 암초와 섬에 대해서 몰랐다는 건 있을 수 없다.

클로마는 스프래틀리 군도를 몰랐다고 주장했을지 모르나, 필리핀 정부는 한동안 알고 있었다. 아무튼 일본군의 필리핀 침공 기점으로 사용되었기 때문에, 그것을 생생히 기억하고 있는 현지 신문은 정부에게 그 섬들을 확보하라고 압력을 가했던 것이다. 1946년 7월 필리핀이 미국으로부터 독립하자마자 즉시 부통령 겸 외무장관 엘피디오 키리노Elpidio Quirino는 기자회견에서 안전보장의 요체로 스프래틀리 군도의 영유를 주장한다고 말했다.[7] 1950년 5월 17일, 당시 대통령인 키리노는 스프래틀리 군도는 필리핀에 속한다고 선언했으나, 중화민국 (타이완) 군이 자제하고 있는 한 실력행사는 하지 않을 것이라고 부언했다. 중화민국 군대는 이미 12일 전에 철수했는데, 키리노는 이를 알지 못했다. 만일 공산군이 들어오면 이야기는 달라질 거라고 일침을 가했다. 그런데 이상하게도 1951년 샌프란시스코 강화회의에서 필리핀은 스프래틀리 군도의 영유권을 주장하지 않았다.[8] 이 모든 경위를 클로마가 몰랐다는 건 믿기가 어려운 얘기다.

클로마에게는 카를로스 P. 가르시아Carlos P. Garcia라는 같은 보홀 출신이고 고교 동창인 강력한 동지가 있었다. 가르시아는 1946년에 상원의원에 당선되고 1953년에 부통령 겸 외무장관이 되었다. 클로마 형제는 선거운동을 위해 조직을 만들어 모금을 했으며, 필레몬의 아들에 따르면, 가르시아는 그 대신 공공사업과 기타 편의를 봐주었다고 한다.[9] 이 연결 고리는 클로마가 국제정치라는 불투명한 바다 속으로 점점 깊이 빠져들게 하는 데 결정적 원인이 되었다.

증거에 따르면 클로마 형제는 밀수에 가담했으며, 필레몬은 1955년, 소총과 폭발물 은닉죄로 6개월간 투옥되었다. 그러나 같은 해 크리스마스 사면에서 석방되자 문제의 섬을 차지하기 위한 작전은 또다시 진행된다.[10] 1956년 3월 1일 가르시아 부통령은 필레몬이 이끄는 점령대의 환송회에 내빈으로 참석했다.[11] 가르시아는 막사이사이Magsaysay 대통령 정권의 다른 주요 인사를 설득하지는 못했으나, 점령대는 어쨌든 출발했다. 3월 15일 필레몬과 그 의기양양한 일행은 문제의 섬에 상륙했다.[12] 2개월 후 5월 15일, 가르시아와 토마스는 마닐라의 여러 대사관에 서신을 발송, 파라완 섬 앞바다의 육각형 해역 (총 면적 64,976평방마일) 및 거기에 있는 모든 섬, 암초, 사주砂洲의 소유권을 주장했다. (스프래틀리 섬은 고의로 여기서 제외되어 있었다.) 그 근거는 "발견 및/혹은 점유의 권리"다. 그리고 또 6일 후 토마스는 두 번째 서신을 통해 그 지역의 이름이 동의어를 반복하는 식으로 "자유주의 자유영역"이라고 발표했다.

5월 17일 가르시아는 지지성명을 발표했으나, 당시의 보도에 따르면 막사이사이 대통령은 가르시아에게, "늦기 전에 클로마의 엉뚱한 수작을 중단시켜라"라고 명했다. 이것은 막사이사이 대통령 혼자만의 의견은 아니었다. 마닐라 주재 프랑스 대리공사 자크 봐제Jacque Boizet는 처음엔 이 사건을 "현지 피라미들"의 "바보 같은 법석"이라고 논평했으나, 중국 공산당이 끼어들게 되면 문제가 심각해질 가능성이 있다고 경고했다. 하지만 무대 뒤에서는 어떠한 일이 벌어지고 있는지 아무도 몰랐다. 필리핀 정부의 기록은 대부분 그 뒤에 소실되었다. 프랑스의 지리학자인 프랑코이즈 자비에 보네Francois-Xauier Bornet는 이 시기의 일을 상세히 조사한 결과, 가르시아와 막사이사이는 표면상으론 대립한 듯하지만, 실제로는 협력하고 있다고 생각했다. 가르시아는 클로마를 지원했으며, 막사이사이는 타이완 정부의 고관과 회담을 하여 사태를 수습하려고 했다.[13] 대통령부㎌는 공식 성명을 발표해 클로마는 어디까지나 개인으로 활동하고 있으며 필리핀은 공식으로 이들 섬의 영유권을 주장한 적이 없었다고 언명했다. 그렇기는 했지만 클로마의 행동을 바보 같은 짓이라고 보는 사람들이 있는 한편, 용인할 수 없는 도발적 행동이라고 생각한 사람들도 있었다. 그리고 사실 그의 행위가 원인이 되어 일련의 사태로 이어져 오늘까지도 이 지역에 상처를 남기고 있다.

중국 정부는 1956년 5월 31일 문제의 섬들은 중국령이며 어떠한 침해도 용서하지 않겠다고 선언했다. 이 시기 베트남은 프랑스군이 이미 철수해 버려 "일시적으로" 공산주의의 북측과 자본주의의 남측으로 분산되어 있었다. 그 남측의 베트남공화국RVN은 6월 1일 클로마의 행동을 비난하는 성명을 발표했다. 이튿날엔 프랑스마저 끼어들어 1933년부터 주장해 온 영유권을 되풀이해 주장했다. 그러나 클로마는 단념하지 않았다. 그는 7월 6일 "프리덤랜드 헌장"을 공포하고 "프리덤랜드"는 새 독립국이며 필리핀의 "보호국"으로서 정식 승인을 구한다고 천명했다. 그가 생각하고 있던 것은 당시 브루네이가 영국 식민지로서 갖고 있는 지위 같은 것이었다. 토마스는 자신이 단독으로 행정권을 가지는 국가 원수라고 했으며 아들과 우인들을 각료로 임명했다. 또한 "프리덤랜드"의 국기도 발표되었으나, 다음에 발생한 일을 생각해 보면 불길하게도 거기에는 커다란 흰색의 신천옹信天翁 (대형의 바닷새)이 그려져 있었다. (신천옹은 폭풍의 전조라고 전해진다— 역자)

이튿날 7월 7일 클로마는 그 선언을 확실하게 전달하기 위해 아들 자이메와 PMI의 학생 몇 명을 인솔해 마닐라의 중화민국 (타이완) 대사관으로 가서, 자이메 말에 의하면, 이투아바 섬 (클로마는 매카더섬이라고 개명)에서 가지고 온 기를 대사관 직원에게 건네주었다. 이 행위는 타이완으로부터 항의를 몰고 왔으며 필리핀 정부로부터도 비판을 받았다. 그냥 내버려둘 수 없는 상황이 되었다. 남베트남 해군은 난사 군도에 배를 보내 8월 22일, 그 중 한 섬에 기념비를 세우고 국기를 게양했다.[14] 타이완의 국민당 정부도 클로마 형제를 완전히 제거하기로 작정하고 야오夜兆 준장 휘하의 해군을 파견했다.[15] 양자는 댄저 (위험)라고 부르는 장소에서 맞대결하게 되었다.

1956년 10월 1일 새벽 PMI 선단 제4호가 노스 댄저 암초 ("프리덤랜드" 최북단, 클로마는 "시리아코 섬"이라고 명명하고 있었다) 앞바다에 정박하자 타이완 해군의 함선 두 척이 대응했다. 필레몬 클로마 선장은 "초대"를 받아 상대 배로 옮겨 타서 자신의 주장을 놓고 논의했다. 국제법의 상세한 내용이 네 시간에 걸쳐 논의되고 있는 사이, 타이완 병사들이 PMI 제4호에 올라 타서 무기, 해도, 관련 서류 일체를 몰수해 갔다.[16] 다음날 필레몬은 또 타이완 함에 불려가서, 이번엔 서면—중화민국의 영토를 침범한 것을 인정하고 두 번 다시 범하지 않겠다고 약속하는—에 서약했다. 그의 아들 말에 따르면 필레몬은 위협을 받아 부득이 서명했다. 타이완 해군 함선이 떠난 후, 필레몬 일행이 근처의 섬들을 살펴보았더니, 그들이 세운 시설은 모두 파괴된 상태였다.[17]

토마스 클로마는 이것으로 물러날 사람이 아니었다. 그 날 하순 직접 뉴욕으로 가서 국제연합에 정식으로 호소할 생각이었다. 하지만 이땐 필리핀 정부도 클로마에게 진저리가 나 있었다. 클로마는 월도프 아스토리아 호텔의 커피숍에서 기자회견을 마친 후, 유엔 주재 필리핀 대사 펠릭스베르토 세라노Felixberto Serrano에게서, 유엔에 사안을 제기할 수 있는 것은 승인된 정부뿐이며 필리핀은 더 이상 이 일에 관여하지 않을 거라고 하는 말을 들었다. 마닐라에서 가르시아와 외교협회의 동지들도 끝까지 노력해 막사이사이 대통령을 설득하려 했으나 번의시키지 못했다. 1957년 2월 8일 가르시아는 클로마에게 신중한 표현으로 쓴 서신을 보냈다. 그는 편지에서 "스프래틀리 군도"라고 알려진 7개의 섬과 그 이외의 "프리덤랜드"라는 도서를 다소 자의적으로 구별했다. 외교부 (정부가 아니고)를 대표해 가르시아가 말하고 있는 것은, 프리덤랜드 내의 무인도 가운데 타국의 주권이 인정되지 않는 동안에만 어느 것이든 영유해도 상관없다는 내용이었다. 말도 안 되는 소리였다.[18]

토마스 클로마와 국제정치의 관계가 이것으로 종결되었다면 좋았겠지만, 실은 프리덤랜드 계획에 이상한 종말이 다가오고 있었다. 1956년 이후 클로마는 사업에 정열을 쏟았지만 꿈을 포기하지 않았다. 클로마 "제독"이라고 불러 주는 걸 좋아했고 PMI에서 특별 행사가 있을 때마다 눈부신 백색 군복을 착용했다. 하지만 그의 원정遠征은 서서히 사람들의 기억에서 사라져 갔다. 그런데 1970년대 전반에 페르디난드 마르코스 Ferdinand Marcos 대통령의 달갑지 않은 관심을 끌게 되었다. 1970년 파라완 섬 앞바다에서 유전 탐사가 시작되어 1971년 7월에 프랑스군은 스프래틀리 군도 중 3개 섬—시투 섬, 난샨 섬, 플랫 섬 (필리핀어로 각각 파가사 섬, 라왁 섬, 파탁 섬)—에 상륙해 있었다. 이투아바 섬에도 상륙을 시도했으나 타이완군에 의해 쫓겨났다.[19] 마르코스는 그 날 늦게 군에 대해 서부사령부를 창설해 이 해역의 이권을 지키라고 명했다.

필리핀 정부가 스프래틀리 군도에 대해 확고한 영유권을 주장하려고 시도한 것은 바로 이 시기였다. 그러나 이 주장은 지리적으로나 법적으로나 근거가 상당히 약했다. 첫째, 가르시아의 견해에 따라 프리덤랜드에 속하는 영역은 국제적으로 스프래틀리 군도라고 알려진 도서와는 별개라는 주장을 하려고 했다. 둘째, 15년 전 토마스 클로마와 필레몬 클로마의 활동을 근거로 필리핀은 프리덤랜드에 대한 권리가 있다고 주장했다. 클로마는 이 기회를 이용해 1974년 1월 《데일리 엑스프레스》에 기고를 해, 국제사법재판소에 대한 자신의 청구 소송을 지원해 주기를 정부에 호소했다. 이것이 마르코스에게 알려져 클로마는 다음 날 대통령 관저에서의 회합에 초청되어 섬의 권리를 양도하겠다고 약속했다. 남은 일은 사소한 문제—계약과 매도가격—를 마무리짓는 일이었다. 클로마는 세 사람의 정치가를 법률고문으로 지명해 협상에 임했으나 논의는 오랫동안 결론을 얻지 못했다.

1974년 10월 3일 이미 70세를 넘은 클로마는 캠프크라메의 국립 경찰본부에 초청되었다. 그리고 경찰 간부와 장시간 대화를 나눈 후 클로마는 그의 새 집, 형무소 3호실로 안내되었다. 거의 같은 시각, 정부는 클로마의 선박 가운데 MS 필리핀 제독 호를 몰수해, 그의 해운회사에 큰 타격을 주었다. 며칠 뒤, "불법으로 군복과 기장을 착용한" 죄로 기소될 것이란 전갈이 그에게 도달되었다. 마르코스의 계엄령 정권은 "제독"이라고 거짓 자칭한 장난을 너무 엄하게 다룬 셈이다. 클로마는 무슨 일이 벌어지고 있는지 알고 있었다. 57일을 버텼으나 노쇠하여 결국 굽히고 말았다. 계약서에 서명하고 프리덤랜드는 단 1페소를 받고 필리핀 정부에 양도되었다.

마르코스는 프리덤랜드를 "칼라얀 군도"로 개명 (칼라얀은 타갈로그어로 "자유"라는 뜻)해 1978년 6월, 대통령령 1596를 공포해 팔라완 주의 자치체로 편입했다. 이 자치체는 지금도 존재하지만, 일년 대부분 파라완 섬의 푸에르토 프린세스 교외의 한 사무소가 그 본부가 돼 있다. 이 책을 쓰고 있는 시점에 필리핀군은 9개 섬과 암초를 점거해 있으며 그 밖의 섬들을 감시하고 있다. 필리핀이 점거하고 있는 최대의 섬—한때 시투 섬이라고 했으나 파가사 (필리핀어로 "희망"의 뜻)섬이라고 개명되었다—에는 현재 토마스 클로마의 작은 동상이 서 있다. 이 동상은 활주로 옆에 있는데 몇 년 동안 자신의 영지였던 바다를 쓸쓸한 표정으로 바라다보고 있다. 1987년 7월 마르코스 정권이 전복된 후 민주적으로 선출된 코라손 아키노 대통령 정부에 대해 클로마는 배상을 청구했다. 청구액은 5000만 페소. 토마스 클로마는 1996년 9월 18일 정부로부터 회답을 받지 못한 채 세상을 떠났다. 구아노와 생선 통조림 복합기업의 꿈은 아직도 실현되지 않고 있다.

* * * * * *

우습게 보일지 모르겠으나, 클로마의 행위는 결과적으로 스프래틀리 군도를 둘러싼 지역적 대립을 재연시켰다. 1956년 타이완은 6년 만에 이투아바 섬에 돌아왔는데, 1946년의 최초의 원정처럼 그 동기는 내셔널리즘에 기초했다. 그러나 그 다음의 섬 점령 사태가 전개된 시기, 즉 1971년 마르코스가 필리핀군을 파견해 새 섬에 상륙했을 때, 그 동기는 석유였다. 2년 후 구엔 반 티우 대통령이 이끄는 베트남공화국 (남베트남)

도 경쟁에 가담했는데, 그 이유도 역시 석유였다. 티우 대통령은 공산 세력과의 전쟁에서 승리하고, 동시에 군사비 증대와 미국 원조의 급감으로 파탄된 경제를 되살리기 위해 전력을 쏟고 있었다. 미국 의회가 인도차이나 반도에서의 미군의 전투행위를 금지하는 결의를 내리고 한 달 뒤, 1973년 7월 20일 남베트남 정부는 처음으로 유전의 채굴권을 민간기업에 주었다. 남안南岸에서 동안東岸에 걸쳐 그 앞바다에 있는 8개 광구를 모빌과 엑손, 캐나다의 컨소시엄과 셸의 자회사인 펙텐에 각각 할당했다. 1973년 9월, 석유 탄광을 보호하기 위해 남베트남은 스프래틀리 군도 중 10개 섬을 정식으로 합병했다. 그리고 중심이 되는 스프래틀리 섬과 나이트 섬—이투아바 섬에서 초호礁湖를 사이에 두고 바로 앞에 있는—에 몇 백 명의 병력을 배치했다. 타이완과 필리핀으로부터 맹렬한 항의의 소리가 있었으나, 중국은 재빨리 행동을 취하지 않았다.[20]

베이징의 공산당 지도부는 세계적 · 지역적 변화가 초래할 변화와 그 영향에 대해 신중하게 대처하지 않을 수 없었다. 모두가 명목상으로는 공산주의 국가이지만, 베이징, 모스크바, 하노이 정부 간의 관계는 전혀 우호적이지 않았다. 중국과 소련 간의 이념적 대립은 1960년대를 통해 점점 악화되었으며, 1969년에는 국경 분쟁까지 일어났다. 마오쩌둥은 이 무렵엔 미국보다 오히려 소련을 더 큰 위협이라고 보고 있었다. 같은 시기에 미국 국무장관 헨리 키신저Henry Kissinger도 소련과의 세계적 대결에 있어서 중국이 유리한 동맹이 될 수 있다고 깨닫고 관계 개선에 나섰다. 1971년 7월 키신저가 비밀리에 베이징을 방문해 사전 준비를 갖춘 뒤, 이듬해 1972년 2월 닉슨 대통령의 대대적인 전격 방중이 실현되었다.

베트남은 이 삼각관계의 한복판에 끼어 꼼짝달싹할 수 없었다. 공산주의인 북베트남은 오랫동안 모스크바나 베이징과의 관계를 균형 잡기 위해 노력해 왔기 때문에, 워싱턴의 지원을 받는 남베트남과 싸우기에는 유리했다. 중국에서도, 소련에서도 원조와 조언을 받고 있었으나 북베트남으로선 어느 나라에도 빚지고 싶지 않았다. 베트남의 현대 국가로서의 정체성은 크건 작건 간에 수천 년에 걸친 중국 지배에 대한 투쟁사로 이루어져 있다. 북베트남의 공산당 지도부는 두 번 다시 속국이 되지 않겠다고 다짐하고 있었다. 게다가 정치적 목적도 서로 달랐다. 북베트남은 베트남 전토를 해방 (그들이 생각하는 의미에서)하려고 결심하고 있었으나, 중국 측은 북베트남이 가급적 전쟁을 오래 끌어 미국이 꼼짝 못하게 하기를 바랐다.[21] 결과적으로 북베트남은 모스크바 쪽으로 기울어지기 시작했다.

이런저런 일 때문에 중국을 불안하게 만든 현안 문제는 두 가지였다. 북베트남이 전쟁에서 승리하면, 소련 해군이 남중국해의 기지에 접근해 중국의 보급선을 막게 될지 모른다. 또 남중국해에 유전이 있다고 하면 다른 나라가 먼저 손을 댈 것이다. 중국의 시점에서 보면, 파라셀 군도를 제압할 수 있는 자가 주변 해역의 유전을 탐사할 수 있으며, 또 중국 남부에 접근할 수 있다. 당시 파라셀 군도는 아직 분단된 상태였다. 암피트리트 군도는 중화인민공화국 군대가, 크레센트 군도는 남베트남이 점거하고 있었다. 그러나 남베트남 정부는 인도차이나 본토와 관련한 현안 문제 때문에 해상의 작은 섬들에 대해 신경을 쓸 여유가 없었다. 파튼 섬의 수비대는 기상대에 불과했고, 소수 인원과 염소 무리밖에 없었다. 하지만 암피트리트 군도에선 사정이 달랐다. 1970년부터 중국은 모든 섬을 측량해 보고 우디 섬에 새 항을 건설했다. 이 항은 한 작전의 출발점이 되었는데, 이 작전에 의해 한 침착한 미국인이 뉴스의 주목을 받게 되었다.

제럴드 코시Gerald Kosh는 베트남에서 미국이 수행하는 일을 옳다고 믿는 사람이었다. 그는 고등학교 졸업과 동시에 "나라가 무엇을 해 줄 것이냐고 묻지 말고"라는 존 F. 케네디의 유명한 말을 귀로 들으면서 육군에 지원했다. 그의 부친은 제2차 세계대전에서 부상한 퇴역군인으로 아들의 생각에 반대했으나 코시의 결심은 확고했다. 1967년 5월 공수레인저 학교를 수석으로 졸업해 베트남에 배치되었다. 특수부대로 전속되어 그린베레에서 대위로 승진했다. 장거리 정찰부대에서 경험을 쌓고, 전형적인 미국의 정글 전사가 되었다. 복무 기간이 끝난 후에도 군에 남아 제10 특수부대에 근무하면서, 정기적으로 동남아시아로 돌아가서 반공부대의 훈련에 임했다.

머지않아 제대했으나, 가족의 말에 따르면 민간인 생활엔 적응이 잘 안 되었다. 지루한 나머지 코시는 호주머니에 300달러를 가지고 베트남에 다시 가 미국 대사관을 통해서 일자리를 구했다. 1973년 12월 10일 코시는 사이공의 대사관 소속 해군무관으로 임명을 받아 12명의 지역 연락 장교의 한 사람이 되어, 미국으로부터 베트남 정부에 양도되는 무기의 사용법을 감독하게 되었다. 그의 보고서는 읽어서 좋은 소식은 아니었을 것이다. 더구나 지난 1월 이후 공식적 정전 상태였는데, 그게 무너졌기 때문이었다. 티우 대통령은 1974년 1월 4일 베트남은 다시 전쟁에 돌입했다고 언명했다.

그로부터 꼭 일주일 후, 중국 정부 대변인은 파라셀 군도의 영유권을 다시 주장했으나, 사이공에서는 아무도 알지 못했다. 비록 미국 정부가 다가올 일을 조금 알았다고 하더라도 아는 체하지 않았을 것이다. 마오쩌둥이 노리는 건 중국 남안 바다에 전략적 요새를 확보하는 일이며, 파라셀 군도 주변의 유전 탐사를 가능케 하는 일이었다. 중국과 북베트남의 관계는 급속히 악화되어 가고 있었으며 미국은 남베트남에 대한 군사 지원을 종식했다. 1974년 1월은 중국 지도부로서는 뒷일을 두려워하지 않고 대담한 행동을 취할 수 있는 시기였다. 또한 키신저와 닉슨에겐 남베트남 도서의 영유권의 앞날 등은 중국과의 관계 개선과 비교하면 아무 것도 아니었다. 사이공에서 무슨 일이 일어나든 미국·중국의 암묵적 동맹이 냉전의 결과에 미치는 영향은 훨씬 크다.

지금 와서 알게 된 것이지만, 이 작전은 꽤 오래전부터 계획되어 왔다. 1987년 베이징에서 출판된 중국 해군의 공식 기록에 따르면, 명령은 최고위층에서 하달되었다. 즉 1973년 마오쩌둥과 조우엔라이周恩未가 내린 명령이었다. 작전의 책임을 맡게 된 사람은 덩샤오핑鄧小平, 후일에 중국의 사실상의 지도자가 되는 인물인데, 이 당시는 6년간의 정치적 추방으로부터 막 수도에 돌아와 있었다. 준비는 극비로 진행되었으나, 그 후 제럴드 코시가 작성한 문서에 따르면 중국군은 1974년 7월경, 모종의 작전을 위해 훈련을 시작했다. 미국 정보 당국은 중국 남부의 항구도시인 베이하이北海에 정보제공자를 배치하고 있었는데, 그에 따르면 그 당시 경비태세가 강화되어 있었다. 하지만 그 후에 일어난 일과의 관련성은 그 후에 가서야 겨우 알려졌다. 그리고 12월 중반 이후 중국군 수백 명의 기습부대가 이 시의 항에서 매일 6척의 트롤선을 타고 출항했다가 저녁에 돌아오는 광경이 목격되었다. 이것이 열흘 가량 지속되었다. 1월 전반엔 행동 준비가 완료되어 있었다.[22]

베트남이 음력설 (테트)의 준비를 하고 있을 때, 파라셀 군도 주변에 정체불명의 배가 나타났다는 소식이 사이공에 전해졌다. 남베트남 배 한 척이 사태 파악을 위해 파견되었다. 1월 14일 월요일에 사령부의 우려하던 바가 확인되었다. 중국의 트롤선 두 척이 로버트 섬에서 300m 되는 바다에 정박하고 있었다. 갑작스럽게도 해군은 기어를 바꿔 넣어야 할 판이 되었다. 육군의 지상 작전을 지원한다든가 메콩델타 수로를 순찰하는 데 많은 신경을 써 왔는데, 이젠 해전을 할지도 모르는 상황에 직면한 셈이다. 하지만 동시에 이 중국의 작전은 단순한 양동작전이 아닐까 하는 의심도 불식할 수 없었다. 저쪽에 정신을 집중시켜 놓은 틈을 타서,

육상으로 북베트남군이 강습해 올지 모른다.

경계경보가 널리 확산되고 있는 건 분명했다. 1월 15일 화요일, 티우 대통령이 몸소 다낭의 해군 본부를 특별 방문했다.[23] 그리고 그 날 다낭의 미국 영사관의 제리 스코트Jerry Scott가 이 지역의 해군 사령관이자 스코트의 친우인 호반키 준장을 만나서 특별한 부탁을 했다. 스코트의 부하이고 지역 연락장교인 제럴드 코시를 파라셀 군도로 출항하는 배에 동승케 할 수 없겠느냐는 부탁이었다. 즉시 승낙이 되어 코시는 HQ-16의 승조원에 합류했다.[24] 이 배는 미국 해안경비대의 커터선인데, 1970년 전반 베트남에 양도된 7척 중의 하나였다. 제2차 세계대전 중에 건조되었지만, 5인치 포를 탑재하고 있으며 베트남 해군에선 가장 중무장된 함선이었다.

HQ-16은 다음날 베트남 해군 특수부대원 14명을 태워 로버트 섬의 경비에 배치했다. 하지만 드러먼드와 던칸 두 섬에 다다랐을 때 이미 늦은 걸 알았다. 중국군이 이미 상륙해 근처의 함선으로부터 지원을 받고 있었다. 해군 본부에 긴급하게 보고되어, 그 날 저녁 베트남 외무장관이 중국의 점거를 비난하는 성명을 발표하고 사태에 대응할 모든 적절한 권리를 강구하겠다고 언명했다.[25]

무대 뒤에는 패닉이 도사리고 있었다. 해군의 제3인자 작전국장 키엠도는 즉각 단호한 대응을 하라고 촉구했다. "지금 행동하면 섬을 다시 찾는다"라고 총사령관 트란반 촌 제독에게 역설했다.[26] 하지만 촌은 주저하며 문제의 섬들에 대해 영유권을 주장할 수 있는 역사적 증거를 요구했다고, 키엠은 전했다. 시간이 흘러가고 있는 가운데 키엠은 해군의 도서관과 서류 캐비닛을 뒤져서 그럴듯한 문서를 찾아냈다. 또 동시에 키엠은 미국 제9함대에 정식으로 요청했다. 미국인 연락장교를 통해 중국

해군의 접근을 막기 위해 저지선을 그어 줄 것을 요청했던 것이다. 하지만 미국은 응하지 않았다. 베트남은 고립된 상태였다.

1월 17일 목요일, 베트남 해군 특수부대원 15명이 머니 섬에 상륙했다. 이때 크레센트 군도 7개 섬 중 3개 섬은 베트남군이, 2개 섬은 중국군이 점거하고 있었다. 베트남은 또 세 척의 함선을 급히 파라셀 군도로 파견했다. HQ-5 (이것도 미국 해안경비대의 커터선), HQ-4 (이전의 미국함 포스터, 3인치 포를 탑재한 구축함), 그리고 HQ-10 (이전의 미국 소해정 스린이었으나, 지금은 초계정) 등이다. 1월 18일 금요일 아침, 네 척은 모두 파라셀 군도 해역 내에 배치되어 있었다. 이 소함대 사령관 하반각은 힘을 과시하기 위해 특수부대원을 던칸 섬에 상륙시키려고 했다. 네 척의 중국함이 대기하고 있는 동안, 두 척의 코르베트함 (1950년대에 건조된 러시아제의 추격함)이 정면에 나타났다. 신호등을 사용해 중국 측은 영어로 역사적 논쟁을 시작했다. "이들 섬은 밍明 시대부터 중국 영토다. 이것은 부정할 수 없는 사실이다" 이에 대해 베트남 측의 응수는 학문적인 것은 아니었다. "우리 영토에서 즉시 떠나라" 몇 분 동안 이렇게 계속하다가, 중국의 코르베트함이 역사 강의를 그치고 시작한 게 "치킨" 게임이었다. 베트남의 함선을 향해 속력을 높이고 돌진해 오고 있었다. 각은 숨바꼭질을 중단하기로 하고 상륙을 포기했다. 제1 라운드는 중국이 이겼다.

그 금요일 밤 8시 코시는 HQ-5로 호출을 받아 각을 만났다. 함께 이 소함대에 타고 있던 베트남 육군의 전투공병 대원도 동석했다. 전투가 임박하기 때문에 해군 군인 이외는 하선하라는 게 각의 전언이었다. 코시와 공병들은 식료와 캡스탄 (영국제 담배) 열 상자를 받고 파틀 섬에 내려, 기상 관측원과 경비병과 함께 전투가 끝나는 걸 기다리게 되었다. 그날 밤 코시 일행이 기상실에서 잠자고 있는 동안, 각 앞으로 해군 본부로부터 암호로 된 전문이 왔다. 명령은 어처구니없는 것이었다. 던칸 섬을 평화적으로 다시 차지하라는 것이었다. 네 척의 소함대에다 몇 명밖에 안 되는 특수부대원이 어떻게 해서 대규모 중국 함대와 그 강고한 지상부대를 설득해서 퇴거시킬 수 있는가? 그 구체적 지시는 하나도 없었다. 각은 이튿날 아침, 1월 19일 토요일에 상륙하기로 했다. 오전 8시, 20명의 해군 특수부대원이 두 척의 고무보트를 타고 해안으로 돌진했다. 그 임무는 중국군을 설득해 떠나도록 하는 일이었다. 오전 8시 29분, 보트는 모래밭에 닿았다. 얕은 여울을 건너던 중에 중국군이 발포해 특수부대원 한 사람이 사망했다. 그 시체를 옮기려고 하다가 또 한 사람이 사살되었다. 특수부대는 철수했다.

각은 무선으로 명령을 요구했다. 사이공의 해군 본부에서 키엠 도Kiem Do가 촌Chon 제독을 찾았다. 보이지 않았다. 보좌관의 말은, 비행기로 다낭으로 떠났다고 했다. 키엠은 다낭에 있는 촌의 부관에게 전화를 했다. 부관도 없었다. 촌을 맞이하기 위해 공항에 갔다고 했다. 파라셀 군도의 운명이 기로에 걸려 있는 이 순간, 남베트남 해군의 최고위 장교 두 사람이 어디에 있는지 찾을 수 없었다. 결국 명령을 내려야 하는 위치에 있는 것은 키엠 자신이었다. 그는 미국 제7함대에 두 번째 원조 요청을 했으나, 여전히 무소식이었다.

그렇게 해서 오전 10시 29분, 특수부대원이 사살되고 두 시간이 지나, 네 척의 베트남함은 중국함 여섯 척에 대해 포격을 개시했다. 양측 간의 거리는 불과 1마일이었다. 베트남군에겐 불운하게도 HQ-4의 전방향 포가 고장이 나 있었으며, 눈 깜빡할 사이에 중국의 코르베트함의 포탄을 맞았다. HQ-5는 다른 코르베트함에 큰 피해를 주었지만, 그 직후에 피격되었다. 그런데 15분 후 HQ-5가 어떻게 된 건지 HQ-16을 포격했다. 포탄은 흘수선 아래의 기관실을 명중해, HQ-16은 당장 전력이 끊기고 20%나 기울었다. 그 후 HQ-5는 재차 피격, 선회포탑을 잃고 무선이 사용불능이 되었다. 마지막엔 네 척 가운데 최소형인 HQ-10이 중국의 로켓추진 그리네이드탄에 맞아 브리지가 파괴되고 함장이 사망했다. 개전 30분에 중국함 두 척이 크게 피해를 입었으나, 베트남 소함대는 완전히 전투 불능이 되었다. HQ-10은 격침되었으며 나머지 세 척도 간신히 다낭으로 도망갈 정도였다. 객관적 평가를 하면 이 대결은 참담한 전적을 낳았지만, 귀국한 수병들은 영웅으로 환영받았다. 베트남의 언론이 접한 얘기에 따르면, 중국함 두 척을 격침하고 대규모 중국 함대를 추방했다는 것이다. 마침 테트 (음력 설날)의 명절에 맞추어 좋은 뉴스로서 크게 보도되었다.

한편 제럴드 코시와 베트남 지배하에 있는 세 섬에 남아 있는 일행은 운명을 기다릴 수밖에 없었다. 머니 섬과 로버트 섬의 해군 특수부대원의 두 그룹은 역전의 용사들이었으나, 파틀 섬의 기상 관측원과 경비원은 그렇지 않았다. 전투가 어떤 것인지를 아는 사람은 이 섬에서 코시뿐이었다. 오래 기다릴 필요가 없었다. 코시는 침입해 오는 중국군의 높은 직업적인 전문성을 감탄하며 지켜보았다. 방어면에 있어서 베트남군의 무능력과 비교하면 천양지차가 있다. 중국군은 3km 앞의 로버트 섬에 상륙할 준비를 하고 있었다. 오전 9시, 중국의 소포함 세 척이 바다에 자리를 잡고 한 시간이 지나자 섬을 향해 계획된 순서에 따라 사격을 개시했다. 30분 후 트롤어선 두 척이 도착했다. 선체의 번호를 보니 일개월 전 베이하이 시의 항에서 훈련용으로 사용된 배와 같은 것이었다.

곧 두 척의 어선 갑판마다 100명이 넘는 병사들이 나타나 짙은 회색 고무보트를 끌어내렸다. 코시가 높은 곳에 앉아 쌍안경으로 보니, 6명 내지 8명의 병사들이 줄사닥다리를 타고 내려와 보트에 올랐다. 전원이 다 보트에 오르자 30개의 보트는 진격 대열을 형성해 전진했다. 산호초를 통과했을 때, 한 보트로부터 붉은 조명탄이 발사되고, 포함은 포격을 중단하고 파틀 섬을 향해 이동했다. 한편 로버트 섬의 상륙 부대는 밀집 대열을 유지하면서 해변 쪽으로 전진했다. 특수부대는 사격을 시작했으나 사상자는 나오지 않았다. 곧 10 대 1 이상으로 우세한 중국군에 항복했다. 코시는 몰랐지만 15명의 특수부대원은 이렇게 될 것을 미리 예상하고 앞날을 대비해 어떤 계획을 세워 두었다. 중국군에게 포로가 되기 전에 바다로 도망해, 9일간 고무보트로 300km를 표류하고 난 후 베트남 연안에서 55km쯤 되는 바다에서 어부에 의해 구출되었다.

코시는 중국군의 표적이 파틀 섬으로 바뀌었을 때 전개된 그 공격의 정도를 보고 더욱 놀랐다. 여기 섬은 포격 세례를 받아 초토화되었다. 포탄이 쏟아지는 가운데 코시 일행은 한 시간 가까이 기상 관측소 주변에 피해 있어야 했다. 다행히 사상자는 없었다. 곧 두 척의 트롤어선이 도착해 또 고무보트에서 200명 가량의 중국 병사가 상륙했다. 코시가 숨어서 보니 그들은 각 집단마다 특정한 목표물을 찾는 임무를 가지고 섬 전체를 철저히 휩쓸었다. 한 시간 내로 작전이 완료되고, 중화인민공화국의 첫 해상 침공 작전은 성공적으로 끝났다.

하지만 코시에겐 상황이 좋은 것 같지 않았다. 왜 파라셀 군도에 있었는지, 그 이유를 설명하기가 힘들 것이다. 중국은 그를 스파이로 보고 그에 따라 처리할 것이다. CIA의 스파이였던 존 T. 다우니John T. Downey와 리처드 G. 펙토우Richard G. Fecteau 두 사람은 1952년 중국 내의 반공 세력 지원 작전을 하던 중 타고 있던 비행기가 격추되어 붙잡혀 20년을 옥중에서 보내고 막 석방되어 있었다. 코시는 자신이 민간인 옵저버라고 중국인에게 설명했다. 이 섬에 온 것은 공병대가 계획하고 있는 시설을 평가하기 위한 것이라고 말했다. 그는 하이난 섬으로 이송되고, 이어서 중국 본토로 보내졌다.

그 사이 베트남에서도 미국에서도, 코시가 어떻게 됐는지 확인하는 작업이 급하게 진행되었다. 헨리 키신저는 상황이 절박하다는 걸 알고, 1월 23일 워싱턴 주재 중국 부대사 서리를 초청해 대화를 나누었다. 기밀이 해제된 그 회합의 회의록에 따르면, 코시의 건이 이 회동의 첫 의제였다. 미국은 파라셀 군도 분쟁과 관련해 옳고 그름에 대해선 어느 입장도 아니라고 변명하면서, 코시를 즉각 석방할 것을 촉구했으며, "그렇게 하면 적어도 미국과 관련해선 틀림없이 긴장이 완화될 것이다"라고 부대사에게 전했다.[27]

키신저의 요청이 원하는 대로 효과를 얻기까지 코시는 이미 감옥에서 일주일 가까이 시간을 보냈다. 1월 29일 그는 4명의 베트남인 포로와 함께 도보로 국경을 넘어 홍콩 (당시는 영국령)으로 들어왔다. 미국 당국은 질문을 봉쇄하는 데 애를 먹었다. 코시는 간염을 앓고 있어 격리가 필요하다는 구실로 기자들을 물리쳤다. 헬리콥터로 바로 공항으로 이송되어 필리핀 클라크 공군 기지로 가서, 거기서 미국 필라델피아 해군 병원으로 돌아갔다. 인터뷰는 없었다. 그 대신 육군 특별조사국의 의뢰를 받아 중국의 공격에 관한 평가를 작성하는 데 힘을 보탠 것 같다. 이 평가 보고는 20년 후까지 기밀로 취급되었다.

코시는 그런 정도로 꺾여 주저앉을 사람이 아니었다. 해군 병원에 수용된 지 꼭 일개월 후 그는 베트남으로 돌아가 전에 하던 일에 복귀했다. 거기서 임무를 마치고 이번엔 시나이 반도에서 민간인으로서 유엔 평화유지군의 일을 청부받아 일을 했다. 그리고 여기저기 해외의 일자리에서 아마 군에 보고하는 일을 계속한 것 같다. 하지만 본인 자신과 가족에겐 안타깝게도, 제럴드 코시는 세계 최고의 전쟁 체험담을 이야기하면서 보내는 그런 제대 후의 행복한 생활을 오래하지 못했다. 나라를 위해 일생을 바치고, 어떤 의미에선 베트남전쟁이 끝나는 그 최후까지 싸웠던 그 사람은 결국 그 희생자가 되고 말았다. 그는 그린베레로서 장거리 정찰 활동 중 에이전트 오렌지—정글 속에 숨어 있는 적을 발견하기 위해 미군기가 하늘에서 뿌리는 고엽제—를 온 몸에 덮어썼다. 다이옥신을 함유하고 있는 에이전트 오렌지는 독성이 매우 강하다. 2002년 제럴드 코시는 30년 전 미군기가 뿌린 약물 때문에 56세에 생을 마감했다.

* * * * * *

마오쩌둥이 섬들에 대해 가졌던 꿈은 한갓 꿈이 되고 말았다. 파라셀 군도 (시사 군도) 주변엔 아직 유전이 발견되지 않았으며, 섬의 전략적 가치도 불확실했다. 크레센트 군도를 점거했지만 북베트남이 승리한 후로는 소련 해군이 베트남 연안의 캄란 만의 항을 사용하는 걸 저지하지 못했다. 이것은 바로 중국 측이 우려했던 바다. 우디 섬과 파틀 섬에 있는 보잘것없는 꼬마 기지로서는 방어가 거의 불가능했다. 영국 해군은 일찍 1940년대에 그렇게 보았으며, 그 이후 미국 해군도 같은 견해였다. 이용 가치에 대한 의심이 있었지만 그 이후의 점령을 막지 못했다. 파라셀 침공을 겪은 후 남베트남 정부는 급히 스프래틀리 군도 (난사 군도)의 수비대를 강화했다. 적어도 120명의 부대를 파견하고 다섯 개의 섬을 점령했다. 그러나 중국은 그 방향으로는 움직이지 않았다. 실은 그 반대 행동을 취했다. 중국 측은 분쟁을 축소하고 몇 주 후엔 파라셀 군도로부터 포로 전원을 석방하고 민족주의적 언사도 자제했다. 그러나 공산 북베트남의 지도부 (파라셀 군도의 전투에 대해서 공식적으로는 침묵을 지키고 있었다)는 중국이 섬을 더 많이 차지할 것이라고 확신하고 있었다. 1975년 4월, 사이공 함락 3주 전, 북베트남 측은 남베트남으로부터 스프래틀리 군도 중 여섯 개 섬을 빼앗아 중국의 수중에 들어가지 못하게 했다. 사우스웨스트 섬 (베트남어로 송투타이 섬)의 남베트남 수비대를 지휘한 소위는 포로가 되는 걸 피해 3km를 헤엄쳐 필리핀 지배하의 노스이스트 섬 (필리핀어로 파라오 섬)으로 도망갔다.

1975년 11월, 중국과 북베트남 간의 섬을 둘러싼 분쟁이 처음으로 세상에 알려졌다. 중국의 《광밍리바오光明日報》가 베트남의 영유권 주장을 비판한 것이다. 당시 중국은 스프래틀리 군도처럼 멀리 남쪽까지 가서 계속적인 군사작전을 수행할 만한 능력이 없었다. 그럼에도 그 준비를 은밀히 하고 있었다. 1970년대 후반에 중국은 파라셀 군도에 기반을 강화했다. 1978년에 우디 섬 항을 확장하고 활주로를 건설했다. 이렇게 해서 10년 후 중국은 압도적인 존재감을 보이게 되었다.

인민해방군 해군은 창설 후 30년간 연안 경비만 담당하는 예하부대였다. 베이징 당국의 생각으로는 전쟁의 승패는 육상에서 결정되는 것이며, 해군의 역할은 바다의 게릴라 전이었다. 수백 척의 소형선이 사방에서 공격부대를 수송하며 적의 보급선을 차단하는 식의 군사 활동을 한다 (1975년의 파라셀 군도의 작전은 지극히 예외적이었고 몇 달의 특수 훈련이 필요했다). 그러나 1982년에 공산당 최고위인 덩샤오핑과 해군 참모총장 리우후아칭劉華淸 공동 노력은 일대 변화를 일으킨다. 리우는 어린 시절부터 열렬한 공산주의 심봉자였으며, 군 내부에서 가장 민감한 정치적 및 대對 침투 공작부문과 또 국공내전國共內戰 시 국민당 세력과의 전투에서 두각을 나타냈다.[28] 리우는 이 국공내전 때 덩샤오핑을 알게 되었으며 서로 유익한 파트너가 되었다. 존 게이버John Gaver 교수에 따르면 그 후의 10년은 "관료정치와 국익의 상호작용" 시대였다.[29] 영화 《캐치 22》의 등장인물 마일로 마인더바인더의 대사를 달리 표현하면, "리우에게 좋은 것은 해군에게 좋고, 해군에 좋은 것은 중국에 좋다"쯤 될 것이다. 덩샤오핑은 중국이 경제적으로 회복되기를 원했다. 그걸 위해 필요한 것은 자원이고 믿을 수 있는 교역 루트다. 또한 그는 중국의 리스크—소련과 그 동맹국

(베트남을 포함해)에 포위되어 있다고 하는一로 머리가 아팠다. 리우는 야심가이며, 해군의 지도층처럼 사회적 명성을 노리고 있었다. 남중국해에 있어서 중국의 기반을 확대하는 것은 모두가 원하는 목표였다.

마오쩌둥은 자립을 지향하고 해외 위협으로부터 멀리 떨어져 있는 중국 내륙에 산업을 육성했다. 이와 대조적으로 덩샤오핑의 경제개혁은 무역을 지향했으므로 당연히 그 목표는 연안이었다. 최초의 경제특구는 홍콩에 가까운 센젠深圳에 조성되었다. 그게 1980년의 일인데, 1984년에는 다른 연안 도시에 14개 특구가 이어서 건설되었다. 1982년과 1984년에 실시된 첫 두 번의 입찰에서는 홍콩과 하이난 섬 앞바다의 광구가 대상이었다. 덩샤오핑의 정책에서는 국제무역 루트에의 접근이 중요했으므로 1979년 3월 4일, 리우의 건의가 있었겠지만, 덩샤오핑은 처음으로 해군에 장거리 원정 계획의 수립을 명했다.

해군의 최고 지휘를 맡게 되자 리우는 자칭 "철저한 근해 방어"라는 전략의 구축에 돌입했다. 이 계획은 해안 (브라운워터)과 먼 바다 (블루워터) 사이의 해역을 제압함으로써 종심綜深 방어를 가능케 하고 급성장하는 연안 도시를 외국의 공격으로부터 지키는 걸 의미했다.[30] 리우의 정의에 따르면 "근해"란 중국 연안부, 그가 말하는 "제1열도선", 즉 일본에서 타이완으로, 거기서 또 필리핀, 보르네오, 싱가포르에 이르는 선과의 중간 해역을 말한다. 새로 건조된 함선들이 취역하고, 남안부와 파라셀 군도의 기지가 확장되고, 정보가 수집되었다. 중국 해군이 발행한 기록에 따르면 1983년 4월 국가해양국은 스프래틀리 군도 바로 북쪽의 상황 조사를 개시하라는 명령을 받았다. 이어서 5월에 배 두 척이 멀리 남쪽의 제임스 암초에까지 파견되었다. 이 암초는 하이난 섬에서 1500km 이상 떨어지고 말레이시아 연안에서는 불과 100km 떨어진 해면하의 산호초다. 그런데도 "중국 영토의 최남단"이라고 선언되어 있다. 이 두 배에 타고 있는 사람은 수십 명의 항해사와 해군학교의 교관들이었다.[31] 1984년 조사선을 파견해 스프래틀리 군도의 거의 전 해역에 대해 필리핀 연안에 이르기까지 측량을 실시했다. 1985년 2월엔 소함대가 남극 대륙까지 장거리 항해를 실시했다. 1987년엔 중국 해군은 원해에서의 전투를 수행할 태세가 되어 있었다.

중국 지도부가 우려한 것은, 남중국해에 대한 의존도가 높아지고 있으면서도 스프래틀리 군도에서의 기반이 줄어들고 있는 점이었다. 1983년 6월, 말레이시아도 타이완, 베트남, 필리핀처럼 암초를 점거했다. 남중국해에서 전진 기지를 찾고 있는 해군에는 점거 대상이 되는 후보지가 줄어들고 있었다. 드디어 행동할 때가 되었으며 바로 좋은 기회였다. 경제 사정도 좋고 해군에서도 충분한 자원을 제공하고 있었다. 미하일 고르바초프Mikhail Gorbacheu의 개혁으로 소련의 위협은 사라지고, 미국과의 관계는 어느 때보다 좋았다. 중국은 베트남과의 분쟁을 일으켜도 잃을 것이 없었다. 1978년 12월 베트남이 캄보디아를 침공하고 두 달 뒤 중국이 보복으로 베트남 북부를 침공한 이후에도 양국 관계는 적국이나 다를 바 없었다.[32] 베트남은 계속해서 캄보디아를 점령하고 있기 때문에 국제적으로 고립되어 있었으며, 주요 동맹국 소련으로부터 도움이라 한들 기껏해야 구두 성명 정도였을 것이다. 중국 사정에 밝은 논객인 테일러 프래벨Taylor Fravel에 따르면, 일찍 1987년에 영토 점령 결정이 베이징에서 내려졌다.[33] 이제 필요한 것은 명분뿐이었다.

1987년 3월, 유네스코 회의에서는 세계 해양 조사의 일환으로 감시 스테이션 설치를 의무화했다. 중국이 설치 장소로 제시한 곳이 스프래틀리 군도에 있다는 걸 어느 누구도, 심지어 베트남도 눈치 채지 못한 것 같았다. 4월 4일, 중국과학원은 이 섬들을 조사하기 위해 새 조사단을 파견했다. 5월에 해군은 소함대를 파견해 합류시켜 도중에 보급과 전투훈련을 하고, 파이어리 크로스 암초 (중국어로 용슈永暑)에 콘크리트 블록을 설치해 이것은 중국령이라고 선언했다. 그 후 수개월간 조사를 거듭하고 1987년 11월 6일, 중국 지도부는 파이어리 크로스 암초에 관측소의 건설을 허가했다. 민간의 연구 시설로 이례적인 것은 건설 계획에 2층으로 된 병영과 부두, 헬리콥터의 격납고와 이착륙장이 포함되어 있었다는 것이다.

파이어리 크로스 암초는 연구 시설의 후보지로서 선택될 만한 장소는 아니었다. 만조시에는 배가 거의 완전히 물속에 잠겨, 남서단의 해면이 1m 정도 돌출될 뿐이다. 그 이외의 부분은 울퉁불퉁한 산호의 환초인데, 길이는 25km, 폭은 7km다. 여태껏 점거되지 않았던 것은 점거할 만한 것이 거의 없다는 게 그 주된 이유였다. 하지만 리우의 해군은 단념하지 않았다. 1988년 1월 21일, 네 척의 중국선이 기술자와 자재를 싣고 도착해 육지와 비슷한 것을 만들기 시작했다. 이튿날 베트남 배가 와서 무슨 일이 있는지 살폈으나 별일 없이 떠나갔다.[34]

베트남은 그 날까지 스프래틀리 군도의 그 부분에 대해선 걱정하지 않았을 것이다. 점거할 만한 것은 모두 점거하고 있었기 때문이다. 파이어리 크로스에서 남쪽으로 72km에 있는 런던 군초群礁와 동쪽으로 약 93km에 있는 유니언 퇴堆 위에 돌출해 있는 부분은 거의 전부를 지배하고 있었다. 파이어리 크로스 암초는 귀향하는 도상의 위험 지점에 불과했다. 그런데 베트남은 중국 해군 공병대의 실력을 과소평가하고 있었다. 이 중국인들은 9일간에 걸쳐 해양 환경에 대한 열의를 증명해 보여주었다. 즉 산호를 폭파해서 환초를 횡단하는 수로를 타고 산호의 파편을 모아서 8000m²의 땅을 조성한 것이다.[35]

베트남은 이 사태를 발견하고 1월 31일에 함선 두 척을 파견해 파이어리 크로스 암초에 상륙부대를 배치하려 했다. 그러나 거친 날씨와 수적으로 우세한 중국군에 밀려 임무는 실패했다. 2월 18일, 중국은 한발 더 나아갔다. 런던 군초 가운데 베트남이 점거하지 않고 있는 단 하나, 즉 쿠아테론 암초 (중국어로 후아양華陽)에 수병을 상륙시켰다. 쿠아테론 암초는 콩 모양으로 생긴 해발 1.5m 가량의 바위다. 베트남은 격분해 공식 항의를 발표했다. 쿠아테론 암초는 베트남의 가장 가까운 전초 기지로부터 불과 16km 떨어져 있었다. 베트남 미디어는 중국이 문제의 두 암초로부터 물러나지 않을 경우 중국은 "중대한 사태"를 직면하게 될 것이라고 경고했다. 바다도 거칠었으나, 정치는 한층 더 거칠어지는 판국이었다.

약 1개월 후 쿠아테론 암초 사건의 재발을 우려하던 베트남은 아직 점거하고 있지 않은 유니언 퇴堆의 부분을 확보하기 위해 나섰다. 유니언 퇴는 거대한 바다 밑의 산 같은 것인데, 면적이 470km²이고, 산호초로 덮여 있으나 그 산호초는 31개 곳에서 바다 위로 돌출해 있다. 유니언 퇴에서 유일하게 "섬"이라고 할 만한 것은 신카우 섬이며, 베트남은 1988년 여기에 수비대를 배치했다. 신카우 섬의 남동쪽으로 17km에는 존슨 암초 (중국어로 치구아 赤瓜島, 베트남어로 다각마)가 있는데 이것은 거의 바다 속에 잠겨 있다. 바위 몇 개가 얼굴을 드러내고 있지만 가장 높은 부분이라도 수면에서 1m가 넘을 뿐이다. 존슨 암초에서 2km 안 되는 북쪽에는 콜린즈 암초 (북존슨 암초라고도 부른다)가 있고, 거기서 또 15km 북동쪽에는 란즈다운 암초가 있으나 둘 다 사람이 살 수 있는 곳은 아니고, 만조시엔 거의 전부가 수몰된다.[36]

3월 13일 밤, 베트남 해군은 세 척의 함선을 파견해 각각 존슨 암초, 콜린즈 암초, 란즈다운 암초로 향했다. 세 척의 승조원에겐 불운하게도, 이 노후선[37]을 탐지한 중국 측은 보다 대규모로 중무장한 함선으로 맞대결에 나섰다. 1988년 3월 14일 새벽, 콜린즈 암초와 란즈다운 암초로 향했던 부대는 성공적으로 목표를 확보했다 (그 이후 이 두 암초는 계속해 베트남 지배하에 있다). 그러나 존슨 암초에선 작전이 비참한 결과를 맞이하고 말았다. 정확한 사건의 경위는 아직 논쟁 중이지만, 베트남 측이 먼저 상륙한 것 같다. 건설 장비를 가득 실은 소형선으로 상륙해 산호에 베트남 국기를 세우자 중국군이 도착해 기를 빼앗으려 했다. 쌍방은 고함을 지르며 난투극이 벌어졌다. 중국 측 설명에 따르면, 베트남 병사가 먼저 발포해 중국 측에 부상자가 한 사람 나왔다. 그때 퇴각하려는 순간, 베트남 함이 기관총을 발사했다고 한다. 한편 베트남 측의 설명은 그것과는 정반대였다. 베트남 상륙부대의 부대장이 사살된 후 중국군이 퇴각해 함포사격을 시작했다고 한다. 2009년 해군 창설 60주년을 기념해 중국 해군은 홍보영화를 제작했는데, 그 내용은 이상하게도, 베트남 측의 이야기에 가깝다. 지금은 유튜브로 볼 수 있지만, 그 비디오는 중국 배로부터 촬영된 것인데, 바닷물이 환초에 가득 차오르고 있는 가운데 무릎까지 해수에 넣은 채 서 있는 베트남 병사들이 찍혔다. 이윽고 베트남 병사들 주위에 거대한 분수가 여러 개 솟아올랐다. 중국 배들이 포격을 시작한 것이다. 순식간에 희미한 인간 대열은 완전히 사라지고 64명의 시체가 물에 흩어져 있다. 기관포는 중국 측의 것이고, 희생자는 베트남 병사들이다. 중국군은 존슨 암초의 전투에서 유리한 입장에서 확실한 승리를 거두었다.

베트남군의 작전을 지원했던 세 척의 배도 파괴되었으며, 중국군은 그 후 3주 동안 더욱 마음대로 움직였다. 이미 세 개의 암초—파이어리 크로스, 쿠아테론, 존슨—를 점거하고 있었다. 1988년 4월 8일엔 이미 세 개를 더 점거하고 있었다. 하나는 케난 또는 마케난 암초인데 유니언 퇴의 일부로 베트남이 지배하는 신카우 섬에서 19km 동쪽에 있다. 두 번째는 수비 암초인데 필리핀이 지배하는 시투 섬에서 15km에 위치한다. 그리고 세 번째는 티자드 퇴의 일부인 개벤 암초다. 그런데 이 티자드 퇴위에, 스프래틀리 군도의 최대 섬이자 타이완이 유일하게 지배하는 이투아바 섬, 그리고 베트남이 지배하는 남이트 섬도 위치하고 있다.

이 리스트를 보고 알 수 있는 것은, 중국이 이 작전을 위해 얼마나 면밀하게 계획을 세우고, 얼마나 많은 자원을 투입했는지 하는 것이다. 타국의 무력 저항에도, 악천후에도 불구하고 거의 수몰된 산호초 여섯 곳을 점거하고, 불과 두 달 남짓한 사이에 생활 기반과 보급시설 그리고 방어용 포좌를 건설했다. 더욱이 이 여섯 곳은 모두 전략적 요지에 위치해 있었다. 중국의 적대국이 지배하는 주요 섬들로부터 각각 20km 미만의 범위 내에 있으면서도 1988년 이전엔 점령된 적이 한 번도 없었다. 측량 조사단은 임무를 훌륭히 수행했다. 그래서 중국은 스프래틀리 군도에서 꽤 단단한 기반을 확보했다.

리우후아칭劉華淸은 의기양양했다. 그의 "근해" 전략은 실현되었다. 그 공적에 보답하기 위해 덩샤오핑은 그에게 대장 계급을 부여하고, 당에서 중앙군사위원회에도 자리를 주고 전국인민대표 대회의 의석도 부여했다. 4년 후 덩샤오핑이 은퇴하자 리우는 중국 공산당의 핵심 인사로 영입되어 당중앙 정치국 상무위원이 되었다. 이 모든 자리에 있으면서 그는 일관되게 더 많은 자원을 해군에 투입했다. 리우는 한층 더 큰 함선을, 더욱 고도의 기술을, 그리고 완벽한 역량을 갖춘 "원해"의 해군이라는 자신의 꿈에 대한 지원을 요구했으며 또한 쟁취했다. 그런데 전체적으로 보아서 중국이 얻은 건 무엇인가? 확실히 남중국해에 새 기지를 몇 개 가지고 있으나, 그 밖에 무엇을 얻었는가? 기껏해야 여태까지의 점거 작전에 타국이 유리한 입지를 찾아 나오는 걸 막았을 뿐이다. 어느 나라도 유전을 파 올리거나 어장을 독점하지 못했다. 기지를 탈취하고 건설하는 데 그렇게 많은 노력을 쏟았는데도, 중국은 어느 한 가지도 이루지 못했다.

＊　＊　＊　＊　＊　＊

필리핀 대통령으로 당선된 그 날부터 피델 (에디) 라모스는 노도와 같은 반미 감정과 맞서 싸워야 했다. 일찍 마르코스의 독재 정권을 지지한 미국에 대한 증오가 마음속 깊은 민족주의와 결합된 결과, 1991년 9월 필리핀 상원의 투표에 의해 두 곳의 거대한 군사시설로부터 미군을 퇴거시킬 것을 결의했다. 1991년 6월 15일, 피누타보 산이 분화하여 수천 톤의 화산재가 떨어졌을 때, 클라크 공군기지는 이미 사실상 폐쇄되었다. 이 상원의 결의에 의해 다시 수리할 수 없게 되었다. 1992년 11월 24일, 수빅 만 해군기지에서 마지막으로 성조기가 하강되었다. 이튿날부터 필리핀은 사실상 방어력이 없는 국가가 되었다. 설상가상으로 미국으로부터 필리핀 국군AFP에 매년 제공되던 지원금도 없어졌다. 몇 년간 예산 부족이 계속되어, 해군도 육군도 미군의 철수로 인한 공백을 메울 수 없었다. 무수한 섬으로 이루어진 나라의 해군이라고 하는 군대가 보유하고 있는 것은 고작 제2차 세계대전에서 사용된 미군이 불하한 초계정과 수송선 50척뿐이고, 공군이 소유하고 있는 것은 1966년에 건조한 F-5 제트 다섯 기밖에 없었다.

경제 침체와 정치 혼란의 수렁에서 몇 해를 헤매고 나서 필리핀의 눈에 들어온 것은, 빈곤에 시달리고 있는 국민을 살리기 위한 미개발 상태에 있는 유전이었다. 1970년대 초에 첫 탐사가 있은 이후, 앞바다에 더 많은 부富가 깔려 있을 것이라는 기대가 있어 왔다. 그래서 1994년 5월, 라오스 정권은 알콘석유라는 필리핀 기업 (미국의 발코 에너지 자회사)의 신청을 은밀히 받아들여, 파라완 섬 앞바다의 석유가스 매장 가능성에 대해 탁상 예비조사를 허가했다. 해상에서 실제로 측량이나 굴삭을 하는 것은 아니었지만, 이것은 마닐라 선언에 위반하는 행위라고 할 수 있었다.

1992년, 남중국해에서의 행동을 "자제"할 것을 ASEAN동남아시아국가연합 가맹 6개국 간에 합의했다. 이것이 마닐라 선언이다. 하지만 1992년에 중국은 이미 미국 기업인 크레스톤에 파라완 섬으로부터 서쪽 해역의 채굴권을 주고 있었으며, 베트남은 베트남대로 미국 기업인 코노코에 크레스톤의 그것과 겹치는 광구의 채굴권을 주고 있었다 (상세한 것은 제5장 참조). 그럼에도 불구하고 이 조사의 정보가 누설되자 중국은 자국의 주권에 대한 침해라고 항의하고 나섰다. 지역적 위기의 도화선에 불이 붙은 것이다.

그 물벼락을 제일 먼저 맞은 게 요펠 알리푸스타인Joefel Alipustain 선장이었다. 1995년 1월 10일, 선장은 승조원들과 함께 어선 아날리타 호로 평소와 같이 고기잡이하러 나가, 전에 없었던 것을 발견했다. 해면 위를 몇 미터 돌출해 있는 것이 있었다. 그것은 네 개의 대형 플랫폼인데, 각각 팔각형의 벙커를 서너 개 떠받치고 있었다. 태풍 계절에 승조원들은 예부터 찾아오는 어장의 만조시에 해면 밑으로 잠기는 말굽 모양의 암석이 점거되어 있는 것을 볼 수 있었다. 그런데 점거자들은 발견되는 것을 좋아하지 않았다. 아날리타 호의 승조원이 우물쭈물하는 사이 적선에 포위되었다. 놀랍게도 그 침입자들은 중국인이었다. 불과 수개월 전보다 114km나 필리핀에 가까이 와 있었다. 승조원들은 일주일간 구금되었다가, 여기서 본 것을 발설하지 않겠다는 조건으로 석방되었다. 그러나 그 약속은 아날리타 호가 항구로 돌아가자 깨어져 그들이 구금되어 있던 장소의 이름은 당장 전 세계에 알려졌다. 어울리게도 그 이름은 미스치프mischief (귀찮은 골칫거리란 뜻. 중국명은 美济礁, 필리핀어로는 판가니반) 암초였다.[38] 그런데 미스치프 암초의 위치가 어디인가 하면, 알곤석유가 조사하고 있는 해역의 한복판이었다.[39]

필리핀 당국은 부인했으며 "그럴 리가 없다"고 주장했다. 하지만 같은 시기에 다른 문제 때문에 머리가 아팠다. 사상 최대의 기독교인 집회가 마닐라에서 열리게 되어 있었다. 400만명의 사람들이 로마 교황 요한 바오로 2세가 올리는 미사에 참석했다. (또 같은 주에 고베에서 발생한 지진에도 정신을 빼앗기고 있었다.) 교황이 마닐라를 떠나고 나서야 겨우, 라모스 정권은 바다로 눈을 돌릴 수 있었다. 해군 비행기가 파견되었으나 기둥이 받치고 있는 벙커가 존재한다는 증거는 발견하지 못했다. 중국은 다른 형태로 부인했는데, 어선과 충돌한 사건은 전혀 없었고 미스치프 암초에 기지 등은 없다고 주장했다. 그러나 2월 9일 라모스 정부가 사진으로 된 증거를 입수해 세계의 보도진 앞에 제시하자 중국도 말이 달라졌다. 건조물이 있는 건 확실하나, 그건 어장관리국이 세워진 것이지 해군의 시설이 아니라고 했다. 하지만 그것으로는 설명이 되지 않았다. 더구나 벙커 위에는 위성 안테나가 붙어 있고 암초 주변엔 무장한 해군 수송선 8척이 대기하고 있었다. 게다가 중국은 필리핀 당국에 대해, 문제의 기지는 "하위급" 해군 병사가 정식 허가를 받지 않고 세웠다고 해명했다.[40] 하지만 수백 톤의 목재와 철근, 조립용 주택 시설, 통신기기 그리고 네 개의 기반을 구축하는 데 필요한 인원과 자재를 정식 허가 없이 수백 킬로미터나 수송할 수 있다는 것은 누가 들어도 새빨간 거짓말이었다.[41]

필리핀 정부는 격노했으며 그 분노를 더욱 격화시킨 것은 자신들의 무력감이었다. 마르코스 대통력이 실각하고 냉전이 종식되고 난 후부터, 필리핀은 이제 외국의 위협을 직면하지 않을 것이라고 국민도 정치가도 믿어 버리고 그 생각에 따라 투표했다. 1989년 마르코스 정권하에서 국방장관 재임시 라모스는 126억 달러 예산이 소요되는 군의 근대화 15개년 계획을 제안했다. 대통령에 취임한 후 그 계획을 다시 우선적으로 다루어 보려고 했으나, 전혀 진전되지 못한 채 내버려져 있었다. 그러나 중국 해군이 아무도 모르게 209km 떨어진 먼 바다에 기지를 건설했다는 걸 라모스가 증명하고 2주일이 지나서야, 의회도 겨우 그 계획을 논의하게 되었다.[42] 근대화법안은 수일 내에 가결되었으나, 그것을 실제로 집행할 결의안이 의회를 통과하기까지 또 2년 가까이 걸렸다.[43] (1997년 아시아 경제 위기로 재원은 거의 전액이 사라진다.) 계획의 실행이 늦어져 1995년 2월 라모스에게는 무력 행사라는 선택지가 없었다. 중국은 이런저런 거짓말만 계속했다. 미국은 기지에 관한 합의를 파기한 것에 대해 아직 분노하고 있는 중이며, 보스니아 사태로 더욱 애를 먹고 있기 때문에, 즉시 도와주려고 달려오지 않고 있다. 라모스는 이웃 국가에 손을 내밀었다.

그때가 전기였다. 1995년 1월까지는 남중국해에 있어서 중국의 세력 팽창에 참으로 영향을 받은 것은 베트남뿐이었는데, 그것도 베트남이 국제적으로 고립되어 있는 경우였다. 중국이 확보한 장소는 모두 파라셀 군도 아니면 스프래틀리 군도의 서쪽에 있었으며, 다른 나라가 영유권을 주장하는 장소로부터 멀리 떨어져 있었다. 하지만 동쪽의 미스치프 암초를 점거함으로써 중국은 처음으로 아세안ASEAN 제국이 영유권을 주장하는 해역에 침입한 것이다. 중국의 움직임이 있은 후, 필리핀뿐만 아니라 말레이시아도 브루네이도 인도도 직접적으로 주권이 위협받고 있다고 느꼈다. 그 해 7월에 아세안에 가맹하게 되어 있었던 베트남도 확고한 입지를 위해 사전 협상을 하고 있었다. 싱가포르는 평소에 베이징 정부 편을 들어 왔는데, 이 싱가포르조차 우려를 표명했다. 싱가포르의 전 수상 리콴유는 그 후에 있었던 BBC와의 인터뷰에서 기억에 남는 발언을 했다. 중국의 행동을 비유하면서, "큰 개가 나무 위로 올라가서 다리를 높이 들어 자기의 존재를 과시하는 짓을 하고 있다. 그래서 그 주변의 작은 개들은 큰 개가 이곳을 떠났지만 또 올 것이라는 걸 알고 있다"라고 말했다.[44]

하지만 ASEAN 국가들도 군사적 선택지가 없었다. 어느 회원국도 중국과 적대하는 리스크를 짊어질 각오가 되어 있지 않았다. 제재도 고려되지 않았다. 그 대신 3월 18일 아세안은 강한 논조의 성명을 발표했다. 회원국의 "중대한 우려"를 표명해, "지역을 불안정화하고 남중국해의 평화와 안전을 위협하는 행동을 자제하도록" 전 당사국에 호소했으며, 특히 "미스치프 암초에서 최근 발생한 문제를 조속히 해결할" 것을 촉구했다. ASEAN의 기준으로는 꽤 강경한 발언이었으나 바깥의 바다에는 아무런 영향도 없었다. 기둥 위에는 벙커가 그대로 서 있었다. 중국은 계속 모른 체할 뿐이었다. 4월에 사상 최초의 ASEAN 중국 포럼이 열렸다. 당연히 남중국해 문제가 논의될 수 있는 자리였는데도, 중국은 의제로 삼는 걸 거부했다. 그 대신 아무리 보아도 무리인데, 이 문제는 사전의 비공식 회합에서 논의되었다. 필리핀 정부는 지원에 대해 감사를 표명했지만, 산호초 위의 구조물은 철거되지 않고 남아 있다.

중국 측은 라모스가 원했던 공식적 지역 회의에서 이 문제를 논의하는 걸 거부했다. 그래서 부득이 중국이 원한 채널, 즉 2국 간 협의에 응했다. 이렇게 하여 양국은 8월, 앞으로 충돌을 피하기 위해 "행동 규범"에 동의했다. 성명도 더 나오고 문서 교환도 더 많았으나, 현실적으로는 아무 변화가 없었다. 중국은 초장부터 자국의 영유권을 주장하는 해역에서의 공동 유전탐사를 필리핀에 제의했다. 그러나 실제로는 스프래틀리 군도에 있어서의 중국 영유권을 인정하라는 요구였다. 이 방침은 "점령하고 협상한다"든가 더 간결하게는 "차지하고 말한다"라고 하는 것인데, 영유권을 주장하는 다른 국가들이 이런 방식을 수용하지 않았다.

그렇다면 도대체 중국은 왜 1994년 후반에 미스치프 암초를 점령했을까? 필리핀이 석유가스의 개발 계획을 발표한 것이 최초의 동기일 것이다. 하지만 국내의 사정도 있었다. 싱가포르에서 활동하는 지역전문가 이안 스토리Ian Storey에 따르면, 이것은 중국 공산당 고위층의 권력 투쟁의 결과라고 한다. 요컨대 덩샤오핑의 영향력이 축소했기 때문이라고 한다.[45] 덩샤오핑의 후계자로서 선택된 장쩌민江澤民은 군인이 아니고, 국가의 정점에 서기 위해선 인민해방군 지도부는 물론, 더 많은 당의 지지가 필요했다. 1994년 같은 덩샤오핑의 최측근 리우 해군사령관은 정치국 상무위원의 주요 인사이며 국가 중앙군사위원회의 부주석이었다. 이 두 위원회는 모두 중국 정치를 좌우하는 중요한 조직이다. 미스치프 암초의 점거야말로 이른바 "근해" 전략의 핵심 부분이라고 리우는 생각하고 있으며, 한편 기민한 정치가인 장쩌민이 그것을 전적으로 지원했다는 건 거의 틀림없다. 이 한 수는 분명히 성공이었다. 오늘날까지 중국군은 미스치프 암초를 점거하고 있으며 그 악영향은 거의 없다.

필리핀의 인접 국가들은 이 위기로부터 교훈을 얻었다. 1995년 4월 인도네시아 정부는 중국이 나투나 군도 주변의 해역을 자국령이라고 주장한다고 밝혔다. 그런데 이 나투나 군도는 인도네시아가 자국의 배타적 경제수역EEZ이라고 주장하는 해역 내에 있다. 미스치프 암초 사건으로 위기감에 빠진 인도네시아 정부는 최선의 선택은 억지밖에 없다고 판단했다. 1996년 8월 인도네시아, 말레이시아, 브루네이 삼국은 남중국해의 최남단에 있는 보르네오에서 합동 군사 연습을 실시했다. 그 다음 달, 인도네시아는 사상 최대의 해군 기동훈련을 했다—나투나 군도의 근해에서 함선 27척, 항공기 54기 그리고 약 2만명의 병력이 이 연습에 참가했다. 클라이맥스를 장식한 것은 엑슨이 수십억 달러 규모의 천연가스 개발의 기지가 될 섬에서 전개한 육해공에 의한 돌격 장면이었다. 중국 해군은 다섯 척의 함선을 파견해 이 훈련을 참관했다. 하지만 이 참관은 수하르토Suharto 대통령과 인도네시아 군의 고위층과의 면담을 위해 중국 참모총장 후찬유傅全有를 자카르타로 초청한 메시지를 베이징이 받았다는 것을 확인해 주는 목적도 있었다.[46] 중국은 지금도 가스전田의 북쪽에 대해 영유권을 주장하고 있지만, 최근까지 그것을 주장하기 위한 행동은 거의 취하지 않고 있다 (2012년 이후 있은 몇 차례의 사건이 인도네시아에 새로운 걱정을 끼쳤는데, 이에 관해선 나중에 서술함).

인도네시아가 부드러운 발언을 하면서도 막대기를 휘젓고, 필리핀이 그 정반대 행동을 하는 가운데 몇 달이 지나고, 남중국해의 정세는 아시아·태평양 경제협력APEC 그룹의 연례회의가 열리는 때를 맞추어 안정을 회복했다. 이 1996년 11월의 회의는 우연히 마닐라에서 열렸는데, 거기에 21개국의 수뇌가 참석했다. 이 기회에 장쩌민江澤民은 중국 국가 주석으로서 처음으로 필리핀을 방문하게 되었다. APEC 회의가 끝나자 그는 사흘간 필리핀 경제계 및 정계의 지도자와 회동했다. 그 이틀째 날 아침 라모스 대통령은 먼저 마닐라만을 순항하는 새벽 크루즈에 장쩌민 일행을 초대했다. 조찬이 진행되는 동안, 필리핀 해군 군악대가 특별히 제작한 노래집《21세기를 향해 함께 저어 가자》에서 한 곡을 골라 연주했다. 두 지도자는 플로어로 나와 엘비스 프레슬리의 "러브 미 텐더"를 듀엣으로 불렀다. 60여 명의 내빈은 갈채를 했으며 미스치프 암초의 대립은 멀리 가 버린 것 같았다. 하지만 바다 바깥에선 변한 것이 없었다. 이 가라오케 크루즈가 있고서 꼭 2년 후, 중국 해군은 미스치프 암초의 기둥 위에 있던 플랫폼을 콘크리트 요새로 바꾸었고 선착장과 헬리포트까지 건설했다. 중국은 이야기하고 빼앗았던 것이다.

남중국해의 섬들을 손에 넣고 싶어하는 욕망은 처음엔 선동된 내셔널리즘의 발동이었다. 그러나 지금은 유전과 어업권의 쟁탈로 변했다. 섬을 점거한 어느 나라도 기대했던 대가를 얻지 못했다. 그렇기는커녕, 정세는 계속해 불안정하고 해양 자원의 개발은 중단되고, 정치가는 지역 협력을 해야 할 때인데도 말씨름과 호전적 언동만 되풀이할 뿐이다. 중국은 스프래틀리 군도에는 늦게 가담한 세력이지만, 무엇이든 하나를 점거할 때마다 협상력이 강해졌다. 하지만 중국은 어떠한 실질적인 이익을 얻었는가? 타국이 이익을 얻지 못하게 한 네가티브 효과밖에 없다. 중국은 분명히 이걸 장기적 전략이라고 생각하고 있다. 결국 타국이 주권을 공유하지 않을 수 없을 것이라고 생각하고 있다. 그런데 타국들은 그렇게 할까? "힘은 정의이다"를 대신할 방안은 없을까? 국제법의 규정은 대안을 제공할 수 있을까?

제4장

바위와 그 밖의 단단한 곳

남중국해와 국제법

중 국

타이완

추강

광저우

광둥성

시아먼

후지안성

타이페이

광서

마카오

홍콩

카오슝

하노이

장쟝

하이퐁

프라타스 군도

루손 해

톤킨만

하이코우

하이난 섬

남 중 국 해

루손

캄란만

수빅만

노스 댄저 둑

리드 둑

시투 섬

아투아바 섬

팔라완

호치민시

스프래틀리 군도

푸키

콘손 섬

스프래틀리 섬

보 디 아

놈펜

밴가드 둑

루이자
암초

코타키나발루

사바

브루네이

반다르 세리 베가완

나투나
(인도네시아)

사라와

쿠칭

레   이   시   아

만

포르

18 43년 3월 29일 소형범선 사이루스 호는 남중국해에서 기름을 찾고 있었다. 불운하게도 기름은 도망가고 있었다. 닷새 전에 작살 보트를 내려서 가까이에 다가갔으나, 고래 떼는 산호초 사이를 눈 깜빡하는 사이 도망쳐 버렸다. 힘들고 위험한 작업이다. 지금 항행하고 있는 해역은 "위험한 여울"이라고만 알려져 있다. 맨 처음에 나온 해도에 그렇게 경고되어 있기 때문이다. 새 해도가 있더라도 보르네오의 북안 앞바다는 포경선에게는 위험한 어장이며, 그것은 고래에게도 마찬가지였다. 그런데 이 날은 날씨가 좋고 안정된 바람에 밀려 사이루스 호는 순조롭게 어획물을 찾아 움직였다. 고래의 지방脂肪에서 기름을 뽑아내는 일은 깨끗한 작업이 아니다. 멜빌의 《백경》의 주인공 이시마엘은 피쿼드 호에서 이렇게 투덜거린다. "말로 할 수 없는 흉측한 악취. 힌두교教의 화장장 가까이에 스며드는 것과 같은 최후의 심판일에 지옥에 떨어지는 자처럼, 저걸 맡으면 지옥이 있다는 걸 믿겠네" 하지만 일단 나무통에 채워 넣어 뚜껑을 막으면 고래기름은 귀중한 화물이 되는데, 281톤의 사이루스 호는 몇 만 갤런의 기름을 실을 수 있다. 그것이 리처드 스프래틀리Richard Spratly 선장이 추구하고 있는 보물이었다. 런던을 떠난 지 16개월 되었으며, 돌아가는 건 17개월 후다. 선창에 기름을 가득 채워 선주

를 만족시키려면 근 3년이 걸린다. 고래의 뼈, 상아 용연향龍涎香을 보태면 꽤 벌이가 되는 장사다. 스프래틀리는 사이루스 호의 선장으로서 모두 네 번의 장거리 항해를 했다. 항해 때마다 아이가 태어났지만, 두 살이 되기 전에는 얼굴을 보지 못했다. 아이가 태어날 때는 이미 그 다음의 원정으로 떠났기 때문이다.

리처드 스프래틀리는 어린 시절부터 바다의 사람이었다. 런던의 부두 옆에서 선박 목수의 아들로 태어나, 16세에 견습생으로 포경선을 탔다. 범죄자 교도직으로 전직해 영국과 아일랜드 죄수를 오스트레일리아로 수송하는 일에 종사하다가, 30세에 죄수 수송선 요크 호의 선장이 되었다. 2년 후인 1834년에 최초의 업으로 돌아가 남양에서 고래를 추격했다.

리처드 스프래틀리는 경험이 가장 풍부한 포경선 선장의 한 사람이었으며, 대부분의 선장보다 어려운 바닷길을 잘 헤쳐 나갔다. 여러 해를 선상에서 지내는 가운데, 위험한 해역에 정통하게 되었으며 때때로 당국에 편지를 써서 항해 중에 마주친 위험한 바위와 암초에 관해서 알려 주었다. 여러 번 위험한 일을 몸소 겪어 교훈도 얻었다. 1842년 봄, 그는 동료 선장들에게, 지금의 인도네시아, 말레이시아, 필리핀 주변을 몇 번이나 항행했는데, 어떤 지점에서 "거의 모든 여울과 암초에 떠밀려 올라간 적이 있었다"고 알려 주기도 했다. 그 후 10년이 지나 《항해잡지》 앞으로 편지를 보내어 "이 복잡하게 얽혀 있는 섬들의 해도로서 조금이라도 도움이 되는 지도를 본 적이 없다"고 불평을 던졌다.

그 복잡한 군도 전체에 지금 그의 이름이 붙어 있는 건 우스운 이야기다. 그것은 1843년 3월 29일 수요일 오전 9시에 있었던 일이다. 사이루스 호의 마스트헤드로부터 고함 소리가 들려왔다. 망루의 파수가 낮은 모래섬을 발견했는데 배에서 남동쪽으로 12마일 지점에 있었다. 스프래틀리 선장은 이것은 해도에 없는 섬이라고 생각했다. 하지만 그렇지 않다고 하는 의견도 있었다. 동인도회사의 측량기사 제임스 호츠버러에 의해 이미 기록되어 있었다고 한다. 그러나 아마 그의 오랜 경험을 존중해 영국 해군 수로국은 스프래틀리 쪽에 손을 들었다. 이렇게 해서 1881년 이래 이 수로국이 발행한 해도엔 "스프래틀리 섬"의 이름이 기재되어 왔다. 노련한 바다의 용사에 걸맞은 명예이지만, 그 후의 진전을 고려할 때 호츠버러가 처음에 붙인 "폭풍섬Storm Island"이란 이름이 더 어울리지 않았을까.

스프래틀리 이외에도 이 "모래섬"을 발견한 선장은 수십 명이나 있었음에 틀림없으나, 발견자로 인정되고 있는 건 그 혼자다. 그렇게 된 것은 우연일지 모르겠으나 그가 영국인인 건 우연이 아니다. 영국은 세계적 패권국이었으며 영국의 지도 제작자는 최고의 지도를 만들고 있었고, 토지의 명명 룰을 정하는 것도 영국의 위원회였다. 그 이전의 수천 년에 걸쳐 몇 천 몇 만이나 되는 사람들이 스프래틀리 섬을 보았으며 상륙도 했을 것이다. 하지만 그들은 아무런 흔적을 기록으로 남기지 않았다. 그런데 길이 750m, 폭 350m의 이 작은 땅을 "소유한다"고 하는 것은 1877년까지는 어느 누구도 생각하지 않았다.

따라서 놀라운 일은 아니지만, 최초에 영유권을 주장한 건 대영제국이었다. 그것이 계기가 되어 온갖 사건이 생겨 최종적으로 오늘의 분쟁에 이르게 되었다. 지난 한 세기 반에 걸쳐 주장이 겹쳐 각국 정부는 과거로 거슬러 올라가고 법이론 구석구석까지 찾아 들어가, 그들의 행동이 국제법에 근거한다는 걸 보여 주는 증거와 학설을 찾고 있다. 공교롭게도 남중국해와 관련해선 국제법은 명확한 것과는 한참 멀다. 상반되는 두 종류의 법이 존재하기 때문이다. 하나는 영유의 "역사적 근거"를 규정하는 옛 법체계이며, 또 하나는 유엔해양법협약UNCLOS에 의해 정하는 새 법체계인데, 이것은 영토를 기반으로 하는 영해의 범위를 규정하고 있다. 남중국해는 이 두 체계가 교차하는—그리고 아마 충돌하는—장소다.

* * * * * *

영유권에 관한 국제적 룰을 정한 것은 영토에 대한 욕심이 가장 많은 나라들이었다. 유럽의 지배자들은 자신들의 행위가 신神 앞에서 정당하기를 바랐으며, 더 중요한 건 경쟁국의 약탈 행위로부터 보호받기를 바랐다. 그래서 15세기 포르투갈과 스페인은 신의 대리인이 될 남자의 권위가 필요했다. 로마 교황 니콜라스 5세는 1455년의《로마 교황 대칙서大勅書》에 따라 포르투갈의 알폰소Alfonso 왕에게 비기독교의 토지와 사람을 정복하는 권한을 부여하고, 다른 기독교 국가가 포르투갈의 점령지에 대해 "참견하는 것"을 금했다. 그 속편이 1493년의 토르데시야스 조약과 1529년의 사라고사 조약이었다. 이에 따라 세계는 포르투갈 영토와 스페인 영토로 양분되게 되었다. 17세기의 2대국에 의한 독점을 깨뜨린 네덜란드는 자국의 행위를 정당화하기 위해 새 룰을 제정했다. 그 룰이 그 후 전쟁과 정복의 두 세기를 통해 진화해, 1884년에 베를린 회의가 열려 아프리카의 분할이 논의되는 무렵엔, 유럽 열강은 이미 일관된 원리원칙을 정해서 그에 따라 세계 토지의 강탈을 정당화하고 열강 간의 분쟁을 중재했다.

이 좋지 않던 옛 시대에, 국제연맹이 설립되기까지, 영토를 취득하는 데는 다섯 가지 방법이 인정되었다. 정복 (영유권을 힘으로 취득), 할양 (정식 조약을 통해 토지의 지배자가 권리를 포기), 점거 (다른 지배자에 속하고 있지 않은 토지, 즉 "주인 없는 땅", 라틴어로 terra nullius에 행정력을 확립. 이 경우 "원주민"의 유무에 무관), 시효 (지배권이 서서히 다른 지배자의 인정을 받는다), 증가 (기존의 영토에 토지가 추가된다. 예컨대 매립 등)의 다섯 가지다. 20세기엔 취득할 만한 영토는 모두 취득해 있었으며, 두 차례의 세계대전에 의한 막대한 피해를 겪은 결과 분쟁의 비용이 그 이익을 능가한다는 걸 깨닫고, 전승국들은 리스트에서 "정복"을 삭제했다. 국제연합 헌장에 의해 앞으로는 영토를 무력으로 취득하는 것이 금지되었다.

그러나 이것은 제국주의 시대의 유산인데, 영토 분쟁이 생기면 국제법 체계에서는 얼마나 가까우냐 하는 것보다 발견자의 권리가 우선한다. 《로마 교황 대칙서大勅書》의 영향은 지금도 어린이들의 놀이터에서 "찾은 사람 이기고, 빼앗긴 사람 진다"라고 들려온다. 모든 것에 우선하는 국제적 규약이 존재하지 않기 때문에 각 국은—정도의 차이는 있지만—종래의 전통과 관습에 따르기를 합의하고 있으나, 그 전통과 관습이라고 하는 것들이 그때 그때의 상황에 따라 아무렇게나 만들어진 것이었다. 국제법은 몇 세기를 지나면서 열강의 요구에 따라 조절되어 유럽의 민사 법정의 법적 관습에 의해 열강의 영토 획득을 정당화하는 체계를 갖추게 되었다. 따라서 국제법은 문서, 조약, 해도 같은 제시 가능한 형태의 증거를 요구하게 되었으며, "그 섬들은 옛적부터 우리나라 것이다" 따위의 유치한 국수주의적 권리 주장은 인정받을 수 없게 되었다. 그 결과 남중국해 분쟁에는 보기에 엉뚱한 상황이 벌어지고 있었다. 문제의 섬들의 영유권과 관련해서 자칫하다가는 영국과 프랑스가 다른 주변국보다 법적으로 강한 권리를 가지게 될 수도 있었다.

1877년 9월 영국 식민지 라부안 섬 (보르네오 앞바다의 섬) 당국은 영국 국왕을 대신해, 그래함Graham이라는 미국인, 심프슨Simpson 및 제임즈James라고 하는 두 영국인의 신청에 응해 스프래틀리 섬과 암보이나 섬에 대한 영유권을 주장하고 배에 실을 수 있는 한도의 구아노를 얼마든지 채취해도 좋다는 허가를 주었다. 이것은 《관보》에 정확하게 발표되었다.[1] 다른 나라들이 더 가까이 있었을 것이고, 다른 어민들이 섬을 방문했을 것이고, 다른 나라 해군이 그 옆을 통과했을 것이지만, 신문에 처음 발표한 건 영국이었다. 그리고 재판에서 중요시되는 건 이런 종류의 증거다. 이같은 자그마한 출발점으로부터 제국의 영유권 주장은 커져 가는 것이다. 이것이 지금의 스프래틀리 군도와 관련해 국가가 주권을 주장한 최초의 사례였다. 또 1889년 영국은 중앙 보르네오회사에 면허를 주었다.

그러나 구아노는 차와 아편과 천연가스와 달리 나라에 이익을 가져오지 못했으며, 항해와 관련된 일 이외에 이 섬들은 거의 관심의 대상이 아니었다. 그렇기는 해도 영국은 스프래틀리 섬과 암보이나 섬의 영유권을 정식으로 포기한 적은 없다.

그뿐 아니라 1930년 4월 프랑스가 전함 말리시어즈 호를 파견해 스프래틀리 섬을 점거하고 남중국해의 광대한 사각형의 해역 내의 토지에 대해 영유권을 주장하자, 영국은 수주 후에 영유 선언을 신중하게 재연했다. 그로부터 2년간 양국 정부는 각서를 교환하고 법적 논의를 계속했다. 이때 그들은 일본 제국이 이 지역으로 세력을 팽창함으로써 자신들의 식민지에 미치는 위험에 대한 생각뿐이었다. 공동의 적과 맞서서 어느 쪽도 영유권을 단념하고 싶지 않았으나, 영국은 또 프랑스의 주권을 약화시키고 싶지도 않았다. 1933년 7월이 되어 겨우 프랑스 정부는 정식으로 6개 섬—스프래틀리 섬 또는 스톰 섬, 암보이나 섬, 이투아바 섬, 노스 댄저 암초 (프랑스어로 레 듀스일), 로아이타 섬, 시투 섬—을 이름을 지어 합병해 관보에 발표했다. 이 발표 때문에 중국 국내는 대소동이 났으나 (제2장에서 본 것처럼), 그것이 파라셀 군도가 아니고 스프래틀리 군도 (난사군도)의 얘기란 것을 알게 되자 소동은 잠잠해졌다. 오늘날 중국의 주장과 반대로 신문은 공식 항의나 적대적 합병 발표도 보도하지 않았다. 한편 프랑스는 신문을 통해 자국의 주장을 계속했으나 실제 행동을 취하지는 않았다. 처음으로 행동을 취한 게 이투아바 섬에 기상소를 건설한 1938년의 일이었다.[2] 이투아바 섬은 제2차 세계대전 중에 일본에 점거되었지만, 앞에서 본 것처럼 미군의 폭격이 있은 1945년 5월 1일부터 미해군이 상륙한 1945년 11월 18일까지 일본은 이 섬을 포기했다. 다음에 이투아바 섬에 몰려온 군대는 프랑스 해군인데 1946년 10월 5일 소해정 셰브를 호를 타고 왔다. 그들은 프랑스의 재영유를 선언하는 비석을 세우고 1933년의 합병을 부활시켰다. 필리핀 정부는 1946년 7월에 스프래틀리 군도의 영유를 주장했으나 그 후 몇 십 년 동안 아무 일도 하지 않았다.

제2차 세계대전이 끝날 때까지 중국 해군은 스프래틀리 군도에 도달할 능력조차 없었다. 미국으로부터 함선과 지도를 제공받고 게다가 훈련까지 받아서 처음으로 중화민국 정부ROC는 원정대를 조직할 수 있었으며, 겨우 국제법정의 인정을 받을 만한 영유권을 주장할 수 있었다. 1946년 12월 12일, 중화민국 해군의 함선 두 척인 타이핑太平과 종예中業 (각각 이전의 미국함 데커와 미국함 LST 1056)가 이투아바 섬에 도착했다. 중국 측의 설명에 따르면 두 척의 승조원들은 일본의 비석을 섬으로부터 옮겨내고, 그 자리에 중국의 석비를 세웠다고 한다. 아무래도 프랑스의 비석을 보지 못한 것 같았다. 아니면 언급할 거리가 안 된다고 생각했을 것이다. 중국 정부가 스프래틀리 군도의 주권을 주장한 건―국제법정이 인정하는 형태로―모든 시대를 통해서 최초의 사례였다. 중화민국 군은 그 후 이 섬을 단속적斷續的으로 점거했으나 1950년 5월 5일에 철수했다. 그 당시 프랑스는 다른 급선무로 정신이 없었다. 호치민 등 민족주의자들에 의해 인도차이나를 자신들의 지배로부터 빼앗길 판이었다.

그 후의 복잡다단한 경위를 잘 풀어서 일관되게 주장할 수 있는 국제

변호사가 있다면 꽤 큰 돈을 벌 것이다. 피에 물든 20년을 요약해 보면 이렇다. 베트남은 1954년 공산주의의 북측과 자본주의의 남측으로 분단되고 프랑스는 1956년에 철수, 베트남은 1975년부터 1976년에 걸쳐 공산주의 아래서 재통합되었다. 프랑스가 베트남의 종주국이었으므로, 프랑스의 남중국해에 있어서의 영유권은 베트남 독립 후 당연히 베트남으로 인계되는 게 논리적으로 보일 만도 한데, 이 주장은 국제법정에서는 통용되지 않았던 것 같다. 영국과 마찬가지로, 프랑스도 스프래틀리 군도의 영유권을 정식으로 포기하지 않았다. 프랑스는 자국의 것으로 영유를 주장하는 것이지 베트남을 대신해 주장하는 게 아니었다. (이 점이 파라셀의 경우와 크게 대조적이다. 파라셀 군도에 대해선 표면적으로 보호국 안남 대신에 영유권을 주장했다가 나중에 베트남에 넘어갔다.) 이제 막 독립한 베트남공화국 (남베트남)이 스프래틀리 군도의 영유를 주장한 건 1956년에 와서 한 일이고, 그것도 필리핀인 기업가 토마스 클로마의 주장에 대응하기 위해서였다. 이것은 또한 중화민국이 이투아바 섬을 다시 점거하게 만든 계기도 되었다.

베트남공화국 (남베트남)의 법적 상황을 생각해 보면 이야기는 한층 까다로워진다. 이 나라는 제국주의 열강 (프랑스와 미국)이 만든 불법적 괴뢰국가라고 하는 견해를 가질 수도 있다. 당시의 공산주의 베트남민주공화국의 북베트남의 지도부는 확실히 그렇게 생각했다. 바로 자신들이 베트남 전체의 정통 정부이며 1954년의 분단에 의해 일시적으로 국토의 일부로 밀려났을 뿐이라고 생각하고 있었다. 이와 달리 북베트남과 남베트남은 하나의 국토의 각각 다른 지역에 성립된 두 개의 합법적 국가라고 볼 수도 있을 것이다. 북베트남 지도부도 어느 정도까지는 이런 생각을 가지고 행동했다. 즉 북베트남은 별도의 "임시혁명정부"를 후원해 그 정부가 남베트남에서 전쟁을 공식적으로 수행하도록 했다. 1975년에 남베트남이 무너지자 공식적으로 독립된 법적 "인격"을 가진 남의 공산주의 국가가 건설되었다. 그리고 일년 뒤 1976년에 북베트남과 통합되어 "베트남사회주의공화국"이 탄생했다.

이런저런 일들이 왜 문제가 되는가? 국제법정은 그 법률 존중주의의 특징상, 영유를 주장하는 나라는 정식 영유권을 확보했다는 것, 그 주장을 계속했다는 것, 타국이 해당 토지에 대한 영유권을 주장하더라도 자신의 주장을 계속하고 있다는 것을 증명하지 않으면 안 된다. 1975년까지 북베트남은 남중국해의 영유권을 거의 주장하지 않았으나, 남베트남은 많이 했다. 북베트남이 베트남 전체의 정통적 정부라면, 초기에 아무런 행동을 하지 않았던 점은 재판에서 불리하게 작용할 것이다. 그러나 남베트남의 행동이 고려된다면, 즉 베트남 영토 내의 합법 국가의 행위로서, 베트남의 입장은 훨씬 유리해질 것이다.

한편으로 북베트남 지도부가 취한 한 특정 행동이 베트남의 영유권 주장을 불리하게 만드는 데 이용되었다. 1958년, 북베트남 수상 팜반동은 (공산) 중국 수상 앞으로 짧은 서신을 보내, "베트남민주공화국 정부는 중국의 영해에 관련해 취한 결정에 대해 중화인민공화국 정부가 발표한 1958년 9월 4일의 선언을 인정ㆍ동의한다"고 의사를 표명했다. 이것 또한 베트남의 영유권을 부정하는 이유로서는 다소 모호하게 보일지 모른다. 하지만 국제법의 관례에 따르면 이것은 이른바 "금반언禁反言"(앞서 한 주장ㆍ행동에 반하는 주장ㆍ행동을 금한다는 원칙—역자)에 해당할 가능성이 있다.

금반언은 유럽 민법의 중요한 개념이다. 그 취지는 말과 행동이 달라서는 안 된다는 것이다. 예컨대 분쟁이 해결되었다고 합의하면 나중에 그 합의를 어겨서는 안 된다. 그 목적은 투명성과 성실한 행동을 도모하는 것이며, 국제법에서도 이와 같은 목적이 중요시되고 있다. 한 국가가 타국의 영유권 주장을 정당하다고 인정하면, 그 후 그 영유권을 놓고 다투는 건 이론상으로 "금반언"에 저촉하게 된다. 그러나 1958년엔 베트남 민주공화국 (북베트남)도 중화인민공화국도 국제사법재판소를 인정하지 않았다. 그리고 공산국가로서 국제 사회가 정한 부르주아·제국주의 룰을 중시하지 않았다. 그뿐 아니라 국제적으로 반제국주의 투쟁을 하고 있는 중이었다.

1958년 8월 23일, 중화인민공화국 군은 중국 본토로부터 몇 킬로미터에 있는 진먼도金門島와 마주도馬祖島의 국민당 군에 포격을 개시했다. 11일 후 공산중국은 "영해 선언"을 발표하여 해안으로부터 12해리까지의 영유를 주장했다. 여기에는 진먼도와 마주도도 포함되었다. 그 목적은 주로 미국함의 보급 활동과 방어 활동을 저지하는 것이었다. 하지만 그 선언에서는 타이완과 그 주변의 섬들, 파라셀 군도 마클즈필드 퇴堆, 스프래틀리 군도의 영유권까지 주장하고 있다. 제국주의 미국에 맞서는 데 있어서 연대를 보여 주기 위해 북베트남은 9월 6일자 공산당 기관지《니안 단》에 중국의 선언을 게재하고, 14일엔 팜반동 수상이 자신의 서신을 보냈다. 이 서신에서 공산중국이 주장하는 섬들의 영유권에 명시적으로 동의하지 않았으나, 또 명시적으로 부정도 하지 않았다. 이때 항의를 하지 않은 것이 충분한 근거로 간주되어 베트남의 영유권 주장은 금반언禁反言에 해당한다고 법정에서 판단될지도 모른다. 그러나 그렇게 된다면 베트남 지도부는 적지 않게 감정이 상할 것이다. 어쨌든 두 나라 모두 국제법의 세세한 절차를 잘 몰랐던 시대의 일이고, 같은 공산국가로서 형제애적인 연대를 표명했을 뿐인데, 그것이 반세기 넘는 세월이 지나서 영유권 주장을 좌절시키기 위해 이용되고 있기 때문이다.

요컨대 자국의 앞바다에 있는 스프래틀리 군도에 대해 보기에 "자연스런" 주장도 국제 재판의 난해한 규칙과 관례에 따라 고찰하면, 그렇게 강력한 주장이 되지 않는다. 프랑스 정부가 정식으로 스프래틀리 군도의 영유권을 양도하지 않는 한, 1930년대와 1940년대의 프랑스 제국의 실적을 근거로 할 수도 없다. 현재의 베트남사회주의공화국은 베트남공화국 (남베트남)의 합법적 정통 후계자인가, 그리고 그 행위의 인수자인가, 또한 팜반동 수상의 서신은 베트남민주공화국 (북베트남)의 영유권 주장을 무너뜨렸는가, 법적 논란은 계속될지 모른다.

스프래틀리 군도에 대한 중국 측의 역사적 주장은 옛 문헌에서 언급되고 있는 이 섬들에 관한 기록에 근거하고 있다. 하지만 그 문헌을 잘 읽어 보면 구체적으로 어느 섬을 말하는 것인지를 나타내는 정보는 전혀 없으며, 정복, 할양, 점거, 시효, 증가의 증거가 될 만한 내용도 전무하다. 국제법정에선 중국의 복잡한 근현대사를 검토하지 않으면 안 될 것이다. 중화민국은 1912년에 건국을 선포하고, 1913년 10월에 "열강"에 의해 정식으로 승인되었다. 그러나 이에 앞서 남부의 7개 주는 베이징의 지배에 대해 반기를 들었으며, 여기서 시작된 반란의 결과, 1917년에 순문孫文 세력이 광저우廣州에 독립정부를 수립했다. 그로부터 11년 후 이 정부는 고투 끝에 중국 전역으로 지배권을 넓혀 국제적으로 인정된 중국 정부가 되었다. 이 격동기에 중국 남부의 당국이 수행한 여러 가지 행동이 파라셀 군도에 대한 중국의 영유권 주장의 근거가 되었다고 전해지고 있다.

특히 이 남부 정권은 1921년에 파라셀 군도를 명목상 하이난 섬의 행정구역에 편입하고 구아노의 채굴 허가를 주었다. 1923년과 1927년엔 순찰정을 파견해 구아노 채굴자들의 활동을 시찰했다 (역사학자 울리세스 그라나도스Ulises Granados가 영국 정보부의 보고서에서 그 증거를 발견했다. 이 채굴 허가를 받은 것은 실제로 일본의 대역代役 회사인데, 하이난 섬과 파라셀 군도의 개발권과 교환 조건으로, 일본으로부터 무기와 자금이 제공되는 약속이었다).[3] 프랑스 당국은 (보호국 안남을 대신해) 이 문제와 관련해 일체 항의를 하지 않았으며, 그 소극적 태도가 지금은 프랑스가 중국의 영유권을 묵인한 증거로 사용되고 있다. 그런데 1928년 이전 "강대국들"이 승인하지 않은 정부가 취한 행위를 현대 법정은 도대체 어떻게 판단해야 옳은가?

1949년 10월 1일 (공산주의) 중화인민공화국이 수립되고 중화민국이 타이완에 추방된 후, 상황은 한층 더 복잡하게 되었다. 베이징은 당연히 타이완의 중화민국을 국가로서 승인하고 있지 않지만, 공산 중국의 스프래틀리 군도의 영유권 주장은 전적으로 1946년에 중화민국이 처음으로 이투아바 섬을 점거했다는 사실에 근거한다. 베이징의 공산당 정부는 지금은 타이핑太平 호의 원정을 영유권의 주장이라고 생각해 전체 중국의 이름으로 지원했다. 그러나 60년 전엔 그들의 생각은 달랐다. 제1차 타이완 해협 위기가 있었을 때는 이 배를 미국의 제국주의 상징이라고 생각하고 1954년 11월 14일 타첸大陳 군도 앞바다에서 격침했다. 이 사건은 스프래틀리 군도의 영유권을 법정으로 가져가 사건화하는 데 중국 지도부가 직면할지도 모르는 문제가 된다. 중화인민공화국이 중화민국의 후계자라고 한다면, 공산국가로서 건국이 선포된 1949년 10월 1일 이후 중화민국이 취한 행동이 그 영유권 주장을 강화할 수 있을까? 예를 들면, 1956년 클로마 형제의 원정대를 이투아바 섬과 노스 댄저 암초로부터 쫓아낸 것은 타이완 해군이었다. 이것으로 중화민국은 주권을 확고하게 주장할 수 있을 것 같은데, 그렇다고 해서 그걸 중화인민공화국이 가지고 갈 수 있을까? 타이완 정부가 혹시라도 본토의 중화인민공화국과의 합병을 택하게 된다면, 이것은 중국의 영유권 주장에 상당한 설득력을 줄 것이다.

이런 문제가 국제 재판에 제기된 사례는 한 번도 없다. 그리고 어려운 법률 문제의 복잡성과 불확실성 등을 생각해 보면, 앞으로도 국제 법정에 의한 분쟁 해결은 어려울 것이다. 역사적 관점에서 말할 수 있는 건

단 하나다. 이들 섬에 대한 어떠한 주장도—영국도 프랑스도 중화민국도 중화인민공화국도 베트남도, 그리고 나중에 나타날 필리핀도—법정을 납득시키지 못할 것이다. 만일 영국이 스프래틀리 섬에, 프랑스가 이투아바 섬에 국기를 계속 게양하고 있었다면, 또는 그 영유권을 다른 주장국에 정식으로 양도했다면 상황은 좀 더 간단했을지 모른다. 하지만 양국은 그렇게 하지 않았다. 그래서 남중국해 주변 국가들은 이 "위험한 영역"에서 그들 나름의 하고 싶은 이야기만 꾸며내고 있다.

* * * * * *

최근엔 리처드 스프래틀리의 "모래의 작은 섬"을 주민은 "추온사론" 즉 "큰 추온사"라고 부르고 있다. "큰"이란 비교하는 말이다. 스프래틀리 군도 중, 베트남이 지배하는 육지로서 제일 큰 것이지만 그렇다고 해서 결코 크다고 볼 수 없다. 현재의 스프래틀리 섬에는 본래의 부분이 거의 남아 있지 않은데도 최고 지점은 해발 2m 반이다. 해변은 높은 콘크리트 벽으로 쌓여 파도와 무단 침입을 막고 있다. 벽 위엔 갖가지 기둥과 탑이 수십 개나 돌출해 있다—태양력 투광조명, 발전용 풍차, 레이더 탑, 그리고 거대한 휴대전화 안테나 등. 또한 도시풍의 건물 지붕이 수목과 뒤섞여 초현실적 광경을 조성하고 있다. 사회주의적 건축 부대에 의해 베트남의 정부 표준 건축물 (붉은 타일, 황토색의 벽, 신고전주의 양식의 발코니)이 본토에서 이식되어 왔다고 할 정도다.

하늘에서 내려다보면 섬은 깨끗한 이등변 삼각형이다. 도로 표지처럼 470km 떨어진 모국을 가리키고 있다. 이등변 삼각형의 밑변엔 끝에서 끝까지 똑바로 콘크리트 활주로가 뻗어 있으며, 이 섬 면적의 4분의 1정도를 차지하고 있다. 본래는 남베트남 군에 의해 건설된 것인데, 2004

년에 재건했다. 그물처럼 종횡으로 뻗어 있는 보도는 이식된 나무 숲에 둘러싸여 바다 위의 교외 정원을 형성하고 있다. 프랑스어 알파벳 세디여 (Ç처럼 C 아래에 덧붙여 [s]음을 나타내는 기호─역자) 기호처럼 삼각형 밑변으로부터 75m의 방파제가 돌출해 있다. 바로 앞의 산호초를 넘어서 바다에까지 깊이 뻗어 어선과 가끔 들어오는 보급선을 환영하고 있다. 이 방파제 이외에 섬 주위에는 환영은커녕 사람의 접근을 저지하는 장비들이 가득하다. 침입군이 육지에 도착하기 전에 선체를 파손할 작살이 준비되어 있었다.

이 섬에 사람이 정착해 있으며 경제적으로도 활기 있는 공동체인 것처럼 보이는 게 베트남을 위해선 꼭 필요한 것이었다. 그래서 "정상적으로" 보이게 하기 위해 온갖 노력을 쏟았다. 대부분의 베트남의 마을처럼 불탑, 수호신 (여기선 사회주의 베트남 건국의 영웅 호치민 "할아버지")을 모시는 신전, 그리고 민족 해방 전쟁에서 숨진 영령을 추모하는 위압적인 회색 기념비 (국가는 당신의 희생을 잊지 않는다)가 건립되어 있다. 이 섬에 거주하는 소수의 어린이를 위한 큰 학교도 세워져 있다. 섬을 방문하는 사람은 "캐피탈 게스트 하우스"가 제공하는 편의를 받는데, 그 비용은 하노이 사람들의 기부금으로 충당되고 있다.

그러한 "자발적" 성금과 국가로부터 받은 보조금의 덕택으로 섬의 자치정부, 즉 인민위원회는 주민 1인당 예산액이 나라에서 가장 많은 위원회가 되었다. 부위원장 구엔툭티엔이 2011년 베트남 국영의 베트남 뉴스 에이전시에 전한 말에 따르면, 태양광 발전과 풍력 발전에의 과거 수년간의 투자에 힘입어 안정된 전력 공급이 가능해지고, 또 저수조가 건설되어 물의 수요를 충족할 수 있게 되고 통신망도 정비되어 섬이 인터넷에 접근할 수 있게 되었다.[4] 닭과 오리는 여기저기 흔하다. 바람과 모래 그리고 염해鹽害를 막기 위해 세워진 높은 칸막이 아래엔 작은 채소밭

이 조성되어 있다. 보도 옆엔 바나나 등 과실수가 심어져 있다. 남베트남 농학연구소가 17만 달러 사업으로 생산성을 증대하기 위해 노력을 하고 있지만 추옹사 섬은 자급자족이 어려운 곳이다.[5] 인구가 많아져 식품과 물 그리고 식물 재배용 흙까지 지금도 수입하지 않으면 안 된다.

섬이 필요로 하는 건 물질적 필수품만이 아니다. 섬 주민의 정신적 건강도 보호되어야 한다. 2012년 4월 공인 베트남 불교단체 (모토는 계율, 국가, 사회주의)로부터 승려 5명이 파견되어 추옹사 섬에 반년 체류했다. 그 임무는 섬 주민의 정신생활의 향상이었다. 베트남 공산당도 이 섬 주민의 사기에 관심을 가지고 있다. 통상적 군사 시찰이나 축제일 이외에, 두 가지 기념일이 꼭 지켜지고 있다. 하나는 1975년에 남베트남의 지배로부터 섬이 "해방"된 날이고, 또 하나는 1988년 존슨 암초 해전 (스프래틀리 군도 해전)의 날이다. 이들 식전에서 이름 없는 적의 "교활한 음모"에 대해 항상 경계할 것을 병사에게 역설하고 있다.[6] 스프래틀리 섬은 "정상적인" 섬이 아니다. 불침不侵의 보루다. 숲 속에 가리워져 학교와 게스트 하우스 그리고 불탑 사이에는 벙커, 병영, 최소한 5량의 전차, 20기의 총포대 그리고 그것들을 지키는 경비대가 존재한다.[7] 그러나 여기서 사는 것은 고생이다. 베트남이 지배하는 다른 21개의 작은 도서들도 마찬가지다. 육해군 병사들의 사기를 유지하는 일은 대단히 중요하며, 먼 바다의 부대와 모국 사람들과의 정신적 유대를 공고하게 하기 위해 공산당은 항상 유의하고 있다.

공산당은 "풀뿌리"의 연대활동을 조직하는 데 능하며, 최근엔 내셔널리즘의 기운이 고조되어 있어 섬을 지키는 병사들을 지원하는 모금운동이 활기를 띠고 있다. 모이는 자금은 많지 않고 중앙정부의 보조금에 비하면 미미하지만, 이 같은 운동에는 사람을 단합하는 힘이 있으며 그 힘은 금액의 과다만으로 측정할 수 없다. 그것은 정부로서 사람들의 지지를 이끌어 내는 강력한 수단이다. 신문은 공공연하게 섬에 관한 정보를 "선전"하고 있으며, 지방자치단체는 위문품을 모으는 이벤트를 개최해 산호나무 가지나 해변의 조약돌과 교환으로 가라오케, DVD, 탁구대, 발전기, 담배 등을 기부받았다. 텔레비전에선 애국심을 고취하는 티셔츠를 입은 리포터가 등장해 먼 곳에 있는 영토를 방위하는 용감한 남녀를 찬양한다. 10년 전만 하더라도 지루한 프로였지만 지금은 시청자의 열렬한 지지를 받고 있다.

베트남은 스프래틀리 군도에 있어서 위치를 차지하는 데 "선점의 우위"를 가지지 못했다. 1956년에 제일 큰 섬인 이투아바 섬을 중화민국이 재점거했다. 1971년 7월 이전에 필리핀은 시투 섬 (필리핀어로 파가사), 난샨 (라왁), 플랫 섬 (파탁), 그리고 노스 댄저 암초를 점거하고 있었다. (이투아바 섬에도 상륙을 계획했으나 타이완 함대에 저지당했다). 1973년 9월 남베트남이 해병대를 파견했을 때는 선택지가 더 적었다. 분명한 제1 후보는 스프래틀리 섬 (추옹사. 론 섬)이었다. 베트남 본토에 가장 가깝고 또 필리핀이 영유권을 주장하고 있는 해역 밖에 있기 때문이었다. 베트남은 필리핀의 실패에서 배워, 이투아바 섬을 점령하려고 하지 않았다. 이 무렵엔 군비가 증강되어 있었다. 그 대신 살그머니 들어간 곳이 나미트 섬이다. 이투아바 섬과 같은 환초, 즉 타이자드 퇴의 일부인데 초호를 사이에 끼고 20km 떨어진 섬이다.[8] 또 같은 시기에 유니언 퇴의 신카우 섬 (신톤 섬, 스프래틀리 군도에서 일곱 번째 큰 섬)과 더 남쪽의 암보이나 사주 (안방 섬)도 점거했다.

술과 악천후 덕택으로 베트남에는 횡재가 또 하나 떨어졌다. 스프래틀리 군도의 최북단에 있는 두 섬이다. 영국이 노스 댄저 암초라고 명명한 암초의 일부인데, 1956년 10월 타이완 해군의 강요에 의해 필레몬 클로마가 섬 점령 놀이를 포기했던 장소다. 프랑스어 이름 "쌍둥이섬"처럼 이 암초에는 커다란 부분이 두 개 있다. 하나는 길이 2km의 노스미스 섬

(필리핀어로 파롤라 섬), 또 하나는 길이 650m의 사우스웨스트 섬 (푸가드 섬)이다. 1975년 초반 필리핀 경비대가 이 섬을 점령했으며, 섬과 섬의 부대는 서로 왕래하며 지냈다. 어느 날 밤 푸가드 섬의 장병이 파롤라 섬의 파티에 초대되었다. 필리핀 서방 사령부의 전 사령관 후안초 사반Juancho Sabban 장군에 따르면 장병들은 악천후 때문에 푸가드 섬으로 돌아가지 못했다.[9] 푸가드 섬은 그 이후에 베트남에 점거되어 있는 상태이며 주민들은 송투타이 섬이라고 부르고 있다.

제3장에서 본 것처럼, 이야기는 여기서 끝나지 않는다. 불과 몇 달 후, 베트남 전쟁의 종결 직전 2, 3주 사이에 북베트남은 "동해작전"을 전개해 남베트남 지배하에 있는 모든 섬을 장악하려고 했다. 최초의 표적은 사우스웨스트 섬이었다. 4월 13일, 특수부대가 상륙했다. 총격전이 잠시 있었으나 경비병들은 가망 없음을 깨닫고 항복했다. 그러나 한 소위는 공산주의자의 포로수용소에 들어가는 것보다 자본주의 진영의 동지애에 의존하기로 결심했다. 바로 최근에 굴욕을 주었음에도 불구하고, 필리핀군의 동정심을 기대해 초호를 건너 3km를 헤엄쳐 파롤라 섬으로 피난했다. 다행히 필리핀 병사는 관대한 마음으로 용서해 주었다. 한편 북베트남은 공세를 계속해, 사이공이 함락되기 전에 남베트남이 장악하고 있던 나머지 섬들을 점령했다.

오늘날 이 쌍둥이섬의 경비대끼리는 서로 인사말을 나누는 사이가 되었다. 2012년 3월, 베트남 해군과 필리핀 해군의 각 해군장관은 두 군대가 신뢰 관계를 도모하는 목적으로 축구와 야구시합을 갖기로 합의했다. 최초의 시합은 2014년 6월에 열렸다. 방문객인 필리핀 팀에게 자신들이 주거하는 파롤라 섬의 빈약한 환경과 송투타이 섬의 쾌적한 시설은 너무나 판이하게 대조적이었다. 스프래틀리 섬과 꼭 마찬가지로 여기에도 풍력 발전기와 태양광 발전기, 레이더 탑이 가설되어 있으며 항구도 인공적으로 정비되어 있었다. 수목과 스포츠 시설 위엔 높이 40m의 멋진 등대도 높이 서 있었다.

파롤라 섬에서 필리핀 경비대원은 이 사막의 섬에서 소작농처럼 나날을 살아가고 있었다. 채소를 가꾸고 코코넛을 수확하고 고기를 잡으면서 살고 있었다. 몇 달 만에 오는 보급선을 기다리는 동안 지루함과 고독을 잊으려면 바쁘게 일하는 게 제일 좋았다. 모래사장엔 파괴되어 녹슬고 있는 불도저가 실현 못한 야망의 증거물로 남아 있었다. 사반 장군에게 파롤라 섬의 상황은 특히 가슴을 아프게 했다. 1981년 반년간 그는 파롤라 섬의 최고 지휘관이었으므로, 그 당시 그의 해병대의 생활수준은 사회주의의 궁핍을 겪는 이웃 섬보다 훨씬 더 높았던 것을 잘 기억하고 있었다. 하지만 그 후 베트남은 경제를 자유화하고 자원을 창출해 섬들을 개발했다. 한편 필리핀에선 우선순위가 달랐다. 군사 예산이 삭감되어, 해병대는 그 충격과 맞서지 않으면 안 되었다.

예산 삭감의 영향은 필리핀이 지배한 모든 섬에서 볼 수 있었다. 아윤긴 암초 (국제적으로 세컨드 토마스 암초라고 부른다)에서는 해병대가 필리핀 함 시애라・마드레 호라는 녹슨 전차 양륙함에서 살고 있었다. 1998년에 일부러 모래톱 위에 좌초시킨 배인데, 지금은 메인 데크를 걸어서 지나가는 것도 위험했다. 여러 해 동안 바다의 소금물과 강풍으로 도색이 벗겨져 철판이 노출된 상태였다. 갑판 여기저기에는 완전히 마모되어 구멍이 나 있어 방문자는 문자 그대로 "판자 위를 걸어서" 건너야 했다. ("판자 위를 걷는다walk the plank"란, 뱃전에서 밖으로 내민 판자 위를 눈이 가리워진 채 걷다라는 뜻. 17세기경 해적이 포로를 바다에 던져 죽이던 방법). 이 암초를 지키는 5명의 해병대원과 2명의 해군수병은 파롤라 섬과 비해서 살아가기가 힘들었다. "여기서 살아가는 건 정말 고역입니다. 나무도 없고 단단한 땅도 없습니다"라고 하사관 베네틱토 데 카스트로Benedicto de Castro는 2012년에 섬을 방문한

저널리스트에게 말했다. 식사는 거의 그들이 잡은 물고기뿐이었다. 그런데도 2013년엔 형편이 더 어려워졌다. 중국의 해안경비대 배가 이 전초지를 포위하고 보급선을 밀어냈기 때문이다.

필리핀 해군은 대개 3개월마다 필리핀 함 라구나 호 (또는 제2차 세계대전 시의 전차 양륙함)를 "병참 보급순회" — 필리핀 군이 점거하고 있는 9개 섬에 물자를 보급하는 항행 — 하기 위해 출항시켰다. 예정은 7일간의 항해였지만 기상이 나쁘거나 기계의 고장 때문에 더 이상 걸리는 일이 많다. 필리핀이 점거하는 섬에는 항은 물론, 방파제조차 없기 때문에 물자는 작은 배에 옮겨 실어 해안으로 운반했다. 리사르 암초 (구미의 지도에는 코모도르 암초)에 배치되어 있는 4명의 경비대원은 만조시엔 높게 자리잡은 방에 모여 앉아 물이 빠질 때까지 카드놀이로 시간을 보냈다. 배로 한 시간이면 갈 수 있는 코타 섬 (로마이타 섬)에는 마른 육지와 푸른 나무가 있다. 그곳을 지키는 동료들은 선망의 대상이었다.

필리핀이 영유를 주장하면서 아직 점거하지 않고 있는 암초와 모래톱을 점검하는 일도 "보급순회"에 나가는 승조원들의 임무의 하나였다. 최근에는 외국의 활동 흔적이 점점 많아지고 있었다. 그것은 처음엔 아무 것도 아닌 것처럼 보이는 오렌지 색깔의 부이 같은 것이었다. 다만 어선의 계류 지점을 나타내는 표지일지 모르지만, 사반 장군에 따르면 그것은 대개 조용하게 영토를 잠식하기 위한 출발이었다. 그 부이를 그대로 방치해 두면, 몇 달 뒤에는 철주로 바뀌었다고 한다. 2011년 중반에 사비나 암초에서 부이가 발견되었을 때는 이미 그것이 거대한 민간 수송 컨테이너로 변해 암초에 닻으로 고정되어 있었다. "물론 중국이 한 일"이라고 장군은 말했다. 방심하고 있다가 허가 찔린 1995년의 미스치프 암초 사건을 기억하면서, 해군과 해병대는 명령에 따라 발견되는 건 모조리 제거해 버렸다. 그러나 중국은 늘 필리핀 군의 틈만 노리고 있기 때문에 이것은 치킨 게임과 다름없었다.

병참 보급순회는 대개 필리핀이 점거한 주요 섬, 즉 시투 섬에서 시작해 또 거기서 끝났다. 섬 주민은 이 섬을 파가사 섬이라고 부른다. 타갈로그어로 "희망"이라는 뜻인데 적절한 이름이다. 이 작은 공동체를 떠받치는 건 바로 희망이기 때문이다. 시투 섬은 필리핀 군이 최초로 점거한 섬의 하나이며, 면적이 제일 넓어 37헥타르나 된다. 작은 부락이 자리하기엔 충분하지만, 길이 1260m의 활주로가 들어갈 수 없어 양쪽 끝이 섬 밖으로 나와 있다. 활주로는 1970년대 중반에 건설되었으나 지금은 사용하는 데 세심한 주의가 필요하다. 서방군 사령부 발행 보도지 《칸루란》에 따르면, 해수에 의한 "침식 때문에 활주로가 완전히 붕괴되려고 한다" 2011년 전반에 필리핀 해군은 활주로의 보수를 위해 배로 자재를 운반하다가, 그 배가 사방을 둘러싸고 있는 환초에 좌초되었다. 군은 이 일을 할 수 있는 자원도 기술도 자신들에게는 없다고 하면서, 민간인에 의한 보수를 계약하기 위한 예산을 신청했다. 정부의 약속은 있었지만, 활주로는 지금도 파도에 침식되고 있다.

필리핀은 2001년 다른 나라보다 앞서서 스프래틀리 군도에 민간인을 의도적으로 정주시켰다. 하지만 시투 섬 (파가사 섬)에서 살아가려면 특히 튼튼한 체력이 필요했다. 2011년의 인구조사에 의하면 공식 인구는 222명이라고 하지만, 실제로는 언제나 불과 60명 정도 살고 있었다. 그 이유의 하나는 중앙정부 보조금인 14,000달러로는 그 정도밖에 뒷받침할 수 없기 때문이었다. 생선, 소금, 코코넛을 제외한 모든 물자가 배로 운송되어 왔다. 베트남과 달리, 정원을 가꾸기 위한 흙은 운반해 오지 않았다. 섬에 휴대전화 기지국이 설치되게 되어 있지만 신호는 "단속적"이라고 한다.

이 섬, 아니 "칼라얀 군도" 전체의 시장市長은 유제니오 비토오논 Eugenio Bito-onon이라는 사람이다. 그는 최초의 개척자의 한 사람이며, 이 희망의 도시를 계획하기 위해 시투 섬 (파가사 섬)으로 이주했다. 그는 지금도 계획을 하며 희망을 품고 있다. 비토오논 시장의 꿈은 안전한 활주로와 항이다. 그리고 확 트인 천연의 풀과 원시적 산호초에 끌려 찾아오는 관광객, 요트와 정박지, 보급을 위해 들르는 어선, 그리고 그런 요건 모두에 대응하는 활기찬 공동체다. 그러나 국가의 예산 없이는 어느 것 하나 실현되지 않으며, 정부는 언제나 긴급한 과제를 안고 있었다. 2012년 6월 비토오논 시장은 이 섬 최초의 학교를 개교했다. 교사 10명, 아동은 보육원생 3명, 유치원생 5명이었다. 교실은 하나이고, 비품도 빌린 것이지만 학교가 있으면 정주할 가족이 늘어날 것이라는 게 시장의 기대였다. 이전엔 어린이가 학교에 다니기 위해 제일 가까운 큰 섬인 파라완 섬까지 500km나 바다를 건너가야 했다. 화장실과 각각 별도의 교실을 갖추고 정상적 교사를 세우기 위해 정부에 간청하고 있지만, 소요 예산 10만 달러까지는 달성하지 못하고 있다.

학교의 개설과 관련해 중국은 외교 루트를 통해 항의에 나섰다. 남중국해에 있어서 중국은 "분쟁 대상이 안 되는 주권"을 침해하는 행위라고 주장했다. 필리핀 정부가 돈을 주지 않는 것은 아마 그 때문일 것이다. 필리핀이 점거하고 있는 섬들에서의 활동에 대해 중국이 항의할 만한 이유를 주지 않는 것, 그리고 그렇게 함으로써 현상 유지를 하는 것이, 필리핀 정부의 접근 — 정책이라고 하기에는 너무 강력할지 모르는 — 인 것이다. 경비대라고 한들 분명히 형식에 불과하고 결의에 찬 적이 공격해 오면 순식간에 제압되고 만다. 피투섬만 하더라도 방위 수단으로선 40m 대공포 2기와 해병대와 개인용 무기뿐이다. 스프래틀리 군도의 타국 점거 섬들과는 크게 대조적으로, 바다에는 침입을 방지하는 장애물도 없고 육상에도 요새라고 할 만한 것이라곤 거의 없다. 무엇이든 건설하려고 하면 중국의 항의를 낳게 하며 반격까지 있을지 모른다. 베트남 측은 그런 항의가 있어도 들은 체 만 체하지만, 필리핀 측은 심각하게 받아들인다.

유일하게 완성된 건조물이라고 하면, 칼라얀 군도의 개척자 토마스 클로마의 작은 동상이다. 어떤 의미에서 비토오논 시장은 클로마의 후계자다. 적어도 이치로 따지면 7개의 섬 (코타, 라왁, 리카스, 파가사, 파나타, 파롤라, 파타그)과 리살 (코모도트) 암초, 아윤긴 암초 그리고 몇 십 개의 무인도와 그 사이에 끼어 있는 광대한 해역이 모두 그의 관리하에 있다. 시투 섬 (파가사)에는 시청이 있으나, 휴대전화 전파가 미치지 않기 때문에 거기서 사무를 보기는 어렵다. 그러므로 1년의 대부분을 칼라얀 군도의 지방 정부가 소재하는 곳은, 팔라완 주의 수도인 푸에르토 프린세사 교외에서 개발 중인 먼지 가득한 쇼핑센터 내의 좁은 사무소다.

* * * * * *

19 87년부터 1988년 사이에 중화인민공화국이 스프래틀리 군도로 진출했을 무렵엔 모든 마른 육지는 이미 점거되어 있었다. 남아 있는 것은 불모 상태의 암초뿐이고, 아무리 보아도 사람이 살 수 있는 장소는 아니었다. 거기에 사람이 살기 위해선 수백 톤의 콘크리트와 철근 그리고 보급선이 정기적으로 물자를 운송해 와야 한다. 그런 전초기지에서의 생활은 말할 수 없을 정도로 고통스럽다. 중국 미디어는 항상 "바다의 보루"를 지키는 병사들을 애국심과 사회주의 사상이 투철한 영웅이라고 칭송하는 보도를 하고 있지만, 때로는 깜빡 잊어 버리고 진실의 일단을 노출하기도 한다. 이를테면 2005년 3월의 《해방군보》의 한 기사는 용수

암초 (파이어리 크로스 암초)에 주둔하는 고참 병사들을 칭찬하는 내용을 실었다. 그것은 신참 병사인 첸하오를 격려하기 위해 독창적으로 궁리해 낸 이야기였다. 첸의 생일이 며칠 후인데도 "섬엔 버터도 달걀도 없었으므로" 그 대신 두부로 케이크를 만들어 주었다. 이 생일 케이크에 대해 첸이 무슨 말을 했는지는 보도되지 않았다. 또 1994년 6월엔 중국의 라디오에서 이 전초기지의 병사들과 관련해, "장기간 신선한 채소를 먹지 못해 한때는 입안이 헌 적이 있었다"—괴혈증의 초기 증세다—라고 보도하고 계속해 1년 이상이나 "고립된 작은 상자"에 갇혀 있다고 전했다.

더욱 최근의 기사에서는 개발이 되고 있는 점을 높이 평가하면서도 어려운 면을 계속 보도하고 있다. 2012년 6월의 《해방군보》 기사는 "습기와 녹에 강한" 조리기구, "발전기용의 방음판", 자외선 방지용 안경 등이 제공된 것을 칭찬했다. 이것은 여기서는 금속제품은 녹이 슬고, 병사들은 시끄러운 소리가 나는 기계 옆에서 생활해야 한다는 것, 강렬한 태양 광선으로 시력이 나빠져 가는 것을 의미한다. 암초 기지의 공식 사진은 대개 하늘이 맑고 바다가 잠잠한 좋은 날에 촬영된다. 하지만 여기는 1년 내내 기온이 30도이고 견디기 어려울 정도로 무덥거나 몬순의 강풍이 일정 방향으로 불다가 때로는 방향이 바뀌기도 한다. 10월부터 1월까지 주기적으로 태풍도 몰아친다. 풍속은 시속 200km (초속 50m 이상), 파고는 경비병의 머리 위를 덮칠 때도 있다.

이 책을 집필하고 있는 지금, 중국은 스프래틀리 군도의 암초 가운데 8개 장소에 토치카를 가지고 있다. 쿠아테론 (후아양 암초), 파이어리 크로스 (용슈 암초), 가벤노스 (난순 암초), 가벤사우스 (시단 암초), 존스람 (지구아 암초), 켄난 (당멘 암초), 미스치프 (메이지 암초), 그리고 수비 (쭈비 암초), 또 제9의 암초, 즉 엘다드 암초 (안다 암초)에도 토치카를 건설 중이다. 어느 것도 미관을 고려하지 않고 계획되었다. 어디까지나 살아남기 위한 건축물이며,

파도와 강풍과 군사 공격에 대항하는 것이 목적이다. 농구 골대와 탁구 대를 둘 장소는 있으며 헬리포트가 꼭 있어 태극권 정도는 할 수 있으나, 어디서나 축구 경기는 불가능하다. 필리핀 지배하의 섬들과 달리, 중국의 건조물의 목적은 분명히 주위의 바다를 지배하는 것이다. 레이더 돔, 위성방송 수신 안테나, 총포 대좌까지 갖추어져 있다.

　옥외엔 편안히 쉴 공간이 없어 중국인은 옥내로 눈을 돌린다. 한동안 가라오케와 비디오 게임이 있었지만, 지금은 위성통신의 덕택으로 인터넷에 접속할 수 있다. 표면적으로는 온라인 학습을 위한 것이지만 그다지 고상하지 않은 목적을 위해서도 사용되고 있는 것 같다. 수년 전부터 대립관계에 있는 모든 국가들이 병참전쟁을 하고 있다. 국가들끼리 그리고 자연 현상을 상대로 섬에서 휴대전화 연결을 위해 경쟁하고 있다. 제일 먼저 움직인 것은 베트남으로 2006년 6월에 기지국을 설치했다. 그 후 그것에 따라붙기 위해 중국이 열심히 애쓰고 있다. 스프래틀리 군도에 있어서 중국의 첫 기지국이 운영된 건 2011년이며, 2013년 1월에 중국전신 (차이나 텔레컴)은 당당하게 발표하기를, 최대의 전초기지가 있는 파이어리 크로스 암초에선 3G 휴대전화 접속이 가능하며 다른 섬의 경비대도 사용할 수 있도록 접속범위를 확대하고 있다고 했다. 이 섬들 전체에서 병사와 어부는 이제 경합하는 여러 국영 전화회사 가운데서 회선을 선택할 수 있게 되었다. 필리핀은 크게 뒤지고 있으나 적어도 파롤라 섬 (노스이스트 섬)의 필리핀 해병대는 송투타이 섬 (사우스웨스트 섬)의 베트남 군으로부터 전파를 빌려서 고향으로 전화를 걸 수 있다.

* * * * * *

국제사법재판소가 스프래틀리 군도의 정당한 소유권에 대해 판단을 요청받게 된다면, 복잡하게 얽혀 있는 주장의 실타래를 풀어야 할 것이다. 당사국이 되는 나라는 아마 5개국일 것이다. 프랑스는 1993년의 발견과 점거, 그리고 1946년 10월의 재점거가 근거다. 필리핀은 1946년 7월의 키리노 부통령의 선언 (그리고 아마 1930년의 종주국 아메리카의 활동)이 근거다. 중화민국 (타이완)은 1946년 12월의 점거와 그 후의 행위가 근거다 (타이완은 유엔의 인정된 회원국이 아니므로 직접 제소는 할 수 없다). 중화인민공화국은 같은 중화민국의 행위를 근거로 한다. 그리고 중화민국의 합법적 "승계 국가"라는 주장이 근거다. 베트남은 프랑스령 인도차이나의 승계국가라는 주장과 그 이후의 행위가 근거다.

법정이 확정해야 할 첫째 요건은 "결정적 날짜"이다. 즉 중요한 사안 모두가 일어나고, 논쟁이 "확고한 형태"로 마무리된 시각은 언제인가라는 것이다. 결정적 날짜의 선정은 대개 결론에 결정적인 영향을 미친다. 예를 들어, 1947년에 이투아바 섬의 주권에 대한 판정을 청구받았다고 한다면, 법정은 아마 프랑스의 손을 들어 주었을 것이다. 프랑스는 다른 나라보다 먼저 명확히 영유를 주장했으며, (법적 의미에서) 섬을 "점거"하고 있었기 때문이다. 하지만 지금 같으면 판사는 보다 최근의 일들을 판단 기준에 포함할지도 모른다. 특히 과거 60년 이상 프랑스가 명확히 그 권리를 주장하지 않았다는 사실이 중화민국을 유리하게 할 것이다.

"결정적 날짜"에는 또 한 가지 중요한 의미가 있다. 분쟁의 당사국이 그 시점보다 후에 취한 행위는 국제법 앞에선 효력이 없다. 분쟁이 일단 "확고한 형태"가 되고, 즉 당사국 모두가 자신의 주장을 명확히 밝히고 난 후에는 활주로를 건설하든, 섬을 주(州)에 편입하든, 지도에 그려 넣든 국제사법재판소의 판단에서는 전혀 고려되지 않는다. 남중국해의 경우, 결정적 날짜는 틀림없이 수십 년 전이다. 이것은 법학의 기초인데, 도서의 영유권을 주장하는 국가들은 이걸 잘 모르는 것 같다. 무의미한 제스처를 집요하게 되풀이하며 또 타국의 무의미한 제스처에 항의를 하지만, 국제법에서는 아무런 의미가 없다. 그들은 다만 기대한 포커게임에서 허세를 부리고 있을 뿐이다.

당사국이 실제로 판단을 청구한다면, 이투아바 섬의 주권은 단지 이투아바 섬에 한정하는 것인지, 섬 바로 주위에 있는 것들도 포함하는지, 스프래틀리 군도 전역에 미치는지에 대해 국제사법재판소는 판단을 청구받게 될 것이다. 몇 가지 선례가 있다. 이를테면, 1933년 동부 그린랜드 사건에 관한 판결 (그린랜드 동부는 소유자가 없다는 이유로 영유를 주장한 노르웨이에 대해 덴마크는 그린랜드 전역에 이르는 주권을 자국의 소유라고 주장. 결국 덴마크의 주장이 인정되었다)에서, 섬 전체의 주권을 주장하기 위해 환경이 험하고 멀리 떨어져 있는 섬의 전역까지 물리적으로 점거할 필요가 없다고 판결했다. 이것이 선례로 인정되면, 이투아바 섬의 주권에 대한 판단은 이 섬이 속한 산호초, 즉 티자드 퇴堆 전체에 적용된다. 티자드 퇴에는 베트남이 실효지배하는 나미트 섬, 산드 모래톱 (손카 섬), 페틀리 암초 (누이티 섬) 그리고 중화인민공화국이 실효지배하는 두 섬, 가벤 암초 (난순 섬과 시난 섬)와 엘다드 암초 (안다 섬)가 있다. 모두가 서로 40km 범위 내에 있다. 그러나 재판소는 이들은 모두 별개의 섬이라고 판결할 가능성도 있다. 그런 경우 별개의 주권에 속한다고 결정될 수도 있다.

더욱 중대한 문제는 이투아바 섬에 대한 판결이 스프래틀리 군도에 속한 모든 섬에 적용되는 경우다. 베트남과 두 중국은 "all or nothing"을 전제로 자국의 영유권을 주장하고 있다. 베트남어로는 "추옹사 섬", 중국어로는 "난사南沙 군도"를 놓고 각각 그 전역의 주권을 선언하고 있다. 필리핀도 같은 주장을 하고 있지만, 단 이쪽은 스프래틀리 군도의 일부, 필리핀어로 "칼라얀 군도" (이투아바 섬을 포함)라고 부르는 부분에 대해서다. 이들 국가가 자국의 주장을 고수하고 이 제도 전체에 대한 판결을 법정에 청구한다면, 스프래틀리 섬과 시투 섬을 비롯해 다른 모든 섬들은 아마 이투아바 섬에 대해 가장 유리한 주장을 하고 있는 나라의 것이 될 것이다. 지난 70여 년 간의 이투아바 섬에 대한 실효지배를 감안하면, 승자는 중화민국 (타이완)이 될 가능성이 높다. 그렇게 될 경우, 중화인민공화국 (베이징)은 중화민국의 주장을 승계할 정통적 권리가 자국에 있다고 주장해야 한다. 즉 또 골칫거리가 생기게 된다.

남중국해의 영유권을 주장하는 나라에 있어서 가장 중요한 부동산은 이투아바 섬일 것이다. 중국도 베트남도 이 섬을 탐내고 있는 건 분명하다. 따라서 점거하고 있는 측은 늘 침략의 공포와 강렬한 취약감에 시달리고 있다. 이투아바 섬은 대해의 한 점이고 주위가 적대국들에 둘러싸여 있다. 가장 가까운 타이완의 항구, 카오슝마저도 해로로 1400km나 떨어져 있으며, 날씨가 좋아도 배로 3일, 태풍 계절에는 시간이 더 걸린다. 타이완 정부는 평화를 목적으로 방어를 확고히 하는 섬이라는 정체성을 정립하기 위해 노력을 기울여 왔다. 스프래틀리 섬, 시투 섬, 우디 섬과 달리, 이투아바 섬에는 일반인이 거주하는 섬이라는 모양새는 거의 없다. 예컨대 학교도 없고 관광 호텔도 없다.

1999년 고조되고 있는 해상의 긴장을 완화할 목적으로, 타이완 정부는 이 섬으로부터 해병대를 철수하고 대신에 연안 경비대를 배치한다고 발표했다. 하지만 그것은 보통의 연안 경비대는 아니었다. 120m 박격포와 40m 포로 무장한 군의 훈련을 받은 조직이었다. 2012년 9월엔 실탄 사격훈련을 실시, 침략군에 맞서 격파하는 실력을 과시했다. 스프래틀리 군도 내에서 가장 넓은 다른 두 섬처럼, 이투아바 섬에서 가장 눈에 띄는 시설은 활주로이며, 섬의 길이 1400m 중에서 1200m를 차지하고 있다. 불과 273일 만에 건설되어 첸수이비안陳水扁 타이완 총통이 비행기로 와서 준공식이 거행되었다. 2008년 3월의 총통선거 1개월 전의 일이었다. 총통은 활주로가 "인도적 목적"의 시설이라고 언명해 조난당한 어민을 구조하기 위한 것이라고 말했으나, 그 말을 믿는 사람은 없었다. 활주로는 15년에 걸쳐서 논란이 되었으며 베이징과의 관계가 좋고 나쁘고에 따라 그 건설이 중단되었다가 재개되곤 했다. 이 준공식은 첸의 제스처이며 대륙으로부터 독립을 더 강화하는 의사 표명이었지만, 첸은 선거에서 패배했다.

섬의 폭은 370m밖에 안 되지만, 이투아바 섬에는 식수용 물이 충분하고 자연 초목도 가득하다. 최소한의 인원은 살 수 있는 게 확실하지만, 정원 120명의 경비대는 타이완으로부터 수송되는 물자에 완전히 의존하고 있다. 활주로 양쪽의 좁은 땅에는 숙소, 총포의 좌대, 태양광 발전기 (섬의 발전기를 작동하기 위해 필요한 디젤 연료를 절약하기 위해)가 설치되어 있으며, 멸종 위기종인 푸른 바다 거북의 보호구도 있다.

요컨대 타이완은 이투아바 섬을 단단히 확보하고 있다. 그러므로 베트남과 필리핀은 방침을 바꾸는 게 법적으로 유리할 것 같다. 즉 넓은 범위의 도서에 대한 주권을 주장하는 건 접고, 이름이 붙은 특정 도서에 집중하는 게 좋을 것이다. 그렇게 되면 오랫동안 점거 · 이용했다는 역사를 근거로, 베트남은 스프래틀리 섬 (트루옹사 · 론 섬)과 기타 섬들에 대해, 또 필리핀은 시투 섬 (파가사 섬)과 기타 섬들에 대해 타국들보다 유리한 주장을 할 수 있을 것이다. 파라셀 군도와 관련해서도 베트남과 중국 사이에도 같은 방식이 가능할지 모른다. 크레센트 군도와 관련해선 베트남이 유리하고, 암피트리트 군도와 관련해선 중국이 유리할 것이다. 그러나 내셔널리즘이 유발하는 과도한 긴장 속에서 군도 전체의 영유권 주장에서 후퇴하려면 일대 정치적 용기가 필요할 것이다.

* * * * * *

남중국해 주변 국가들이 인명과 재산을 바쳐서 암초와 섬을 점거해 온 한 가지 이유는 국가의 위신을 지키기 위해서였다. 그러나 1870년 영국이 구아노 채굴업자를 위해 처음으로 영유권을 주장한 이후 이미 경제적 동기도 있었다. 오늘날엔 새똥을 채굴해 비료로 가공하는 것 이외에 이들 섬에는 값있는 것이라곤 아무 것도 없다. 말레이시아는 스왈로 암초 (말레이어로는 라양라양 섬)를 개발해 호텔과 풀장이 있는 (바로 옆에 병영과 활주로와 군항도 있다) 다이빙 리조트를 조성해 놓고 있지만, 남중국해에서 이익을 낳을 만한 곳은 이곳뿐이다. 다소 과대평가되고 있는 전략적 중요성을 떠나서도 (제8장 참조), 이들 암초와 섬들이 가치 있다고 하는 이유는 그 주위의 바다 때문이다. 그것은 지난 반세기 사이에 국제법의 새 틀이 생긴 결과다. 영토를 강탈하는 걸 규정하는 과거의 규칙과 달리, 오늘날에는 영유를 주장하는 어떠한 나라도 중세의 교황과 19세기의 열강이 정한 규칙 때문에 희생되었다고 주장할 수 없다.

1973년 12월 3일 국제연합 회원국이 뉴욕에 모여 새 유엔해양법협약 UNCLOS의 초안을 논의했다. 존 셀덴과 휴고 그로티우스의 후계자들은 그로부터 9년간 바다의 소유권과 관련해 논의를 계속했다. 그 논의는 그때 그때의 정치적 상황을 반영했다. 베트남 전쟁은 종반에 있었으며, 중화인민공화국은 유엔에 가입한 지 아직 얼마 되지 않았으며, 중화민국 (타이완)은 유엔의 의석을 잃은 지 얼마 되지 않았다. 유엔해양법협약 회의는 자본주의국과 공산주의국이 냉전을 토의하는 자리가 되었을 뿐 아니라, 바다의 자유를 지지하는 국가와 타국을 밀어내고 싶은 (그리고 "자국의" 자원을 독점하고 싶어하는) 국가가 논쟁하는 자리이기도 했다.

유엔해양법협약의 협상이 시간을 끌고 진행이 늦어지자, "배타적경제수역EEZ"이라는 개념과 그것을 정의·주장하는 방법을 둘러싸고 타협안이 성립해 나왔다. EEZ는 "영토"는 되지 않지만 연안국은 자원의 개발·관리 권리를 가진다는 것이다. 자원이란 EEZ의 하늘을 날거나 거기를 헤엄치거나, 해저에 깔려 있거나 또는 그것 밑에 묻혀 있는 것을 말한다. 외교관들이 논의를 하고 있을 때 원유가격이 오르고 각국 정부는 그것이 의미하는 바를 알고 있었다. 누구든 섬을 소유하게 되면, 주위의 물고기, 광물 자원, 원유, 천연가스까지 소유하게 된다는 것이다. 기술이 진보함에 따라 각국은 앞바다의 석유 채굴권을 매도하고, 탐사회사는 육지로부터 더 멀리 나가 조사와 시굴을 하게 되었다. 유엔해양법협약은 남중국해의 판돈을 대폭 끌어올렸다.

1982년 1월 10일, 자메이카의 몬테고 베이에서 드디어 협상이 종결되었을 때, 각국 정부는 합의에 도달해 있었다. 해안으로부터 12해리 (22km)까지를 영해, 200해리 (370km)까지를 배타적경제수역EEZ으로 주장할 수 있으며, 200해리 이원 대륙붕까지 주장할 수 있는 경우도 있다고 정해졌다. 또한 무엇을 영토라고 보는가, 그렇게 보지 않는가를 정하는 대원칙이 마련되었다. 유엔해양법협약은 바다에서의 육지를 세 종류로 정의하고 있다. "섬"은 인간이 거주할 수 있는 것, 또는 경제활동을 할 수 있는 것. "바위" (고조시高潮時에 해면에 나와 있는 모래톱과 암초도 포함)는 어느 쪽도 불가능한 것. 그리고 "저조고지低潮高地"는 그 이름대로 간조시에만 해면 위로 돌출되는 것. "인간의 거주"와 "경제활동"이 어떠한 것인지 구체적으로 명시되어 있지 않으나, 모든 종류의 육지에는 빼앗을 수 없는 특정 권리가 주어졌다. 섬은 "영토"라고 인정되어 12해리의 영해와 200해리의 EEZ를 가진다. 바위는 12해리의 영해를 가지지만 EEZ는 없다. 저조고지는 어느 것도 가지지 않는다. 그러나 그것이 영토나 바위에서 12해리 이내에 있는 자원이라는 면에서 볼 때, 섬과 바위의 차이는 엄청나게 크다. 바위의 경우, 거기서 생기는 영해는 겨우 452평방해리 ($\pi \times 12 \times 12$)이다.

그런데 섬이면 같은 넓이의 영해 이외에 최소 12만 5600평방해리 $(\pi \times 200 \times 200)$의 EEZ가 생긴다.

2013년 1월 22일, 필리핀 정부는 남중국해 분쟁의 조건을 변경하려고 시도했다. 종래의 영토에 대한 "역사적 권리"에 관한 주장을 버리고 유엔 해양법협약에 기초한 새로운 주장을 지지했다. 넓은 해역의 영유권을 둘러싼 감정적 논쟁을 계속하는 것보다, 특정 지점으로부터 거리에 따라 구체적으로 지정된 해역에 초점을 맞추기를 원했다. 필리핀은 헤이그의 상설중재재판소에 20쪽의 문서를 제출했는데, 거기서 밝히고 있는 것처럼, 필리핀이 청구하고 있는 것은 역사적 영유권에 대한 판단이 아니고 또한 해상 국경선을 정하는 것도 아니었다. 순전히 무엇이 섬이며, 무엇이 바위인지, 그리고 "영토"로 분류되는지 하는 문제, 그리고 거기서 법적으로 어떤 종류의 존zone (영해인지, 배타적경제수역인지)을 그을 수 있느냐 하는 문제에 대한 판단이었다.[10] 필리핀 정부가 기대한 것은, 중화인민공화국이 실효지배하고 있는 장소는 어느 것도 인간의 거주와 경제활동이 가능한 섬이 아니고, 따라서 배타적경제수역이 생기지 않는다고 판단이 내려지는 것이었다.

필리핀이 이런 쟁점들에 대한 중재를 강하게 추진함으로써 추구한 것은 명확하고 구체적이었다. 소위 말하는 "U자형 라인 (9단선)" — 종래의 국제법의 해석에 따라 중국이 정한 국경선 — 내의 해역은 모두 역사적으로 중국의 소유라는 주장에 대해, 그것은 무효라고 하는 판결을 이끌어 내는 일이다. 어떤 나라가 어떤 바위를 소유하고 있더라도, 주위 해역에 대한 권리는 최대한 반경 12해리의 범위에 한하는 것이다. 그렇게 되면 필리핀은 자국의 EEZ 내의 유전을 개발하고 고기를 잡을 수 있다. 그 자원이 중국이 지배하는 장소로부터 12해리 밖에 있으면 문제는 없다. 그 장소의 소유권에 대해선 나중에 다른 재판소에 판단을 청구할 수도 있다.

1980년에 중국이 스프래틀리 군도의 파티에 합류했을 무렵엔 좋은 자리는 이미 다 차지한 후였으며, 값싼 자리만 남아 있었다. 중국이 실효 지배하고 있는 장소 8개 중, 다섯 개 (미스치프 암초, 켄난, 수비, 가벤노스 암초, 가벤 사우스 암초)는 기껏해야 저조고지低潮高地다. 그리고 나머지 셋은 필리핀의 청구 소송에서 주장하는 것처럼, 기껏해야 바위일 뿐이고 12해리는 생겨나더라도 EEZ는 생기지 않는다. 유엔해양법협약에 명시되어 있는 것처럼, 저조고지는 아무리 큰 요새를 건설하더라도 무의미하다. 그 밑에 있는 본래의 땅이 만조시에 수몰되면 거기엔 아무런 영토도 생기지 않는다. 말레이시아가 실효지배하는 모든 지점 (스왈로 암초를 포함), 베트남이 지배하는 대부분의 지점, 그리고 필리핀이 소유하고 있는 적어도 세 지점도 마찬가지다. 저조고지나 암초 위에 무엇이 세워져 있든, 유엔해양법협약은 그런 것을 섬은커녕 바위로도 인정하지 않는다.

필리핀, 베트남, 중화민국 (타이완)은 섬으로 분류되는, 따라서 EEZ가 될 만한 장소를 몇 개 실효지배하고 있다. 하지만 이것에 대해서 재판소의 인정을 받기 위해선 해양법협약의 용어로 말하면, 그 섬이 "인간의 거주 또는 독자적인 경제활동"이 가능하다는 걸 증명할 필요가 있다. 그렇기 때문에 이 세 국가는 부단히 노력해서 가능한 한 민간시설을 개발한 것이다. 주택과 학교는 분명히 인간 거주의 한 형태이며, 어업시설과 관광업은 경제생활의 한 형태다. 구구단을 익히는 시투 섬 (파가사 섬)의 어린이들 그리고 경문經文을 읽는 스프래틀리 섬 (트루옹사 섬)의 승려들은 모국의 해양 영유권을 주장하는 데 작은 힘이나마 보태고 있다.

스카버러 암초에는 학습 활동을 하는 어린이는 없으나, 2007년 4월에 성인 그룹이 여기서 한 주간 놀면서 지냈다. 그들은 "DX서즈DXers"라고 부르는 아마추어 무선 애호가들인데, 가장 멀고 구석진 장소로부터 통신한 사람이 이기는 경쟁을 하고 있었다. 홍콩에서 전세 배로 건너왔는데, 필요한 모든 건 지참해 왔다. 무선 장치는 물론, 그 밖에 판자, 발전기, 우산, 구명자켓까지. 1995년 이후 스카버러 암초를 찾아온 DX통신 원정대는 이번이 네 번째다. 그래서 이들은 대략은 예상하고 있었지만, 도착해 보니 정말 아무것도 없었다. 만조시엔 바위 여섯 개가 해면에 모습을 나타낼 뿐이다. 높이가 2m 넘는 게 없고 폭은 겨우 3, 4m. 그들은 작업을 시작했다. DX국으로서 인정을 받기 위해선 바위 위에서 직접 통신이 이루어져야 하는데 아무 데도 평평한 면이 없었다. 그래서 두터운 판자로써 바위에 어떻게 해서든 작은 바닥을 하나씩 설치해 테이블과 의자, 발전기, 무선기와 우산을 겨우 설치했다. 교대로 작업을 하면서 그로부터 5일간 전 세계의 DX통신 동료와 교신했다.

문외한에게는 기이하고 이해할 수 없는 휴일 보내기라고 생각될지 모르지만, 이 원정은 남중국해의 지정학적 분쟁의 메아리와 더불어 감정적인 오랜 전투의 성과였다. DX통신 애호가 사이에서는 스카버러 암초를 "새 컨트리 (지금은 엔터티라고 함)"라고 인정할 것인가에 대해 오랫동안의 논쟁이 있었다. 만일 인정되는 경우, 수신하는 컨트리 수를 늘리고 싶어하는 애호가들로부터 지원의 물결이 몰려올 것이다. 1995년 6월 미국 아마추어 무선연맹 위원회는 스카버러 암초를 고려 대상에서 제외하기 위해 섬의 최저 면적을 규정하려고 했다. 유엔해양법협약의 용어를 그대로 인용해, "DXCC와 관련해 인간의 거주가 불가능한 암석은 컨트리로 인정될 수 없다"고 선언했다. 그런데도 DX의 모험가와 지지자들은 그 결정을 철회시키기 위해 로비를 계속했는데, 결국 7개월 후 성공했다. 그러나 DX원정대가 결정적으로 증명한 것처럼, 스카버러 암초에는 인간의 거주가 아예 불가능했다. 목재와 발전기, 우산이 있어도 한 번에 몇 시간

이상을 머무는 건 무리였다. 이런 장소와 관련해 유엔해양법협약엔 명확한 규정이 있다. 즉 이것은 "바위"이며 따라서 12해리의 영해는 생기지만, EEZ도 대륙붕도 있을 수 없다.

그럼에도 불구하고 끄떡하지 않고 중국의 해양당국은 각별한 노력을 쏟아부어 2012년에 필리핀으로부터 스카버러 암초를 쟁취했다. 대치 상태가 시작한 건 4월 10일. 8척의 중국 어선이 대량의 산호, 대합, 산 상어까지를 잡아서 도망가는 걸 필리핀의 연안 경비대가 검거하려고 하자 중국인의 대형 해양 감시선이 저지했다. 필리핀은 거기서 자국 해군에서 제일 큰 군함 그레고리오 델 필라르 호 (본래 미국 연안 경비대의 커터선이었던 배, 건조는 1956년)를 파견했다가, 그 후 이 결정을 변경해 연안 경비대의 함선으로 교체했다. 태풍이 접근하자, 양국 정부는 함선을 철수할 것을 합의했으나 떠난 건 필리핀 배뿐이고, 중국선은 남아서 스카버러 암초를 물리적으로 계속 지배했다.

중국이 주장하는 남중국해의 영유권에는 또 다른 종류의 "토지"가 있다. 그 주목되는 특징은 유엔해양법협약의 조문에 들어 있지 않은 장소라는 것이다. 즉 수중의 토지. 유엔해양법협약에는 간조시에 수면 아래에 있는 모래톱이나 퇴에 대해선 어떤 나라도 소유권을 주장할 근거가 없다고 규정하고 있다. 다만 해저의 일부로 보고 있다. 유엔해양법협약 제5조에는 간조干潮 최저 수위를 영해 측정의 통산 기준으로 삼고 있다. 정의에 따르면, 수중의 토지나 지형에 간조 최저 수위가 있을 리 없으며, 따라서 독자적인 영해 등이 발생할 리가 없다. 그럼에도 불구하고 중국은 "역사적 권리"를 기반으로 마클즈필드 퇴堆와 제임스 암초 (쩡무안 샤曾母暗沙) ─둘 다 해면에서 멀리 아래에 있다─ 의 영유권을 주장하고 있다.

제2장에서 보았듯이, 제임스 암초의 최고점은 해면 아래 족히 22m 지점이다. 이것이 "중국 영토의 최남단"이라고 하는 건 아마 1935년 중국 정부의 위원회가 영어 명칭을 오역한 데서 생긴 것일 것이다. 위치는 보르네오에서 170km, 하이난 섬에서 1500km 이상이나 떨어져 있다. 유엔해양법협약에 따르면, 중국이 주장할 수 있는 영해로부터 멀리 떨어져 있다. 하지만 내셔널리즘의 정서가 고조되고 있는 가운데 중국 정부는 이 터무니없는 주장에서 지혜롭게 물러나지 못했다. 중국 해군 함선은 지금도 소말리아 앞바다의 해적 단속 도중에 제임스 암초에 들려 중국의 영유권을 표시한다. 그러나 정식 비석을 세울 육지가 없으므로 배로부터 바다에 던져 넣을 수밖에 없다. 그래서 지금 해저에는 중국 석비가 여러 개 모여 있을 정도가 되었다. 2013년 3월과 2014년 1월, 중국 해군은 여기서 군사훈련을 실시했으며 높이 솟아 있는 해저에 자갈을 쌓아올리고 있다.

흥미로운 것은, 또 다른 영해 논쟁에서 해면 아래의 토지가 영토가 될 수 있다는 주장을 중국이 부정하고 있다는 것이다. 소코트라 암 (한국어로 이어도, 중국어로 수얀 암초)은 황해 한가운데, 중국과 한국의 연안에서 꼭 중간쯤에 있으나 고도는 해면 아래 약 5m다. 한국 정부가 이 바위 위에 해양 조사 시설을 건설했기 때문에 중국에서 항의의 소리가 나왔다. 그러나 2012년 3월 12일, 중국 외교부 대변인은 "중국과 한국은 수얀 암초와 관련해, 이 바위는 영토를 구성하지 않으며 따라서 영유권의 문제도 존재하지 않는다는 것에 합의했다"고 단언했다. 그러나 이 합의는 제임스 암초에도, 그리고 더 큰 수중의 암초—마클즈필드 퇴에는 해당하지 않는 것 같다.

마클즈필드 퇴는 중국까지의 거리가 제임스 암초보다 훨씬 가깝고 면적도 상당히 넓다. 깊이는 약 140km, 폭은 60km다. 수심도 약간 얕은

편이다. 가장 얕은 곳은 수심이 9m다. 1947년에 깔끔하게 정리된 공식 명명법에서 마클즈필드 퇴는 "중사中沙 군도" 즉 "중앙에 있는 모래 군도"라고 명명되었다. 파라셀 군도는 시사西沙 군도, 프라타스 군도는 동사東沙 군도, 그리고 스프래틀리 군도는 난사南沙 군도라고 명명되어 있다. 그러나 중사中沙 군도는 지리학상의 픽션이다. 중국의 공식 견해에서 중사 군도에 포함되는 것은 마클즈필드 암초 이외에 북쪽의 헬런 모래톱과 남쪽의 드레이어 모래톱 사이의 해중 암초 등이다. 가장 크게 논란이 되고 있지만, 동쪽의 스카버러 암초도 여기에 포함되고, 이것은 중사 군도 중에서 유일하게 해면 위로 모습을 드러내고 있는 곳이다. 그러나 해저 지도를 보면 확정된 의미의 "군도archipelago"가 존재하지 않는 게 분명하다. 섬의 집합은 없고, 다만 고립된 암초들이 있을 뿐인데, 그것도 지구에서 가장 깊은 바다의 광대한 해역을 사이에 두고 각각 떨어져 있다. 이 해중 암초들에 의해 EEZ가 생길 리가 없다. 유일하게 스카버러 암초만이 기껏해야 12해리의 영해를 가질 가능성이 있다.

유엔해양법협약 아래서 제임스 암초에도, 마클즈필드 퇴에도, 또 "U자형 라인" 내에 있는 육지로부터 12해리를 넘는 해역에도 중국은 주권을 주장할 근거가 없다. 이 협약에는 역사적 권리에 대한 언급은 없으며, "군도 주변국"의 영해 내의 해역을 예외로 했다. 하지만 중국은 군도의 주변국이 아니다. 유엔해양법협약을 비준 (중국은 1996년에 비준했다)함으로써 중국은 타국의 EEZ 안에서는 "역사적 권리"를 주장할 수 없게 되었다— 적어도 이 협약을 근거로 주장할 수 없게 된 것이다. 그래서 종래의 국제법에 따라 주장을 전개하려고 한 중국 고관들도 있었다. 중국인 탐험가와 어민은 몇 세기 전부터 남중국해를 왕래했으며, 이런 활동을 근거로 "U자형 라인" 내의 모든 토지—와 모든 해역—의 영유권을 가질 수 있다고 주장했다. 바꿔 말하면, 옛 국제법을 근거로 하여 유엔해양법협약에 따른 결정을 부정하려고 했다. 특히 극단적인 예는 중국에 유리하도록 국제법을 개정해 "U자형 라인" 내에 있는 모든 것에 대한 영유권 주장을 정당화하고자 한 시도인 것처럼 보였다. 중국의 이 주장은 역사적으로 볼 때 결함이 많고 법적으로도 근거가 없다고 하는 게 대부분의 전문가 의견이다. 그러나 상설중재재판소가 2013년에 제출된 필리핀의 주장을 인정하는 판결을 내린다면, 중국은 역사적 주장을 근거로 삼아 남중국해의 영유권을 주장할지도 모른다. 이와 관련해 상세한 것은 제9장에서 다룬다.

* * * * * *

지정학적 세력이 예상치 않게 제휴해서 역사적 주장이 국제사법재판소에 제기되고 모든 당사국이 그 판결을 지지하기를 합의한다면, 이 남중국해 전체에는 도대체 어떤 영향이 미칠까? 확실히 모르는 건 분명하지만, 있을 법한 결과를 말해 줄 좋은 안내인이 있다. 싱가포르국립대학 국제법센터 로버트 벡먼Robert Beckman 교수다. 이 도시국가의 식물원에 인접한 연구실에서 25년간에 걸쳐 이 분쟁을 관찰한 결과, 그는 몇 가지 결론에 도달했다. 국제사법재판소의 판결을 보면, 지난 반세기 동안에 있었던 섬의 탈취는 놀라울 정도로 그 결과가 현실적으로 미미한 것 같다. 작은 암초와 섬을 근거로 하는 광대한 EEZ의 주장에 대해, 그것이 본토나 큰 섬을 기준으로 하는 EEZ와 겹치는 경우, 국제사법재판소는 대체적으로 부정적 태도를 취해 왔다. 벡먼 교수의 말로는, "다만 섬과 본토로부터 등거리에 경계선을 그으면 해결되는 문제가 아니다"라고 했다. 예컨대, 2009년 무서운 명칭을 가진 "뱀섬 (서펀트 아일랜드)"에 대한 루마니아와 우크라이나 간의 분쟁에 대한 재판에서 국제사법재판소는 해안선의 상대적 길이를 중요시했다. 즉 루마니아 본토의 수백 킬로미터나 되는 해안선이 2km밖에 안 되는 뱀섬의 둘레보다 훨씬 더 중요하다고 보았다. 통상적 12해리의 영해가 인정된 것 이외에 이 섬은 국경선에 영향을 미치지 않았다. 또한 니카라구아 해안 앞바다에 있는 콜롬비아령의 섬들에 대한 같은 분쟁과 관련한 2012년 11월의 판결에서도, 해상 국경선은 해안선의 상대적 길이에 의해 결정된다는 원칙이 확인되었다.[11]

남중국해의 상황은 흑해와 카리브해보다 더 복잡하다. 관련된 암초와 도서 그리고 주권을 주장하는 나라가 많기 때문이다. 하지만 국제사법재판소는 같은 접근방식을 취할 것이다. 동남아시아 국가들에 있어서 최악의 시나리오가 실현되어 암초와 섬들이 모두 중국의 것이 되더라도, 각국 해안에 붙어 있는 EEZ의 큰 덩어리가 중국으로 가지는 않는다. 벡면 교수에 따르면, 섬으로부터 EEZ는 반대 방향, 즉 바다 중심 방향으로 뻗어 나가게 되고, 따라서 "남중국해 중간에 남는 공해가 감소하거나 아니면 완전히 없어질" 가능성이 높다. 즉 "중국의 독차지" 시나리오가 실현되는 경우, 중국의 EEZ는 남서에서 동북에 걸쳐 마름모꼴의 연과 같은 모양을 그려, 주위 연안 국가들의 EEZ에 둘러싸이게 된다. 약간 제한된 결정으로 스프래틀리 군도의 이투아바 섬과 파라셀 섬만의 영유가 "통일중국"에 주어진다고 하더라도, 면적은 조금 좁아지지만 결과는 대동소이할 것이다.

그러나 국제사법재판소에 문제를 제기하려면 당사국 모두의 동의가 필요하다. 자국에 유리한 판결이 나올 것을 자신하는 나라가 없기 때문에 동의할 이유가 없다. 국제법정에서 영토를 "잃게" 되는 경우, 그 나라는 정식으로 그 곳의 자원에 대한 권리를 잃게 되어 국민의 분노를 낳게 할 수도 있다.

정치적 리스크가 크다. 그럼에도 불구하고 동남아시아 국가들 사이엔 조용한 타협의 징조가 보인다. 2009년 5월 말레이시아와 베트남은 공동으로 "대륙붕의 한계 확대"를 유엔에 신청해, 어느 섬이 어느 나라에 속하느냐 하는 문제는 무시하고, 다만 각각의 해안선으로부터의 거리에 의해 대륙붕 한계를 정하는 걸 제안했다. 2009년부터 필리핀은 태도를 고쳐 광대한 해역 (칼라얀 군도)에 대한 포괄적 영유권 주장을 접고, 대신에 특정한 섬들 (역사적 권리를 근거로 하는)의 영유권과 그 주위의 특정한 해역 (유엔해양법협약의 규정에 근거하며 섬으로부터 일정한 범위 내에 있는)에 대한 주권을 주장했다. 하지만 중국의 경우, 유엔해양법협약에 따라 주장을 수정하게 되면 가장 많은 걸 잃게 된다. "U자형 라인"이 나누어져 특정한 섬을 둘러싼 몇 개의 좁은 해역으로 분단되기 때문이다. 그러므로 이 라인이 구체적으로 무엇을 의미하느냐에 대해 중국 정부는 일률적으로 "전략적인 모호함" 태도를 지키고 있으며, 한편으론 그 라인 내의 중요한 집단 (군대, 석유회사, 남안南岸의 각 성省)은 "남중국해 전체에 대해 중국은 역사적으로 영유권을 가지고 있다"고 하는 전제에 입각해 지금도 행동을 계속하고 있다.

모든 분쟁 당사국은 현재 실효지배하고 있는 암초, 바위, 섬에 대한 "역사적 영유권"을 주장하고 있으며, 거의 모든 국가 (베트남, 필리핀, 두 중국—단 말레이시아 브루네이는 제외)는 그 밖의 토지에 대해서도 주장을 하고 있다. 이런 주장의 근거는 종래의 국제법 관례, 즉 정복, 점거, 시효, 할양, 증가다. 해결을 위한 절차에 착수하기 위해서는 당사국의 결단이 필요하다. 즉 먼저 역사적 주장을 법정에서 심리하고 나서 어느 바위와 섬에 대해 어느 나라가 합법적 권리를 가지느냐를 판정하느냐, 아니면 역사적 문제는 뒤로 돌리고 유엔해양법협약에 따라 해상의 존^{zone} 나누기를 정하고 영유권 문제는 그 후에 다루느냐 하는 결정이다. 전자의 경우 어떤 결과가 나올지 불확실하지만, 후자의 경우에는 동남아시아 국가들이 대체적으로 중국보다 유리할 것이다. 그러므로 중국은 더욱 "역사적 권리"를 말하며, 동남아시아 국가들은 더더욱 유엔해양법협약을 꺼낸다.

국제법은 오랫동안 과거 수세기간 정복자와 탐험가에게 유리한 규칙이었다. 유엔해양법협약은 그 불균형을 바로잡으려는 시도이며 연안국에 자원의 지배권을 더 많이 부여하고자 하는 의도였다. 하지만 지구의 지리는 평등하지 않다. 대륙의 배치와 국경선 때문에 같은 연안국이면서도 광대한 해역에 접근 가능한 나라도 있고 아예 불가능한 나라도 있다. 예컨대 일본의 EEZ는 태평양으로 뻗어 나와 있지만, 중국의 EEZ는 일본에, 그리고 남쪽에서는 필리핀과 베트남에 가로막혀 있다. 이런 지리적 불공평에 대한 감정이 더욱 악화된 것은 "굴욕의 세기"에 대한 민족주의적 분노 때문이다. 이 점을 생각하면 중국이 남중국해의 "역사적 권리"를 집요하게 추구하는 이유를 알 수 있다. 중국 외교관들은 국제적 의무는 최소한으로 수행하고 장래의 선택지는 가급적 넓게 남겨 두는 등 외교 활동에 있어서 모호한 언어의 구사에는 달인이다. 중국은 점거하고 있는 암초로부터 생기는 법적 이점은 최소한의 정도이지만, 스프래틀리 군도에 물리적 지배가 없으면 그에 대한 영유권 주장은 완전히 공론에 불과하다. 회의 석상에선 국제법보다 현실 정치가 늘 더 중시되는 상황에서 중국이 상석을 차지할 수 있는 것도 전초기지가 있기 때문이다.

170년 전 리처드 스프래틀리는 어느 바다이든 상관하지 않고 최고의 어획이 기대되는 장소에서 자유롭게 어로 활동을 했다. 미국과 유럽의 등불을 밝힌 기름과 입술을 밝게 물들인 화장품의 원료는 스프래틀리를 비롯한 부유한 나라의 고래잡이 어부들이 잡은 것이었다. 그 결과, 고래의 수는 파멸적으로 감소했다. 경유鯨油가 아닌 다른 종류의 기름 탐색 그리고 공유재의 비극과 같은 두려움으로 인해 마침내 세계의 국가들은 해양 자원을 분배하는 규칙을 정하기로 합의했다. 그러나 남중국해는 지금도 기름 사냥 때문에 불안정의 근원이 되어 있다. 이와 관련해 다음 장으로 넘어가고자 한다.

중국

추강

시아먼
후지안성

타이페이

타이완

광둥성

광저우

타이완 해협

광서

마카오

홍콩

카오슝

하노이
하이퐁

장쟝

프라타스 군도

루손

톤킨만

하이코우

하이난 섬

루손

제5장

있는 것 something 과
없는 것 nothing

남중국해의 석유와 천연가스

남 중 국 해

수빅만

라 오 스

캄란만

보 디 아

놈펜

노스 댄저 둑

리드 둑

시투 섬

아투아바 섬

호치민시

푸키

팔라완

만

콘손 섬

스프래틀리 섬

스프래틀리 군도

밴가드 둑

루이자
암초

코타키나발루

사바

반다르 세리 베가완

브루네이

나투나
(인도네시아)

사라왁

레   이   시   아

쿠칭

19 90년 8월 동남아시아는 "중국의 복귀"로 크게 놀라고 있었다. 천안문사건으로부터 1년이 지나고 해서, 많은 영향력 있는 인사들은 평상으로 돌아갈 때라고 생각했다. 리펑李鵬 수상은 학살을 주도한 배후 인물인데, 9일간의 동남아시아 방문에 나서게 되었다. 두 번째의 방문국은 싱가포르였으며 통상적 환영행사와 공식 만찬회가 있은 후 8월 13일 리펑은 기자회견을 가졌다. 양국이 외교관계를 회복할 것인가라는 점에 질문이 집중되었지만, 그의 표면적인 우호적 발언—"영유권의 문제는 당분간 접어 두고 동남아시아 국가들과 협력해 난사南沙 군도의 개발에 나설 용의가 있다"—에 주목한 기자는 거의 없었다.[1] 이것은 지나가는 발언이 아니었다. 이 정책을 처음 주장한 사람은 덩샤오핑鄧小平인데 처음 정식으로 표명한 것은 1978년 10월, 동중국해에 관해 일본과 회담했을 때였다. 그 후에는 1986년과 1988년에 필리핀 수뇌진과의 사적 회합에서 제시되었다. 그는 이렇게 말했다. "우리 세대는 이런 어려운 문제를 해결할 만한 지혜를 갖고 있지 않다. 지혜를 가진 다음 세대에 해결을 맡기는 것도 한 가지 안이라고 생각한다" 이 성명은 그 이후 동중국해와 남중국해 양쪽에 대한 중국의 국가 정책의 기초가 되어 왔다.

1990년, 중국 지도부는 에너지 문제로 속태우고 있었다. 지난 30년간은 내륙의 다킹大慶 유전의 덕택으로 석유를 자급해 왔으나, 덩샤오핑의 경제 개혁으로 수요가 일시에 증대했기 때문에 곧 생산량이 부족할 것이 분명했다. 새로운 공급원이 필요했다. 1987년 4월, 중국 과학자들은 남중국해에서 조사를 실시하여 그 후 곧 보루네오 앞바다의 "젱무曾母 암초 (제임스 암초)에 풍부한 석유와 천연가스"가 있다고 발표했다.[2] 1989년 12월에 《중화일보》가 보도한 공식발표에 따르면, 스프래틀리 군도 (난사南沙 군도)엔 250억 입방미터의 천연가스와 1050억 배럴의 석유가, 그리고 제임스 암초 주변엔 910억 배럴의 석유가 매장되어 있다고 한다.[3] 덩샤오핑 등 정치 지도자들은 닥쳐오고 있는 에너지 위기의 해결책은 남중국해에 있다고 발언하기 시작했다. 이 주제는 에너지 부문과 군의 영향력 있는 발언에 의해 증폭되어 갔다. 인민해방군의 기관지인 《해방군보》는 1987년부터 1990년에 걸쳐 연재기사[4]로 국토방위의 "숭고한" 의의를 해양자원의 개발이라는 실리적 문제와 연관해 논술했다.[5]

이러한 논설은 동남아시아에선 주목을 끌지 못했다. 중국은 멀리 떨어져 있으며 해안으로부터 몇 킬로미터 이상 되는 장소를 개발할 수단도 능력도 가지고 있지 않았다. 리펑이 스프래틀리 군도의 공동 개발을 제의했을 때는 허튼 소리로 해석되었다. 견해라고 하는 건 바뀌는 것이다. 덩샤오핑의 방침은 다만 의견차를 뒤로 미루어 두는 것만이 아니었다. 그의 의도에는 세 가지 요소가 들어 있었다. 즉 "영유권은 중국의 것이다", "분쟁은 접어 둔다", "공동 개발을 추진한다". 이 가운데서 가장 중요한 것은 첫 번째다. 즉 사실상 "U자형 라인" 내에서 해양자원을 개발하고 싶은 나라는 중국의 주권을 인정하든가, 아니면 물리적으로 중국의 존재와 맞대결하는 걸 의미한다. 어느 나라도 중국의 주권을 인정하지 않기 때문에 리펑의 싱가포르 선언이 오늘날의 분쟁의 근원이라고 하겠다.

그 시점까지 중국이 오로지 관심을 가진 것은 1974년과 1987~1988년에 점거한 섬과 암초뿐인 것 같았다. 그것이 1990년 이후엔 베이징의 여러 이익단체가 "주권은 우리 것"이라는 독트린을 U자형 라인의 전체 해역에 확대·실현하고 싶어한 게 분명해졌다. 그 이익단체를 주도한 것은 "중국해양석유총공사"다. 하지만 이 공사를 처음에 부추긴 사람은 한 미국인이었다.

* * * * * *

19 92년 콜로라도 출신의 한 남자가 남중국해의 게임을 바꿔 버렸다. 그것은 마치 무에서 황금을 만들어 내는 연금술이었다. 그는 동남아시아의 석유탐사 룰을 다시 쓰고 두 나라를 분쟁의 벼랑 끝으로 몰아 넣고 수백만 달러를 손에 넣고 도망쳤다. 그 과정에서 분명해진 것은 중국의 "U자형 라인"에 대한 주장은 단순한 역사 문제가 아니라 장래에 대한 의도 표명이었다. 그리고 주변 국가들은 중국이 에너지 안전보장을 추구하면 자국의 그것이 위협받을 것이라는 걸 알게 되었다. 그러나 동남아시아의 자원전쟁의 이야기는 의외의 방향에서 출발했다. 1969년의 일인데, 한 젊은이가 덴버 컨트리클럽을 향해 수마일의 길을 걷고 있었다. 그 목적은 골프 캐디로 일하면서 대학에 갈 장학금의 면접시험을 보는 일이었다.

랜돌 C. 톰슨Randall C. Thompson의 양친은 이혼해 있었으며, 어느 쪽도 경제적 여유가 없어 차가 없었다. 걸어서 면접하러 가는 건 그 때문이었다. 면접에서 떨어졌는데도 면접위원 한 사람이 이 젊은이의 패기에 감동해 다른 면접위원을 설득하여 콜로라도 대학에 보내 정치학을 공부하도록 했다. 그 은인의 이름은 사니 브린커호프Sonny Brinkerhoff이고, 브린거호프 탐광회사를 소유한 가문의 사람이었다. 브린커호프는 이듬해 여름,

장학생 50명을 대상으로 와이오밍에 있는 자사의 유전에서 일할 아르바이트생을 모집했으나, 응모자는 톰슨뿐이었다. 그는 그 일이 마음에 들어 이듬해 여름에도 거기서 일했다. 그 다음 여름에 대학을 졸업한 그는 또 브린커호프를 만나러 갔다. 그 날 종합석유화학사인 아모코에 랜드맨으로 근무하기로 결정되었다. 랜드맨이란 유전이 있을 듯한 장소를 찾아내어 채굴권 취득을 협상하는 일이다.

톰슨은 6년간 거기서 일을 하면서 업무를 익히고, 전직·해직을 거듭해 마침내 다섯 번째 직도 그만두었다. 남의 밑에서 일하기가 싫어 1980년 또 사니 브린커호프를 만나러 갔다. 브린커호프의 사무실에서 나왔을 때는 31세로 100만 달러 상당의 유전 권리를 수중에 넣고 있었다. 이렇게 해서 크레스톤 에너지社가 태어났다. 순조로운 일은 아니었다. 석유 가격은 배럴당 10달러대의 전반으로, 크레스톤의 수지는 겨우 본전을 유지하는 정도였다. 그런데 1989년 그에게 걸려온 전화가 그의 인생을 바꾸게 된다. 에드워드 더키Edward Durkee도 콜로라도 주 출신의 석유업계인이며, 크레스톤의 창업 투자가 30명 중의 한 사람이었으나, 1989년엔 스웨덴의 룬딘석유에 근무하고 있었다. 이 룬딘이 필리핀의 이권을 처분할 상대를 찾고 있었다. 더키는 확실한 물건이라고 하면서, 톰슨에게 "당장 오라. 오지 않으면 두 번 다시 권하지 않겠다"라고 했다. 이튿날 톰슨은 변호사를 데리고 마닐라 행 비행기를 탔다.

더키는 모든 사전 준비를 갖추어 놓고 있었다. 9일 후 1989년 9월 4일 크레스톤은 룬딘이 소유한 탐광권을 매수해 필리핀 기업 7개 회사로 구성된 컨소시엄에게 지분의 40%를 즉시 매각했다. 톰슨은 현금 다발이 가득 들어 있는 서류가방을 들고 마닐라를 떠났다. 크레스톤은 이때 파라완 섬 바다의 탐광구 "GSEC 54"의 이권의 과반을 소유하게 되었다. 그 면적은 약 150만 헥타르에 이르고, 필리핀의 기존 탐광구로부터 말레이시아 국경에까지 이른다. 크레스톤과 그 협력 업체는 과거의 지진 데이터를 면밀히 조사해 석유가 나올 만한 곳을 탐색했다. 가망이 있을 것 같았다. 불과 7개월 후 1990년 4월에 그 광구의 권리 70%가 브리티시석유 BP에 수백만 달러로 매각되었다. 톰슨은 또 서류가방에 현금 다발을 가득 채우게 되었다. 1년 후인 1991년 4월에 BP는 확실히 석유를 발견했으나, 상업적인 양이 되지 못했기 때문에 1년 뒤 필리핀에서 완전히 철수하고 탐광권을 크레스톤의 컨소시엄에 돌려주었다. 석유업의 견지에서 보면 거기엔 아무것도 존재하지 않았는데도 어쨌든 톰슨은 거기서 거금의 이익을 창출한 것이다.

이 지역에 있어서 더욱 중요한 것은, 톰슨이 남중국해의 존재를 알게 된 점이다. BP와 계약을 체결한 후 마닐라의 영국 대사의 자택에서 파티가 열렸다. 사람들은 술을 마시고 혀가 부드러워졌다. "술이 들어가면 말해서는 안 되는 걸 말해 버리게 되네요"라고 톰슨은 회고했다. 앞으로는 베트남이 표적이 될 것이라고 모두가 말하고 있었다. "BP 사람들은 스프래틀리 군도 (난사 군도)의 심해 보링 (구멍 뚫기) 얘기만 하더군요.6) 그래서 다음날 도서관에 가서 스프래틀리 군도가 어디에 있는지 알아봤지요" 1990년 당시 미국의 석유회사는 베트남에 접근하지 못했다. 전쟁 중의 미국 통상 정지령이 아직 해제되지 않았기 때문이었다. BP 등 유럽의 기업들은 냄새를 맡으면서 돌아다니기 시작했으나, 실제로 여기서 석유를 채굴한 것은 러시아 기업뿐이었다. 베트남 전쟁이 끝날 무렵, 단기간의 석유 붐이 있었던 기억이 아직 남아 있었으며, 톰슨에게는 그것만으로도 충분한 계기가 되었다. 대사의 파티 후 23주간, 지질학적 기록과 옛 조사자료를 샅샅이 뒤졌다. 마침내 눈에 띈 것이 베트남 연안과 베트남이 점거하는 스프래틀리 섬 사이, 프린스 컨소트 퇴와 밴가드 퇴의 주변이었다. 톰슨은 "U자형 라인"에 관해 공부를 했기 때문에 베트남보다 중국에 희망을 걸었다.

1991년 4월 톰슨은 광저우廣州의 남중국해해양학연구소를 방문했다. 수년 전에 떠들썩했던 지진 조사의 결과를 보기 위해서였다. "구조 몇 개를 보여 주었는데 흥분한 나머지 조사를 좀 더 해봤지요" 그는 디너 파티를 여는 등 크레스톤을 열심히 중국인에게 홍보한 결과, 1992년 2월 중국 정부 고위층의 숙고를 거쳐 중국해양석유총공사의 이사회에 제안서를 제출할 수 있게 되었다. 탐광권을 얻고 싶은 해저의 구역을 정확히 설명하기 위해 그는 어드바이저 2명을 동행시켰다. 최초에 이 지역에 대해 가르쳐 준 에드 더키 그리고 미국 국무부 국경과 전 과장 다니엘 쥬렉이다. 그들이 그린 광구의 윤곽은 권총을 닮았는데, 손잡이는 남쪽을, 총구는 동쪽을 향하고 있었다. 이런 기묘한 모양이 된 것은 유망한 탐광지를 포함하면서도 인도네시아, 말레이시아, 브루네이가 주장하는 경계선을 넘지 않도록―네 곳은 접하고 있지만―고심한 결과였다. "더키는 기술적 관점에서, 쥬렉은 정치적 관점에서 광구의 윤곽을 설명하기 위해, 그 두 사람을 데리고 갔지요. 필리핀, 인도네시아, 말레이시아의 해역에 들어가지 않기 위해 특히 신경을 썼지요"라고 톰슨은 그 때를 회상했다. 그 광구가 권총 모양이라고 하더라도 총구는 베트남만을 향하고 있었다.

톰슨이 중국해양석유총공사에 제안을 밀어 넣은 그 달, 중국전국민인민대표회의는 "영해 및 인접 구역에 관한 법을 가결했다. 이 법은 1958년의 "영해 선언" (제4장 참조)을 명문화한 것이며, 중국은 이로써 마클즈필드 퇴, 파라셀 군도 (시사 군도) 스프래틀리 군도 (난사 군도)의 영유권을 주장하고 있다. 또한 적어도 중국 정부의 생각으로는, 본토에서 멀리 떨어진 탐광구를 리스하는 법적 근거도 이것으로써 얻게 되었다. 톰슨이 눈여겨 보고 있는 해저의 광구는 베트남 해안으로부터 250km밖에 안 떨어져 있지만, 중국 해안으로부터는 1000km 이상이나 떨어져 있었다. 그 대담함은 기절할 만하다. 중국해양석유총공사마저도 어이가 없었다 ― 기술적으로나 정치적으로나. 톰슨에 따르면, 자신은 일반 입찰을 하지 않고 자신에게 탐광권을 주도록 중국해양석유총공사를 부추기고, 널리 입찰해 선전을 하면 베트남과 관계가 나빠질 뿐이라고 경고를 했다고 한다.[7]

이 무렵 크레스톤에는 사원이 네 명밖에 없었다. 톰슨, 비서, 접수자 그리고 파트타임의 회계사였다. 중국해양석유총공사는 세계에서 제일 작은 석유회사에 25,155km²의 광대한 해역의 탐광권을 주었다. 이에 대해 그 탐광구를 "완안베이萬安北-21" (WAB-21)이라고 불렀다. 계약에 따라 중국해양석유총공사는 기존의 지구물리학 데이터를 제공하고 그 후 이익이 나오게 되면 리스 (임차권)의 51%를 매수할 권리를 갖는다. 한편 크레스톤은 한층 더 지진조사를 하고 개발비를 부담하기로 했다. 중국의 지도부에 있어서는 톰슨의 등장이 뜻밖의 횡재였다. 뜻밖에 한 사나이가, 그것도 미국인 사나이가 나타나, 중국이 영유권을 주장하고 있는 베트남 앞바다에서 자진해서 그 주장을 물리적으로 부르짖고 있는 것이다. 비난은 모두 크레스톤이 뒤집어쓰고, 한편 중국해양석유총공사는 물러앉아 지켜보기만 하면 된다.

톰슨은 탐사에 대해선 낙관적이었고 정치적 리스크는 전혀 신경 쓰지 않았다. 1992년 5월 8일 크레스톤이 리스 계약에 서명했을 때, 기자들에게 톰슨은 이렇게 말했다. "이 광구에는 15억 배럴을 훨씬 넘는 석유가 있다고 생각하며, 지극히 유망하고 기술적 리스크가 작다. 정치적으로 불안정하더라도 상관없으며, 그 반대의 상황에서 석유가스 개발을 하는 것보다 낫다고 생각한다." 또 베트남과 대결할 사태가 되면, 중국 당국이 "해군의 총력"을 동원해 톰슨의 권리를 지키겠다는 약속을 해준 데 대해서도 만족했다고 한다. 미국 정부는 거리를 두고 있었다. 베이징에서 있었던 조인식에 미국의 외교관이 한 사람 출석했으나, 대사관은 중국과 크레스톤의 협상에 관여한 바가 없었다고 말했다. 그런데도 톰슨에 따르면, 조인이 있은 후 며칠이 지나 미국무부와 CIA에서 전화가 걸려 왔는데, 목적이 무엇인지 알고 싶어했다. 특히 국무부는 신경을 많이 쓰고 있었으며, 베트남에 탈취될 위험이 있으므로 미국인과 장비가 그 광구에 못 들어가도록 톰슨에게 경고했다.[8]

정치적으로 민감한 상황 속에서 톰슨에게는 시간이 있었다. 크레스톤은 7년간 시굴試掘을 할 필요가 없었다. 한편 베트남은 분노를 터뜨려 중국 정부에 정식으로 항의를 하고 비난하는 신문기사를 발표했다. 1년 반 동안이나 설전을 계속하면서도 크레스톤은 준비작업을 진행했다. 그러던 중 1993년 12월에 톰슨은 하노이로 초청을 받아 베트남의 국영 석유회사인 페트로베트남의 회장 호시토안 박사와 회담하게 되었다. 합작투자를 제안받았다. 단 중국해양석유총공사와 현재의 계약을 파기하는 게 절대조건이었다. 톰슨이 거부하자 베트남은 더욱 화가 치솟았다. 크레스톤보다 훨씬 더 큰 동맹을 끌어들일 생각을 했다.

이미 수년 전부터 미국 기업들은 다방면으로 베트남과 제휴하거나 계약을 맺기 위해 분주하게 애를 썼다. 모빌도 그 중 하나였다. 1975년 남베트남의 붕괴 직전에 처음으로 유망 유전을 발견했기에, 개발을 재개하고 싶어 좀이 쑤시는 판이었다. 모빌이 "블루드래곤"이라고 부르는 그 유전은 베트남 정부가 멋없이 "블록 5 1b"라고 이름을 붙인 광구 안에 있었다. 그리고 광구는 "WAB 21"과 겹치지는 않지만 "U자형 라인" 안쪽에 있었다. 바로 이때 페트로베트남은 다른 미국의 대기업 코노코와 협상을 하는 중이었다. 대상 광구는 "133", "134", "135"인데 모두가 "WAB 21"과 확실히 겹치고 있었다. 또 그 근처엔 애틀랜틱 리치필드와 브리티시가스의 두 회사가 다른 베트남의 광구에서 시굴을 시작하려고 하고 있었는데, 그 광구는 중국이 영유권을 주장하고 있는 곳이었다.[9] 하지만 중국을 소외시키는 데서 생기는 리스크를 걱정하는 사람은 없는 것 같았다. 이들 기업은 1994년 2월 3일을 쭉 기다려 왔던 것이다. 기다리던 그 날 미국이 정식으로 베트남에 대한 통상금지를 해제하자, 계약 서명으로 직행했다.

그러나 크레스톤은 맨 먼저 권리를 물리적으로 확보할 것을 결심했다. 1994년 4월에는 남중국해양학연구소도 톰슨에 협력하려고 나섰다. 이 연구소는 중국 정부로부터 자금과 허가를 받아 남중국해 북부에서 지진 탐광 작업을 하게 되었다. 그러나 톰슨의 설득으로 조사 해역을 변경해 간 곳은 "WAB-21"이었다. 모빌이 제휴한 일본 기업과 함께 "블루드래곤"과 관련해 페트로베트남과 정식으로 계약을 맺으려고 준비를 하고 있을 때, 톰슨과 해양연구소는 바다에 나가 열심히 일을 하고 있었다. 그리고 4월 19일 화요일, 하노이의 육군 게스트하우스에서 조인식이 진행되고 있을 때, 크레스톤은 "WAB-21"에서 지진 탐광 작업을 시작했다고 발표했다. "중국의 전폭적 지원을 받아" 첫 탐광정探鑛井의 굴삭을 계획하고 있었다.[10]

모빌은 이 같은 크레스톤의 움직임을 심각하게 생각하지 않았다. 적어도 탐광권에 2700만 달러를 지불한 사업을 방해할 정도로 심각하다고는 생각하지 않았다. 당시 모빌의 섭외 담당관이었던 R. 토마스 콜린즈에 따르면, 페트로베트남이 특별히 원한 것은, 그 전에 남베트남 정부로부터 허가를 받았던 그 광구로 돌아가 탐광 작업을 재개한다고 발표하는 것이었다. 즉 베트남의 영유권의 주장을 뒷받침하기 위해서였다.[11] 바다에는 폭풍우가 닥쳐오려고 하고 있었다.

중국선은 조사 활동을 멈추지 않았다. 톰슨에 따르면, 4일간 데이터를 수집했지만, 베트남 해군 함선 세 척이 나타나 중국선의 선수에 발포했다. "영어를 아는 사람이 아무도 없는 중국선에 타고 있었는데 영어를 아는 자가 아무도 없는 베트남 배의 사격을 받았지요"라고 톰슨은 그 때를 회상했다. 교착상태가 이틀간 계속된 후, 톰슨과 선장은 더 이상 계속하더라도 의미가 없다고 판단해 광저우로 돌아갔다. 전폭적 지원을 약속했음에도 불구하고, 중국 해군은 모습을 나타내지 않았다. "대결을 피한 거지요"라고 톰슨은 말하지만, 중국 정부는 시기를 기다리고 있을 뿐이었다.

중국선이 철퇴하자, 페트로베트남은 기다리고 있었던 듯, 같은 해역의 권리를 주장하고 나섰다. 1994년 5월 17일, 러시아와의 합작기업 비에트소브페트로가 굴삭장치 (리그) "탐다오"를 밴가드 퇴로 이동시켰다. 이 해역—베트남 측에 있어선 "블록 135"—은 "코노코"가 리스하려고 한 장소였는데, 이것은 크레스톤의 "WAB-21"의 남서쪽 모서리의 안쪽에 있었다.[12] 드디어 중국이 행동할 때가 왔다. 함선 두 척을 배치했으나 굴삭장치를 철거할 생각은 없었다. 다만 포위해 굴삭된 흙을 운반하고 식료품을 공급하는 걸 차단했다. 상세한 경위는 잘 모르지만, 굴삭 작업인들은 몇 주간 포위상태에서 버텼다. 당시 싱가포르의 종합탐사개발 서비스의 컨설턴트였던 이안 크로스Ian Cross에 따르면, 3000m 가량을 팠지만 석유는 나오지 않았다. 톰슨에 따르면, "무작정 하는 작업이었으며, 리그의 위치도 나빴다. 다만 주권을 과시할 목적으로 한 짓이다" 확실한 건, 비에트소브페트로도 결과에 대해 아무런 발표를 하지 않았다는 사실이다.

1992년의 중국영해법, 석유탐사, 크레스톤과의 계약을 비롯한 "U자형 라인" 주장에 의거한 일련의 중국 측의 집요한 행위 때문에 동남아시아 제국은 심각한 위기감에 빠졌다. 동남아시아국가연합ASEAN 6개국은 베트남의 가입 여부를 놓고 한동안 논쟁하고 있었다. 고려해야 할 요건은 많았지만, 석유를 둘러싼 대결이 격화함에 따라 외교적 움직임도 박차가 가해졌다. 1994년 4월부터 5월 사이 빈번한 방문과 회의가 이어지고 난 후, 7월 11일 베트남의 ASEAN 가입을 환영한다는 발표가 있었다―당시 베트남은 정식으로 가입 신청은 하지 않았었다. 7월 19일, 리그 "탐다오"가 격리상태에 있다고 하는 뉴스가 노출된 것은 ASEAN 외무장관 회의의 최종준비가 진행되고 있을 때였다. 이 외무장관 회의에서 베트남을 정식으로 초청하기로 결정하게 되어 있었다. 그리고 그 회의 후 1주일이 되자, 중국군은 하이난 섬에서 군사훈련을 실시했다. 대대적으로 보도되었는데, 공식발표에 따르면 "거의 모든 병기, 장비, 기술"의 시위가 펼쳐졌다고 한다.[13] 이 같은 고압적 자세는 중국의 의도에 대한 동남아시아의 경계심만 부추길 뿐이었다.

ASEAN이 베트남을 초대한 게 중국의 돌발적 정책을 가져오게 한 원인이 되었을지 모른다. 1994년 9월 5일, 1개월에 걸친 비공개 협의 끝에 장제민江澤民이 중국 국가 주석으로서 처음으로 베트남을 방문한다는 발표가 있었다. 또 그 달 말에는 낡은 공장시설을 보수하기 위해 중국은 베트남에 대해 1억 7천만 달러의 차관도 제의했다. 양국은 관계 개선을 위해 진지한 노력을 기울이고 있었다. 한 가지 이유는 ASEAN과 원활한 관계를 가지기 위한 것이지만, 또 하나는 아마 중국 정부가 이미 미스치프 암초를 점거할 준비를 비밀리에 하고 있었기 때문일 것이다 (제3장 참조). 이 무렵, 필리핀 정부에서 흘러나온 정보에 의하면 영유권의 분쟁지인 필리핀 앞바다의 리드 퇴에서도 알콘석유가 조사 작업을 개시하고 있었다. 베트남과의 긴장완화는 단순히 목전의 작전에 방해가 될지도 모르는 적을 분열시키는 책략일지 모른다. 그렇게 생각하면 그 이유를 알 수 있는데, 1995년 1월 미스치프 암초 사건이 터졌을 때, 중국 정부가 탐광 작업을 늦추도록 크레스톤을 종용했던 것이다.

상황은 교착상태였다. 톰슨은 유망한 유전을 개발해 상업적 가치가 있는 것으로 추진할 만한 자금이 없었다. 크레스톤이 필요로 한 것은 크레스톤처럼 정치적 리스크를 두려워하지 않고 큼직한 지갑을 가진 회사였다. 말하자면, "벤톤 오일 & 가스" 같은 회사, 소련 붕괴 후 혼란한 러시아 사회에서 살아남은 산전수전을 겪은 회사가 필요했다. 1996년 석유 붐의 파도를 타고 벤톤의 주가株價는 세 배가 되었다. 남중국해에서 "한 건 할" 정도는 되어 있었다. 1996년 9월 24일, 벤톤은 크레스톤을 어마어마한 1545만 달러로 매수하기로 합의했다. 계약은 12월 6일에 체결되었는데, 이때 벤톤은 "크레스톤의 첫째 재산은 중국해양석유총공사와의 유전 개발 계약이다"라고 말했다.[14] 즉 광구 "WAB-21"을 말하는 것이지만 여기서 아직 석유는 1배럴도 나오지 않았다. 랜돌 C. 톰슨은 다시 한 번 상업적인 무가치에서 황금덩어리를 낳는 데 성공한 셈이다.

크레스톤의 주주는 130명 가량이었는데, 그들도 꽤 벌었다. 그러나 벤톤의 앞날은 밝지 않았다. 1998년과 1999년에 유가가 배럴당 12달러로 폭락해 벤톤은 2억 400만 달러라는 기절할 만한 손실을 계상했다. 자산을 매각해 망하지는 않았지만, 1999년 8월 중순, 창업자 알렉스 벤톤은 개인파산을 신청해, 9월에 회장 겸 최고경영책임자를 사임하지 않을 수 없는 지경에 내몰렸다.

2002년 5월 14일, 벤톤 오일 & 가스는 회사 이름을 하베스트 내츄럴 리소시즈로 변경했다. 정치적 리스크를 받기 쉬운 석유회사보다, 마치 그라놀라 바 (아침식사로 먹는 식품—역자) 같은 식품의 제조업자로 변신했다. 광구 "WAB-21"에 대한 중국의 이권은 아직 소유하고 있지만, 가치는 지금 많이 떨어졌다. 2002년 하베스트는 그 평가액을 1340만 달러 (1996년에 지불한 금액의 약 90%)나 적게 평가했다. 하지만 좋아질 날이 올 것이라는 희망을 버리지 않고 있었다. 2003년부터 2008년까지 광구의 탐사와 데

이터 수집에 66만 1000달러를 썼으며, 아마 그 후에도 자금을 더 투자했을 것이지만 더 이상 그걸 연례보고서의 지출 항목에 명시하지 않았다. 랜돌 톰슨은 콜로라도에서 유복하게 살면서 손자들과 낚시도 즐기고 있다. 하지만 그는 석유 비즈니스에서 은퇴하지 않고, 이 책을 집필하고 있는 지금도 이태리의 바다, 모로코, 뉴질랜드, 남아프리카에서 새 유전을 찾고 있다. "WAB-21"의 이익 — 굴삭되는 날이 온다면 — 의 4.5%에 대한 권리도 아직 보유하고 있다.

* * * * * *

중국해양석유총공사가 맨 처음 분쟁 해역에 발을 들여 놓았을 때는 석유를 발견하지 못했으며, 오히려 역으로 경계하고 있는 동남아시아를 결속시켰다. 13년간 리펑의 공동 개발 제의는 정중하게 묵살되었다. 다른 정부들도 "주권의 문제를 제쳐두고" 싶은 생각은 없었다. 베트남, 인도네시아, 말레이시아, 브루네이는 연안 수역을 국제적 석유회사 등에 계속해서 리스했으므로 크레스톤의 광구만 남아 있었다. 어떤 형태이든 중국과 공동으로 개발할 필요는 없었다. 그런데 2003년에 단체 행동에서 이탈하는 나라가 생겼다. 놀랍게도 그것은 중국의 침략행위에 대항하기 위해 ASEAN의 공동 전선을 그때까지 가장 강력하게 주장해 온 국가, 필리핀이었다. 정부 최고위층의 몇 사람이 개인 재량의 형태로 180도 정책 전향을 획책했던 것이다. 확립된 정책 수립 체계를 통하지 않고 중국과의, 그리고 이 지역과의 관계를 전혀 다른 코스로 가져다 놓고 말았다.

2003년 당시, 호세 데 베네시아Jose de Venecia 2세는 필리핀 국회의 하원 의장이며 여당 라카스·크리스트교·이슬람교 민주당의 당수이기도 했다. 젊은 시절 그는 필리핀의 노동력을 중동의 건설업자에게 제공함으로써 재산을 모았으며, 그 후에는 파라완 섬 앞바다의 첫 석유 탐사에 관여했다. 그는 재력, 가족관계, 정치수완으로써 필리핀 정계의 유력자가 되었다. 또 중국과의 긴밀한 관계를 구축하는 걸 중시했으며, 그것을 위해, 이를테면, 아시아정당국제회의ICAPP를 2000년에 발족시켜 아시아국회평화연합AAPP의 의장이 되었다.

2003년에는 글로리아 마카파갈 아로요Gloria Macapagal Arroyo (우인들과 정적에겐 GMA로 통하고 있다)가 대통령에 취임한 지 2년이 되었다. 그 2년간 대對중무역―주로 원자재의 수출―은 세 배로 늘어났다. 2001년의 18억 달러가 2003년에는 53억 달러로 증가했다. 미국이 중동에서 "테러와의 전쟁"에 정신을 빼앗기고 있을 때 중국은 거기서 기회를 발견했다. 2001년 중국은 필린핀에 4억 달러의 장기 저리 융자를 제의했다. 미공군 기지였던 경제특구와 마닐라를 연결하는 "북방철도 프로젝트"를 위한 것이었는데, 2004년 4월 5일 드디어 이 프로젝트가 실행에 옮겨졌을 때 중국 정부에 대해 감사의 뜻이 듬뿍 담긴 기조연설을 한 사람은 그 중심 인물, 호세 데 베네시아였다.[15]

데 베네시아처럼 에두아르도 마날라크Eduardo Manalac도 1974년 필리핀의 첫 해저유전에서 굴삭을 행한 팀의 한 사람이었다. 데 베네시아와 달리 마날라크는 석유업계에 오래 남아 있으면서, 28년간 미국의 석유회사 필립스석유에 근무했는데 그 중 7년간은 이 회사의 중국 탐광 책임자였다. 2000년에 중국 최대의 해저유전 (발해에 있으며 국경 분쟁지로부터 멀리 떨어져 있다)의 발견에 공헌해, 중국 정부로부터 "우정상"을, 중국해양석유총공사로부터 "모범 노동자상"을 받았다. 마날라크는 전문가로서 필리핀의 석유부문의 문제점이 무엇인지를 알고 있었다. 필립스에서 퇴직한 후, "대학시절에 입은 값싼 수업료의 은혜에 보답하기 위해" 모국에 봉사하겠다고 자진해 2003년 3월에 에너지 차관에 임명되었다. 마날라크와 데 베네시아는 서로 인품도 다르고 흥미도 다르면서 필리핀과 중국 간의 협상을 중재하게 되어 주변 국가들을 깜짝 놀라게 했다.

마날라크는 중국에 정통하고 있었으나, 그의 바람은 필리핀이 자급자족이 가능한 석유가스 부문을 육성하는 것이었다. 그걸 저지하는 문제점은 국내에 있다고 그는 믿고 있었다. 몇 개 안 되는 국내 기업이 에너지부에 접근하고 있으며 탐광에 투자할 자금은 부족했다. 이들 때문에 미탐사 해역을 굴삭하기 위해 위험을 무릅쓰고 수억 달러를 쓰려고 하는 외국 업자가 들어오지 못했다. 2003년 마날라크는 필리핀에서 처음으로 투명성이 높은 입찰을 실시해 해저 탐광에 대기업을 불러 모으려고 했다. 미국의 엑손모빌이 술루해Sulu sea의 탐광권을 획득했으나 남중국해에 관심을 보인 기업은 없었다. 마날라크는 전망은 좋을 것이라고 생각했으나, 필리핀이 100%에 가까운 석유를 수입에 의존하고 있는 현상을 탈피하려 한다면 지금과는 다른 길을 취할 필요가 있다고 생각했다. 즉 지정학적 상황을 고려하지 않을 수 없다는 것이었다. 그는 당시를 이렇게 회상했다. "제가 느낀 것은, 복수의 국가가 (영유권을) 주장하는 한, 감히 그 해역에 들어오겠다는 대기업은 없을 것이란 겁니다. 깊은 바다이기 때문에 굴삭과 개발에 큰 자본이 필요합니다. 그래서 권리를 주장하고 있는 다른 나라와 손을 잡고 공동으로 개발을 하려고 하는 제안에 찬동해 줄 수 없는지를 대통령에게 건의했습니다. 대통령은 승낙했습니다"

한편 데 베네시아는 중국 지도부와 관계를 돈독히 하고 있었다. 2002년 4월에 AAPP의 제3차 연례총회를 베이징에서 개최했으며, 2003년 3월에 상하이에서 제1차 필리핀 무역박람회가 열렸을 때는 정부 대표단 단장이었다.[16] 2003년 9월엔 우방궈吳邦國를 영접했는데, 우는 전국인민대표대회의 위원장이며 AAPP의 의장이기도 해, 데 베네시아의 대등한 상대역이었다. 마닐라를 방문하는 동안, 우는 양국의 중앙은행에 의한 10

억 달러의 통화 스왑협정 (1997년의 아시아 금융 위기가 재발할 경우, 필리핀을 지킬 목적)의 조인식에 참석했으며, 국회 대표자 회의에서 연설했다. 그 후 데 베네시아가 기자들에게 말하기를, "우방궈는 스프래틀리 군도의 공동 탐광 개발 프로그램을 제안한다"고 했다. 데 베네시아는 이에 찬동해 이렇게 말했다. "지금 이 해역은 방치되어 있어 함께 이익을 공유하기 위해, 또는 다국 간 모두 이익을 공유하기 위해 활용하기 좋을 겁니다"[17] 협상이 성립되어, 11월에 "중국의 대형 석유탐광회사"가 대표단을 마닐라에 파견하기로 합의했다. 2003년 11월 10일, "필리핀 국영석유공사PNOC와 중국해양석유총공사 간에 의향서가 정식으로 조인되고" 공동 프로그램에 따라 지질학적 · 지구물리학적 자료와 기타 기술적 자료를 조사 · 평가해 이 해역의 석유가스 산출 가능성을 판단하기로 합의했다.[18]

마날라크는 중국해양석유총공사 간부와 함께 조용히 탐광 해역의 경계선을 획정했다. 서쪽 경계는 말레이시아 해역을 피해야 하지만, 북쪽과 동쪽은 필리핀과 중국 사이에 결정할 일이다. 최종적으로 파라완 섬의 북서 14만 3000km²의 해역이 획정되었다. 저 멀리 리드 퇴라고 알려진 얕은 해역도 거기에 포함되었다. 자원을 분배한다는 발상은 국내외에서 큰 논란거리가 된다는 걸 마날라크는 잘 알고 있었다. 그 후 PNOC의 한 간부가 설명한 것처럼 "있는 것의 30%가 없는 것의 100%보다 낫다"고 생각했다. 문제는 어떻게 합의를 체계화해서 필리핀의 국내정치와 ASEAN 외교의 잠재적 함정을 모두 피할 수 있느냐 하는 것이었다. 마날라크는 PNOC에의 이동을 희망했다. 그렇게 하면 이 협정이 정부 간의 협정이 아니고 상업적 계약으로서의 체제를 갖게 된다고 생각했다. 하지만 두 회사 모두 국영기업이기 때문에 이건 뻔한 꼼수였다.

2004년 7월, 글로리아 마카파갈 아로요 대통령이 이라크에 파견했던 필리핀 군의 소부대를 귀국시키자, 미국 정부와의 관계는 확연히 냉각되었다. 대통령은 중국과의 "포괄적 외교관계"를 타진함으로써 대응했는데, 그 중간 역할을 한 사람이 데 베네시아였다. 이미 그의 주선으로 2004년 9월에 중국 공산당이 베이징에서 제3차 아시아정당국제회의를 개최하게 되었으며, 그 직전 8월에 기조 연설자의 한 사람으로 돌연 아로요 대통령이 초청받게 되었다. 8월 18일, 아로요 대통령은 내각을 개편해, 에두아르도 마날라크를 에너지차관에서 PNOC 사장으로 보냈다. 데 베네시아는 5일 후, 대통령이 베이징 방문 중에 중국과의 공동 탐광을 위해 움직일 것이라고 보도진에게 전했다. 그는 높은 원유가격이 필리핀 경제에 가져오는 영향에 관해 일장 연설을 하고 나서, "지역 대립 때문에 개발이 방해받아선 안 된다"라고 결론지었다.[19] 1주일 후인 9월 1일, 이제 더 이상 정부 관계자가 아닌 마날라크는 이른바 "합동지진탐사협의"에 서명했다. 서명 상대는 옛 우인으로서 중국해양석유총공사의 사장 푸쳉유傅成玉였다.

합동지진탐사협의JMSU는 아로요 대통령 주변의 소수 집단에 의해 탄생된 조직이다. 아일린 바비에라Aileen Baviera 교수는 필리핀에서 정확한 정보통의 지역분석가였다. 그의 말에 의하면, 외무부도 국가안전보장회의도 그 협상에는 "거의 관여하지 않았다"고 했다.[20] JMSU를 추진한 사람들 가운데는 마날라크처럼 국가의 에너지 안전보장을 향상시키고 수입의존도를 감소시키고 싶은 생각이 동기가 된 사람도 있으나, 그렇게 고상하지 않은 동기로 움직인 사람도 있었다. 데 베네시아는 중국의 대 필리핀 투자를 좌우하는 중개인으로서 자신의 입지를 강화하는 데 열중했던 것 같다. (2005년 4월 후진타오 국가 주석의 방문시와 2007년 1월 웬쟈바오 수상의 방문시 특히 그런 투자가 활발했다.) 돈벌이가 잘되는 거래를 하기 위해 계약체결에 열중하는 사업가 서클 같은 것도 있다. 그리고 이 서클의 정점에 아로요 대통령의 남편, 호세 데 베네시아의 아들 그리고 그 밖의 인사들이 있었다. 이 엘리트 집단이 필리핀의 외교정책을 좌우하고 자신들의 이익을 위해 움직여 온 것 같다.

마닐라 호화 저택 밖에서는 이 협정에 대해 놀라움을 금하지 못했다. ASEAN 외교관들은 여러 해 동안 원칙으로 호소해 왔던 지역의 결속을 왜 필리핀이 무너뜨린 것인지 의문을 가졌다. 베트남은 격노했다. 반년간 필리핀 외교관에게 항의를 퍼부었으나, 마지막엔 협정에 가담하는 게 낫다고 생각했다. 2005년 3월 14일 페트로베트남은 연장된 3년간의 합동지진탐사협의에 서명했다. 중국해양석유총공사가 탐사를 담당하고, 페트로베트남은 미국의 페어필드와 공동 운영하는 센터에서 정보를 처리하고, 필리핀 국영석유공사는 달리 할 수 있는 게 없었으므로 분석 결과를 정리하기로 했다. 9월 1일, 중국해양석유총공사의 해묵은 탐사선 하이난 502호가 3개국의 전문가를 태우고 광저우 성에서 출항했다. 75일 걸려 11000km를 항행하면서 JMSU의 전 해역에서 지진탐광 데이터를 수집했다. 탐사선은 11월 16일, 마닐라의 남쪽인 바탄가스에 있는 PONC의 보급항에 입항했고, 에두아르도 마날라크는 거기서 "정치적 긴장은 지난날의 일이다"라고 선언했다.[21] 그러나 그렇게 생각하지 않는 사람들도 있었을 것이다.

2007년 1월, 유망한 후보지가 몇 군데 발견되어 제2단계의 더 철저한 탐사 여부가 논의되었다. 외무부가 반대했기 때문에 대통령이 제2단계에 대한 허가를 내린 것은 6월이었다. 대략 이 무렵에 아로요 대통령은 독직 의혹—대통령 자신과 그 남편, 선거관리위원회 위원장 그리고 중국 자금 원조를 받은 프로젝트와 관련된—의 파도에 휘말려 있었다. 그럼에도 불구하고 제2단계의 탐사가 실행되고 특정 구역의 해저에 대해 한층 더 구체적인 정보가 수집되었다. 제3단계의 계획도 수립되어 시굴할 장소도 지정되었다. 그런데 2008년 1월에 베테랑 기자인 배리 웨인

Barry Wain이 《파 이스턴 에코노믹 리뷰》에 고발 기사를 썼다. JMSU에 있어서 아로요 정권은 "어마어마한 이권"을 얻고 있다고 고발하고 그 비밀 조건과 조항을 비판했다.[22] 아로요 대통령의 비판 세력은 점점 커지고 있었는데 이 기사가 터지자, 중국과의 관련성 그리고 부정에 휩싸인 인프라 정비계획 등으로 JMSU의 이미지는 땅에 떨어졌다.

비난의 소리가 퍼지고 내부 갈등이 악화되자 JMSU의 설계자들은 해고당했다. 마날라크는 현지 석유가스회사와 에너지부의 유착을 단절함으로써 필리핀의 석유부문을 정화하려고 노력을 계속했다. 아로요 대통령의 뜻을 거역하면서 그녀의 남편과 관계가 깊은 기업이 아니라, 말레이시아 회사인 미트라에 별도의 석유 개발 계약을 주었다. 하지만 부패가 줄어들지 않는 데 대한 혐오감으로, 2006년 11월에 필리핀 국영석유공사에서 사직했다. 2008년 2월에 데 베네시아도 하원의장의 지위에서 물러났다. 중국 자본에 의한 브로드밴드 통신의 인프라 정비계획과 연관된 아로요 대통령의 남편의 독직을 데 베네시아의 아들이 고발했던 것이다. JMSU의 협정은 흐지부지되어 버리고, 필리핀에서 "정치"라고 불리는 통속극 속에서 갱신의 가능성도 절망적으로 사라졌다. 권력층에는 갱신을 주장하는 사람이 아무도 없는 가운데 2008년 7월 1일에 기한이 만료되었다.

마날라크는 지금도 합동지진탐사협의JMSU는 성공이라고 생각하고 있다. 그 때문에 필리핀 국영석유공사는 어쨌든 원하던 탐광을 하는 데 일부 비용을 부담하고 나아가 공해에서 대결하는 리스크를 피할 수 있었다. 한편 중국 측에서 보면 완전한 성공이라고 할 수 없었다. 처음으로 ASEAN의 2개국이 "영유권의 문제를 접어 두고" 공동 개발 모델을 제시했다. 하지만 또다시 동남아시아의 반대로 중국해양석유총공사가 현실적으로 석유를 채굴하는 기회가 좌절되었다. JMSU의 제3단계에 대한 허가가 과연 주어졌는지는 분명하지 않다.

오히려 다른 국가들은 여전히 리펑의 제안을 무시하고 "U자형 라인" 내의 광구를 독자적으로 국제적 기업에 리스했다. 그러나 JMSU 기간 중에도 급격한 중국의 경제성장에 의해 중국의 영향력은 강화되었다. JMSU가 남중국해의 공동 개발을 촉진하기 위해 중국이 내세운 "당근" 이었다면, 이번엔 중국은 따라오지 않는 기업에 대해 "채찍"을 휘둘러야 했다.

* * * * * *

베트남의 석유가스 산업의 중심지는 동남안에 위치한 붕타우 시다. 프랑스 식민지시대에는 리조트였으나, 지난날의 화려했던 모습은 사라지고 지금은 산업의 먼지 속에 묻혀 있다. 기다란 반도의 한쪽은 해수욕장인데 복어처럼 배가 나오고 초라한 수영 팬티를 입은 러시아인 기사들이 놀고 있다. 한편, 하구를 바라보는 반대 쪽엔 저장 탱크와 용접소가 주위를 메우고 있다. 그 중간에 낀 좁고 긴 토지엔 흔히 보는 고층 건물 그리고 이름뿐인 그랜드호텔이 서 있다. 2007년 6월 4일, BP베트남은 이 호텔에서 새 사장의 공식 환영회를 열었다. 사장의 이름은 그레첸 H. 왓킨즈Gretchen H. Watkins다. 그는 미국의 아모코에서 기사로 출발하여 회사가 브리티시석유BP에 매수된 후, 런던, 네덜란드, 캐나다에서 여러 직책을 경험해 왔다. 야심만만한 젊은 그녀는 이제서야 미지의 개척지에서 실력을 증명할 찬스를 갖게 되었다. 하지만 그녀가 몰랐던 것은 궁극적인 상사인 BP의 최고경영책임자 토니 헤이워드Tony Hayward에 의해 그 찬스가 이미 좌절되고 있었다는 사실이다. 그랜드호텔의 창 너머 보이는 저 바다, 거기서 힘든 사업을 하면서 위험을 이겨내는 1년을 보내게 될 것이었다.

BP가 베트남에 진출한 것은 1989년이지만 그로부터 10년 걸려서 겨우 이 나라에서 흑자를 내는 소수의 국제기업의 하나가 되었다. 그리고 2002년에 앞바다 362km, "광구6.1"의 란타이 가스전㈜의 플랫폼에서 천연가스가 나오기 시작했다. 이 가스는 세계 최장 해저 파이프라인을 통해 그랜드호텔에서 바라다 보이는 하구의 발전소까지 보내진다. BP의 가스는 2006년엔 베트남의 전력 3분의 1 이상을 공급했으나, 다른 두 광구의 탐광권을 갖게 되어 그 공급량은 더욱 증가했다. BP는 몇 년 전부터 이 광구에 눌러앉아 왔다. 즉 베트남 경제가 성장해 전력 수요가 증대하고, 전력 생산을, 나아가 가스 생산량을 확대하더라도 문제가 없다는 걸 확신할 수 있을 때까지 기다려 본 것이다. 2007년 전반, 베트남이 세계무역기구WTO의 신규 회원국이 되고 유명 투자회사가 쇄도하게 되자, BP는 만반의 준비를 하고 기다리고 있었다. 3월 6일 "광구5.2"에서 새 가스전 두 곳의 개발 계획을 발표하고, 이것들을 기존의 파이프라인에 연결하든가, 새 라인을 증설할 것이라고 했다. 육지에 건설되는 제2의 발전소는 더 많은 가스로 전력을 증산해 베트남에 제공하고 나아가 많은 이익을 BP에 안겨 주게 될 것이다. 구체적 시기는 확실하지 않았지만 BP의 제휴 상대인 페트로베트남에 따르면 2011년에는 새 가스전에서 조업이 개시될지도 모른다고 했다.

이 무렵, 오스트레일리아 주재 중국 대사 푸잉傅瑩은 스스로 계획을 강구하면서 런던에서의 새 직위에 취임할 준비를 했다. 그녀는 과거에 BP와 약간의 인연이 있었다. 2000년 BP가 "광구6.1"의 개발 계획을 발표했을 때, 푸잉은 중국 외교부 아시아 국장이었다. 한 BP의 간부에 따르면, 베이징과 동남아시아 담당 BP 경영진에 대해 그녀는 강경한 태도를 취해, 중국 영유권을 침해하는 프로젝트의 중단을 요구한 적이 있었다.

그 당시 BP의 CEO 존 브라우니John Browne는 숱한 산전수전을 겪은 베테랑이었다. 푸잉의 반대 등에 끄떡도 안 하고 그대로 프로젝트를 계속했다. 하지만 2007년 5월 1일 브라우니는 개인적 스캔들 때문에 사직하고, 그 후임이 토니 헤이워드였다.

푸잉이 런던에 도착한 4월 10일, 중국은 BP에 대해 새 분쟁에 돌입했다. 중국의 국영방송 텔레비전으로부터 새 가스전의 프로젝트에 관한 질문을 받고, 외교부 대변인 친강秦剛은 이렇게 답했다. "이번의 베트남의 행동은 위법이고 무효다. … 남중국해 지역의 안정에 기여하지 못한다" 이상하게도 지금 중국이 이의를 제기하는 "광구5.2"는 이미 BP가 조업을 하고 있는 "광구6.1"보다 베트남 해안에 더 가까웠다. 하지만 문제가 없었다. 푸잉에게는 보복의 찬스였다. 런던에 부임하자 맨 먼저 한 일이 부임한 지 얼마 안 된 토니 헤이워드와의 면담 신청이었다. 그녀의 의도가 내다보였기 때문에 BP는 베트남의 간부들을 런던 본사로 불러 모아 협의했다. 간부들은 프로젝트를 중단할 이유가 없다는 확고한 결론을 내리고 그 후의 대책은 헤이워드에게 일임했다.

2007년 BP는 대對 중국 외국 투자자로서 선두에 있었다. 그 총액 42억 달러의 내역은 석유화학공장, 앞바다의 가스 생산 시설, 800개의 주유소, 그리고 중국 초유의 액화 천연가스 터미널의 30% 주식 등으로 되어 있었다. 푸잉 여사는 그 내용을 잘 알고 있었으며, 2007년 5월 18일 BP본사에서의 회의에서 그걸 표적으로 했다. 분쟁 수역에서의 BP의 사업에 대해 대략적으로 반대의 뜻을 말한 후, 내부에서 나온 정보에 따르면, 구체적 경고를 두 가지 던졌다고 한다. 첫째, BP가 "광구5.2"의 계획을 추진하면 중국 당국은 BP에 부여한 모든 계약을 재고할 것이다. 둘째, 분쟁 수역에서 일하는 BP 사원의 안전을 중국은 보장할 수 없다. 이건 노골적인 위협이었다. 회사의 존속뿐만 아니라 탐광과 생산에 관여하는 종업원의 생명에까지 위해가 미친다. 다루기 어려운 정부를 상대해 온 전임자와는 달리, 헤이워드는 상대의 기세에 질려 푸잉과의 거래에 응했다ㅡBP는 "광구6.1"에선 조업을 하되, "광구5.2"는 보류하기로 했다. 푸잉은 이렇게 설욕했다.

그레첸 왓킨즈Gretchen Watkins는 2주 후에 붕타우에 도착했는데 그녀는 이런 복잡하고 혼란한 상황에서 사장으로 취임한 것이었다. BP는 (베트남 정부를 대신해) 페트로베트남과 미국 기업 코노코필립스를 상대로 "광구5.2"에 조사와 탐광 작업을 실시할 계약을 체결했다. 위키리크스가 폭로한 미국 외교 전신電信에 의하면, 헤이워드는 푸잉과의 거래를 제휴 회사에 알려 주지 않았다가, 겨우 이야기한 것은 6월 8일, BP가 2007년의 사업계획을 중단했을 때였다. 그러나 코노코필립스도, 페트로베트남도 자진해서 BP를 어려움에서 구출해 주지 않았다. 왓킨즈는 법적 · 지정학적 폭풍 한가운데 자신의 무력함을 실감했을 뿐이었다. 6월 13일, BP가 지진 탐광의 계획을 보류했다는 정보가 흘러나오고 그 후 이틀간 하노이 주재 미국 대사 마이클 마린Michael Marine은 영국 대사와 코노코필립스의 방문을 받았다. 마린 본인에 의한 이 회담의 기록 (위키리크스가 폭로)에 따르면, BP가 계획을 보류했음에도 불구하고 페트로베트남이 계약 이행을 무리하게 요구한다고 코노코필립스는 불평을 토로했다. 또 영국 대사 로버트 고든Robert Gordon은 영국 정부가 외무부 고위 간부를 파견해 베트남 정부와 협의할 것이라고 말했다.[23]

BP가 중국의 압력에 굴복함에 따라, 코노코필립스는 그에 따르지 않을 수 없었다. BP보다는 규모가 작지만, 홍콩 남쪽의 시장西江 유전과 보하이渤海의 펑라이蓬梜济 개발구 등 중국에 상당한 투자를 하고 있었기 때문이다. 승리를 예감하여 중국은 전선을 확대했다. 그 달 6월에 중국 외교부는 일본 정부에 이데미쓰, 닛뽄오일, 테이코쿠오일로 구성된 컨소시엄에 대해 항의했다. 이 컨소시엄은 BP 광구에 인접한 "광구5.1b"와 "광구5.1c"에서 지진 탐광을 계획하고 있었다. 위키리크스가 폭로한 도쿄 주재 미국 대사의 설명에 따르면, 일본 정부는 중국과의 대결을 피하기로 하고, 7월에 일본 컨소시엄은 계획을 보류했다.[24] 2007년 8월 초순, 미국의 세브론의 임원들이 워싱턴 DC의 중국 대사관에 불려가서 베트남의 "광구122"에서의 그들 회사의 탐광 작업을 중단하라는 요구를 받았다. 이 요구는 그 다음 주에 베이징에서 더욱 강한 표현으로 되풀이 전달되었다. 말도 안 되는 요구였다. "광구122"는 베트남 해안 바로 앞, 완전히 이 나라의 대륙붕 위에 있다. 하지만 세브론은 시추안성四川省의 가스전 개발권을 위해 페트로베트남과 대규모 계약을 조금 전에 했을 뿐이었다. 그렇게 되면 손실이 컸기 때문에 그 달이 지나기 전에 "광구122"에서의 탐광 작업은 일시 중단했다.[25] 9월 8일, 휴스턴의 중국 영사관은 미국의 다른 석유회사인 포고에도 서한을 보내, "광구122"에서 50km 남쪽에 있는 "광구124"에서의 작업을 중지하라고 요구했다.

푸잉이 BP의 일로 매우 만족한 것은 틀림없다. 이 내막인즉, 2007년 8월 31일 그녀는 영국 남부의 도세트를 특별히 찾아가서 BP의 위치팜 육상석유 생산지를 둘러보았다. 그리고 "쌍방이 더욱 의견 교환을 하고 협력하자"고 제안했다. 도세트 주의 방문인데도 그녀를 맞이한 사람은 이례적으로 BP의 아시아태평양지구 책임자 존 휴즈John Hughes였다. 그는 BP의 희망으로서 "중국의 대형 석유회사와 전략적으로 협력하고 싶다"고 특별히 언급했다.[26] 그러나 중국은 BP에 대한 문제가 종결되었다고 여기지 않았다. 다음 단계는 BP를 이용해 베트남 정부가 중국의 주권을 인정하도록 만드는 일이었다. BP 임원의 내부정보에 따르면, "광구5.2"와 그에 인접한 "광구5.3"의 공동 개발과 관련해, 중국해양석유총공사와 페트로베트남 간의 협의를 주선해 주기를 중국 정부는 "제안"했다. 중국해양석유총공사의 동기는 이윤과 정치 양면이었다. 이 회사의 사장 푸쳉유傳成玉는 야심가로 알려진 인물이었다. 이 회사의 베이징 본사는 차오양 멘로朝陽門路의 교차점 건너편에 있는 외교부—푸잉이 소속한—를 마주 보고 있었다. 2007년과 2008년에 이 푸-푸 연합은 같은 목표를 지닌 두 얼굴이었다.

중국해양석유총공사가 BP에 연인관계를 맺어 주도록 강요한 것은 실은 이번이 두 번째였다. 2003년에도 선례가 있었다. 그때 BP는 중국해양석유총공사를 페트로베트남에 소개만 하고 물러섰다. 페트로베트남은 몇 달간 정중하게 대하면서 일반론적인 협의는 했지만, 중국해양석유총공사가 비즈니스 파트너가 되는 건 환영하되, 베트남의 광구의 공동 관리자가 되는 건 있을 수 없다는 점을 마지막에 가서 분명히 했다. 중국해양석유총공사가 2007년에 이 설전舌戰을 다시 시작했을 때, 푸쳉유는 전과 달리 더 구체적 복안을 품고 있었다. "광구5.2"와 "광구5.3"에 한판 걸기로 했다. 15년 전에 크레스톤을 대신해 랜돌 톰슨이 제안한 거래처럼 이 협상은 잘 진행될 것이다. "공동 개발"이라는 명목 아래 영유권이 쟁점이 되고 있는 지역의 자원에 대해 중국의 주권을 묵시적으로 인정하게 하는 것이다. 이번에는 BP도 협의에서 빠져나갈 수 없게 될 것이다. 실은 중국의 외교 정책의 앞잡이로서 이용될 것이다.

BP 본사의 토니 헤이워드가 이끄는 경영진은 지금 회사가 처한 상황의 역사적 · 지정학적 배경을 전혀 몰랐던 것 같다. 이것은 흔히 있는 단순한 합작사업이라는 전제를 바탕으로 행동을 계속했다. 중국해양석유총공사는 상거래로 매수가 가능할 것이고, 영유권 분쟁은 정부들에게 일임하면 되는 것이라고 생각했다. 이것이 주권 분쟁이라는 걸 깨닫지 못했던 것 같다. 1년 이상 동안이나 그레첸 왓킨즈와 그 임원들은 하노이와 베이징을 왕래하면서 두 국영석유회사 간의 메시지를 전달했다. BP

는 새 해역에 상호 이익이 되는 프로젝트를 전개하겠다고 제안했다. 그리고 협상은 잘 될 것이라고 확신했다. BP는 왓킨즈의 직명까지 "BP베트남 및 중국 탐광 생산회사 사장"으로 변경했다. 놀랄 일은 아니지만, 아무런 진전이 없었다. 베트남은 영유권에 대해서 꼼짝도 하지 않았으며 중국해양석유총공사는 상거래에 관심이 없었다. 하지만 몇 달이 지나고 나서야 헤이워드 등은 마침내 알게 되었다. 그들은 멕시코만에서 거대한 유전이 개발되는 것에 더 관심을 갖고 있었다. BP에게 있어 동남아시아는 그에 비하면 부차적인 것에 불과했다.

왓킨즈와 BP 해외담당 경영진은 타개책을 모색했다. 2008년 말까지는 지진 탐광을 완료하겠다는 계약상의 의무를 지킬 수 없다는 걸 알고 있었다. 그래서 BP와 코노코필립스는 "광구5.2"와 "광구5.3"의 작업 담당권을 비공개로 페트로베트남에 인계했다. 개발권은 앞으로도 계속 보유하더라도 이 결정에 의해 분쟁 수역에 자사의 배를 들여보낼 필요는 없게 되었다. 2008년 5월 13일, 왓킨즈는 이 결정에 대해 이제 막 부임한 하노이 주재 미국 대사 마이클 미찰락Michael Michalak에게 간단히 설명해, BP와 코노코필립스는 작업 담당자의 변경을 중국 정부에 알려 줄 계획이 없다고 했다.[27] 2주 후, 베트남에서 가장 유력한 정치가이자 공산당 서기장인 농둑만Nong Duc Manh이 베이징을 방문해 3일간의 회담을 가졌다. 동행한 페트로베트남 회장은 중국해양석유총공사의 푸청유와 익일 회담을 가졌다. 그 후 푸청유는 하노이를 방문해, 페트로베트남과 협의를 했지만 여전히 타결책을 찾지 못했다. 7월에 페트로베트남이 탐광을 하고 있다는 정보가 새나왔으나 베이징 올림픽이 임박해 중국은 거기에 정신이 팔려 아무런 조치를 취하지 못했다.[28]

왓킨즈는 이제 진절머리가 났다. 가스전 개발은 교착 상태이고 지정학적 협상은 그녀의 전문분야가 아니었다. BP베트남에 그대로 남아 있어서는 승진의 기회가 없었다. 그래서 2008년 7월, 거대 기업의 중간급 직위를 버리고 비교적 소규모 회사의 더 높은 자리에 취임했다. 마라손 석유의 국제생산담당 부사장이 되었다. 이 회사에서는 골치 아픈 영유권 분쟁을 다룰 필요가 없었다. 그녀의 후임자는 같은 미국인 루크 켈러 Luke Keller였다. BP의 자회사 애틀랜틱 리치필드에서 사장을 역임한 인물이었는데, 텍사스부터 아제르바이잔까지 말썽 많은 정부를 상대로 오랜 경력을 쌓고 있었다. 하지만 이 무렵 BP 경영진은 이미 만사가 끝났다고 알고 있었으며, 2008년 11월 하순에 그걸 페트로베트남에게 털어놓았다. BP는 발을 빼고 싶다고 전했다. "광구5.2"와 "광구5.3"의 권리를 조용히 무상으로 페트로베트남에 양도하고 투자액 2억 달러를 결손 처리했다. 이 결정 때문에 코노코필립스도 부득이 12월에 그 예에 따랐다. 푸잉은 궁극적으로 승리를 거둔 것이다.

BP에 다른 방도가 있었을까? 다른 석유회사, 즉 세계 최대인 엑손모빌의 경험을 보면, 없지는 않았을 것이다. 엑손모빌도 역시 중국 당국으로부터 위협을 받았지만 무시해 버렸다. 그 수년간, BP에 비하면 엑손모빌은 중국 시장에 진입하는 데 부진했다. 유일한 큰 투자란 것이 후지안福建의 석유정유가공 프로젝트에 22.5% 출자하고 있는 것이었다. 후지안의 미국 영사관이 주목한 바에 의하면, 엑손모빌이 제공하는 공헌이 아무리 중요하더라도 그것보다 더 중요한 건, "중국 정부가 손에 넣는 커넥션과 정치적 자본"이었다. 심지어 이 프로젝트의 입지, 즉 바다를 사이에 두고 타이완이 바로 코앞이라는 위치마저, 만일 중국·타이완 관계가 새로운 위기를 직면하는 경우, 미국에 대해 외교적 영향력을 강화하는 수단으로 보였다.[29] 게다가 엑손모빌은 다른 카드도 갖고 있었다. 중국은 절실히 천연가스의 공급을 늘리려고 생각하고 있었으며, 엑손모빌은 바로 러시아의 사할린 섬에서 거대한 프로젝트를 진행하고 있는 중이었다.

사할린 섬은 중국의 북동쪽, 러시아 국경을 바로 넘은 곳에 있다. 엑손모빌의 제휴 상대인 러시아의 가스프롬은 거기서 생산되는 가스를 국내에서 판매하기를 원했으나, 엑손모빌 측은 수출하고 싶어했다. 이런 이유로 중요한 것은 정부도 엑손모빌을 지나치게 매정하게 다룰 수 없었다. 똑같이 중요한 것은, 영국 기업과 일본 기업과는 지극히 대조적으로 엑손모빌은 필요한 경우 미국 정부가 자사를 위해 중국 정부에 압력을 넣어 주기를 기대할 수 있었다.

2008년 1월, 베트남에 새 탐광 책임자가 도착했다. 러스 버코벤Russ Berkoben이라는 사람이었는데, 그는 32년간 엑손모빌에서 근무하고 한때는 중국에서 탐광을 지휘했던 인물이었다. 얼마 후 엑손모빌은 페트로베트남과 양해각서를 교환하고, "광구156"부터 "광구159"까지 탐광을 실시하게 되었다. 이 광구들은 베트남이 지금까지 리스한 광구보다 훨씬 더 먼 바다에 있는 광구였다. "광구159"의 남동쪽 끝은 베트남 연안으로부터 500km 이상 떨어져 있으며 완전히 분쟁 수역 안에 들어가 있다. 엑손모빌은 또 베트남 중부 연안에 가까운 "광구117", "118", "119"의 리스 계약과 관련해서도 본격적으로 협상을 하고 있었다. 2008년 7월 20일, 홍콩의 영자신문《사우스 차이나 모닝 포스트》에 그레그 토로드Greg Torode가 보도한 바에 따르면, 이대로 가면 중국 본토에서의 비즈니스 활동이 어려워질 것이라고 워싱턴 주재 중국 외교관이 엑손모빌에 경고했다고 한다.[30] 토로드 기자의 정보원은 이 회사 간부에게서 상황 설명을 들은 오바마 정부의 고관이었다.

8월 말엔 중국 상황이 점점 심각해지고 있는 것 같았다. 엑손모빌은 홍콩에 10억 달러의 액화 천연가스 시설을 건설할 합작사업을 계획하고 있었는데, 그것이 뜻밖에 취소되었다. 이 회사 간부는 베트남과의 분쟁이 그 이유가 아니라고 생각한다고, 미국 외교관에게 말했다. 이 합작사업에 대해 지방 환경단체가 강하게 반대했다. 하지만 중국은 위협을 실행할 것같이 보였다. 그런데 짓궂은 일은, 중국의 제재를 받고 있다는 이유로 베트남으로부터도 제재를 받게 된 것이다. 이 회사는 이미 1년 이상이나 네 개의 광구 (광구 129에서 132까지의 4개 이들은 광구 156-159와 본토 사이에 있다)에 대해 페트로베트남과 협상했으나, 2008년 10월 그 광구의 권리가 러시아의 가스프롬에 리스되었다. 버코벤이 미찰락 대사에게 전한 말에 따르면, 엑손모빌이 중국의 압력에 굴복하지 않을까 페트로베트남은 의심했다.[31] 2008년 7월, 러시아 외교관으로부터 미국 외교관이 들은 얘기는, 중국은 러시아 기업에 압력을 가한 적이 없으며, 그리고 아마 베트남 당국도 그걸 알고 있었다는 것이다.[32]

중국의 강압을 무시한 기업은 엑손모빌뿐이 아니었다. 인도의 에너지회사 ONGC비데시 (광구6.1에서 BP와 제휴하고 있고, 또 광구127과 128에 대해서도 리스를 하고 있다), 한국석유공사 그리고 중국에 그다지 큰 이권을 가지고 있지 않은 소규모 기업—영국의 프레미어와 캐나다의 탈리스먼 등—도 중국의 압력을 무시하고 있다. 그래서 중국은 압력을 행사하기 위해 다른 방도를 강구했다. 2007년 10월, 싱가포르의 펄 에너지의 최고재정책임자 마이크 브루스Mike Bruce에게 중국 대사관으로부터 전화가 걸려 왔다. 그의 회사가 중국 영해에서 불법으로 탐광을 하고 있다는 말과, 따라서 협의하러 대사관에 와달라는 요청을 했다. 브루스는 이를 거절하고, 그 대신 중국 측에서 찾아오길 요청했다. 1주일 후, 대표단이 공식으로 방문해 펄의 탐광선이 광구6.94 (이것은 BP의 광구6.1을 거의 완전히 둘러싸고 있다)에서 작업 중인 것을 알고 있다고 경영진에게 통보했다. 브루스에 따르면, 중국 측은 "펄이 싱가포르 증권거래소에 상장되어 있으므로 싱가포르 정부에 압력을 넣겠다고 위협"했다. 이에 대해, 펄은 1년 전에 아바에너지 오브 아부다비에 매도되어 더 이상 싱가포르 시장에는 상장되어 있지 않다고 브루스가 답을 하자, 그들은 머리를 들지 못했다. 인솔했던 여성 대표가 "그렇다면 얘기가 다르군요"라는 말을 남기고 간 후, 소식이 없었다.

중국에 이권을 가진 채 베트남 앞바다에서 탐광을 계속하는 기업은 2009년 전반엔 엑손모빌밖에 없었다. 6월 30일, 2개 군群의 광구 (미조사의 남동부 156~159와 다낭 외해의 117, 118, 119)에 대해 엑손모빌은 페트로베트남과 생산·분배 계약을 맺어 베트남에서 최대 해양광구의 권리 보유자가 되었다. 버코벤은 그 1주일 전에 하노이의 미국 대사관을 방문해 중국을 자극하지 않기 위해 조인식은 "조용하게" 할 것이라고 설명했다. 엑손모빌은 어떠한 반응이 있을지 모르는 것을 인정하면서도 "중국의 반발이 있더라도 각오가 되어 있다"고 말했다. 버코벤에게 그 대가가 찾아왔다. 1년 반 지난 후, 즉 2011년 10월에 광구118에서 거대한 매장량을 기대할 수 있는 가스전이 발견되었다. 지금도 그 밖의 광구에서는 탐광 작업이 계속되고 있다.

엑손모빌을 제외한 모든 석유회사는 중국에서 조업을 하느냐, 아니면 다른 나라가 권리를 주장하는 해역에서 조업을 하느냐를 놓고 양자택일을 하지 않으면 안 되었다. 코노코필립스는 2008년 12월, 광구5.2와 광구5.3으로부터 철수했으나 다른 두 광구에 대해서는 권리를 가지고 있었다. 이 두 광구는 베트남 연안에 있어 중국과 다툴 우려가 없었다. 2012년 2월엔 더 유리한 사업에 집중하기 위해 베트남에서 완전히 철수했다. 세브론은 광구122의 권리의 20%를 보유하고 있었으나 거기서의 활동은 모두 중단하고, 2013년 전반엔 완전히 매각했다. 그로써 중국이 기분이 좋았는지 모르겠지만, 2010년에 남중국해 북부, 하이난 섬 앞바다에 있는 세 광구의 유전 개발권을 세브론이 얻었다.[33] 이 책을 저술하고 있는 2014년 중반, 세브론은 베트남에 남아 있는 이권—남서안 앞바다의 두 광구, 인도네시아와 말레이시아와 해상 국경 가까이에 있는—에서 손을 떼려고 하고 있다고 전해졌다.

BP는 베트남에 그대로 남아 비즈니스를 계속하며 광구6.1의 가스 생산·발전이라는 고유의 사업을 운영했다. 그런데 2010년 7월, 토니 헤이워드의 멕시코만에서의 대박이 대참사로 몰락했다. 석유 굴삭 시설 디프워터 호라이즌의 폭발과 원유 유출로 인한 보상금 지불을 위해 갑자기 300억 달러가 필요했다. 2010년 10월 18일, BP는 베트남과 베네수엘라에 있는 이권을 러시아 합병기업 TNK-BP에 총액 18억 달러로 매각했다. 아마 러시아라면 그런 사태를 잘 헤쳐나가리라고 생각했다. BP에는 루크 켈러의 확고한 지도력으로 수행해야 할 일이 또 한 가지 있었다. 켈러는 BP의 멕시코만 복구기관의 부사장으로 임명되어 복잡한 현황을 정리하는 데 노력했다. 매각이 있기 수주 전, 2010년 9월 21일 토니 헤이워드는 푸잉과 다시 회담했다. 영국에서 여러 가지 공적을 쌓은 푸잉은 이때는 중국 외교부 차관이었다. 헤이워드는 후임자 봅 더들리를 동행했다. 이것이 그에겐 BP에서 수행한 마지막 직무의 하나였다. 9일 후엔 최고경영책임자의 자리를 떠나게 되었다.

푸쳉유의 운명에는 영예도 없었고 치욕도 없었다. 온갖 노력을 쏟았지만, 중국해양석유총공사는 남중국해 멀리 남부에 있는 유전에 접근하지 못했다. 야심가인 사장에게 정치적 보상이 돌아오지 않았다. 2011년 4월 그가 위로로 받은 상은 아시아 최대 석유정유회사인 중국해양석유총공사의 경쟁 기업이자 업적이 부진한 중국석유화공단지로의 이동이었다. 푸쳉유의 경영 능력은 탁월했다. 그가 재임하는 동안 중국해양석유총공사의 수익은 5배로 늘었다. 중국 공산당은 그가 지정학적 영역보다 산업계의 주역으로 활동하는 게 한층 유익하다고 생각하고 있었다.

＊ ＊ ＊ ＊ ＊ ＊

$20$10년 후반에 BP와 코노코필립스는 중국의 캠페인 때문에 "U자형 라인" 안의 탐광을 부득이 중단했다. 또 합동지진탐사사업에 의해 중국이 선호하는 선택지가 전례로서 확립되었다. 그러나 필리핀의 바뀐 새 정권과 베트남, 브루네이, 말레이시아의 종래 정권은 모두 영유권을 양보할 생각이 없었다. 이익이 가능할지도 모른다는 유혹이 강하게 남아 있었기 때문에, 중국의 압력을 우려하지 않는 다른 기업이 몰려와 분쟁 수역에 손을 뻗치려 했다. 중국마저도 이젠 경제적 지렛대를 다 써버리고 남은 게 없었다. 주권을 행사하는 데 교묘하게 둘러대는 수법은 피해야 한다.

2011년 3월 2일 수요일, 지진탐사선 MV 베리타스 보이저 호 (선주는 프랑스의 지구물리 탐사 회사인 CGG베리타스)는 리드 퇴堆, 즉 파라완 섬의 앞바다 약 160km에 있는 여울 수역에 강력한 에어건을 발사했다. 길이 2700m의 네 개의 "스트리머" (하이드로폰 케이블)가 해저 수천미터 밑의 암반에서 반사되는 음파를 수집하고 있었다. 한편 팔라완 주州의 주도州都 푸에르토 프린세사에 있는 작전 지휘소엔 필리핀군 서부사령관 후안초 사반Juancho Sabban 중장이 사태의 진전을 지켜보고 있었다. 보이저 호는 2개월 가까이 탐사를 계속하고 있으며, 그 활동을 하고 있는 장소에 대한 사전보고는 연안 경비대의 웹사이트에 공표되고 있었다. 2월 28일, 승조원이 중국선을 목격했는데, 중국선은 그 다음날엔 필요하지 않은 호위까지 거느리고 있었다. 중국해양감시국의 감시선이 100m 이내에 접근해 와, 보이저 호에게 퇴각을 명령했다.

보이저 호와 계약을 한 회사는 영국에 등기된 (필리핀이 실제로 운영하고 있다) 기업인 포럼에너지였다. 2005년, 앞에서 언급한 합동지진탐사사업

JMSU의 조사가 막 시작하려고 했을 때, 포럼은 같은 영국 기업인 스털링 에너지로부터 탐사 광구를 인수했지만, 그 광구는 JMSU의 탐사 해역 한 복판에 위치해 있었다. 에두아르도 마날라크는 포럼의 탐광권 리스 계약은 만료되겠지만 필리핀 정부에는 포럼의 로비 활동에 영향을 받아 흔들리는 사람이 있다고 중국 측 상대에게 단언했다. 2010년 2월 10일, 리스 계약은 서비스 계약 (SC-72)으로 격상되었다. 마날라크는 격분했으며, 포럼은 의기양양했다. 초기의 조사에서는 이 삼파기타 가스전의 매장량이 3조 4000억 입방피트라고 시사되었었다. 남은 일은 어디를 굴삭하느냐를 알아내는 일이었다.

보이저 호가 조사를 계속하는 동안, 포럼의 사장 레이 아포스톨Ray Apostol은 매일 사반 장군과 연락을 취했다. 3월 2일, 그는 당황해 허겁지겁 사반에게 전화를 했다. 두 척의 중국해감中國海監 소속의 배 (71호와 75호)가 보이저 호 앞을 지나가면서 퇴각을 명령했다는 것이다. 그는 철수하겠다고 사반 장군에게 말했다. 그러나 사반은 사장에게 지시해 거기에 머물고 있으라고 승조원에게 명령시키고, 비무장 정찰기 OV-10 2기를 긴급 발진시켰다. 두 시간 후 2기가 현장에 도착했을 때는 중국선은 떠난 후였다. 사반은 그 후에 1944년 건조된 소해정 리잘 호와 1943년 건조된 라자후마본 호를 파견했다. 두 배는 오래된 배이기는 하지만 중국해감선이 보이저 호에 접근 못하게 할 정도의 능력은 있었다. 두 배가 7일간 임무를 수행해, 보이저 호는 예정보다 빨리 탐사를 끝낼 수 있었다.

중국해감은 3개월 후, 남중국해 반대편에서 더욱 공격적 전술을 시도했다. 탐사선 빈민02호—페트로베트남과 CGG베리타스의 합작기업이 소유하는—가 베트남의 나트랑 항의 앞바다 동쪽으로 120km 떨어진 광구148을 탐사하고 있을 때였다. 2011년 5월 26일 이른 아침, 중국해감선 세 척 (12, 17, 84)이 수평선에 나타나 곧 가까이 다가왔다. 두 척의 트롤어선이 빈민02호를 호위하고 있었으나 끌고 있는 전체 1만 7천m의 케이블을 지키는 건 불가능했다. 중국해감선 84호가 케이블을 끊어 고의로 절단했다. 베트남은 운이 좋게도, 몇 백만 달러나 하는 스트리머 케이블에 비상용 부표浮票가 부착되어 있어서 그것들이 수면에 올라와 회수가 가능했다. 손상된 곳을 수리해, 빈민호는 그 다음 주에 바다로 돌아갔는데, 이번엔 호위선이 8척이나 동행했다.

그 2주 뒤에 또 다른 지진 탐사선 ─ 이번엔 페트로베트남과 캐나다의 탈리스먼 회사가 합동으로 계약한 배 ─ 이 광구136-03에서 방해를 받았다. 이 광구는 베트남이 주장하는 배타적경제수역의 최남동쪽에 있었다. 이 광구는 또 2008년 코노코필립스가 포기한 세 광구의 바로 남쪽에 위치하고 있으며, 랜돌 톰슨이 권리를 가진 WAB-21에 일부가 걸려 있다. 이때의 배 베리타스 바이킹2호도 역시 CGG베리타스가 소유한 배였다. 그러나 공격하러 온 것은 중국해감이 아니고, 중국 농업부 어업국의 배였다. 그리고 이번엔 케이블의 절단을 정당화하기 위해 교묘하게 만든 희극을 연출했다. 중국어선의 소함대가 탐사 해역에 나타나 베트남 연안 경비대가 퇴각하라는 경고에도 불구하고 거기에 남아 있었다. 이튿날 6월 9일, 중국 어업국 303호와 301호가 바이킹 호의 전방을 가면서 방해하고 있을 때, 트롤어선 제62226이 바이킹 호가 이끄는 스트리머 케이블을 가로질러 갔다. 트롤선은 그물에 걸려 뒤쪽으로 끌려갔다. 그때 중국 어업국의 배가 재빨리 다가가서 트롤선이 케이블을 절단하는 걸 도왔다. 중국 당국은 그 후 이를 자기방위의 행위라고 주장했다.

2011년 전반에 발생한 이 세 사건 때문에 동남아시아는 물론 더 먼 곳으로부터도 중국의 "약자 괴롭히기"에 대한 분노에 찬 비난의 소리가 높았다. 그러나 그 후에도 중국의 "골목대장" 행동은 계속되었다. 2012년 11월 30일, 빈민02호가 광구113 (파라셀 군도 옆, 가스프롬에 리스되고 있는)에서 또 케이블이 절단당했으며, 2012년 8월 21일엔 보르네오 앞바다의 말레이시아의 EEZ 내에서 두 사건이 있었고, 또 2013년 1월 19일에도 중국 정부 배가 석유탐사를 방해했다.[34] 이들 사례는 중국의 해양 관련 정부 부서에 의한 행동이기 때문에 중국 정부에 절대적 의도가 있다는 증거라고 생각하는 사람들도 있었다. 또 이들 행동을 보면, 중국이라고 하는 국가의 일부—중국해양석유총공사, 중국해양감시국, 중국어업국—가 문제의 "U자형 라인"을 심각하게 생각하고 있는 걸 알 수 있었다. 즉 남중국해의 80%에 이르는 해역에 대해 중국은 정당한 영유권이 있다고 주장하고 있었다. 이 사건들은 모두 중국이 주권을 주장하고 있는 섬이나 그 밖의 장소로부터 멀리 떨어진 곳에서 발생했으며, 따라서 아무리 생각하더라도 유엔해양법협약에 반한다고밖에 볼 수 없었다. 비판의 소리가 높아지자, 중국 정부도 해양감시국과 어업국이 지나쳤다는 걸 인정하는 것 같았다. 2013년 3월, 중국은 모든 해양 관계 정부기관 (해감이 속한 국토자원부 국가해양국, 공안부 해경국, 교통운수부 해상안전관리국, 농업부 어정국, 세관총서)을 단일화해 관리한다는 계획을 발표했다. 그 후 적어도 이 책을 집필하고 있는 이 시점까지 그런 사건은 발생하지 않았다.

중국의 전략은 성공했을까? 베트남 앞바다에선 실패였다. 케이블을 절단해도 탐사를 막지 못했으며, 탈리스먼은 2014년 후반에는 광구136-03에서 굴삭을 시작할 예정이었다. 그런데 필리핀 앞바다에선 상당한 효과가 있었다. 포럼은 리드 퇴에서 굴삭을 시작할 수 있는 단계가 되지 못했으며, 필리핀은 노후된 군함으로써는 물리적으로 주권을 방위할 수 없었다. 따라서 이 해역의 개발에 있어서는 중국이 사실상의 거부권을 확보하고 있는 셈이다. 포럼의 경영진은 중국해양석유총공사와 협의를 지루하게 오래 끌고 있지만, 이 책을 쓰고 있는 이 시점까지 진전의 기미는 없다. 선택은 필리핀의 정치가 몫이다. 에너지의 안전 보장을 위해 영유권을 양보하는 게 나을까? 미래에 자원 전부를 손에 넣는 걸 기대해 영유권을 지키는 게 나을까? 아니면, 당장은 얻는 것이 없더라도 좀 더 빨리 일부라도 얻기 위해 지금 타협하는 게 현명할까?

* * * * * *

중국해양석유총공사도, 중국 정부의 다른 부서들도 남중국해 주변의 석유가스 자원에 손을 뻗치기 위해 비상한 노력을 기울여 왔다. 그런데 그런 노력의 대가로 얻은 것은 무엇일까? 남중국해에 얼마만큼의 석유가 매장되어 있을까? 진정코 공평한 평가를 알고 싶으면 싱가포르의 옛 항이 있는 페니블랙이라는 펍 (선술집)에 가 보는 게 좋다. 시끌벅적한 선술집엔 사람들이 맥주를 벌떡벌떡 마시면서 온갖 스포츠를 화제로 기분이 고조되어 있다. 하지만 그런 난잡 속에 가려져 지질 구조에 관한 깊숙한 지식이 거기에 공존하고 있다. 페니블랙은 동남아시아의 해역을 몇십 년간이나 조사해 온 소수의 지질학·지구물리학의 전문가가 모이는 단골집이다. 대부분은 40대에서 50대의 영국인이고, 동남아시아석유탐사협회SEAPEX의 회원이다. 이 지역에서 석유가스를 탐사한 적이 있는 사람이라면, 아마 그들 중 누군가의 도움을 받았을 것이다. 몇 십 개의 기업들이 이 지역에 뛰어들어 왔다가, 그 대부분이 비틀거리면서 떠나가는 걸 보았다. 돈을 벌게 해 준 기업도 있으며, 시도하더라도 되지 않는다는 걸 깨닫게 해 준 기업도 있다. 그들의 생계는 비밀을 지켜야 하는 데 좌우되기도 하고, 수억 달러, 수조 달러가 걸려 있기 때문에 너무 구체적으로 말하지 않고 조금 눈치만 주든가 눈썹을 치켜 올리는 경우도 있었다.

그들의 집단적 견해는 참으로 놀랍다. 이 전문가들의 생각은 남중국해의 분쟁 수역에는 실은 석유와 가스가 그다지 매장되어 있지 않다는 것이다. 이 해역에서 자원의 대부분은 "U자형 라인"의 바깥에 있다. 중국이 주권을 주장하는 범위 내에도 좋은 유전은 있으며, 유망한 후보지도 더러 있다. 그러나 페니블랙의 지질학자들은 지금의 대소동을 벌일 만큼의 가치는 이 해역에는 없다고 생각하고 있다. 올바르게 이해하려면 지질학의 학위가 필요하겠지만, 맥주잔을 기울이면서 하는 설명에 따르면, 지진 탐광에서 찾는 것은 세 가지다. 석유가스가 발생할 가능성이 있는 근원암, 발생된 것이 축적될 수 있는 저류층, 뚜껑이 되어 유출을 막는 바위다. 스프래틀리 군도의 해역엔 이 세 가지가 모두 존재하는 장소가 얼마 되지 않는다. 중신세中新世, 즉 3000만년 전경, 바다에 거대한 산호초가 형성되어, 지각이 이동하거나 해수면이 상하로 이동함에 따라 그 산호초가 서서히 높아져, 마지막에 두꺼운 탄산염암의 퇴적이 형성되었다. 이런 탄산염암은 다공성이므로 그 이전 시대에 석유와 천연가스가 생성되었더라도 아마 증발했거나 유출되었을 것이다. 이 석회암의 층은 두꺼운 데는 3000m나 되기 때문에 그 밑에 무엇이 있는지 정확하게 탐사하기가 매우 어렵다. 정확한 탐사를 하지 않고 몇 백, 몇 억 달러의 거금을 쏟아 넣어 시굴정試掘井을 파려고 할 사람이 있을까?

분쟁 수역의 한가운데는 전망이 더욱 어둡다. 남중국해의 경우, 대륙붕이 끝나면 바다는 급격히 깊어진다. 200m인 수심이 2000m가 되고, 곳에 따라서는 6000m도 된다. 존 사베이지Jon Savage는 페니블랙을 속속들이 잘 아는 것처럼 남중국해에 대해서도 잘 알고 있다. 2011년 포럼의 중단된 탐사를 포함해 여러 해 동안 수십 개의 프로젝트에서 일을 했기 때문이다. 그가 내린 판단에 따르면, 이 깊은 해저는 대체로 해양성 지각이며 거기에는 석유가스를 낳는 근원암도, 그걸 모으는 저류층도, 유출을 막는 암석도 없다. 요컨대 "석유가스의 가능성 제로"라고, 2013년 11월, 호치민 시에서 열린 회의에서 사베이지는 그렇게 언명했다.[35] 업계에선 거의 전원이 같은 의견이다. 그렇다면, 왜 중국 측은 정반대로 계속해서 나팔을 불고 있을까?

교조주의와 기회주의를 절충하는 것이 그 답인 것 같다. 1980년대에 처음으로 있었던 중국의 탐사와 국가의 새 에너지 공급원을 확보하기 위해 전력을 쏟는 주요 관계부서의 활동이 대대적으로 선전된 이후, 수없이 많은 사람들이 바다야말로 에너지 문제의 만병통치약이라고 생각해 해저 탐사에 매달리게 되었다. 예컨대, 1994년 9월, 국토자원부 장관 송루이샹宋瑞祥은 스프래틀리 군도에는 "300억 톤 (약 2200억 배럴)의 석유 매장의 가능성이 있다"고 언명했다.[36] 일단 이런 수치가 진실이라 (그리고 나라의 위기의 해결책이다)고 공식 표명되고 나면, 다른 공무원이 그렇지 않다고 부정하기가 매우 어렵다. 중국해양석유총공사는 그 막대한 매장 자원을 개발하는 일을 맡게 되어, 체제 내에서 강력한 발언권을 가지게 되고 남중국해의 가능성을 선전하는 소리가 더 퍼졌다. 매장량이 더 크게 보이면 보일수록, 국가로부터의 예산 지원을 더 많이 획득하는 근거가 단단해진다.

그러나 "자원량" 즉 지하에 존재하는 양과 "매장량" 즉 거기서 파내지는 양 사이에는 천양지차가 있다. 일반적으로 기술적으로 채굴 가능한 양은 "자원량"의 3분의 1 정도이고, 채굴해서 상업적으로 처리될 수 있는 양은 10분의 1밖에 되지 않는다. 남중국해의 석유가스의 평가로서 가장 권위 있고 투명성이 높은 것은 2010년 6월에 미국 지질조사소가 발표한 것과 2013년 2월에 미국 에너지정보국이 발표한 것이다. 에너지정보국의 남중국해에 대한 견적에 의하면, 상업적으로 이용 가능한 매장량으로는 원유가 불과 110억 배럴, 천연가스가 190조 입방피트다. 원유의 매장량은 멕시코와 대략 같고, 천연가스는 유럽 (러시아 제외)과 같다고 한다.[37] 이 지역의 지질에 관한 현재의 식견을 바탕으로, 미국 지질조사소가 추정한 바에 따르면, 미발견 자원량은 원유가 110억 배럴 (최저 견적 50억, 최고 견적 220억), "천연가스"가 40억 배럴, 합계 150억 배럴이다. 미국 지질조사소에 따르면, 미발견 천연가스의 자원량은 더 많을 가능성이 있어 70조 내지 290조 입방피트 정도라고 한다.[38]

그러나 이 수치는 남중국해 전역에 대한 것이고, 각 국의 배타적경제수역에 완전히 포함된 해역도 포함되어 있다. 알려진 수치의 극히 작은 일부가 분쟁 수역에 걸려 있으며, 더욱이 채굴해서 상업적으로 이용되는 양은 그것의 10분의 1정도다. 필리핀과 베트남처럼 규모가 작고 비교적 가난한 국가이면, 이 정도의 자원도 상당한 효과를 가져다줄 수 있다. 하지만 중국은 연간 30억 배럴의 석유와 5조 입방피트의 천연가스를 소비하는 경제대국이다. 남중국해의 매장량도 자원량도 그런 폭풍·노도(Sturm and Drang)의 소동을 벌일 정도의 가치는 거의 없다. 석유 한 방울 남기지 않고, 가스 한 거품 남기지 않고 중국으로 가져간다고 하더라도, 중국의 경제 규모 같으면 기껏해야 몇 년밖에 지탱하지 못할 것이다. 지질적으로 채굴하기가 어렵고, 태풍 피해를 받기 쉽고, 생산을 떠받치는 인프라는 정비가 안 되어 있다. 토니 레건Tony Regan은 셸Shell의 전 임원이었고 지금은 싱가포르를 중심으로 활약하는 에너지 컨설턴트인데, 남중국해의 상업적 가능성에 대해 기탄없이 이렇게 말했다. "석유 메이저에게 이 지역이 중요했던 적은 한 번도 없었고, 다음 목표로도 생각하고 있지 않아요. 훨씬 더 매력적인 곳이 있으니까. 이를테면 서오스트레일리아와 동아프리카가 그렇고, 물론 탄층가스라든가 셰일가스 같은 비재래형 가스도 있고"[39] 요컨대, 중국이 에너지 안전보장에 대한 불안을 해소하기를 원한다면, 남중국해를 휘젓는 것보다 더 값싸고 확실한 방법이 있다는 말이다.

이 지역의 국가들은 모두 에너지 안전 보장을 걱정하고 있다. 수요는 급증하는데 생산량은 감소하고 있기 때문이다. 해양 유전의 개발은 영해 분쟁 때문에 지연되고 있으며, 쇠퇴하고 있는 유전을 대체할 새 유전도 동남아시아 지역에선 그다지 발견되지 않고 있다. 그 결과 역외로부터 수입이 급증한다. 남중국해는 지금 해저에 잠자고 있는 석유가스 때문이 아니고, 석유가스의 수송로로서 중요한 바다가 되어 있다. 2013년 에너지정보국의 계산에 따르면, 세계의 석유의 3분의 1, 액화천연가스의 절반이 멀래카 해협을 통과해 중국, 한국, 일본으로 운송되고 있다. 평균, 200만 배럴의 원유를 수송할 수 있는 초대형 원유 탱커VLCC가 두 척, 20만 입방미터의 액화가스를 수송 가능한 대형 액화천연가스 운반선 두 척이 매일 일본에 도착하지 않으면, 일본은 전등을 밝히는 것조차도 불가능해진다.[40] 동아시아 및 동남아시아 국가들은 모두 공급 두절에 취약하다. 2008년에 원유가 중국의 전체 에너지 소비의 22%를 차지했으나, 그 절반이 수입 원유이고 그 85%는 멀래카 해협을 경유해 들어온다. 즉 중국에 공급되는 에너지의 약 10%가 남중국해를 건넌다. 이 수치는 2008년 이후 계속 늘어났으며 앞으로도 계속 늘어날 전망이다.[41]

싱가포르에서 리펑의 발언이 있은 지 사반세기에, 자원에 의존하기 위해 국가는 그것을 물리적으로 지배하지 않으면 안 된다고 하는 것이 중국 지도부가 에너지 문제에 대응하는 자세였다. JMSU에 크레스톤의 특허를 부여한 것에서부터 "U자형 라인" 내의 분쟁까지 늘 그 패턴은 지속되어 왔다. 그러나 다른 방법도 있다. 영해권을 둘러싼 긴장이 완화되면, 항행의 자유가 보호될 것이라는 확신을 각 정부에 줄 수 있다. 에너지 공급과 관련해 지역 내의 협력적 대응이 향상되면, 모든 국가가 자국의 EEZ 내에서 자원 개발이 가능하고 기업은 최대의 수요가 있는 곳에 판매할 수 있다. 그렇게 되면 안전한 에너지 공급이 보장된다는 걸 흔쾌히 믿게 되어 무력으로 에너지를 독점하려고 하지 않을 것이다. 하지만 남중국해의 영유에 대한 주변국의 집념이 거세지고 있을 뿐, 타협은 점점 더 어려워지고 있는 것 같다.

중 국
시아먼
후지안성
타이페이
타이완
추쟝
광저우
광둥성
타이완 해협
카오슝
광서
마카오
홍콩
하노이
하이퐁
잔쟝
프라타스 군도
루손하
톤킨만
하이코우
하이난 섬
루손

제6장

북소리와 상징
내셔널리즘

수비만

남 중 국 해

캄란만

노스 댄저 둑
리드 둑
시투 섬
아투아바 섬

호치민시
푸키

스프래틀리 군도

팔라완

콘손 섬
스프래틀리 섬

밴가드 둑
루이자
암초

코타키나발루
사바
반다르 세리 베가완
브루나이

나투나
(인도네시아)

사라왁

레   이   시   아
쿠칭

하 노이의 오페라하우스 근처에 모여 있는 사람들은 수는 얼마 되지 않으나 성이 나 있었다. 어쨌든 모였다는 게 놀라운 일이다. 며칠 전부터 페이스북은 분노의 투고로 메워졌으나, 베트남 당국도 정신없이 바빴다. 일주일 조금 더 된 전인데, 지진탐사선 빈민02호의 케이블이 또 중국에 의해 절단되었고, 일개월 전에 중국이 새로 발급한 여권에 "U자형 라인"을 그려 넣은 남중국해의 지도가 인쇄되어 있었다. 하지만 베트남에선 제약이 강해 사람들은 분노를 공개된 장소에서 표현할 수 없었다. 뒷골목에는 구역 감시원이, 신문에는 편집주간이, 모든 시민 단체에서는 "관리조직"이 눈을 붉히고 있기 때문이었다. 사람들은 지껄이고 투덜거리고 하지만, 일반적으로 거리에 나가 공산당 지배에 이의를 표출하지는 않는다.[1]

하지만 인터넷이라고 하면 이야기가 달라진다. 특히 페이스북은 불평불만을 증폭시킨다. 공산당도 인터넷을 감시하지만 이야기와 행동은 확연히 구분한다. 2012년 12월 9일, 그 경계선이 무너졌다. 블로그와 채팅을 하는 사람들은 공개적인 행동을 취할 필요가 있다는 것에 동의했다. 남중국해에 대해 베트남에서 최초로 항의 행동이 일어난 지 5년 가까이 되었는데, 이번에 다시 거리로 나가 데모를 하게 되었다. 프랑스가 세운 옛 오페라하우스 계단에서 항의 집회를 열려고 준비를 했었는데, 바로 그때 같은 장소에서 공산당 청년연맹의 행사가 열리기로 결정되었다. 광장에 단상이 설치되어야 하기 때문에, 낡은 식민지시대의 대로―지금은 창티엔로路라고 부르는―변의 한쪽 구석에 모일 수밖에 없었다. 12월이라 비교적 시원한 날씨에 거리는 걷기에 쾌적했다. 작은 상점과 카페가 줄지어 있는 거리를 지나 호안키엠 호숫가와 커다란 옛 저택들이 펼쳐져 있는 디엔비엔후 거리를 지나면 눈 앞엔 중국 대사관이다.

잡다한 사람들이 모인 집단이지만 그래도 준비가 제법 잘 되어 있었다. 항의 행동을 하기 위해 200명이 모였다면 베트남에선 많이 모인 편이다. 잘 만들어진 플래카드에는 슬로건이 베트남어와 영어로 적혀 있고, 많은 사람들이 "U자형 라인"의 지도에 X표시가 크게 적힌 T셔츠를 입고 있으며 모두가 소리도 함께 지르고 있었다. "No U FC"의 지지자들도 끼어 있었다. 그들은 반중국파 활동가의 그룹이지만, 당국의 괴롭힘이 진절머리가 나, 합법적으로 모일 수 있도록 축구 클럽을 결성했다. 이 클럽명은 "U자형 라인"에 대한 비난 (노 · U)에다 "FC"를 붙인 것인데, 이 "FC"는 "축구클럽Football Club"의 머리 문자인 동시에 "뒈져라, 중국Fuck China"의 두문자頭文字이기도 하다. 어떤 사람이 북을 치고, 74세의 바이올리니스트 타치하이가 그에 맞추어 애국적인 노래를 부르면서 사람들의 흥을 돋우었다. 그러나 참가하지 못한 유명인들도 있었다. 이를테면 부정부패 일소를 부르짖는 행동가 레히엔둑은 새벽부터 공안부의 직원이 방문해 이들을 영접하느라 외출하지 못했다.

창티엔로에는 더 많은 관리들이 어슬렁거리면서 반사회적 활동이 일어나지 않도록 경계하고 있었다. 밝은 녹색 제복을 착용하고 있는 사람이 많았으나, 사복을 입은 직원도 있었다. 경찰차 한 대가 군중 사이를 끼어들어 지나가려고 했으나 데모 행렬은 물러서지 않았다. 군중은 중국의 공격에 대항하는 구호를 되풀이하고, "파라셀 군도와 스프래틀리 군도는 베트남의 것"이라고 부르짖고 국토를 지키기 위해 정부는 행동을 더 많이 해야 한다고 주장했다. 외국 기자들이 몇 명 나타나 군중의 말소리를 세계에 알려 주려고 했으나, 데모 군중에 의한 이 일요일의 산책은 결국 끝까지 가지 못했다.

경찰이 해산을 명령했다. 데모대는 경찰에게 해산하라고 외쳤으나, 경찰을 이겨낼 수 없었다. 제복 경관이 옆으로 나와 보고 있을 때, 사복 경관은 20명 가량을 징발된 시내버스에다 밀어 넣어 하노이에서 15km 떨어진 록하 구치소에 실어 보냈다. 남아 있던 데모대는 당국의 메시지를 알았다. 내셔널리즘적인 소요로 중국 대사관을 괴롭혀서는 안 된다는 것이다. 하지만 이 항의 행동, 그리고 호치민시에서의 같은 활동에 관한 뉴스와 영상은 온 세계를 돌아다니게 되었다. 편집자가 흔히 말하는 좋은 "사진 기사"였기 때문이다.

그 주의 화요일 오전, 매주 열리는 정보통신부와의 정례 회의에서 베트남의 신문 편집주간들은 대對중관계의 보도 자세와 관련해 심하게 질책을 받았다. 빈민호 사건의 기사에 "반중 감정"이 들어 있다는 것이다 ─ "사실만을 쓰라"고 하는 사전의 지시를 무시했다는 것이다. 나라가 소란스러운 것은 전적으로 신문의 책임이라는 것이었다. 베트남 당국에 문제가 되는 건 아무리 많은 신문을 검열하고 반체제자를 구금하더라도 반중 감정은 거세지고만 있다는 것이었다. 베트남에서는 그러한 것을 공개적으로 정확하게 추산하는 게 불가능하지만, 남중국해 문제와 관련해 2007년부터 적어도 10회 이상, 하노이와 호치민에서 소규모 항의 행동이 있었다. 체포되고 처벌받는 걸 두려워하지 않는 사람이 소수라도 있다면, 앞에 나서서 항의 행동에 가담할 용기는 없으나 그런 주장에 동조하는 사람이 더 많다는 건 확실하다. 베트남이 "동해"라고 부르는 남중국해의 앞날 그리고 이른바 중국의 음모—베트남을 무너뜨리려는—는 종종 인터넷상에서 내셔널리즘을 분출시키고 있다.

30여 년 전, 동남아시아 역사 연구가 베네딕트 앤더슨Benedict Anderson은 19세기부터 20세기에 걸친 내셔널리즘의 탄생을 이렇게 설명하고 있다. 그는 "상상의 공동체"가 생긴 것을 설명했다. 즉 그 공동체에선 국민의식에 눈을 뜬 시민들이 만난 적이 없는 동포와의 유대감을 가지기 시작한다. 그 유대감은 매우 단단해 그걸 지키기 위해선 죽이거나 죽는 것도 서슴지 않는다. 그러한 "상상의 공동체"가 생기는 조건으로서, 경제가 발전하는 것, 그리고 그것에 의해 개인이 자기를 정의할 수 있게 되고, 전국적 미디어가 발명되는 것, 그리고 다른 언어를 말하고 다른 습관을 가진 남들과의 차이로부터 동포의 일체감이 생기는 것이다.

21세기에 들어와 남중국해 연안에선 새로운 내셔널리즘의 파도가 새로운 상상의 공동체를 창출하고 있는 중이다. 경제발전, 새 미디어의 기술, 자기표현에 대한 새로운 욕구—20세기에 반식민주의적 내셔널리즘을 떠받친 것과 같은 원동력—등이 내셔널리즘의 재생을 추진하고 있다. 그러나 이번의 "남들", 즉 공동체가 자기를 정의하는 상대가 되는 것은 만난 적이 없는 멀리 떨어져 있는 제국주의자가 아니라, 예로부터 관계를 맺어 온 같은 지역의 이웃들이다. 네티즌들은 나라의 영광을 위해, 사람이 거의 살 수도 없는 암초를 지키기 위해 죽는 것도 서슴지 않겠다고 말하고 있다. 이 지역의 수백만, 수천만의 사람들은 자신이 속한다고 느끼는 상상의 공동체가 적보다 강하다고 생각하고 싶으며, 그렇게 생각하지 않으면 자기의 인간으로서의 정체성이 완전하지 않다고 믿게 되었다. 내셔널리즘이 강력한 건 틀림없다. 하지만 그것이 얼마나 이 분쟁의 원동력이 되고 있을까? 대중에게 먹혀드는 이런 표현을 고찰해 보면 현실은 한층 더 복잡하다는 걸 알 수 있다.

＊　＊　＊　＊　＊　＊

오늘날 베트남의 내셔널리즘은 많건 적건 중국에 대한 저항이라는 맥락에서 정의되고 있다. 베트남의 크고 작은 도시의 큰 거리 이름의 대부분은 지금 "중국"이라고 불리는 나라에 대항해 싸운 ^(실존 또는 전설상의) 인물의 이름을 따라 붙인 것이다. 예를 들어, 하이바충徵姉妹은 기원후 40년에 반란을 주도한 인물이고, 고쿠엔吳權은 938년에 "중국"으로부터 처음으로 독립한 지배자라고 알려져 있으며, 리투옹키엣李常傑은 1076년 송宋 왕조와 싸운 사람, 찬흥다오陳興道는 1284년에 몽골과 싸운 사람, 레로이黎利 (레타이토黎太祖라고도 한다)는 1428년에 밍明 왕조를 격퇴시킨 사람, 구엔후에阮惠 (쿠앙충光中이라고도 한다)는 1789년에 칭淸 왕조를 격퇴시킨 사람이라고 한다. 대부분은 시대착오적 신화에 불과하다. 현재의 국경선으로 나뉜 베트남과 중국 두 나라가 처음으로 전쟁을 치른 것은 1979년의 일이다. 그 이전의 충돌은 일부 지역의 통치자, 반역자, 군벌, 속국, 신흥세력 간의 싸움이었다. 그들이 사용한 언어는 그 후손들의 언어와 동일하지 않았으며, 그렇다고 해서 적의 언어와 반드시 상이한 것도 아니었다. 그럼에도 불구하고 지금 베트남에서 이들 위대한 전투는 모두 "충쿠옥", 즉 "중앙의 왕국"이 북에 대해 제국주의적 속셈에 저항한 장구한 빛나는 역사의 증거라고 인식되고 있다.

건축부터 요리에 이르기까지 두 나라의 문화적 연결은 뚜렷하다. 그러나 풀뿌리 수준에서는 지금도 "타우"―영어로 옮기면 "칭크"에 해당하는 경멸어―라고 불리는 사람들의 의심은 뿌리가 깊다. 이 편견의 근원은 공포심이다. 베트남인은 자신들이 중국인보다 더 창조적이고 문화적이라고 생각하지만, 중국 상인의 철벽 같은 네트워크와 대결을 할 수 없다. 그 외견상의 폐쇄적 공동체는 이른바 그 촉수触手를 동아시아 방방곡곡으로 뻗쳐, 베트남을, 그리고 이 지역을 송두리째 집어 삼킬 듯이 보인다.

편견을 좀 줄여서 베트남 역사를 보면, "중국"과의 관계의 중요성을 인정할 수 있다. 누산타오 시대부터 그러했고 후지안성福建省의 상인에 의한 해상교역도 있었다. 1980년대 베트남이 스탈린주의에서 벗어나기 시작했을 때 동남아시아의 중화계가 투자를 시작했다. 베트남의 공산정권이 오늘날 존재하고 있는 것은 20세기의 대부분에 걸쳐 중국에게서 받은 보호와 원조 덕택이다. 이념적인 자극도, 로켓포도, 쌀도 북의 베이징으로부터 유입되었다. 중국의 원조에 의해 북베트남은 1975년에 남베트남에 승리하는 기반을 구축할 수 있었다.

"반중反中"이 수많은 베트남인에게 받아들여지는 것은 부분적으로 중국에서 받은 정치적 은혜 때문이기도 하다. 반중은 암암리에 "반공反共"을 의미한다. 하노이 한복판에서 공산당 비판의 데모를 공공연하게 펼치면 스스로 장기간의 징역형을 지망하는 일이다. 그러나 중국의 행동을 비판함으로써 데모대는 애국주의자처럼 보이면서 간접적으로 공산당의 정통성에 의문을 표시할 수 있다. 왜냐하면 공산당은 중국의 지원을 받아 권력을 장악했으며, 지금도 베이징의 "형님"과 이념적으로나 실제적으로도 강하게 결속하고 있기 때문이다. 그러나 다른 면에 있어서 당에 충실하면서도 중국의 영향을 심하게 비판하는 사람도 적지 않다. 애국심의 문제로서 비판하는 사람도 있으나, "차이나 카드"를 쓰는 것은 라이벌의 발목을 잡는 수단이기도 하다. 중국을 비판함으로써 베이징과 가장 강력하게 사상적으로 결속되어 있는 당의 일파를 비판하고 있는 셈이다. 그런 일파는 또 사회를 엄하게 관리하기를 좋아하며, 국영기업에 의한 지속적인 경제지배와 서방에 대한 강경한 자세를 지지하는 일 파이기도 하다.

1968년 베트남 공산당 지도부에서 격렬한 내부 쟁투가 벌어졌는데, 그것은 중국에 의지하느냐 아니면 소련에 의지하느냐를 놓고 새삼스럽게 대립하고 있었다. 수십명의 원로급 인사가 추방되거나 투옥되었다. 그러나 지정학적 대립은 단순한 허울이고 진정한 대립은 딴 데 있었다. 즉 전쟁전략, 사회주의적 변화의 속도, 그리고 수많은 국내 문제가 그 대립의 근원이었다. 그 이후 쭉 베트남의 미래와 관련한 모든 대논쟁에 있어서 "중국"은 당면 문제로서 다루어졌다. 말하자면 암호인데, 그 암호를 통해 다른 전투가 펼쳐지는 것이다. 북베트남 군이 사이공의 대통령 관저에 탱크를 들여 놓기 (사이공 함락, 즉 베트남전쟁 종식을 상징—역자) 이전에, 이미 중국과 베트남의 공산당 지도부는 사이가 틀어지기 시작했다. 중국인이 보기에는, 베트남은 배은망덕한 자식이며, 은혜를 베푼 부모에게 자식 도리를 다하지 못하고 있는 것이다. 한편, 베트남 지도부는 외국의 침략으로부터 막 해방되었기 때문에 중국의 태도에 제국주의적 교만함을 느끼고 있었다. 베트남은 속국이 되고 싶은 생각은 추호도 없었다. 양국의 관계는 악화 일로로 치달아, 1979월 2월, 중국 (미국으로부터 정치적으로, 정보면의 지원을 받고 있었다)은 "베트남에 본때를 보여 주기로" 결단하고 침공에 나섰다. 중국군은 여지 없이 당했지만 베트남 국경 지역도 몇 군데 파괴되었다. 양국 지도부가 화해한 것은 겨우 1991년경이었다.

이 같은 "전쟁 속의 전쟁"은 오늘도 계속되고 있다. 창티엔로에서의 데모가 계획되고 며칠 후, 과연 그런 일이 있었을까, 믿을 수 없는 일이 명명백백하게 폭로되었다. 비밀로 해야 될 담화가 장장 한 시간이나 계속되는 녹음으로 유튜브에 흘러들어간 것이다. 이 녹음의 불운한 주역은 찬담탄 대령, 베트남 국방부 정치아카데미에서 남중국해 문제를 가르치고 있는 인물이다. 장소는 하노이의 각 대학에서 고위급 관리직에 있는 공산당원 (베트남에선 당원이 아니면 고위급이 되기 어렵다)의 집회였다. 탄 대령은 퉁명스러운 메시지를 던졌다. 최근에 데모가 너무 많은데 막아야겠다는 말이었다. "당에선 여러분이 학생을 잘 관리해 주길 기대합니다. 여러분의 학생이 데모에 참가하고 있는 게 발견되면, 여러분의 인사기록에 벌점이 올라갈 것이라는 걸 명심하길 바랍니다"라고 대령은 학장과 교수들에게 위협을 주었다.[2]

그 녹음의 복사본을 읽어 보면, 평소에 보도되지 않는 베트남의 보안기관 내부의 사고방식을 투명하게 볼 수 있는 드문 자료임을 알 수 있다. 대령은 먼저 이렇게 경고한다. 만약에 공산주의 체제가 붕괴되면, 당신들의 생활수준은 몰락한다. "국가와 사회주의 사상을 수호하는 건 수많은 것을 지키는 일이다. 여기에는 현실적 측면 즉 우리 자신의 연금을 지키고, 우리 뒤를 따라 오는 세대의 연금을 지키는 것도 연관되어 있다" 이와 같이 기본적인 개인의 이해를 호소하고 난 후, 중국을 적대시해서는 안 된다는 이유를 노골적으로 요약했다 — "저쪽"은 13억, "이쪽"은 단지 9천만이다. 지난날 그들은 우리를 여러 번 침략한 걸 잊지 말아야 하지만, 가까운 근년에는 중국은 베트남을 위해 많은 희생을 지불했으므로 "은혜를 모르는 것으로 보여서는 안 된다"라고 말을 이었다. 중국의 최근 행동은 덩샤오핑의 남중국해를 지배하고자 하는 "불타는 야망"의 유산이다. 중국은 해상방위의 필요성을 알고 있으며 석유가스에 대한 매력도 느끼고 있다. 지금 베트남의 과제는 국가의 독립을 보전하는 것이기는 하지만, 동시에 평화와 안정도 지키지 않으면 안 된다. 이를 위해선 충돌을 피하고 베트남 국민과 중국 국민의 연대감을 유지하는 길밖에 없다고, 대령은 설명했다.

베트남은 증가하는 인구와 그에 따라 증대하는 욕구를 충족할 새 일

자리를 매년 100만 개씩 창출하는 게 지도부의 최대 관심사인데도, 영유권 분쟁에 발목이 잡혀 있는 형편이다. 중국에 대한 적대감을 유발하지 않기 위해 꽤 무리한 일을 하고 있다. 2013년 1월 6일, 대령의 담화가 있고 몇 주 뒤의 일인데, 한 국민적 영웅의 유골이 하노이 바로 남쪽, 그의 고향인 타하오 성에 재매장되었다. 전국의 신문에 상세한 기사가 보도되었으나, 이 영웅이 어떻게 해서 숨지게 되었는지에 대해서는 이상하게도 어느 신문에도 전혀 언급되어 있지 않았다. 다만, "부랑자들"에게 살해당했다고만 했고, 그 자들의 국적도 모른다는 것이었다. 이 영웅 레딘친은 실제로 1978년 8월 25일, 중국의 국경선 경비병에게 살해되었다. 전후 양국 간의 긴장이 급격히 고조되기 시작한 때였다. 베트남은 몇 만 명의 중국계 주민을 추방하고 있었는데, 그것이 국경검문소 ^(어울리지 않게 "우정의 문"이라고 명명되어 있었다)에서의 충돌이라는 결과를 낳았다. 몽둥이와 칼로 무장한 경비병 사이에 난투극이 벌어져 중국인 4명과 베트남인 2명이 사망했다. 18세의 레딘친은 그 중 한 사람이었다.

그로부터 10년간, 양국의 관계가 계속 악화하고 있는 가운데, 레딘친은 민중의 영웅으로 받들어졌다. 충돌이 있고 4개월이 되어, 국영출판사에서 그의 영웅적 생애와 애국적 희생을 칭송하는 책을 출판했다. 학교에도 거리에도 그의 이름을 붙이게 되었으며, 아이들은 그를 모범으로 삼으라고 교육을 받았다. 하지만 1990년 이후에는 중국과의 관계가 개선되어, 레딘친의 이야기는 국민을 결속하는 데 그다지 이용하지 않게 되었고, 점점 베트남 정부에게는 거북한 과거가 되고 있었다. 그러한 사정으로, 그를 죽인 범인의 국적은 공적 기억에서 지워진 것이다.

베트남에선 시체를 재매장하는 것이 일반적이다. 매장하고 수년 후에 유골을 파내어 깨끗이 하여, 적절한 의식을 해 공동묘지에 재매장한다. 그렇지만 35년이나 지난 후에 매장을 다시 하는 일은 매우 드물다.

그의 사망을 설명하는 데 "중국"이라는 단어를 넣지 못하도록 신문사가 분명한 지시를 받고 있었으므로, 레딘친이 재매장된 이유에 대해 여러 가지 소문과 음모론이 인터넷에 유포되기 시작했다. 그것을 부채질한 것이 일년 반 전부터 유포되기 시작한 풍문이었다. 국경에 인접한 랑손 성의 칸케 근처에서 전몰자 기념비가 오손된 사건이 있었다. 이것은 큰 비석으로 1979년의 "중국의 침략을 단호히 저지한" 제337사단의 병사를 추모하는 비문이 새겨져 있었다.

2011년 8월, 블로그에 기념비의 사진이 돌아다녔다. "중국의 침략"이라는 글을 깎아 없앤 것으로 보였다. 사진은 대폭 잘려 줄어 있었다. 본래의 사진에서 비석은 토목공사 현장의 한복판에 서 있는 걸 알 수 있었다. 그 주변에 새 도로와 다리가 건설되고 있었으므로, 건설공사 때 손상되었을 가능성도 충분하다. 그러나 당국은 공식 언급을 하려고 하지 않았다. 그러므로 인터넷상에선 비겁한 베트남 정부가 중국에 충성하는 마음으로 파괴를 명령했다고 힘주어 주장하고 있었다.

레딘친의 주검이 국경 근처의 묘지로부터 수백 킬로미터나 남쪽으로 이장하는 걸 근거로, 베트남에서 특히 유명한 블로거인 구엔후빈 (본래 첩보원이며, 별명은 안바삼)은 베트남의 내셔널리즘적 항의의 상징이 될 만한 것이 정부에 의해 국경지대로부터 서서히 철거되고 있다고 주장했다. 실제로 그럴지도 모른다. 또는 사실이 아닐지도 모른다. 베트남 정부로서 문제가 되는 건, 대對중관계에 관련해서는 정부가 무슨 말을 하든 아무도 믿지 않는다는 것이었다. 정부가 신문사와 교수에게 이 문제가 논의되는 걸 방지하라고 명령을 내리더라도, 그것은 음모론을 더욱 확산할 뿐이었다. 무슨 말을 하든 어떤 행동을 하든 본래의 의도와 관계없이 모두 악의에 찬 동기로 받아들여졌다.

당은 여러 가지 면에 있어서 빈틈없이 현명한데도, 왜 그런지 이 문제에 있어서는 낡은 방식으로만 대응하고 있는 것 같다. 예컨대, 블로그를 규제할 새 법률을 제정하거나 (효과가 없기는 이전의 법률과 마찬가지), 외국과 반공조직과 공동 전선을 펴는 활동가를 탄압하고 있다. 또 최근 수년간, 수십 건의 "재판의 시늉"도 있었다. 안보 당국은 부득이한 국제적 비판을 기꺼이 헤쳐나가고 있는 것 같다. 이 같은 재판을 "후진을 교육하는 데" 이용하고 있는 셈이다. 당내의 "친중親中"세력은 비판을 실제로 좋아했다는 말도 있다. 서방 정부가 베트남을 경원하게 되고 자신들의 지배가 평온하게 되기 때문이라고 했다.

2014년 5월, 파라셀 군도 근처의 석유 굴삭에 대한 항의가 폭동으로 발전했을 때 전 세계가 분명히 목격한 것처럼, 베트남에는 확실히 내셔널리즘적인 반중 감정이 높아 공산당 지도부를 곤란에 빠뜨리고 있다. 그러나 그런 감정으로 공산당이 중국과의 대결로 몰아가지는 않고 있다. 오히려 당이 자국의 일부 세력과 대결하도록 몰아가고 있다. 공산당이 중국에 대한 항의를 두려워하는 것은, 거기에 반당 감정이 숨어 있고, 또 그것이 커져서 공산당의 지배를 위협할지 모르기 때문이다. 당의 최우선 관심은 국내 및 국제 문제에 있어서의 안정이지 표현의 자유가 아니다. 하지만 국내의 표현의 자유와 개인의 자유를 지지하는 측은 대외적으로 대결을 가장 소리 높이 지지하고 있다. 한쪽은 평화를, 다른 쪽은 자유를 외친다. 두 가지를 내세우는 쪽은 없다.

* * * * * *

又 다른 도시로 가보자. 하지만 여기에 등장하는 것은 두 종류의 시끄러운 군중과 대립하는 아젠다다. 2012년 4월 16일 새벽, "번개집회"가

마닐라의 해변 대로에서 열렸다. 이 거리는 독립 후의 초대 대통령의 이름을 따라 로하스로라고 명명되어 있었다. 필리핀학생동맹에 속하는 약 70명이 미국 대사관의 벽에 돌격했다. 대사관이 굳건히 건립되어 있는 대지는 마닐라 만을 매립한 땅이며, 미국은 1898년 바로 이 근처에서 스페인 해군을 격파함으로써 열강의 반열에 끼어들었다. 밖에서 경비 근무를 하게 되어 있던 경찰은 패트롤 카 안에서 깊은 잠에 빠져 있었다. 운이 좋았다. 행동파들은 제국주의의 상징에 대해 작업을 시작했다. 붉고 푸른 페인트 폭탄을 대사관 벽에 던지고 치장한 벽토 위에 스프레이로 구호를 쓰고, 미국 국기를 불태우는 정통적 의식을 했다. 몇 명의 과격투사는 철책을 뛰어넘어 대사관의 동판 표지에 세공을 시작했다. 경찰이 나타났을 때는 대사관 현관에 "m as of the ni ed S ates of merica"라는 표지판이 붙어 있었다. "Embssy of the United States of America"라는 표지판의 문자 몇 개가 떨어져 나갔기 때문이다. 이 항의 대원들은 법과 질서의 힘에 방해를 받지 않고 옆길로 도망했다—아마 거기서 훔친 여덟 개의 문자로써 스크래블 ^(글자 맞추기 놀이) 최대 점수를 논의하려고 했는지 알수 없었다. 잠자고 있던 경찰이 눈을 떴을 때는 모든 것이 끝난 후였고, 그는 차를 몰고 가버렸다. 무슨 일이 있었는지, 전혀 모르는 듯했다.[3] 그후 그 경찰과 그의 상사는 직무태만으로 문책을 받았다.

그로부터 6시간 후, 7km 떨어진 마카티 시의 상가, 햇살이 밝게 비치며 돈이 많은 이 장소에, 시끄럽기는 마찬가지지만 다소 질서 있는 군중이 중국 영사관 앞에 모여 있었다. 여기서는 경찰이 사전에 연락을 받고 잠을 자고 있지 않았다. 데모 집단은 무방비의 벽, 간판, 유리창으로 멀리 떨어져 정렬해 있었다. 이곳에서의 데모는 조직이 약간 잘 되어 있었다고나 할까, 적어도 돈이 더 들어간 것 같았다. 수십 명의 데모대가 가지고 있는 건 손으로 만든 깃발이나 쇠지레가 아니고, 〈정지STOP〉 표지 모양으로 깔끔하게 만든 플래카드로, "중국은 물러가라"든가 "필리핀 바다를 침범하지 마라"라고 적혀 있었다. 대조적인 것은 그 밖에도 있었다. 이곳에서 사진 기자들이 촬영한 건 눈을 붉히고 있는 혁명운동가들이 아니라 다음날의 신문지면을 장식할 젊은 여성의 예쁜 얼굴이었다. 알기 쉬운 선택지를 편집자에게 제공한 것이다─대조적 항의의 영상과 판이한 세계관을.

그 날 아침 마닐라에선 필리핀의 두 내셔널리즘이 분출했다. 참가자 수는 극히 적었다. 인구 1200만의 대도시에서 겨우 버스 몇 대였다. 그러나 북을 치는 사람도, 깃발을 흔드는 사람도 없었지만, 그 행동은 국가권력의 위협적 과시에 맞서서 강력한 국민 감정을 표명했다. 학생들에 의한 대사관의 공격은 발리카탄 (타갈로그어로 "어깨를 나란히"라는 뜻)이라고 부르는 연례 미국·필리핀합동군사훈련의 개시 시간에 맞추어 펼쳐졌다. 양국의 결속을 확고하게 보여 주기 위해 양국의 해병대 및 육해공군의 6000여 명의 병력이 전국의 해안과 기지에서 전쟁과 인도적 개입의 기술을 연습하려고 했던 것이다. 한편, 〈정지STOP〉 표지판 꼴로 만든 플래카드를 들고 있는 아가씨들이 화를 내고 있는 건, 루손 섬에서 230km 떨어져 있는 스카버러 암초를 중국 당국이 합병하려고 하기 때문이었다. 8일 전, 불법 어로행위가 의심되는 중국선 8척을 필리핀 측이 검거하려고 했는데, 그것이 발단이 되어 분란이 일어났다. 중국해양경비선이 미리 거기에 배치되어 필리핀 해군과 연안 경비대가 중국 어선을 방해하지 못하도록 작전을 펼치고 있었다. 그 중국 어선은 자원 보호 규정을 무시하고 수백 개의 대합조개와 대량의 산호를 채취하고 있었다. 중국의 힘 앞에 필리핀 정부의 무력함이 여실히 드러났다.

미국 대사관을 습격한 사건이 아니더라도, 필리핀 정부가 무력했던 것은 1세기에 걸친 미국 지배의 결과다. 바얀─급진좌파연합으로 필리핀 학생동맹 산하의—이 보기에는, 앞바다의 중국선보다 미국의 지배가 필리핀의 미래에 대해 훨씬 더 큰 위협이다. "바얀"이란 타갈로그어로 "국민"이라는 뜻인데, 이 조직이 무엇을 대표하느냐고 물었더니, 서기장 레나토 레이예스Reenato Reyes가 분명하게 "좌익, 내셔널리스트, 반제국주의"라고 답했다. 필자는 아메리카 문화의 한 분점分店이라고 할 수 있는 장소인, 마닐라의 해안지에 있는 옐로캡 피자팔러에서 그를 만났다. 이 장소를 선정한 것은 레이예스였다. 대사관 주변에서 또 데모를 하기로 계획되어 있었고, 그 현장이 가까워 편리했으며, 파업을 하고 있는 의료 종사원을 지원하기 위해 가는 곳도 그 병원으로부터 멀지 않았기 때문이다.

이야기를 들으면서 알게 된 것은, 레이예스가 생각하기엔 사회주의와 내셔널리즘이 밀접하게 얽혀 있다는 사실이었다. 현실은 손상된 자존심뿐이다. 미국의 그림자 아래서 살아가는 한, 이 나라는 가슴을 펴고 살아갈 수 없다고 느끼고 있다. 그리고 필리핀인 각자가 이런 이류국가라는 지위에 대해 개인적 모욕을 느끼고 있으며, 또는 느껴야 한다는 것이다. "옛날 어떤 상원의원은 '동냥하는 외교'라고 불렀다. 늘 미국 형님에게서 먹다 남은 것을 얻으며 도움을 청한다. 지난 반세기, 필리핀이 진실로 발전도 못하고 근대화도 못한 건 이 때문이다" 레이예스는 이태리식인지, 미국식인지, 필리핀식인지 알 수 없는 피자를 한 조각 입에 넣으면서 이렇게 자신의 지론을 전개했다. 이 의존관계는 식민정책의 연장이며, 필리핀을 미국 제품의 독점시장 그대로 남겨 두는 게 그 목적이다. 그리고 필리핀의 지배층은 정치·경제의 현상을 유지함으로써 이득을 챙기고 있다.[4] "중국의 침략에 반대하지만, 단기적이나 장기적으로도 미국이 더 큰 위협일 것이다. 이 지역의 폭군의 서열을 매겨 보면 미국이 제일 앞에 올 것이다"

한편, 반중 항의 데모의 주도자는 마지못해 나선 내셔널리스트, 월덴 벨로Walden Bello다. 그는 몇 십 년 전부터 서방의 신제국주의에 소리 높이 반대를 해온 인물로 알려져 있다. 그러나 지금은 그의 아크바얀 당이 거리에서 항의 행동을 하는 대상은 서방이 아니고 중화인민공화국과 공산당 지도부다. ("아크바얀akbayan" "바얀bayan"과 붙어 있으나, "akbay"는 말 그대로 애정이나 연대감을 나타내는 "어깨를 껴안다"라는 의미다.) "우리 입장을 내셔널리즘이라고 부를 수 있을지 확실히 모르지만"이라고 하면서 그는 생각에 잠겼다. "내셔널리즘이라는 입장은 비합리적인 국수주의와 자주 연관되어 왔기 때문이지요." 벨로는 입장을 바꾸지 않았다고 한다. "아니, 상황이 좀 더 복잡할 따름입니다. 이 시점에 이 지역에서 불안정을 최대로 초래하는 것은 진짜 미국의 아시아 회귀라고 생각합니다. 하지만 미국은 동시에 중국이 서필리핀해에서 일으키고 있는 공격 행위를 이용해, 자신들만이 평화 수호자인 것처럼 행세하고 있습니다."

이 두 리더는 지독한 정적이다. 레이예스의 당은 벨로를 "아키노 정권의 스파이"라고 부르고, 벨로는 벨로대로 레이예스는 아직도 1960년대의 정치에 얽매여 있다고 한다. 하지만 국제정치에 있어서 미국의 역할에 대해선 양자의 견해가 비슷하다. 레이예스의 설명은 이렇다. "중국이 이 시점에 미국과 같은 제국주의적 의도를 가지고 있다고 생각하지 않는다. 물론 그걸 목표로 하고 있을지 모른다. 경제와 군사력과 영향력을 확대하고 싶어할지 모르지만, 아직 미국만큼 심하지는 않다. 자국의 경제적 이익을 추구하기 위해선 미국은 전쟁도 불사하고 남의 나라를 식민지화하기도 하고 점령도 한다"[5] 그러나 벨로도 반중의 입장을 가지고 있으면서 동시에 필리핀 문제에 미국이 관여하지 못하도록 노력하고 있다. "초강대국과 대항하기 위해 다른 초강대국을 끌고 들어오면, 초강대국의 역학이 작용하기 시작해 평화적 해결은 무시되고 만다. 파워 폴

리틱스를 균형 잡는 일은 참으로 위험한 일인데, 그 이유는 그것이 마지막에는 걷잡을 수 없게 되어 유럽의 제1차 세계대전 같은 군비 확대 경쟁을 초래하기 때문이다. 필리핀에서는 반미와 반중이 강대국에 대한 태도의 근본적 차이라기보다, 자국의 잡종적인 역사의 뿌리에 기인하는 차이로 보인다"

19세기 후반 필리핀에선 두 계열의 내셔널리즘이 스페인의 지배에 저항했다. 하나는 엘리트층이고 다른 하나는 중류층이었다. 몇 세기 동안, 스페인의 지배자들은 중국으로부터 오는 이민과 그 후손을 차별했다. 그 수치스러운 사정을 상세하게 이야기하는 건 너무 길고, 대략 말하면 이민자는 양자택일을 하지 않으면 안 되었다. 가톨릭으로 개종하면, 필리핀에 영주할 수 있으며 결혼도 가능하며 국내여행도 할 수 있었으나, 중국으로 돌아갈 수 없었다. 개종하지 않으면 중국에 오고 가고 할 수 있으나, 필리핀에 살려고 하면 파리안이라는 마닐라의 빈민가에서만 살아야 했으며, 필리핀에서 결혼하는 것도 영주하는 것도 금지되었다. 1880년대 후반까지 개종해서 결혼한 이민의 자녀는 "메스티소", 즉 "혼혈"이라고 정식 분류되었다. 메스티소는 스페인식 이름을 가지고 대다수의 주민 (95%)과 달리, 스페인어를 말하고 스페인 관습을 수용하고, 아무리 부유해지고 교양을 쌓더라도 사회의 최상층에는 들어가지 못했다. 이 계층으로부터 생겨난 게 "일루스트라도", 즉 "계몽된 사람들"이다. 가장 유명한 사람이 호세 리살Jose Rizal인데, 내셔널리즘을 다룬 그의 소설《놀리 메 탄헤레 (나를 건드리지 말라)》는 사회에 큰 파문을 일으켰다. 그들은 스스로를 "필리핀인"이라고 (그전까지는 "순혈의" 스페인만을 지칭하는 말이었다) 하며, 평등한 대우를 요구했다.

도시의 중류층으로부터 또 다른 운동이 일어났다. 거기에는 일루스트라도에 대한 스페인의 무자비한 탄압 — 예컨대 리살은 1896년에 처형되었다 — 에 대한 반발이라는 면도 있었다. "가장 고귀하고 존경스러운 국민의 아들 연합" — "카티푸난"이라고 더 잘 알려져 있다 — 의 지도자들은 사무원과 상점주인의 계급 출신인데 거의 모두가 메스티소가 아닌 인디오, 즉 원주민이었다. 일루스트라도는 스페인인과 대등해지길 원했지만, 카티푸난은 스페인의 지배를 단호히 거부하고 그걸 대신할 국가의 정체성을 의식적으로 정립하려고 했다. 하지만 이 국민적 프로젝트도 쇼비니즘을 바탕으로 하고 있었다. 마닐라 출신자를 중심으로 한 것이기 때문에, 카티푸난은 루손문화를, 특히 타갈로그어를 국가 전체의 문화적 위치로 격상시켜 타 지역 사람에게까지 강요했다. 그것은 이곳저곳에서 이질문화의 침입이라고 저항을 받았으며 지금도 여전하다.

1896년 카티푸난이 스페인에 대해 반란을 일으키자, 수많은 일루스트라도도 함께 공동의 적과 싸웠다. 그들은 같은 식민주의의 족쇄에서 벗어난 또 한 나라, 미국으로부터 지원을 기대했다. 그러나 마닐라만에서 승리를 거둔 미국의 사령관들은 무자비한 대對 파괴행위 작전을 펼쳐 신생 필리핀 공화국의 숨을 틀어막았다. 수많은 일루스트라도는 카티푸난과 기타 과격파의 대두에 놀란 나머지, "국가의" 이익을 버리고 사리사욕에 빠졌다. 새 종주국과의 공생관계를 택했다.[7] 일루스트라도 (전부는 아니지만, 대부분이 메소티소의 후손이었다)는 고등교육을 받은 사람들이었고, 미국인을 보좌하기에 좋은 위치에 있었다. 그리고 또 가톨릭 수도회의 광대한 "수도사의 소유지"가 몰수되어 재분배되었을 때는 그 몫을 받는 데도 좋은 위치에 있었다. 선거법은 재산과 학력이 있는 사람에게 유리하게 제정되었다.[8] 반세기 동안 미국인 행정관이 이 섬나라를 지배했으며 반대세력을 무너뜨리고 엘리트층의 세력을 키웠다. 인구의 극히 적은 일부 — 5%가 안 되는 — 가 사회 전체를 지배했다. 이건 지금도 변함없다. 예를 들면, 역대 대통령, 로하스Roxas, 로렐Laurel, 키리노Quirino, 막사이사이Magsaysay, 마르코스Marcos, 코리 아키노Cory Aquino, 베니그노 아키노Benigno Aquino는 모두 메소티소의 후손이며, 아얄라Ayala, 아보이티스Aboitiz, 라존 Razon 등 국내 유수의 부호들도 마찬가지다.

그들의 우위에 대해 크게 반발한 것은 카티푸난의 정치적 후손이라 고 자칭하는 여러 집단이었다. 그들은 정계에 널리 존재한다. 공산주의 혁명가도 있으며 현실에 실망하고 있는 육군 장교도 있다. 그들이 공통 적으로 믿고 있는 바는, 개인의 이익을 위해 나라를 미국에 "팔아먹은" 엘리트들은 국민의 지도자가 될 자격이 없다는 것이다. 시골에는 지주와 지주를 지배하는 국가에 대해 무력을 사용해 온 긴 전통이 있다. 옛 독립 전쟁의 시대로부터 훅발라합 (항일인민군, 전후는 훅뺀, 인민의용군이라고 개칭 — 역 자)의 1940~1950년대의 게릴라 활동까지 그 전통은 계속되었다. 1960년 대 필리핀의 급속한 교육의 보급에 의해 이 분노는 도회지까지 퍼졌다. 도시에 인구가 집중함에 따라 시골 출신자의 자녀들은 자라면서 주변의 부정한 일들을 보고 정치에 눈이 뜬다. 지독한 사회적 불평등, 만연한 부 패, 무자비한 정치적 야만행위 등을 목격하게 된다.

급진적 세대는 역사학자 테오도로 아곤실로Teodoro Agoncillo 같은 좌익 사상가의 영향을 받아, 유일하게 참된 필리핀인은 대중, 즉 밑바닥의 사 람들이라고 생각했다.[9] 정상에 서있는 사람들, 즉 미국의 식민주의자 와 손을 잡고 지금의 지위를 손에 넣은 엘리트층은 참된 의미의 "국민" 은 아니다. 그들은 1946년에 겨우 독립한 나라, 흐트러진 섬들을 함께 모 아서 "국가의" 문화라고 할 만한 것이 없는데도 불구하고 무리하게 형성 된 단일국가에서, 필리핀 사람들을 하나로 통합한 것은 고생의 덕택이라 고 말하고 있다. 이 급진좌파, 바얀과 아크바얀의 조상은 대중에게 호소 했는데, 국민 전체가 고통을 겪고 있는 건 외국의 지원을 받는 이들과 다 소간 외국인 엘리트가 저지르고 있는 학대 때문이라는 주장이었다. 이것은 근본에 있어서 내셔널리즘적인 호소였다. 필리핀인의 국민적 정체성을 경제적 정체성, 즉 빈곤으로부터 창출하려고 했다. 그들에게 있어서 "필리핀인"이라는 건 반미라는 것이다. 이 주장은 널리 수용되어 도시 빈민가와 시골 농장에까지 깊이 침투해 들어갔다. 그러나 아크바얀의 정치적 조상은 정치를 통해 나라의 지배권을 장악하려고 했다. 이에 대해 바얀의 선조는 엘리트가 지배하는 나라와의 타협은 불가능하다고 생각해 무기를 들었다 — 그것은 최종적으로 마오쩌둥의 신인민군의 조직으로 이어졌다.

따라서 남중국해에 대한 그들의 입장이 서로 다른 것은 엘리트층에 적대하는 세력 간의 오랜 분쟁의 연장에 불과하다. 때때로 그들 그룹은 이유를 찾아 동맹을 맺고 동시에 폭넓은 국민의 지지를 얻는 데 성공했다. 하지만 반미나 반중의 수사학의 힘은 일관성이 없다. 일시적으로 수많은 사람을 거리로 내세울 수 있지만, 모인 군중의 눈은 보통 종교적 축제와 현실 도피의 멜로드라마 쪽으로 향한다. 예수 그리스도의 수난 이야기는 공감을 주지만, "이 국가는 지금 현대판 빌라도에 의해 십자가에 달리고 있다"고 한들 실감을 하지 못한다. 2012년 4월의 사건 3개월 전, 마닐라 근교의 키아포 교회에서 블랙 나자렌 축제가 열렸는데, 그 행렬에 모인 군중은 600만 내지 800만 명으로 추산되었다. 좌파는 꿈에도 생각할 수 없는 수였다.

대부분의 필리핀인에겐 이런 개인적 고통과 속죄에 관한 이야기가 국가의 억압과 해방에 관한 것보다 더 중요하다. 그런 경향은 학교교육에 의해서도 강화되고 있다. 학교에서 이 나라의 역사는 1521년 마젤란Magellan이 도착해 겨우 시작했다고 가르치고 있으며, 게다가 미국을 이상으로 내걸고 필리핀인은 미국을 따라야 한다고 교육하고 있다. 1세기의 식민 지배와 불평등한 관계에도 불구하고, 몇 번이나 조사를 해도 필리핀이 세계 제1의 친미 국가라는 결과가 나오는 것도, 이런 점을 감안하면 조금도 놀랄 바가 아니다. 퓨 글로벌 여론조사 및 BBC와 글로브스캔 공동의 국가별 호감도 조사에 따르면, 2002년부터 2013년까지 일관해서 필리핀인의 85%에서 90%가 미국에 대해 호감을 가지고 있다. 또 2013년의 퓨 조사에 따르면, 정책을 수립할 때 미국이 필리핀의 이익을 고려해 준다고 생각하는 사람은 필리핀인의 85%에 이른다.[10] 대부분의 사람들이 장차 어떤 일이 생기면 미국이 도와줄 것이라고 생각하고 있다.

필리핀인은 남중국해—필리핀은 2012년 9월 5일부터 정식으로 "서필리핀해"라고 부르고 있다—에 대개 무관심하게 보이는데, 그것은 이런 배경에 기인한 현상이다.[11] 2013년의 퓨 조사를 보면 인구의 90%가 중국과의 분쟁을 "중대문제"라고 보면서도, 행동을 요구하는 소리는 없다. 호세 산토스 아르디빌라Jose Santos Ardivilla는 이에 대해 "서필리핀해에 관심이 없는 것이 아니라, 다만 우리 것이라는 걸 알기 때문이고, 바로 옆에 있기 때문"[12]이라고 말했다. 그는 이런 풍조를 개탄하는 관찰자의 위치에서 "Sic N Tyred" (sick n tired: 지긋지긋하고 지친)라는 필명으로 《마닐라스타》에 풍자만화를 게재하며, 또 필리핀대학에서 인문과학을 강의하고 있다. "필리핀인은 당장 그것에 영향을 받는 것이 아니며, 급하게 다루어야 할 다른 문제가 있다. 하지만 저 섬들에는 광물자원이 풍부하다고 듣고 있기 때문에, 주권과 영유권에 대해서 관심을 가지고 있는 건 확실해요" 스카버러 암초 사건이 있고 수일간 필리핀과 중국 양쪽의 해커가 사이버 전쟁을 펼쳐 서로의 웹사이트를 공격했다. 일반 대중의 내셔널리즘이 암초를 둘러싸고 들끓고 있다가 며칠 만에 사라지기도 했다. 요컨대, 영토 문제와 관련해 밑에서 위로 압력을 넣어 엘리트층으로 하여금 행동을 취하게 하지 못했다. 그런 압력이 다소 있기는 했으나, 정치적 행동가나 논객들에게서 나온 미미한 것이어서 효과가 거의 없었다. 엘리트층은 의견 수렴이 어렵고, 단체 행동은 말할 것도 없다.

필리핀 정치에 있어서 가장 두드러진 한 가지 특징은 무엇이 "국익"이냐에 대해 의견의 일치가 없다는 점이다. 국가에 대한 미사여구는, 특히 선거 때가 되면 흔해 빠질 정도로 많지만, 대개 지역의 정체성이 더 거센 편이다. 섬들의 집합체에서, 게다가 섬 안에서도 험한 산악지대로 분단되어 있기 때문에 바깥으로 눈을 향해 먼 수도를 바라보는 것보다, 내부로 향해 자신들 고장의 가까운 통치자에게 눈을 돌리는 건, 조금도 이상하거나 놀라운 일이 아니다. 스페인 식민자도 미국 식민자도 지방 실력자를 통해서 지배하는 게 편리했다. 실력자 일족의 권력과 자신의 권력을 공고히 했다. 필리핀 전체를 볼 때, 지방은 강해지고, 국가는 약해진 결과가 되었다. 중앙정부는 힘이 없고 지방 권력자는 마음대로 행동하는 일이 많고, 국정 수준에서조차 유력한 일족이 완전히 자기 이익만을 위해 개인적 정책을 운용하는 것도 가능했다. 그런 계층이 거대한 경제·정치 체제를 거머쥐고 있기 때문에, 개개인의 영향력은 참으로 지대하고 나라를 뒤흔들기에 충분하다. 노스레일과 합동해양지진탐사 사업을 둘러싼 스캔들 (제5장 참조)에서 폭로된 것처럼 국가의 리더가 개인적 이익을 위해 국가의 권익을 이용하고 외국 정부와 거래한 사례가 많았다.

엘리트층의 내셔널리즘은 빈번히 국제정치에 영향을 준다. 1991년 필리핀 상원은 1947년의 군사기지협정의 갱신을 부결함으로써 미국을 놀라게 했다. 그 결과, 수빅 만에 있는 광대한 미국 해군기지가 폐쇄하게 되었다. 하지만 이 시기는 사정이 특수했다. 반대표를 던진 12명의 상원의원 가운데는 대미 의존이 국가의 발전을 방해했다고 느끼는 보수파 내셔널리스트도 있었다. 그러나 그 수가 늘어난 것은 페르디난드 마르코스 (적어도 정권 초기엔 옛 명문 일족의 권력을 약화시키려고 했다)의 독재체제를 지지한 미국 정부에 대한 사람들의 분노가 있었기 때문이다. 또 미국의 핵무기를 받아들이는 걸 반대하는 사람도 있었으며, 미국 병사의 여성 폭행에 분노하는 사람도 있었다.

그렇지만 1991년은 예외였다. 필리핀의 엘리트층은 언어와 역사와 견해를 공유하는 미국과의 유대가 강했다. 그들은 미국도 같은 생각을 하고 있다는 판단에 따라 동포들을 달래서 근거 없는 안도감을 갖게 하고 있었다. 사회의 극소수에 불과한 엘리트들은 수세대에 걸쳐 미국에 지대한 공헌을 했는데, 1944년에 맥아더가 돌아왔던 것처럼, 미국은 필요한 경우에 "돌아온다"고 믿고 있으며 어떠한 분쟁에서도 당연히 필리핀 편에 설 것이라고 믿고 있었다. 이 같은 자기에 대한 과대평가 때문에 필리핀의 정책수립자의 눈에는 이 지역의 변하고 있는 현상이 보이지 않았다. 지금 미국과 중국의 관계는 필리핀에 대한 의무보다 한층 더 중요하다. 그걸 인식하지 못한 나머지 나라 전체가 위험해졌으며, 2012년의 스카버러 암초에서의 "농성" 같은 국제 위기에 무심코 처하게 되었다. 위세는 당당했으나 그걸 떠받칠 힘이 없었다. 이처럼 미국에 대한 신뢰가 없어지면 장차 그 영향은 더 널리 미치게 될 것이다. 엘리트층은 중국에 접근하는 게 자기에게 이익이 된다고 판단할지 모른다. 한편 이대로 미국에 붙어 있을 경우, 장차 반복해 닥쳐오는 위기에서 미국이 구제해 주지 않으면, 엘리트층은 널리 국민의 눈에 그 정통성을 잃게 될 것이다.

하지만 필리핀의 내셔널리즘에는 또 하나의 흐름이 있는데, 이는 또 다른 반감―쉽게 말하면 "중화계" 소수파에 대한―을 자극한다. 중화계라는 사실을 숨기고 싶어하는 메스티소의 엘리트와 대조적으로, 20세기의 인민자들에게는 선택지가 없고 공공연하게 중화계로 남아 있을 수밖에 없었다. 몇 세기 동안 후지안인은 필리핀 사회로부터 소외당했다. 스페인인은 그들을 "상레이", 나중엔 "치노"라고 분류했으며, 미국 행정부는 "중국인 배척법"을 통과해 그들의 이주를 억제하고, 또 1947년의 조약에 따라 그들은 중화민국인이 되었다. 이 상황은 1975년에 필리핀 정부가 중화인민공화국을 승인하고 "치노"가 완전한 시민으로 인정되자 종식되었다. 그들은 하나의 공동체로서 성공했다. 《포브스》의 2013년 리스트에는 필리핀에서 가장 부유한 40명 중 19명이 뚜렷이 중국의 성姓을 가지고 있었다. 헨리 사이Henry Si는 쇼핑몰을 소유하고 있으며, 루시오 탄Lucio Tan은 맥주회사와 담배회사를, 존 고콩웨이John Gokongwei는 항공회사와 부동산을, 조지 타이George Ty는 증권회사를 소유하고 있었다.13) 이 사람들의 재산은 옛 메스티소 가문들과의 협력에 뒷받침되어 왔다. 예를 들어, 사이는 아얄라 재단과, 고콩웨이는 로페스 재단과 밀접한 관계를 맺고 있다.14) 하지만 "짧은 이름"을 가진 사람들에 대한 편견은 지금도 사라지지 않고 남아 있다. 중화계 사람들을 가리켜 다른 필리핀인이 "인칙"(벌레)이라고 부르는 건 흔하다. 그러나 이 말은 지금은 중화계 주민이 자신들을 비꼬아서 쓰기도 한다. 중국에서 새로 온 이주민을 "진짜 인칙"이라고 부르기도 한다. 오늘날 중국계 필리핀인에 대한 일반 호칭은 "치노이"다. 타갈로그어로 필리핀인을 의미하는 "피노이"를 모방한 단어다.

치노이 공동체 중에서 가장 눈에 띄는 것이 마닐라의 비논도 지구에 있는 공동체다. 이 지구는 본래, 가톨릭으로 개종한 중국 이민자와 그 후손, 즉 본래의 메스티소에게 양도된 땅이었다.15) 비논도에 18세기 후반에 광범위한 중국계 주민이 정착하게 된 것은 본래 개종하지 않은 중국인이 강제로 살게 된 파리안의 "게토"(시의 경계 벽에 설치된 스페인의 대포 사정거리 내에 있었다)가 파괴된 후의 일이었다. 비난도도 역시 구시가지로부터 대포의 사정거리 내에 있지만, 오늘날 주민의 생명을 위태롭게 하는 건 대포가 아니라 파식 강에 흐르는 악취가 풍기는 수로이고 좁은 거리에 가득 찬 유독 배기가스다. 얼핏 보면 기력이 소진된 듯하지만, 그 황폐의 그늘 아래 이 지구地區는 지금도 국가경제의 중심이다. 소규모 상점들이 대형 무역회사와 유통회사의 출입구인 경우가 많다. 그리고 상점들 사이엔 거대한 고층 건물이 하늘 높이 솟아 있다.

비논도 지구가 독특한 이종혼합의 특징을 지니고 있는 것은, 부분적으로는 전통으로 내려오는 유산 때문이기도 하고, 한편으론 행정적 방침 때문이기도 하다. 비논도는 1970년대 전반에 개조된 것인데, 마닐라 시장이 비논도를 놓고 "중국적인" 면이 적다고 결론을 내린 후의 일이었다. 관광객을 유치하기 위해 지구의 입구에 화려한 불탑문이 세워졌으며, 점포에는 중국어 간판을 걸도록 지시를 받았다.[16] 가톨릭 제단 앞엔 향을 피우고 홍콩과 할리우드의 DVD가 선반에 나란히 꽂혀 있고, 영어와 후지안어福建語 (바다 건너 후지안 지방의 언어)가 뒤섞여 쓰이고 있다. 그러나 필리핀과 중국 간의 긴장이 고조되자, 치노이인의 충성심은 어느 쪽에 있는지 주목이 모아졌다. 치노이들이 그 밖의 주민과 비교해 더 친미인지, 더 반미인지, 또는 친중인지 반중인지 하는 점이다.

비논도 지구의 상점에서 압도적인 분위기는 어쨌든 말썽을 피하고자 하는 생각이다. 이름을 드러내어 인용하기는 어려우나, 한 인쇄소 주인은 지역을 대변하는 답을 했다. "장사는 장사고, 정치는 정치"라고. 이렇게 말하면서 우려하는 면도 있다. "중간층 사람들은 중국인을 눈엣가시로 생각하지 않지만, 교육을 받지 않은 사람들과 기득권을 가진 사람들은 위태로울지 모릅니다"라고 조심스럽게 얘기하지만, 매스컴이 반감을 부추긴다고 비난했다. 다른 거리에서 큰 제과점을 운영하는 카 월슨닝은 지방의 라이온즈 클럽의 회장을 역임한 인물인데, 이 사람은 이종혼합의 전형이다. "만일 저쪽이 우리를 공격해 오면, 이 나라를 지키기 위해 싸우겠다. 하지만 이쪽이 저쪽을 공격한다면 중국 편을 들겠다" 그는 명확히 자신을 "이쪽", 즉 필리핀인이라고 생각하고 있지만, 저쪽 나라에도 유대를 느끼고 있다. 윌슨 가문은 3대 전에 후지안으로부터 이주해 왔다. 그 자신은 필리핀 여성과 결혼해 가정에선 후지안어를 말하고 있으나, 손자·손녀들은 낱말 몇 개 정도 알고 있을 뿐이다. 불가피한 민족 통합의 이야기라고 하겠다.

국민 전체를 보면, 미국에 대한 호감도에는 미치지 못하지만, 중국에 대한 호감도는 여러 해 동안 대체적으로 높았다. 2005년엔 필리핀인의 54%가 중국에 호감을 가지고 있었고, 30%는 부정적이었다. 그 후 양국 간의 무역액이 급증하는 가운데 2011년엔 호감을 가진 사람이 62%로 증가했으나, 그렇지 않다고 답한 사람은 여전히 31%였다. 하지만 2013년, 스카버러 암초에서 있었던 대결의 결과 긍정적 평가는 48%로 떨어졌다. 퓨 조사의 국가별 호감도 조사에 따르면, 39%가 지금은 중국을 동반자가 아닌 적국이라고 보고 있다. 그렇지만 이 현상이 행동을 촉구하는 대중의 외침으로까지 발전할 것 같지는 않다. 중국의 의도에 대한 불안이 고조되고, 네트워크상의 블로거들 사이에서 주기적인 "불꽃 싸움"이 벌어지고, 마닐라 시가의 데모 행렬이 그림이 되어 보도되고 있는데도 불구하고, 필리핀 정계 지도자들은 주권과 해양 에너지 자원을 둘러싼 대립을 일상생활을 위한 대중의 투쟁과 연결시키지 못하고 있다. 좌파든 우파든, 여전히 주장들은 국가의 주권에 관한 허풍일 뿐이다. 그런데 필리핀에선 밥상에 식사를 준비하기 위한 하루하루의 투쟁이 제1이고, 주권과 관련한 수사학적 논쟁은 한참 뒤에 있는 제2, 제3의 문제다.

* * * * * *

남중국해 해안에는 다른 "중국계" 공동체가 있다. 대부분이 후지안인 거류민의 후손들인데 그들의 충성심이 자주 문제시되어 심하게 충격을 받아 시달리고 있다. 아마 위험이 가장 큰 곳은 인도네시아일 것이다. 아시아 금융위기의 여파로 1998년에 폭동이 일어났을 때, 특히 표적이 된 것은 중화계 인도네시아인이었다. 그들은 쿠데타의 구실을 찾고 있던 군의 공작원의 공격 대상이 되기도 하고 폭도화한 군중에게도 당했다. 수백 명의 중화계 주민이 폭동 속에서 살해되고 수천 수만 명이 그 나라에서 도주했다—200억 달러나 되는 투자도 가지고 갔다. 그러나 그 후 몇 년 사이, 도망가지 않고 남아 있는 사람들의 지위는 극적으로 좋아졌다. 중국 문화는 존중되었으며 차별은 줄고 번영도 돌아왔다. 남중국해의 분쟁은 그들에겐 사실상 관련이 없다. 중국은 나투나 군도 주변, 인도네시아가 자국의 배타적경제수역이라고 주장하는 해역의 일부에 대해 영유권을 주장하고 있지만, 1996년 여름에 인도네시아가 해상 군사력을 과시한 이후로는 (제3장 참조), 이 문제를 공공연하게 추구하기를 피하고 있다. 2013년의 퓨 조사에 따르면 인도네시아인의 70%는 중국에 호감을 가지고 있다. 미국에 대해 호감을 가지고 있는 비율은 61%다. 중국을 적국으로 생각하는 사람은 불과 3%다.

지도를 보면 그리고 때로는 바다를 보면, 말레이시아인이 이 분쟁을 우려할 만한 이유가 있는 것 같다. 말레이시아는 스프래틀리 군도 중 12개 섬과 암초에 대해 영유권을 주장하고 있으며, 그 중 다섯은 실효지배하고 있는데, 모두 문제의 "U자형 라인" 안에 있다.[17] 제임스 암초 (말레이어로 베팅 세루파이, 중국어로 쩡무안샤曾母暗沙)는 완전히 말레이시아의 EEZ 내에 있지만, 중국은 이곳이 자국의 최남단이라고 공식 선언하고 있다—해면 밑으로 22m, 더욱이 중국 본토로부터 1500km 이상이나 떨어져 있지만, 중국 배들은 보르네오 섬의 사라왁 주의 앞바다, 역시 완전히 말레이시아의 EEZ 내에서 하고 있던 석유탐사 작업을 2012년 8월에 두 번, 2013

년 1월 19일에 또 한 번 방해했다. 그러나 2013년 3월, 중국 해군의 함선이 제임스 암초에 정박해 영유권 주장을 강화하려고 했을 때도, 말레이시아에서 감정의 폭발은 일어나지 않았다. 이 사건이 일어난 때가 열띤 총선거 1개월 전이었다는 걸 감안하면, 이 문제는 정치적 목적을 위해 이용될 수 있었는데도 그렇게 되지 않았다.

"말레이시아인은 기본적인 문제, 예컨대 사회정의, 부정부패, 통치문제, 책임, 정체성 정치, 공공의 안전 같은 문제에 더 많은 관심을 가지고 있다"라고 말한 사람은 말레이시아 국립대학 전략학 강사이자 대對중관계 전문가인 쳉취쿡익이다. 최근에는 시민단체의 활동이 점점 격렬해져 국가의 정치에 대한 발언권의 확대를 요구하는 항의 데모를 하고 있지만, 남중국해 문제에 대한 발언은 없고 플래카드도 없다. 오히려 2012년 6월에 한 쌍의 판다 (펭이와 푸와)를 중국으로부터 빌려오는 데 정부가 합의한 것이 훨씬 큰 항의를 불러일으켰다. 국교 40주년을 축하하기 위한 것이지만 그 임차료가 2000만 링깃 (600만 달러)이라는 엄청난 금액이었다. 하지만 그에 대한 비난과 욕설은 중국 정부에 던져지지 않고, 수상에게 퍼부어졌다.

정치적 캠페인에 있어서 대중관계가 두드러지게 드러나지 않는 한 가지 단순한 이유는 현금이다. 2009년 이래, 중국은 말레이시아의 최대 무역상대국이다.[18] 2011년 양국 간의 무역 총액은 900억 달러에 이르며, 게다가 말레이시아는 300억 달러의 흑자를 보았다.[19] 정부도 야당도 그걸 뒤집어서 득이 되는 건 없다. 냉전이 종식된 이래, 말레이시아의 지배층은 경제적으로도 외교적으로도 중국 쪽으로 기울어져 왔다. 그리고 서로가 만족스러운 관계를 이룩했다. 중국은 말레이시아 기업에 문호를 개방했으며, 말레이시아 기업은 그 보답으로 투자를 하고 고용을 창출했다. 국민 1인당 GDP에 있어서 말레이시아가 훨씬 부유한데도 중국은 개발 원조까지 했다. 따라서 연방 행정 센터가 있는 푸트라자야에서는 중국 정부와의 관계를 조용히 그리고 국민의 압력 없이 다루어 나가고 싶은 생각을 가지고 있을 뿐이다. 정부 밖에서도 반중 감정을 불러일으킬 세력은 거의 없다. 무역 수입의 최대 원천을 공격해서 표를 얻을 수 없기 때문이다. 영토를 빼앗기거나 피를 흘리는 것도 아니고, 실체도 없는 국가 주권의 침해에 대해 일부러 항의조로 거리에 나가 북을 칠 생각을 하는 사람은 없다. 2013년 퓨 조사의 발표에 따르면, 말레이시아는 (파키스탄과 함께) 세계에서 제1의 친중 국가이며, 인구의 81%가 중국에 호감을 가지고 있다 (미국에 대한 호감은 55%).

말레이시아 인구의 4분의 1에 해당하는 중국계의 사람들에게 이 수치는 좋은 소식이다. 독립 후 수십 년 동안 말레이 족의 엘리트들은 중국계 공동체를 경제적 지배력이 너무 지나치다든가 위험한 공산주의자 집단이라고 생각하고 있었다. 소수파 중국계는 지금도 자신들을 이류 시민으로 다루고 있는 규칙과 관습에 반감을 가지고 있다. 중국계가 다수를 차지하고 있는 선거구를 야당이 예외 없이 차지한 2013년의 선거가 있은 후, 여당의 일각에서 선거결과의 아슬아슬한 승리를 "중국의 쓰나미"라고 평하게 되고, 민족 간의 관계가 또 시험대에 오르게 되었다. 그러나 좀 더 자세히 관찰하면 양당연합인 파카탄 라크야트는 민족의 틀을 초월해 실제로 전반적 지지를 받고 있는 걸 알 수 있다. 일부에 반감이 남아 있기는 하지만, 중국계는 말레이시아 사회의 불가결한 구성원임과 동시에 바다 너머 거대한 시장에의 문화적 가교로서 지금도 널리 지지를 받고 있다.

싱가포르는 동남아시아에 있어서 독특한 국가이며, 국민의 4분의 3을 중국계가 차지하고 있다. 그것이 주된 이유가 되어 1965년에 말레이시아 연방으로부터 독립했다. 그 이후 싱가포르의 여당은 독자적인 "상상의 공동체"를 건설하려고 노력해 왔다. 이 도시국가의 시민—영국식 자유무역과 중국식 기업가 정신의 결합이 낳은 산물—이 마음으로부터 받아들일 수 있는 공동체다. 그런데 그것을 이 작은 나라에서 발견한 것이다. 인도네시아의 전 대통령 B. J. 하비비는 이 나라를 "저 조그마한 붉은 점"이라고 부른 적이 있었으며, 또 자국보다 엄청나게 큰 이슬람교도가 다수인 두 국가 사이에 끼어 있는 "호두 깎기 속의 호두"라고 부른 사람들도 있었다. 그 때문에 전 국민이 자신들은 소수파라는 의식을 지니고 있으며, 살아남는 것이 국가의 지상 명제가 되어 있다. 이스라엘의 자기 이미지와의 공통점은 분명하다. 그리고 독립 이후, 이 두 나라는 공통적으로 징병제도와 예비역 복무를 바탕으로 군사력을 높이고 국방정책을 개발해 왔다.

싱가포르는 어느 정도 "중국적"일까? 지난 몇 년간, 남중국해와 관련한 회의가 많아졌는데 그런 회의 석상에서 꽤 고참인 전 싱가포르 외교관이 이렇게 털어놓았다. "이 나라는 중국인이 운영하는 유일한 타국이다" 그는 싱가포르와 다른 동남아시아 국가들이 미국의 주도에 따라 남중국해 문제를 법적으로 해결하려고 하는 데 가담하고 있는 것을 개탄하면서, "중국은 이런 흥정에 흥미가 없다"고 말했다. 그 회의에서 만난 젊은 외교관들은 그것은 늙은 세대의 견해라고 하며 시대에 뒤떨어진 생각이라고 일축했다. 하지만 또 한 사람의 전 싱가포르 외교관인 키쇼르 마부바니Kishor Mahbubani는 앞으로는 "아시아의 세기"라고 주장하는 학자·논객인데, 그 고참 외교관의 의견이야말로 싱가포르의 본질을 꿰뚫고 있다고 했다. 인도계인 마부바니는 소수파 국가의 소수파이기에, 그러한 입장이 가져다주는 딜레마를 잘 이해하고 있었다. 싱가포르에 굳건히 뿌리를 내리고 있으면서도 이 이종혼합형 사회 속에 지금도 상상의 공동체가 존재하고 있는 것을 의식하고 있었다. "만약 미국과 중국 간에 전면 전쟁이 일어나더라도 싱가포르가 중국을 상대하는 전쟁에 가담한다는 건 있을 수 없습니다. 국민이 지지하지 않을 것입니다. 그러나 그와 동시에 외교 자세에 있어서 싱가포르는 확실히 매우 신중하고 모호한 입장이 됩니다. 친미도 아니고 친중도 아닙니다. 친싱가포르입니다" 또 다른 고급 호텔에서 열린 다른 회의에서 싱가포르 국제문제연구소 소장인 사이몬 타이Simon Tay는 자신이 만든 신조어를 공표했다. 그의 생각으로는, 싱가포르가 취해야 할 길은 중국과 미국의 양쪽에 "등근접 equiproximate"한 위치다.

* * * * * *

마닐라의 거리에서 바얀과 아크바얀이 지지자들을 집합시킨 지 3주가 지나, 이번엔 베이징의 필리핀 대사관 앞에 반대파가 집결했다. 악명 높은 중국의 "성난 젊은이"가 자신들이 말하는 "후앙얀黃岩", 즉 스카버러 암초를 지키기 위해 모였다. 2012년 5월 12일 토요일의 그 항의는 격렬했으나 즉각 진압되었다. 시간이 걸리지 않은 것은 단지 5명 (베이징 인구 2000만 중)밖에 나오지 않았기 때문이었다.[20] 그런 미미한 규모에도 불구하고 《신화사新華社》는 보도할 가치가 있다고 생각했을 뿐만 아니라, 텔레비전 뉴스 CNC에서도 다루었다. 그런데, 사건이 발생하고 여러 날이 지났는데, 왜 항의 집단은 대사관 앞의 나무 그늘이 있는 거리에 모여들었을까? 그것은 순수하게 자발적인 내셔널리즘의 발로인가?

항의 데모 수일 전의 화요일, 중국 외교부는 필리핀 대사에 대한 비난 성명의 전문을 공개했다. 그 성명에서 외교부는 필리핀 정부가 "중대한 과오를 범하고, … 긴장을 고조하는 행동을 하고 있다"고 비난했다.[21] 그 날 밤, 외교부는 필리핀에 머물고 있는 중국 시민에게 외출을 하지 말 것과 "반중 활동"을 자제하라고 경고했다. 그리고 중국 중앙텔레비전은 주말에 마닐라에서 예정되어 있는 대규모 반중 데모 행진에 대한 마닐라 주재 중국 대사관의 경고를 보도했다. 그 날은 모든 중국 내셔널리스트가 좋아하는 타블로이드지紙《후안큐시바오環球時報》(영어판은《글로벌타임즈》)에 "양국 간에 충돌이 일어나지 않는다면 기적"이라는 취지의 사설이 게재되어 있었다. 그 이튿날 수요일, 마닐라로부터 온 경고는 주요 온라인 뉴스사이트 다섯 개 중 네 개에서 톱뉴스였으며, 중국형의 트위터라고 할 수 있는 미니블로그인 "웨이보微博"에서는 화제 중에서 제1위였다.22) 마음에 들지 않는 내용을 차단하는 중국 당국의 성향을 감안하면, 공식 승인 없이는 이런 일은 일어날 리가 없다. 결국, 외교부 대변인은 정례 기자 회견에서 이 문제 때문에, "국내외에서 중국인 대중은 거센 반발과 주목을 불러일으키고 있다"고 경고했다.

내셔널리스트의 분노를 선동하는 이 같은 계산된 캠페인은 도대체 그 내막의 목적이 무엇인가? 증거에 따르면 답은 두 가지다. 첫째, 이 캠페인은 맹인의 인권활동가 첸구앙쳉陳光誠이 베이징의 미국 대사관에 보호를 요청한 시기와 꼭 겹쳤다. 더욱이 이 난처한 사건 1개월 전, 스캔들로 실각된 전 충칭重慶 시장 보시라이薄熙來가 비행을 저지른 탓으로 중앙정치국 상무위원회로부터 공식으로 해임되었다. 스카버러 암초의 대치 사태와 대조적으로, 중국의 언론 보도와 소셜 네트워크 사이트에서도 이 두 사건에 관한 언급은 엄격하게 억제되었다. 필리핀을 비난하는 언론 캠페인은 일면 국내 문제로부터 사람들의 눈을 멀리하는 데는 좋은 방법이었는지 모르겠으나, 모든 걸 언급하지 않고 있다.

중국 내의 대중적 내셔널리즘이 주는 영향을 감안하면, 아마 이 사건과 관련해 가장 두드러진 현상은 일반 대중의 반응이 참으로 미약하다는 점이다. 또 이틀간에 걸쳐 눈에 띄는 보도―목요일에는 텔레비전 리포터가 허가를 얻어 중국의 포위망을 뚫고 들어가서 스카버러 암초에 기를 세우는 모습이 방영되었으며, 금요일에는 남부의 군사구역이 전시체제에 들어갔다는 해외 미디어의 보도가 《신화사》에 소개되었다—가 있음에도 불구하고, 토요일에 필리핀 대사관 앞에 모인 사람은 5명뿐이었다. 인터넷에는 성난 글이 많았지만, 사회의 평화를 깨뜨리는 일은 없었다. 국제적 긴장이 높았던 지난 시기에 중국 당국은 거리의 데모를 허용하기도 하고, 때로는 장려하기도 했다. 1998년 인도네시아에서 중국계 주민이 피습되었을 때는 항의 데모가 있었으며, 1999년 벨그라드의 중국 대사관이 미국의 폭격을 받았을 때도, 2005년 일본 역사 교과서가 개정되었을 때도, 또 2008년 유럽에서 올림픽 성화 릴레이에 대한 친親 티벳 관련 항의가 있었을 때도, 또 2010년과 2012년 센카쿠 섬 (중국에선 댜오위다오釣魚島라고 한다)에서 대치 사태가 있었을 때도 데모가 있었다. 모두가 당국이 허가했기 때문이다. 하지만 2012년 4월엔 아무 일이 없었다.

항의 데모가 없었다고 해서 이 문제에 대한 관심이 낮은 것은 아니었다. 2013년 후반, 중국 외교정책 연구자 앤드류 첩Andrew Chubb은 민간 조사회사에 의뢰해 남중국해 문제에 대한 국민 의식을 조사했다. 그 결과에 따르면 중국인의 53%가 그 진전에 대해 "관심이 있다", "관심이 많다"라고 답했다. 그 전년에 격렬한 폭동을 유발한 동중국해 분쟁시의, 같은 "관심 있다"라고 답한 사람의 비율 60%보다 약간 낮은 셈이다. 이 정도의 수치는 남중국해 문제에 대해서도 항의 행동에 나설 수 있는 규모다. 그렇지만 일어나지 않았다. 첩의 생각에는, 스카버러 암초에 대한 분노가 의도적으로 폭발하자마자 항의 데모가 진압된 점을 볼 때, 내셔널리즘적 감정이 의도적으로 조작되었다는 것이다.

이 시기에 주목된 것은 소수의 현역 또는 퇴역군인에 의한 때로는 매파적 (강경파적)이고 위협적인 발언이 중국 미디어에 등장한 일이었다. 예를 들면, 2012년 4월 26일자 기사에서 루오유안羅援 소장은 "필리핀은 전략적으로 '최초의 일발을 쏘았다'라고 말했다. 그 대가는 지불하지 않으면 안 된다. 우리를 도발하고 나서 협상을 통해 본래대로 돌아가는 전례를 만들게 할 수 없다"[23]고 털어놓았다. 웨이보와 뉴스사이트에는 이 단일 기사에 대해 수십만이나 되는 유저들의 코멘트가 투고되어 있었다. 공군의 다이수戴旭 대령도 텔레비전상에서 유명 인사다. 2012년 8월 28일 《글로벌타임즈》에 게재된 논설에서 다이수는 베트남, 필리핀, 일본을 가리켜 "아시아에 있어서 세 마리의 미국의 주구走狗"라고 부르고, "한 마리를 없애 버리면, 당장 남은 놈들은 말을 잘 들을 것이다"라고 썼다.[24] 그는 또한 롱타오龍韜라는 필명으로 더 많은 과격한 논설을 발표하고 있다. 논설에선, 어느 나라인지 명시는 안 했지만 "U자형 라인" 안에서 석유가스를 채굴하고 있는 동남아시아 국가를 향해 "저 높이 솟아 있는 석유 굴삭 플랫폼이 횃불처럼 불타오르게 되면, 누가 가장 손해를 입을까?"라고 공갈했다.[25]

이들 장교는 일생의 대부분을 육군사관학교에서 보내면서 군이 당의 방침에서 벗어나지 않도록 진력해 온 사람들이다. 2012년 4월, 루오 소장은 《남방주말》과의 인터뷰에서 자신이 하는 일을 이렇게 설명했다. "이 군대는 우리의 공산당에 의해 창설되었으며, 우리는 출생한 날로부터 무엇을 위해 사는가 그리고 왜 존재하고 있는가를 각자가 알지 않으면 안 된다"[26] 루오 소장은 공산당 귀족의 한 사람이다. 부친 라오칭장 羅靑長은 당의 외국 첩보기관의 장을 역임한 사람이다. 또 다이스 대령도 주목할 만한 인맥을 가지고 있다. 롱타오라는 필명으로 저술을 할 때, 그는 자주 자신을 중화에너지기금위원회CEFC라는 정체불명의 싱크탱크의 전략 분석가라고 말한다. 이 CEFC의 대표인 예지안밍葉簡明은 2003년부터 2005년까지 중국국제우호협회CAIFC의 상하이지회 부회장이었다. 하지만 워싱턴의 싱크탱크인 프로젝트 2049연구소 등 중국 관찰자들에 따르면, 이 CAIFC는 인민해방군 총정치부의 연락부라는 군정보부의 주요 부서의 간판 조직이라고 한다.[27] 앤드류 첩이 믿는 바에 의하면, 아마 예葉는 인민해방육군·해군의 전 사령관 예페이葉飛의 손자이거나, 아니면 연락부의 전임 부장 예수안닝葉選寧의 아들일지 모른다는 것이다.[28]

요컨대, 중국의 저명한 "군의 매파" 중 적어도 2명은 중국군의 첩보·선전공작 부문의 핵심과 직접적인 개인적 관계를 가지고 있다. 그들 자신이 인정하는 것처럼,[29] 이들 "매파"는 군과 공산당의 뜻을 받들고 행동하고 있다. 미디어에 쉽게 접근할 수 있는 점을 감안하면, 그들의 역할은 중국의 위협적 이미지를 강화하는 일인 것 같다. 그렇다면 중국의 지도부는 왜 그런 목소리를 높이고 싶어할까? 가장 정확한 답은 두 가지 목적에 유용하기 때문이라는 것일 게다. 즉 국내적인 면과 외교적인 면에 있어서 유익한 점이 있기 때문이다. 국내에서는 민중의 애국심을 조장하고 "성난 젊은이"가 인터넷으로 울분을 토하게 해 준다. 그렇게 함으로써 지도부는 국민의 압력 때문에 강경한 수단을 취하지 않을 수 없다고 주장할 수 있다─즉 타국과의 협상에 있어서 강하게 대응할 수 있게 된다. 게다가 또한 "매파"가 군의 진정한 대변인이라는 인상을 낳게 되며, 나아가 정책 수립을 좌우할 수도 있을 것이다. 필리핀과 미국을 비롯한 타국의 정부가 이런 "매파"의 무분별한 행동을 두려워하게 되면, 단호한 정책을 취하기가 어려워질 것이다. 즉 "미디어의 매파"의 역할의 하나는 지역 내의 라이벌을 위협하고, 실제의 군사력 부족을 허세로써 보충하는 일이다. 또한 동시에 중국의 전체적 전략이 모호하게 보이면 대항하기가 어려워진다. 이 같은 미디어의 강경한 논조는, 그래서 중국의 지도부가 극단적 내셔널리즘의 파도를 억누르고자 하는 노력이라기보다, 오히려 내셔널리즘적 정서를 외교적 수단으로 용의주도하게 이용하고 있는 걸 나타낸다. 만일 데모를 허가하게 되면, 베트남의 지도부와 같은 문제에 직면하게 된다. 즉 걷잡을 수 없는 위험성이 있다는 게다. 인터넷상의 과격한 전문가의 의견쯤은, 쓸모가 없어지면 간단하게 지워 버릴 수 있다. 중국 정부는 국내의 혼란이라는 위협을 주지 않고 국내의 압력이라는 모양새를 좋아한다.

베트남과 마찬가지로, 남중국해 문제에 대해 상당수의 국민이 분개하고 있는 건 분명하지만, 그렇다고 해서 그것이 중국의 정책을 좌우하는 원동력은 아니다. 이 양국에서는 대중이 정부를 밀어붙여 대결로 나아가게 하고 있는 게 아니라, 정부 측이 내셔널리즘을 이용해 자신의 계획을 추진하고 있다. 중국도 베트남도 그 공산당은 두 종류의 정통성, 즉 물심양면의 정통성을 추구하고 있다. 양국 지도자 모두 국민의 생활수준을 향상해야 하며 국가를 지배하는 "도의적" 적성을 발휘해야 한다. 양국의 공산당 모두 같은 실존주의적 위협을 직면하고 있다. 번영을 실현하지 못하면 국민의 지지를 잃게 되고, 왕좌를 노리는 라이벌도 도사리고 있다. 남중국해에 대한 강한 입장을 확보하게 되면, 자원을 가지게 되어 경제 성장을 도모할 수 있으며, 비판하는 측을 능가하는 수월성도 실증할 수 있다. 지배권을 강화하기 위해, 양국은 자신들을 국민의 구제자로 묘사하는 공식 역사를 구축하고 싶어한다.

1991년, 천안문 광장의 민주화 데모를 진압하고 2년 후, 중국 공산당 지도부는 "애국교육" 캠페인을 선포했다. 목적은 "국민 정신을 고양하고, 단결심을 높이며, 국민으로서의 자존심과 긍지를 기르고, 애국적 통일전선을 최대한으로 강화 발전시켜, 대중의 애국심을 결집하여 중국적 특성을 지닌 사회주의를 구축하는 숭고한 대의를 향해 나아가는" 것이었다.[30] 20년 후인 2011년 3월 1일, 천안문 광장의 중국 국가박물관이 "부흥으로의 길"이란 명칭을 붙여 대규모 상설 전시회를 처음으로 공개했다. 박물관의 북단의 두 개 층에 걸쳐 고선명 디스플레이와 와이드 화면의 영상을 사용해, 1840년의 아편전쟁 이후의 치욕의 1세기부터 1949년의 혁명의 승리와 그 후를 묘사하고 있다. 이 전시회의 책임자인 차오신신曹欣欣은 "과거에 실제로 있었던 역사의 장면을 방문자에게 보여 주는" 것이 목적이라고 기자단에게 말했다.[31] 그리고 1년 반 후, 공산당 서기에 막 취임한 시진핑은 그의 원대한 구상 "차이니즈 드림"을 발표하는 자리로 이 전시장을 사용했다.

중국 지도부가 아래는 시골 학교로부터, 위는 국립박물관에까지 주입시키기 위해 노력한 것은, 공산당이 국정을 맡게 될 때까지 중국의 근현대사는 굴욕의 역사였다는 사상이다. 그 메시지의 대부분은 그 후에 나라가 달성한 업적에 대해 긍지를 가지자고 하는 호소이지만, 그 밑에 깔려 있는 것은 외국인에 의해 영토가 뿔뿔이 흩어지고 중국민 전체가 짓밟힌 데 대한 원한이다. 그리고 이 이야기가 지금은 영토 문제에 대한 주류파의 견해를 뒷받침하고 있다. 이에 대해 의문을 제기하면 격렬한 반발이 나온다. 2006년, 공산주의 청년단의 주간지 《빙점》은 퇴직한 철학 교수 웨안웨이시袁偉時의 기사를 게재하여 2개월의 휴간 처분을 당했다. 그 글에서 유안은, 나라의 학교에서 가르치는 역사는 "늑대의 젖을 마시게 하는 것"이라고 평했다. 그는 "천진한 아이들이 가짜 약을 삼키게 되면, 일생 동안 편견을 가지고 살게 되고, 그릇된 길을 걷게 된다"고 주장했다. 당은 납득하지 않았다. 《빙점》은 이 교수를 비판하는 장문의 기사를 게재함으로써 간신히 복간이 허가되었다.

그 결과로, 남중국해에 관한 논의는 엘리트층이든 일반 대중이든, 보수파이든 진보파이든 불문하고, 이 섬들은 당연히 "우리의 것"—고대로부터 뗄 수 없는 조국의 일부—이며, 그걸 외국인이 부당하게 "우리"로부터 빼앗았다는 전제 아래서 출발한다. 인터넷의 성난 젊은이에게도,

정책을 수립하는 엘리트에게도, 이것이 그 견해의 전제가 되고 있다. 더욱 중요한 것은, 이것이 국가적 화제를 만들어 내게 되고, 이 화제 때문에 현재의 지배층의 정통성이 사실상, 이 보잘것없는 섬들과 관련해 어떤 활동을 하느냐에 달려 있다는 것이다. 1998년에 노르웨이의 연구자 레니 스텐세스Leni Stenseth가 논문을 완성했을 때, "스프래틀리 군도의 분쟁은" 공식 신문에선 이 주제에 관한 기사가 비교적 적었기 때문에 "공식적인 보수적 담화에 포함되는 일이 제한되었다"고 주장하더라도 이상하지 않았다. 그로부터 16년이 지나고, 상황은 크게 변했다. 신문에도 웹사이트에도 라디오에도, 매일 수많은 논설이 쏟아져 나왔다. 왕좌를 요구하는 타이베이라는 라이벌과 설전을 펼치고 있는 가운데, 베이징 측이 남중국해에 대한 입장으로부터 깨끗이 철퇴하려고 한다면 통치자로서의 정통성에 위기를 면치 못할 것이다.

베이징대학 국제정치경제학 교수인 짜다오지웅査道炯은 도시적 인상도 있지만 엄하게 생긴 풍모의 소유자다. 남중국해에 있어서 중국 지도부가 강경한 자세를 취하는 건 대중의 내셔널리즘 때문이 아니라 대내외적으로 위신을 과시할 필요가 있기 때문이라고 하는 견해를 이 교수도 뒷받침한다. "아무 일도 안 할 때 발을 굴리거나 허공에 팔을 흔들지 않고 굳건히 버티고 서 있는 식이지요" 교수의 생각에 따르면, 결정적 변화가 온 것은 2008년 9월, 베이징 올림픽이 성대하게 개막하고 1개월 후의 일이었다. 미국 은행 리먼브라더스의 파탄으로 홍콩의 투자가 4만 명이 총액 25억 달러를 잃었다. 3년 후 손실의 대부분은 찾았지만 중국 엘리트층이 받은 충격은 커, 미국의 세계 운영법에 대한 신뢰는 회복 불능의 피해를 입었다. 교수에 따르면, 그 전까지 중국의 정책입안자는 서방의 어휘와 사상을 기꺼이 채용하고 있었다. 그러나 그 이후에는 재평가가 시작되었다.

바로 이 시기에 "중국 모델"이라는 대안에 대한 생각이 등장했다. 홍콩대학의 중국 미디어프로젝트 소속 데이비드 밴더스키David Bandurski는 "중국 모델"이라는 어구가 온라인에 등장한 횟수는 2007년에는 500회, 2008년엔 800회라고 추계하고 있다. 하지만 국영《신화사》에 떠밀려 2009년엔 그 횟수가 네 배의 3000회까지 올랐다.[33] 그 후 그 어구의 인기는 떨어졌지만—시진핑 주석이 내놓은 "중국의 꿈"이 그 자리를 차지했으나—그 특별한 의미는 지금도 남아 있다. 밴더스키는 이것을 "웅대한 담화" 즉 "셩시후아유盛世話語"라고 불렀다. 논쟁을 좋아하는 웨안 교수는 처음 내셔널리즘이 분출된 19세기까지 그 뿌리를 소급할 수 있다고 하면서, "정의감은 정신적인 생득적 권리처럼 대대로 계승된다"고 말하고 있다.[34]

한 중요한 측면에서 보면 이 같은 중국의 수사학적 진전은 미국의 그것을 반영하고 있다. 양국은 다소 공식화된 담론이라고 할까, 국가적 이념이라고 할까, "예외주의"를 공유하고 있다. 세계에 자유를 확산하기 위한 "명확한 운명"에 대한 미국의 국민적 신념—엘리트와 대중이 모두 지닌 신념이다—은 국제 문제와 관련해 중국이 공적 담론으로 내거는 "정의"를 서서히 닮아가고 있다. 정의롭다는 의식은 피해자 의식과 우월감이 결합하여 반대편 소국의 눈에는 더욱 오만스럽게 보인다. 이런 무분별한 자화자찬은 종국에는 중국의 계획을 송두리째 물거품으로 만들지 모른다. 베이징의 공세에 대해 타국의 저항을 낳게 할지 모른다.

지금으로선, 남중국해 주변 국가들의 "성난 젊은이"들은 영어판 뉴스 사이트의 투고란에서 논쟁하고 있다. 해상에서 긴장이 고조되면, 인터넷에서 열기가 타오른다. 새로운 상상의 공동체는 인터넷의 투고와 화염의 형태로 만들어지고, 새롭게 골이 깊어진다. 이러한 북 치기와 깃발 흔들기는 신문·잡지 편집인에게는 하늘이 내린 선물이다. 이해력이 적은 독자에게 분쟁을 흥미롭게 전할 수 있기 때문이다. 그러나 그것만으로써 현실을 파악할 수 없다. 중국도 베트남도 정부의 대외정책이 여론에 좌우되는 일은 드물고, 필리핀의 보수파가 단결하여 나라를 움직일 일도 없을 것이다. 그리고 역내의 다른 나라에선 사람들이 이 분쟁에 대해 거의 관심이 없다. 모든 나라의 정부는 과격한 내셔널리스트의 공격을 당하고 있는 것처럼 가장하는 게 득이 된다. 라이벌에게 대항할 힘을 갖게 되면, 무모한 것처럼 보이는 행동을 취하지 않을 수 없을 정도로 그 공격이 지나치다는 걸 타국이 알아주는 게 좋다. 이런 힘의 과시가 실수로 무력 충돌을 일으킬 위험이 있는 건 확실하다. 그러나 남중국해의 평화와 안전에 대한 최대 위험은 성난 내셔널리즘의 폭발이 아니라, 이들 지역 분쟁과 역내 2대 세력의 악화 일로에 있는 대립 관계가 보이는 상호 작용이다.

중 국

시아먼
후지안성
타이페이

타이완

추강

광저우

타이완 해협

광둥성

마카오

홍콩

카오슝

광서

하노이

장장

프라타스 군도

루손해

하이퐁

톤킨만

하이코우

하이난 섬

제7장

개미와 코끼리

외교

루손 섬

수빅만

남 중 국 해

캄란만

노스 댄저 둑

리드 둑

시투 섬

아투아바 섬

팔라완

스프래틀리 군도

호치민시

푸키

콘손 섬

스프래틀리 섬

밴가드 둑

루이자
암초

코타키나발루

사바

브루네이

반다르 세리 베가완

나투나
(인도네시아)

사라왁

레   이   시   아

쿠칭

20 09년 12월 18일 금요일 초저녁 무렵, 중국의 소수민족 위구르인 20명이 유엔난민고등판무관UNHCR 사무소가 제공한 아파트에서 휴식을 취하고 있었다. 그들은 최소한 200명이 살해된 그 해 7월의 이슬람교도인 위구르족과 한족 간의 충돌을 피해 신지앙新疆의 위구르 자치구를 도망해 나온 사람들이었다. 베트남과 라오스를 경유하는 불안한 여정을 끝낸 위구르인들은 이젠 살았다고 생각하고 있을지 모른다. 캄보디아의 훈센 수상은 그 전날, 난민과 망명자의 처리에 있어서 국제기준을 준수하겠다고 포고령에 서명한 바 있다. 이것은 놀라운 일이었다. 이 법령은 몇 년 전부터 계속해 그 서명이 지연되었으며, 외교관들은 몇 달 동안은 별일 없으리라고 생각하고 있었기 때문이다. 왜 갑작스럽게 결단했을까?

위구르인들이 시내에 들어와 있는 것은, 세계위구르회의가 그들의 어려운 사정을 《워싱턴 포스트》에 널리 호소했기 때문이다. 이례적으로 중국 정부는 이 문제에 관해서 공식 논평을 거의 하지 않았다. 더욱이 위구르족의 행동파에 대해선 "분리 독립파"의 종교적 원리주의자라고 낙인을 찍으면서도 12월 8일, 이 위구르인들에 대한 질문을 받은 외교부

대변인은 캄보디아와의 우호관계와 관련해 "테러리즘과의 전쟁을 위한 협력의 강화"를 호소했지만, 그 발언은 공식 기록에서 삭제되었다.[1] 12월 15일, 문제의 그룹은 "범죄에 연루되어" 있으며 현재 중국 당국이 수사 중이라고 말했다. 대변인은 "국제 난민 보호 체제는 범죄자가 법적 제재를 피하기 위한 피난처가 되어선 안 된다"라고 일침을 놓았을 뿐, 다른 말은 하지 않았다.[2]

중국은 비공식 자리에서 말을 더 많이 했다. 캄보디아 외무부는 12월 14일, 중국 대사관으로부터 문제의 위구르인에 관한 외교 각서를 받은 걸 시인했다. 그런데 그 같은 날, 위키릭스로 공개된 미국 대사관 전문에 따르면, UNHCR 캄보디아 사무소 대표는 위구르인 문제에 대해 캄보디아 정부와의 협의는 순조롭게 진행 중이며 수주 내로 해결될 것이라고 미국 대사에게 전했다.[3] 하지만 그 후 사흘 만에 상황은 일변했다. 수상이 서명한 법령은 또 UNHCR과의 합의—그에 따라 양자는 난민 및 망명자에 대한 책임을 공유하게 되어 있었는데도—를 파기한다는 내용이기도 했다. 서명의 잉크가 마르기도 전에 캄보디아의 내무부 장관 서리 엠삼안은 위구르인들을 이민법 위반이라고 해 강제송환을 명했다.

12월 18일 저녁, 경찰이 UNHCR의 "안전 가옥"에 들이닥쳐 어머니와 두 자녀를 포함해 거기에 있던 사람들을 총으로 위협, 연행했다. 그 다음날 저녁, 중국에서 도착한 제트기에 태워져 그들은 어둠속으로 사라졌다.[4] 캄보디아 정부에도 중국 정부에도 그리고 UNHCR에 대해서도 전 세계로부터 항의의 소리가 쏟아졌으나 아무런 효과가 없었다. 그 후의 보도에 따르면, 송환된 그룹 중 4명에게 종신형, 4명에게 20년, 4명에게 17년, 4명에게 16년의 형이 언도되었다. 어머니와 두 아이는 석방되었다.[5]

제트기가 떠난 다음날 다른 비행기가 도착했다. 여기에 탑승해 온 사람은 당시 중국의 국가 부주석 시진핑智近平이었다. 아시아 4개국 방문의 마지막 여정이었다. 이틀 후의 신문에는 순방이 대성공이라고 보도되었다. 14개 협정이 체결되고, 캄보디아 발표에 따르면, 12억 달러의 원조가 약속되었다. 댐이 구축되고 도로가 건설되고 낡은 사원이 보수되게 되어 있었다. 캄보디아 외무부는 위구르인의 처리 문제는 회담에서 전혀 논의되지 않았다고 주장했지만,[6] 외부에서 볼 때 이 두 가지의 관련성은 분명한 것 같았다. 또한 다른 미국 대사관의 전문에 따르면 캄보디아 정부는 "외부 세력의 압력 때문에 곤란한 입장"에 처해 있다고, 사르켕Sar Kheng 부수상은 지역대표에게 말했다.

내밀하게 털어놓은 그 말로써 대對중관계에 대해 훈센이 공식적으로 한 말은 뒤집어졌다. 지난 9월 8개의 "캄보디아·중국 우호 교량" 중 3개의 건설 현장에서 연설을 했을 때, 수상은 중국 지도부가 아무런 조건을 달지 않고 원조를 제공해 주는 데 대해 칭찬했다. "중국인은 말이 적고 다리와 도로를 건설해 줍니다. 까다로운 조건을 붙이지 않고[7] — 예컨대 국제인권대표자회의에 따르라고 하지 않습니다"[8]

위구르족을 강제송환한 데 대해 인권단체는 캄보디아 정부를 계속해 비판했다. 그리고 그 결과가 4개월 후 2010년 4월 1일에 미국 정부에 의해 발표되었다. 미국은 군의 잉여품인 트럭과 트레일러 200대의 수송을 중지하겠다고 했다.[9] 워싱턴이 던진 가벼운 견책이었지만, 중국 정부에게는 기회였다. 불과 한 달 뒤, 중국 정부는 256대의 트럭 — 그것도 잉여품이 아니고 새 차를 — 과 게다가 군복 5만 벌을 더해서 제공한다고 발표했다. 6월 말 트럭이 도착했을 때, 사진 촬영의 하이라이트는, 중국인민해방군 총장비부 정치위원 치완춘遲萬春 장군이 장신의 단단한 체격으로 캄보디아 국방차관 모엉 삼판Moeung Samphan의 손에 대형 자동차 열쇠를 쥐어 주는 장면이었다. 국방 차관은 대조적으로 작은 키와 당당한 몸집에 열성이 가득한 표정으로 손을 내밀고 있었다. 제3의 "캄보디아·중국 우호 교량"이 정식으로 개통한 지 1개월이 되기 전, 캄보디아의 대외 관계의 미래를 상징하는 때가 온 것 같았다.

하지만 미국은 대형 열쇠와 몇 개의 교량에 의해 밀려날 나라가 아니다. 중국으로부터 거창한 트럭의 선물이 있은 지 3주 후, 미국 정부로부터 프놈펜에 온 사람도 선물을 가지고 왔다. 상자에 가득한 고대 유물이었다. 미국 국무부 정치문제 담당 차관 윌리엄 J. 번즈William J. Burns가 수교 60주년을 기념해 방문, 이 기회를 이용해 캄보디아의 조상彫像과 조각 7점을 반환했다. 전시 중에 약탈되어 로스앤젤레스 세관에 압수되어 있던 것이다. 이 유물을 수송한 건 미 해군의 병원선이고, 프놈펜에 입항해 무료로 주민을 진료해 인심을 샀다. 다른 곳에서도 인심을 얻어 양국의 군사적 제휴가 재확인되었다. 중단된 지 불과 두 달 후의 일이었다.

조상彫像이 인계되고 있는 동안, 캄보디아 땅에서 처음으로 실시되는 다국 간 평화유지 훈련, 이른바 "앙코르 센티널 10"에 미군과 캄보디아군은 함께 참가했다. 이것은 미국무부의 출자에 의한 "글로벌 평화유지 활동 이니셔티브"의 일환으로서 2006년 이래 여러 나라의 군과의 협력을 촉진하기 위해 실시되어 왔다. 그러나 인권단체는 2010년의 훈련에 캄보디아를 참가시킨 걸 비판하고 있다. 위구르인을 강제 송환했기 때문이기도 하지만, 더 큰 이유도 있었다. 참가한 캄보디아군의 일부 부대가 농민을 강제적으로 쫓아내기도 하고 고문과 즉결재판에 의한 처형을 했기 때문이다. 미국 대사관은 이를 부인하고 있으며, 훈련 참가자 전원—수백 명이나 되지만—에 대해 "엄격한 심사"를 하고 있다고 했다. 이 평화유지 훈련에서는 이례적으로 캄보디아 낙하산부대와 미국 특수부대의 합동 파라슈트 훈련도 실시되었다.[10] 몇 주일 전에 미국 정부는 불과 몇 주일 전만 하더라도 캄보디아군을 지원하는 것에 대해 회의를 품고 있었을지 모르지만, 이젠 완전히 해소되었다. 사실, 캄보디아와 미국의 방위 협력은 200~300대의 중고 트럭보다 훨씬 더 깊이 침투해 있었다. 2013년 동남아시아의 군사 문제 전문가 칼 세이어Carl Thayer는 미국으로부터 캄보디아에의 군사 원조가 연간 1800만 달러를 초과한다고 추정했다.[11] 훈련 〈앙코르 센티널〉은 지금은 연례 행사이며, CARAT (협력해상 적응훈련)도 마찬가지다. 미국에 의한 군사 원조의 제3의 (평화유지와 군사교육 다음으로) 기둥은 테러 대책이다. 캄보디아 국내는 테러 문제가 없으나, 이 책을 쓰고 있는 지금 대對 테러부대를 지휘하는 사람은 훈 마네트Hun Manet 중장, 즉 훈센 수상의 장남이다. 그와 그의 부대는 미국 대사관에서 파견된 미국 특수부대의 소수 인원으로 구성된 팀의 조언을 직접적으로 받고 있다. 사실은, 국제 평화유지 활동에 참가할 수 있는 캄보디아군의 능력을 강화한다고 떠들면서, 미국의 군사 원조는 의도적으로 정치적 영향을 행사할 수 있는 것같이 보이는 분야만을 겨냥하는 것 같다. 훈센 수상의 세 아들 모두 미국에서 군사교육을 받았다. 장남인 마네트는 1999년 웨스트 포인트 (미국 육군사관학교)에 입학, 차남 마니스는 2010년에 조지 C. 마샬유럽안전보장연구센터에, 삼남 마니는 2011년에 미국 국방대학에 들어갔다.[12] 이 책을 쓰고 있는 지금, 차남은 캄보디아의 정보부 부장이고 계급은 준장이다. 30세인 삼남은 부친의 내각에서 부수상으로 있으며 당의 청년부 부장이며,[13] 2013년 7월의 선거에서 당선되면 국회의원이 된다.

이 같은 미국의 큰 베풂에 대해 훈 왕조는 얼마나 고맙게 여기고 있는지 알 길이 없다. 하지만 확실히 알고 있는 건, 중국 당국이 훈 일족을 그들 쪽으로 기울게 하기 위해 거액의 돈을 쓸 준비가 되어 있다는 것이다. 중국 정부는 결정적으로 유리한 면이 있었다. 그것은 군사 원조 정책을 비판하는 인권 활동가가 국내에 없다는 점이다. 2010년에 트럭을 제공하고 1년 후, 중국은 캄보디아에 1억 9500만 달러를 융자해 주어 신품 중국제 군용 헬리콥터 (Zhi直-9) 12기를 구입하도록 했다. 2012년 5월, 다시 1700만 달러의 훈련계획이 양국 국방장관 간에 합의되었으며, 그것을 보완하기 위해 2013년 1월에 다시 훈련과 장비의 제공이 약속되었다.[14] 그 혜택을 받는 부대가 합의에 임하기 전에 농민을 고문했는지 어떠했는지 하는 문제에 대해서, 중국 대사관은 조사할 필요가 없었다.

캄보디아가 어느 정도로 중국 정부에 "팔렸는"지, 이와 관련해 프놈펜뿐 아니라 미국의 정책 관계자들도 경악했다. 중국이 지금부터 제공한다고 하는 원조의 규모는 방대했다. 예컨대, 시진핑의 방문 시 12억 달러라는 숫자가 선전되고 있었다. 그러나 그 숫자를 자세히 들여다보면 그다지 대단하지 않은 현실이 보인다. 중국 측에선 아무튼 정보가 나오지 않았으며, 캄보디아는 상세한 내역을 내지 못하고 다만 14개 항목에 대한 합의뿐이다. 그 합의 내용은 주로 도로와 그 밖의 인프라 정비를 위한 차관借款에 불과하다. 그 후 얼마 되지 않아 중국 주재 캄보디아 대사 켁카이메알리 시소다Khek Caimealy Sysoda가 베이징 주재 외교관에게 전한 말에 따르면, 60%는 차관, 40%는 무상원조, 수력 발전의 프로젝트가 포함되어 있었다.[15] 전액이 1년 만에 지불될 수 없게 되어 있었다. 요컨대 이 12억 달러에는 이미 합의가 된 것이지만 시진핑 방문과 맞추어서 발표될 수 있도록 실행을 늦춘 부분, 원조가 아닌 투자라든가, 완성까지 여러 해가 소요되는 것까지 포함되어 있었다.[16] 대서특필로 발표된 숫자는 미국인을 놀라게 하고 불안스럽게 하기 위해 의도된 정치적 조작이었다.

1964년, 당시 캄보디아의 지도자 노르돔 시하누크Nordom Sihanouk는《내셔널 지오그래픽》의 토마스 S. 애버크롬비Thomas S. Avercrombie 기자에게 이렇게 조언했다. "두 마리의 코끼리가 싸울 때는 개미는 옆에 비껴 있는 게 좋다"[17] 10년 후 시하누크의 나라는 미국의 자본주의와 러시아·중국형 공산주의 간의 충돌에 의해 무너졌다. 요즈음은 캄보디아 정부, 그리고 특히 군부는 "코끼리들"을 서로 다투게 하는 게 정치적으로도 경제적으로도 좋은 수단이라고 보고 있다. 그들에게 중요한 것은 현재의 지위를 유지하는 것이며, 자신들과 "부자 크메르"라고 야유받는 동지들이 부유하게 되는 일이다. 대립하는 두 부국富國이 (캄보디아인) 자신들의 정치적 프로젝트와 생활양식에 대해 나서서 지원금을 준다면, 굳이 사양할 이유가 없다. 책략은 양자를 항상 불안한 상태에 있게 하고 상대에게 패배하는 게 아닐까 의심을 지니게 하는 일이다. 훈센은 "열의를 갖게 하기 위해 냉담하게 다루는" 외교적 수법의 명수다.

하지만 캄보디아의 외교는 단순히 두 라이벌을 다투게 하면 되는 그런 간단한 게 아니다. 처참한 역사의 유산으로 가장 중요한 이웃의 두 나라―태국과 베트남―와의 관계는 순탄하지 못하며 때로는 적대적인 경우가 있다. 두 나라 각각에 대해 캄보디아는 지금도 국경 분쟁 상태에 있다. 예를 들어, 상징으로서 매우 중요한 프레아 비히어 사원寺院 주변의 토지의 영유권과 관련한 충돌이 발생했을 때, 내셔널리즘적 분노가 터져 나오곤 했다. 베트남은 1979년 중국의 지원을 받은 크메르 루즈라는 대량학살자를 타도하고 훈센을 정권에 앉힐 수도 있었으나, 베트남에 대한 적대감은 국민들 사이에 넓고 깊게 확산되었다. "국가의 굴욕"이라는 캄보디아 측의 이야기에 따르면, "유온" (베트남인에 대한 멸시적인 호칭)은 부당하게 메콩델타의 크메르인의 토지를 빼앗을 뿐만 아니라, 그 후 2세기에 걸친 잔학행위와 부정행위 등도 모두 그들이 저질렀다. 지역 간의 연대감이란 건 존재하지 않으며, "자신들의" 영토를 훔쳐간 외부인에게 보복할 기회를 갖는 걸 정말 좋아했다.

소국 캄보디아를 지키기 위한 전투는 동남아시아 전체를 지배하는 영향력을 쟁취하기 위한 큰 전투의 일례에 불과하다. 몬순 바람처럼, 압력과 회유가 여러 방향으로부터 불어온다. 몬순 바람처럼, 이 세계적, 지역적, 국제적 바람은 이익과 손해를 번갈아 몰고 온다. 원조, 무역, 투자뿐만 아니라 부패와 군국주의도 가져다준다. 대표단은 동에서, 서에서 밀려와서, 현지 엘리트들은 대표단이 구현하는 힘을 자국의 ^(또는 단지 자기 자신의) 이익을 위해 이용하려고 한다. 미국은 중국의 굴기崛起에, 중국은 미국에 의한 포위에 대해 위기감을 품어, 이것이 역사에 뿌리 깊은 오랜 현지민의 원한과 지역의 권력 투쟁과 맞물려 갖가지의 위기와 기회를 낳고 있다.

동남아시아의 "개미들"은 지금도 정글 싸움의 향방을 두려워하고 있다. 어느 나라도 미국이나 중국 한쪽을 선택하고 싶어하지 않는다. 미국은 이 지역의 최대 투자국이고, 중국은 주요한 무역 상대국이다. 동남아시아 국가들은 이 지역의 급속한 경제 성장을 만들어 준 것은 미국의 군사력에 의한 안정이라는 걸 알고 있으며, 거의 대부분의 국가들이 미국과 어떤 형태의 방위 협정을 맺고 있다. 또 중국이 가깝다는 것, 게다가 점점 더 가까이 다가오고 있다는 것도 확실히 알고 있다. 이 두 강대국의 적대관계는 개미들에게 새로운 기회를 가져다주었다. 시하누크가 코끼리와 개미의 비유를 사용한 후 반세기 동안, 동남아시아 국가들은 코끼리를 최대한으로 이용하는 방법을 배웠다. 이익이 되면 코끼리를 자기 편으로 끌어당기고, 과대한 요구를 하면 내쳤다. 동시에 강대국끼리의 싸움에 피치 못해 말려들기도 한다. 남중국해의 분쟁 때문에 국지적, 지역적, 국제적 대결이 발생해, 1975년의 인도차이나 전쟁 종결 이후 처음으로 복잡하게 얽힌 상호관계를 가져왔다.

* * * * * *

"동남아시아"는 비교적 새로 생긴 지역이다. 20세기 중반, 독일 학자와 일본 전략가의 주창에 의해 "극동"으로부터 분리되었을 뿐이다. 그러나 로베르트 하이네 겔데른Robert Heine Geldern 등의 인류학자가 "동남아시아 (주도 스타지엔Sudostasien)"의 문화를 논하고, 일본의 장군들이 거기를 침략하려고 계획하고 있을 무렵엔, 다른 나라들—"동남아시아" 자체를 포함해—은 거의 그 존재를 의식하지 않았다. 일본은 "남양"이라는 용어를 만들어 냈는데, 이는 일본이 말하는 "대동아공영권" 내에 대만으로부터 파푸아 뉴기니에 이르는 지역을 의미했다. 하지만 "동남아시아"란 말이 처음으로 정식으로 영어 어휘에 포함된 것은 1943년 11월 16일에 연합군이 일본과 싸우기 위해 "동남아시아 지역군"을 창설했을 때다.[18] 그러나 이 동남아시아 지역군SEAC이 담당한 것은 인도, 버마, 말레이 반도, 수마트라에서의 전쟁뿐이었다. 필리핀, 보르네오, 네덜란드령 동인도의 나머지 부분, 파푸아 뉴기니는 남서태평양 지역군에 남아 있었으며, 프랑스령 인도차이나의 위치는 모호했다. 그것이 바뀐 것이 1945년 7월, 베를린 교외 포츠담에서 연합국이 회의를 했을 때다. 이 회의에서 "동남아시아"는 현재의 형태를 갖게 되었다. 보르네오와 자바는 SEAC로 이관되었으며, 그 뒤의 사건에 대한 불길한 전조인양, 인도차이나는 남북으로 분할되어, 남南은 SEAC에, 북은 중국 지역군에 속하게 되었다. 동남아시아 지역군은 1946년에 해체되었으나 "동남아시아"라는 명칭, 오히려 이곳을 하나의 묶어진 지역으로 보는 생각은 그대로 남았다—그리고 또 다른 종류의 전쟁에서 하나의 무기가 되었다.

또다시 그것은 군사적 견해이며 외부로부터 밀어닥친 점에 있어서 똑같았다. 1954년 9월 마닐라에서 동남아시아조약기구SEATO가 창설되었을 때, 동남아시아 국가들 가운데서 그 기구에 가맹한 것은 실제로 2개국, 태국과 필리핀뿐이었다.

그 밖의 국가들, 즉 미국, 영국, 오스트레일리아, 프랑스, 파키스탄, 뉴질랜드는 다른 이유로 가맹했다. 영국은 이때도 현재의 브루네이, 말레이시아, 싱가포르를 식민지로 지배하고 있었으며, 프랑스는 북베트남으로부터 이미 철수했지만 남베트남과 라오스, 캄보디아에서는 아직 행세를 하고 있었다. 미국이 겨누는 건 반공동맹을 창설하는 것이지만, SEATO는 신뢰할 수 없었다. 서서히 쇠약해져 1977년에 캄보디아, 라오스, 베트남에서 공산주의가 승리하자 드디어 그 불행한 생애에 종지부를 찍었다. SEATO의 그림자는 미국이 태국, 필리핀과 맺고 있는 안전보장조약에 아직도 남아 있다.

1958년에는 국내의 공산주의자에 의한 국가 전복의 공포, 그리고 중국에 의한 지역 지배에 대한 공포가 동기가 되어, 한층 더 자발적 결속이 시도되었다. 그 중 하나가 말라야 (말레이시아의 전신)가 제창한 "동남아시아우호경제조약SEAFET"이지만, 이것은 무산되고 말았다. 그 실패로부터 1961년 7월에 동남아시아연합ASA이 발족해 말라야, 태국, 필리핀이라고 하는 이 지역에서 가장 활발한 3대 경제권을 결합하게 되었다. ASA는 표면상으로는 "비정치적"이지만, 냉전이라는 맥락 속에서 방공의 목적이 있는 건 분명했다.

ASA 가맹국이 맨 처음 직면한 과제는 도대체 지역적 조직이 무슨 역할을 할 수 있겠는가라고 말하는 회의주의자를 설득하는 일이었다. 인도네시아의 내셔널리스트적 정부는 ASA가 미국 정책의 간판이라고 보았다. 외무장관 수반드리오Subandrio는 방문객에게 그 조직은 "실체가 없는" "쓸모없는" 것이라고까지 말했다.[19]

또 국경의 위치와 관련해 개별 국가들 간에 합의가 불가능한 경우엔 하나로 통합된 지역적 정체성을 찾아보기가 어려웠다. ASA가 창립되고

서 4개월 후, 새 필리핀 대통령이 된 디오스다도 마카파갈Diosdado Macapagal은 북보르네오의 영유권을 다시 주장했다. 이것은 그 후 새롭게 독립한 말레이시아의 사바 주가 되는 지역이었다. 이 주장에 이어서 ASA도 약화되었다.

인도네시아도 같은 시기에 사바 주를 포함해 북보르네오 전체의 영유권을 주장했다. 1963년, 스카르노Sukarno 정권이 "대결 정책 (콘프론타시 Konfrontasi)"을 실시해 말레이시아가 영토를 양도하도록 강요했다. 동남아시아라는 개념이 부활한 것은 인도네시아에서 군사 쿠데타가 일어났기 때문이다. 1966년 3월, 스하르토Suharto 장군이 스카르노 대통령을 퇴진시키고, 수개월 후 1966년 6월 1일, 인도네시아는 "대결 정책"의 막을 내리기를 동의했다. 이것이 전기였다. 이틀 뒤, 말레이시아와 필리핀은 국교가 수립되었다. 베트남은 "미국전쟁"의 와중에 있었고 국내에선 중국의 지원을 받은 공산주의 운동이 분란을 일으키고 있는 가운데, 동남아시아 엘리트들은 국가 간의 긴밀한 협력관계 없이는 지역이 외세의 손에 들어갈 것이라고 생각하게 되었다. 단합함으로써 무역과 경제 성장을 촉진하게 되며 늘어나는 인구의 수요를 충족할 수 있으며, 나아가 국내 문제와 외교 정책에 대한 외부의 관여를 배제할 수 있다. 그 결과로서, 1967년 8월 8일 방콕에서 동남아시아국가연합ASEAN이 창립되어, ASA 3개국 이외에 인도네시아, 싱가포르가 함께하게 되었다. 동남아시아는 마침내 지역 조직이라는 이름에 걸맞은 조직을 갖추게 되었다.

ASEAN의 출발은 지지부진했다. 그런데 필리핀이 또다시 사바의 영유권을 주장하자 1년도 못 되어 숨이 끊어지고, 가맹국 간의 불신도 남았다. 1975년에 인도차이나 반도에서 공산주의 세력이 승리하게 되자 ASEAN이 자극을 받아 움직이기 시작했다. ASEAN의 지도자 (스하르토, 페르디난드 마르코스, 리콴유 등 반공의 독재자들)는 1976년 2월 발리에서 첫 수뇌회담을 열어 우호협력조약에 조인하고, "위협과 무력행사를 자제하고 … 조약국 간의 분쟁은 우호적 협상을 통해 해결할" 것을 서약했다. 이것이 "ASEAN 방식"의 시발이었다. "컨센서스"에 따라 일을 처리하고 상호국의 문제가 마음에 들지 않더라도 관여하지 않을 것을 약속했다. 그 후 20년에 걸쳐 "아시아의 호랑이"의 성장이 계속되었으나, 1997년의 아시아 금융 위기를 맞아 동남아시아의 연고자본주의緣故資本主義는 붕괴했다. 그 이후 글로벌 경제 속에서 경쟁하고자 하는 욕구, 그리고 강대국의 개입을 막고 싶은 욕구가 생겨, 지역의 지배층은 더욱 긴밀한 관계를 형성하지 않을 수 없었다. ASEAN의 규모는 배로 늘어나고 (가맹국이 5개국에서 10개국으로), 야심은 세 배가 되었다. ASEAN은 유럽연합EU을 모델로 해서 정치적 안전보장, 경제·사회 문화를 세 기둥으로 하는 "공동체"가 되어 가고 있다. 이 지역은 인접한 나라들끼리 침략을 위협하던 먼 옛날부터 참으로 먼 길을 걸어왔다.

* * * * * *

2008년 전반, 데렉 J. 미첼Derek J. Mitchell은 자금 조달에 어려움을 겪고 있었다. 그의 근무처인 전략국제문제연구센터CSIS는 워싱턴에서 자금이 가장 많은 싱크탱크이지만, 대부분의 기부자들은 동남아시아에는 관심이 없었다. 그런데도 미첼은 자신의 프로그램의 주요 자금 조달을 위해 태국 대사관에 눈을 돌리지 않을 수 없었다. 2008년 9월, 미첼은 "미국과 동남아시아"라는 주제로 회의를 열어, 태국에서 몇 사람 그리고 다른 곳에서 몇 사람을 초청했다. 전원이 이구동성으로, 동남아시아는 미국 정부로부터 무시되고 있다고 느낀다고 했다. 말레이시아 국립대학의 K. S. 네이산Nathan은 ASEAN의 10개국이 다 합쳐도 일본 한 나라가 받는 주목의 10분 1도 받지 못하고 있다고 불만을 토로했다. 베트남 외교아카데미

학장은 미국에 대해 동남아시아의 안전보장을 위해 더 공헌하라고 촉구했으며, 싱가포르 대사는 서방의 금융 위기 때문에 미국은 "정신 나간 강대국"이라는 인상이 강해졌다고 했다. 또 태국의 국방부 고문 파니탄 와타나야곤Panitan Wattanayagorn은, 동남아시아 지역에는 "중국은 너무 가깝고, 미국은 너무 멀다"라는 의식이 일반적이라고 설명했다.

부시 정권은 아시아에선 존재감이 희박하다는 불만의 소리도 있었다. "중국이 우리 점심을 먹어 치우고 있다는 얘기도 있었다"라고 미첼은 회고했다. 부시 대통령은 2007년의 ASEAN · 미국 수뇌회의에 불참했으며, 콘돌리자 라이스Condoleezza Rice 국무장관은 ASEAN 지역포럼 3회 중 2회에 불참했다. 하지만 이것만으로 전적으로 공평한 논평이라고는 할 수 없다. 부시 행정부가 주로 "테러와의 전쟁" 때문에 밤낮을 모르고 일하고 있을 때도, 다른 문제에 신경을 쓰고 있는 사람들이 있었다. 미 국방부 전 정책 담당자가 말한 것처럼, "2007년부터 2008년경 이미 그 일은 완료되었다. 중대한 전환점은 2007년 1월의 ASAT 실험이었다" "ASAT 실험"이란 중국이 예고 없이 미사일을 발사해 궤도상의 수명이 끝난 인공위성을 파괴한 것을 말한다. 간담이 서늘해진 펜타곤은 방향 전환에 나섰다. 2008년 5월, 로버트 게이츠Robert Gates 국방장관은 해마다 열리는 싱가포르의 샹그릴라 회담에서, 미국은 종래와 다름없이 "아시아 현지에 실재實在하는 세력"이라고 모두에게 강조했다. 또한 미국의 정부 고관으로서 처음으로 남중국해와 항행 자유의 중요성에 관해 발언했다.[20] 미국 외교관들은 지금도 이 지역에서 적극적으로 활약하고 있으며 미군은 수십만 명의 병력을 대륙에 주둔하고 있다. 지금은 이라크와 아프가니스탄에 주의가 집중되고 있으므로 단지 눈에 띄지 않게 되었을 따름이다.

CSIS에서 미첼이 다룬 최후의 일은 "동남아시아에 있어서의 미국의 동맹국과 대두하는 파트너 국가들"이라는 보고서인데, 그 꼬집는 부제

副題는 "그림자 밖으로"였다. 여기에는 네 가지의 주요한 사항이 들어 있었다. 미국은 동맹국의 발전에 노력할 것, 등장하는 세력과의 관계를 심화할 것, 지역의 다국 간 단체와 관계를 발전시킬 것, 그리고 경제문제와 관련해 동남아시아 주요국들과 밀접하게 협력할 것. 이 보고서가 출판된 2009년 중반에 미첼은 새로 출범한 오바마 행정부의 아시아태평양 안보 담당 제1부차관보의 자리에 있었다. 같은 싱크탱커 출신 커트 캠벨 Kurt Campbell도 신미국안전보장센터를 떠나 동아시아 태평양 문제 담당 국무차관보가 되었다. 이 두 사람은 모두 1990년대 빌 클린턴Bill Clinton 정권 시대에 펜타곤의 아시아 팀에서 함께 근무했다. 이 두 사람은 지난 수십 년 동안 최악의 경제위기에 이어서 비관주의가 만연하고 있을 때, 새 직무를 맡게 되었다. 캠벨에 따르면, "우리가 조사한 바에 의하면 중국 친구들은 일반적으로, 미국은 깊은 낭떠러지 속에 떨어져 헤어날 수 없는 상태에 있다고 보고 있으며, 몇 십 년 후엔 아시아로부터 손을 뗄 것이라고 생각하고 있었다"[21] 미첼은 우디 앨렌Woody Allen의 대사台詞를 빌려 자신의 전략을 이렇게 설명했다. "인생의 90%는 보여 주는 모습이다" 미국의 존재는 앞으로 아시아에서 더 뚜렷이 느껴지게 될 것이다.

새 국무장관 힐러리 클린턴Hillary Clinton은 브리핑을 받고 준비를 갖추었다. 2009년 2월, 취임 후 첫 외국 방문은 일본, 한국, 인도네시아, 중국이었다. 자카르타에서는 ASEAN의 우호협력조약에 미국도 조인할 것을 발표했다. 이는 전략적 수순이었다. 당시의 오스트레일리아 수상 케빈 러드Kevin Rudd로부터 조인하도록 한동안 간청을 받고 있었다. 이것으로써 미국은 동아시아 서미트에 참가할 자격을 얻었으며, ASEAN 국가들의 지도자들도 중국, 일본, 러시아, 인도 등 다른 지도자들과 함께 회담 테이블에 앉을 수 있었다. 7월 22일, 클린턴은 조약에 서명했다. 그 앞의 5월 7일, 유엔의 대륙붕한계위원회에 제출하는 서류에 중국 정부가 "U자형 라인"이 들어 있는 지도를 첨부하게 되어 이 지역 전체가 경계심을 갖게 되었다. 중국이 공식적인 국제적 맥락에서 이 선을 이용한 것도, 그리고 그렇게 함으로써 남중국해의 거의 전역의 영유권을 주장하고 있는 것처럼 보이는 것도 이번이 처음이었다. 드디어 분쟁은 새 단계로 들어섰다.

이 시점까지, 또 적어도 제2차 세계대전 이래 미국은 남중국해의 영유권 분쟁에 있어서 일관해서 불간섭의 입장을 취해 왔다. 하지만 힐러리 클린턴 아래서 영토를 둘러싼 지역 내의 분쟁과 더 큰 미·중 간의 문제가 서로 연관성을 가지기 시작했다. CSIS의 미첼의 후임자 어니 바우어Ernie Bower에 따르면, "중국인은 자신들의 프레스 릴리스 (언론 보도 내용)를 읽고 자신들의 시대가 왔다고 진지하게 믿고 있다"고 하는 사실을 오바마 정권은 이 시점에서 깨닫게 되었다. "중국인은 덩샤오핑의 '재능을 감추고 때를 기다린다'는 교리를 버리고 중국인은 자기 주장을 해야 한다는 국내의 정치적 압력에 응하고 있다"[22] 이것이 한층 더 악화된 것은, 미국의 관점에서 보면, 2009년 11월의 오바마 대통령의 중국 방문 때문이다. "오바마는 새로운 접근을 시도해 미국과 중국이 협력하는 세계를 제창했다"고 바우어는 당시를 회고했다. "하지만 그것은 중국 정부의 눈에는 약점으로 보였다. 캠벨과 미첼이 소리를 높여 '체스 판을 확대해야 한다'고 주장한 것은 바로 이 때였다. ASEAN의 기반으로 하는 체제를 이용해 아시아로의 회귀를 분명히 해야 한다. 그렇게 되면 중국도 협상 테이블에 나오지 않을 수 없다. 왜냐하면 ASEAN은 본래 지역의 균형을 위한 조직이기 때문이다"

그래서 클린턴은 ASEAN의 회합에 계속해서 얼굴을 내밀고, 이 지역의 정치에 깊숙이 관여했다. ASEAN 국가 가운데는 중국이 새롭게 보여주는 강경한 태도에 불안한 나라도 많고, "미국 카드"를 사용하고 싶어했다. 그 결과가 하노이에서 열린 ASEAN 지역 포럼ARF — ASEAN 국가들이 이웃 나라들과 세계 주요 강대국들과 회합하는 또 하나의 장소—에서의 클라이맥스였다. 2010년 7월, 클린턴 장관은 이 해의 정례 회의에서 다음과 같이 말했다.

> "다양한 영토 분쟁은 모든 당사국에 의한 협력적 외교 프로세스에 따라 강제력을 행사하지 않고 해결해야 하며, 미국은 무력의 행사나 위협에 대해서는 반대합니다. 미국은 남중국해의 도서와 그 밖의 것에 대한 영토 분쟁에 대해서 어느 편도 들지 않지만, 영유권 및 그에 수반하는 해양의 권리에 대한 주장은 유엔해양법협약에 따라 이루어져야 한다고 생각했습니다. 관례적 국제법에 따라, 남중국해에 있어서의 영해의 법적 주장은 영토에 대한 법적 주장을 근거로 해서만 이루어져야 합니다"[23]

이 발언의 일부는 1995년 5월에 처음으로 발표된 미국의 입장을 되풀이한 것이지만, "협력적 외교 프로세스"를 강조한 것은 새로운 것이며, 권리를 주장하는 ASEAN 국가들의 전략을 공식으로 지지하는 성명이었다. 무력에 의한 위협, 유엔해양법협약의 준수, 육지를 근거로 해서만이 권리 주장이 가능하다는 부분은 분명히 중국 입장에 대한 비난이었다. 클린턴의 연설에 이어, 11개국이 남중국해 문제에 대해 견해를 표명했다. ARF의 회합에서 이 문제가 다루어진 건 이번이 처음이었다. 미국의 솔직한 태도에 힘입어 ASEAN 국가들과 다른 국가들은 정치적 엄호를 받으면서 발언을 할 수 있었다. 중국 정부는 미국이 말썽을 일으켰다고 비난했으나, 데렉 미첼은 말하길, 클린턴은 이 지역의 요청에 응해 그렇게 발언했을 뿐이라고 했다. "이건 틀림없습니다. 문제는 동남아시아가 우리를 밀어붙이고 있다는 데 있습니다. 중국인은 영토를 빼앗긴 희생자라는 걸 내세우고 싶어하지만, 그렇게 되지 않았습니다" 그러나 ASEAN은 이 주장을 지나치게 밀고 가기를 바라지 않았다. 꼭 2개월 후, 뉴욕에서 제2차 미국·ASEAN 서미트가 개최되었으나, 그 최종 성명에선 남중국해에 관한 언급은 전혀 없었다.[24] "개미들"은 하고 싶은 말은 했으므로, 이번엔 사태를 진정시켜 이 지역의 다른 한 마리의 코끼리가 노하지 않기를 바랐다.

2010년 이후 미국은 "ASEAN의 결속"과 "ASEAN의 구심성"을 강하게 촉구하게 되었다. 그 어구 자체는 깊은 의미가 없는 것처럼 들리지만, 남중국해라는 맥락에 있어서는 중립적이라고 할 수 없다. 그것은 10개국을 모두 불러 모아서 중국과의 영토 분쟁에 있어서 특히 베트남과 필리핀을 성원하려고 한 것이었다. 그러나 ASEAN의 전 사무총장인 필리핀인 로돌포 세베리노Rodolfo Severino는 미국이 성공할 가망은 없었다고 필자에게 말했다. "ASEAN으로 하여금 어떤 문제에 대해 합의를 도출케 하기는 불가능하다고 생각합니다. 나라마다 견해가 다르기 때문입니다. 모든 게 국익입니다―그들이 생각하는 건 자국의 이익뿐입니다. 이 문제를 긴 안목으로 바라보는 지도자는 없습니다. 아무튼 2, 3년 후면 선거가 있기 때문입니다" 중국은 이런 사정을 잘 알고서 ASEAN이 이 분쟁에 대해 공동으로 대응하는 걸 저지하기 위해 집요하게 방해 활동을 해 왔다. ASEAN 가맹국 중에는 남중국해에 대해 이해관계가 없는 나라도 더러 있었다. 영유권을 주장하는 나라에 대한 의무도 없고 중국의 투자와 베푸는 잔치의 은혜를 누리는 나라도 있었다. ASEAN은 이미 여러 다른 방향으로 끌려가고 있었다.

* * * * * *

프놈펜의 또 다른 어느 날 저녁, 위구르인의 강제송환이 있은 지 2년 반, 무대는 더욱 화려했지만, 주제는 동일한―캄보디아는 누구의 장단에 맞추어 춤을 추어야 하는가라는─물음이었다. 이번에 그 의문을 가진 건 난민이나 인권 단체가 아니라, ASEAN 국가의 외무장관들이었다. 그들의 선임자가 방콕선언에 서명한 지 꼭 45년, ASEAN은 먼 길을 걸어왔다. 프놈펜의 회의에서는 "하나의 공동체, 하나의 운명"이라는 공식 슬로건을 내걸고 있었다. 그러나 낙천적인 이름을 가진 "평화의 궁전" 안에 있는 많은 호화찬란한 회의실에서 ASEAN은 남중국해를 둘러싸고 위기를 맞이하고 있었다.

이 이야기는 1992년 7월의 "마닐라 선언"으로서 ASEAN이 처음으로 이 바다에 대해 일치되는 입장을 가졌을 때부터 시작해도 좋고, 또는 중국이 미스치프 암초를 점령한 (제3장 참조) 직후 1995년 3월, 남중국해에서 강제성이 있는 "행동규범"을 기초起草하고자 한 첫 시도로부터 시작해도 된다. 또 2002년 11월, ASEAN과 중국이 "남중국해에 있어서의 관계국의 행동선언DOC"을 채택한 때도 좋고, 2011년 7월에 "DOC실천 가이드라인"에 합의한 때도 좋다. 지난 20년 이상, 문제는 항상 동일했다. ASEAN 국가들의 일부는 남중국해에서의 행동을 제한하는 규칙에 중국을 묶고 싶어한다. 특히 그 이상 섬이나 다른 지형물을 점거하는 걸 막고 싶어한다. ASEAN 10개국이 공동으로 중국에 맞설 수 있으면, 베트남과 필리핀에 도움이 되는 건 분명하며, 그 정도는 되지 않더라도 브루네이, 말레이시아, 인도네시아에도 도움이 된다. 한편 중국으로선 각국과 개별적으로 협상하는 게 분명히 유리하다. 밀고 당기는 다툼이 끊이지 않고 계속되고 있다.

2012년 3월, 필자는 필리핀 외무장관 알베르트 델 로사리오Alvert del Rosario를 만났다. 외무부의 맨 윗층에 있는 넓은 집무실의 거대한 창문 밖에는 마닐라만이 있고 그 너머 멀리 먼 바다까지 확 트여 보였다. 저 바다에 무슨 문제가 걸려 있는지 델 로사리오는 잘 알고 있었다. 외무장관으로 취임하기 전엔 퍼스트퍼시픽 및 필렉스 두 회사의 이사로 근무하고 있었는데, 이 두 회사는 포럼 에너지의 경영권을 쥐고 있었다. 그리고 이 면담 1년 전, 델 로사리오가 막 외무장관에 취임하려고 하자, 베리타스 보이저 호가 리드 암초에서 가스전을 조사하고 있던 중 중국해감선의 방해를 받았는데, 이 보이저 호를 고용하고 있는 것이 포럼 에너지였다 (제5장 참조). 중국은 포럼이 가스전을 개발하는 걸 저지할 생각을 단단히 하고 있는 것 같았다. 필리핀은 일련의 규칙, 즉 행동규범에 따라 이 문제를 해결하고 싶어했다고 델 로사리오는 말했다. "저기에 매장되어 있는 석유가스가 우리나라 장래에 지극히 중요하다는 걸 알고 있습니다. 경제발전을 위해 가급적 빨리 저 자원을 갖고 싶습니다. 그렇게 되면 비장의 카드가 될 수 있을 겁니다"

행동규범을 추진하는 데는 또 하나의 상징적 이유도 있었다. 2012년 11월은 DOC 조인의 10주년이 되는 달이다. 이 문제는 10년간 공중에 떠돌고 있는 상태였다. ASEAN—이 때 의장국이 캄보디아였다—은 행동규범의 초안 작성을 필리핀에 맡기고 있었는데도, 로사리오는 실은 자신이 훨씬 야심적인 것을 강구하고 있다고 밝혔다. "우리가 전향적이라 생각하는 방법으로 대응을 시작하려고 하는 시점에, 당신이 막 취재하러 왔군요"라고 그는 필자에게 말했다. "ASEAN에는 영유권을 주장하는 나라가 넷 있습니다. 지금부터 해야 한다고 생각하는 일, 아니 이미 시작한 것인데, 그건 이 문제의 해결법에 있어서 우리나라와 생각이 가장 가까운 나라 (베트남)와 협력하는 일입니다. 양국 간의 협상을 통해 조용히 양국 간의 문제 해결을 위해 협력할 것입니다. 그리고 두 나라는 함께 제3국 (말레이시아)에 가서, 함께 할 수 있는지를 알아보고, 잘되면 세 나라는 제4국 (브루네이)으로 갑니다. … 그 후 캄보디아를 향해 '우리가 스스로 이렇게 정했지만 이것은 의장국으로서 당신의 공로로 돌릴 수 있어요. 그렇게 하면 ASEAN 전체의 이니셔티브가 되니까요'라고 말할 수 있습니다. 실제로 그 길로 나서고 있습니다"

바꿔 말하면, 필리핀, 베트남, 말레이시아, 브루네이 (그리고 최종적으로 중국도) 사이에 영해 문제를 모두 해결하는 틀을 가진 행동규범의 초안을 꼭 9개월 만에 합의하게 되리라고 생각하고 있었다. 지극히 의욕적인 것으로 보였는데, 그 진행 계획은 외교 협상이 아니라 상거래에서나 필요할지 모르는 것이었다. "평화·자유·우호·협력 존"이라는 틀, 즉 어느 수역이 분쟁 대상인가에 대해 당사국 모두가 합의해서 해결의 노력을 집중하는 방식은 이론상으로는 좋게 보였다 (제9장 참조). 문제는 이것을 실현할 만한 외교적 역량이 필리핀에는 없다는 점이었다. ASEAN은 가맹 10개국이 모두 합의했을 때만 앞으로 나아갔으며, 필리핀은 다른 나라들을 끌어들이기 위해 필요한 외교적 배후활동을 한 것 같지는 않다. 델 로사리오마저 인정한 것처럼, 1월에 ASEAN의 외무장관회의에서 이 계획을 제의했지만 잘 수용되지 않았는데, "그 이유는 특히 시간이 모자라 ASEAN에선 이 콘셉트를 소화하지 못했기 때문이었다"고 했다.

필리핀의 접근에는 근본적으로 문제점이 두 가지 있었다. 첫째는 필요한 준비를 하지 않은 채 정식 회의에 완성된 계획을 제출했다는 것이다. 둘째는, 필리핀 정부는 중국 당국을 강제성이 있는 규칙, 즉 "행동규범"으로써 구속하고 싶어했으나, ASEAN 10개국이 먼저 그것에 찬동하기까지는 중국 당국을 그 규칙에 관한 협의에 끌어넣지 못한 점이다. 중국은 처음부터 협의에 참가해야겠다고 주장할 수 있었으며, 몇몇 ASEAN 국가들도 이에 찬성할 것 같았다. 중국은 대항 전략을 열심히 강구하고 있었다. 중국이 영향력을 가장 많이 미칠 수 있는 나라에 집중적으로 대응했다. 3월 말, ASEAN 수뇌회의 4일 전 후진타오 국가 주석은 캄보디아를 공식 방문해 훈센 수상과 회담을 갖고, 새로이 7000만 달러를 원조하고 양국 간의 무역액을 향후 5년간에 50억 달러까지 늘리기로 약속했다.[25] 그 회담 후, 수상의 자문의 한 사람 스리 탐롱Sri Thamrong은 수상이 한 말을 기자단에게 전하기를, 중국의 남중국해와 관련한 행동규범의 완성을 향해 나아가겠으나 "너무 급히" 서둘지는 않겠다고 했다. 그리고 훈센 수상은 남중국해 문제를 "국제 문제화"해서는 안 된다는 중국의 생각에 찬성을 표했다고 한다.[26] 사실, 캄보디아는 ASEAN 수뇌회의의 공식 의제에서 처음엔 이 문제를 제외하고 있었는데, 필리핀과 기타 국가들로부터 항의가 있고나서야 겨우 되돌렸다. 중국은 5월 말에 다시 2000만 달러의 군사 원조[27], 6월 중순엔 4억 3000만 달러의 거액 융자를 캄보디아에 제의했다.[28] 여전히 양국은 조건부가 아니라고 주장했다.

2012년 7월 9일 월요일, 알베르트 델 로사리오는 프놈펜에 있었는데 이번에도 또 ASEAN의 외무장관들을 설득하고 있었다. 중국에 대해 단호한 태도를 취하자는 것이었다. 필자에게 전략을 설명한 후 4개월 사이에 중국선은 스카버러 암초를 손에 넣고, 국영 중국해양석유총공사는 베트남의 EEZ 내의 탐사 광구를 입찰에 붙였다. 5월 말, 이것은 DOC의 정신에 위반된다고 하여, 필리핀과 베트남은 비난성명을 내라고 ASEAN의 동료 가맹국에게 당부했다. 그러나 캄보디아 외교장관은 이 사안에 대한 합의가 없었다고 말했다.

행동규범에 관해선 필리핀에게는 약간 좋은 결과가 있었다. ASEAN의 논의에서 델 로사리오의 초안은 골자가 빠져 버렸으나—어느 수역이 분쟁 대상인가를 결정하는 정확한 틀은 삭제되어 있었다—분쟁 해결의 수순은 그대로 살아 있었다.[29] 이것은 그런 대로 좋은 결과였다. 특히 그 날 오전의 외무장관 회의에서 초안이 정식으로 채택되어, 협상의 다음 단계로서 중국에 건네지기 때문이었다. 본 회의가 끝나자, 외무장관들은 다소 비공식적인 협의—"숨 돌리기 (리트리트)"라는—로 옮겨 갔다.

그러나 조용한 환담은커녕, 이 "리트리트"는 ASEAN을 사상 최악의 위치에 몰아 넣었다.

이 리트리트에서 최종 공식 성명에 합의하게 되어 있었다. 이 합의는 일주간의 회의 후에 발표될 것인데, 그 일주간의 회의에선 오스트레일리아, 캐나다, 중국, EU, 인도, 일본, 뉴질랜드, 러시아, 한국 그리고 미국과 개별적으로 또 여러 형태의 결합으로, 그리고 마지막엔 모든 국가가 참여하여 ASEAN 지역 포럼ARF으로 ASEAN과의 회의가 예정되어 있었다. 공식 성명 (커뮤니케)의 초안 작성은 델 로사리오를 비롯해 인도네시아, 말레이시아, 베트남이라고 하는, 남중국해에 직접적 이해를 가진 모든 나라의 외무장관에게 위임되고 있었다. 초안은 132문단으로 되어 있었으며, 제14단락부터 제17단락까지가 남중국해에 관한 부분으로, 특히 제16단락에는 스카버러 암초와 베트남 측의 항의가 언급되어 있었다. 커뮤니케는 그런 회합에선 의례히 있게 되어 있다. 보통 초안은 사전에 작성되고 정식 회의가 끝나면 발표되며, 그 뒤에는 바로 잊혀져 버린다. 그런데 프놈펜에선 그렇게 되지 않았다.

다음에 무슨 일이 있었는지, 대략 알게 된 것은 한 대표단의 메모가 오스트레일리아 학자 칼 세이어Carl Thayer에게 새나갔기 때문이었다.[30] 알베르트 델 로사리오는 열렬히 지원을 간청해, 필리핀이 스카버러 암초를 잃게 될 때 왜 침묵을 지켰느냐고 ASEAN 외무장관들에게 추궁했다. 중국의 행동은 "평화적, 우호적, 조화로운 환경을 촉진해야 한다"라고 규정된 DOC에 위반되지 않는가? 그는 또 지난 몇 년에 걸친 중국의 "확장과 공격"의 다른 사례를 제시하고, 스카버러 암초에서 철수하겠다는 약속을 지키지 않은 중국의 "불성실"을 비난했다. 그리고 마지막으로 반反나치 목사 마틴 니묄러Martin Niemöller가 한 말까지 인용했다. "처음에 공산주의자를 잡으러 왔으나, 나는 공산주의자가 아니었기 때문에 소리를 지르지 않았다. 다음엔 조합원을 잡으러 왔다…" 그러나 대부분의 ASEAN 국가 (필리핀을 포함)는 과거에 공산주의자를 적극적으로 탄압했으며, 그 중에는 지금도 독립 노동조합원의 활동을 금지하는 나라도 있기 때문에, 이 인용은 그다지 효과가 없었다. 더 중요한 건, 필리핀 다음에 중국의 "습격"을 받는 것에 대해 위험을 느끼는 나라가 거의 없었다는 것이다. 그뿐 아니라, 스카버러 암초를 놓고 초기의 대치상태에서 필리핀이 해군 기함 그레고리오 델 필라를 배치함으로써 문제를 악화했다고 필리핀을 비난한 나라들도 있었다. 또 필리핀이 공공연하게 미국의 지원을 호소하고 있는 걸 우려하는 나라들도 있었다. ASEAN이 중시하는 중립성을 침범하는 것이기 때문이다.

한 사람씩 다른 외무장관들도 발언했다. 태국의 스라퐁 토비착차이쿨Surapong Tovichachaikul은 모호한 표현으로 ASEAN의 결속을 지키는 게 필요하다고 말했다. 베트남의 팜빈민Pham Binh Minh은 중국에 의한 "심각한 주권 침해"에 대항할 수 있도록 지원을 구했다. 인도네시아의 마티 나탈레가와Marty Natalegawa는 ASEAN은 공동 보조를 취해야 한다고 주장하면서, 말레이시아 외무장관 아니파 아만Anifah Aman이 한 것처럼 남중국해의 최근 상황을 설명했다. 브루네이 왕의 남동생 모하메드 볼키아Mohamed Bolkiah는 거의 발언을 하지 않았으나, 커뮤니케는 지지할 수 있다는 의사 표시를 했다. 그 후 라오스와 미얀마 외무장관은 문면에 반대하는 말을 하지 않았으며, 이어서 싱가포르의 샨무감Shanmugam이 "최근의 사태는 특별히 우려된다"고 발언했다.

이 시점까지 (우리가 알고 있는 기록에 따르면) 모든 외무장관은 커뮤니케의 문면을 찬성은 했으나, 반대 발언은 없었다. 그런데 거기서 캄보디아 외무장관 호르 남홍Hor Namhong이 마이크를 잡고 "컨센서스가 이루어지지 않았다"라고 외치면서, 제14단락부터 제17단락까지 특히 제16단락은 그

대로 채택할 것이 아니라 보류되어야 한다고 했다. 초안을 작성한 네 명의 장관은 아연실색해, 당장 그 자리에서 그 문제를 결론짓자고 제안했다. 하지만 호는 "지금 당장은 물론 가까운 장래에도 이들 분쟁을 해결하기는 어려울 것이다. ASEAN은 무리다"라고 하면서 물러서지 않았다. 여기서 처음으로 의혹이 생기기 시작했다—캄보디아는 매수당했는가? 중국에 아첨하기 위해 ASEAN을 분열시킬 작정인가?

여기서 인도네시아의 나탈레가와가 제16단락—"관련된 암초 또는 분쟁 수역, 배타적경제수역 및 대륙붕의 현황"에 대해 언급한 부분—의 타협안을 낭독했다. 그러나 호는 특정 사건을 운운할 필요가 없다고 하며, 암초와 섬의 구별이 가능한가, 어느 나라에 속하는가 하는 등 두서없는 이야기로 횡설수설하고 제16단락은 완전히 삭제할 것을 제안하고 발언을 마쳤다. 델 로사리오는 암초가 어느 나라의 것인지 문면에는 명시되어 있지 않다고 지적했다.

이어서 "관련된 암초 또는 분쟁 수역, 배타적경제수역 및 대륙붕의 현황"의 부분을 "분쟁 수역"이라는 표현으로 고치는 게 어떨까 하는 논의가 있었다. 나탈레가와와 말레이시아의 아만은 이 제안을 했지만, 팜빈민이 베트남의 EEZ는 "분쟁 수역"이라고 부를 수 없다고 주장했으며 델 로사리오도 스카버러 암초에 대해서 같은 말을 했다. 팜빈민이 일단 휴식시간을 회의 중간에 넣자고 제안해, 우리에게 새나온 기록은 여기서 그친다. 하지만 남중국해의 최근 사건에 관해서 커뮤니케에 얼마나 구체적으로 기술되어 있는지 하는 논의는 그 밖의 예정된 2개국 협의 및 다국 간 협의와 함께 4일간 계속되었다.

이튿날 2012년 7월 10일 화요일, 베이징과 프놈펜에서 있었던 기자회견에서, 중국 측은 이 회의는 "남중국해 문제를 협의하는 데 적합한 장소"가 아니라고 견제하고, "중국의 핵심적 이익에 관한 문제에 있어서 캄보디아의 흔들리지 않는 오랜 지지에 감사한다"고 말했다.[31] 기자들은 지정된 기자센터에 갇혀 있어 장관들과 고관들이 소리 높이 복도를 오르내리는 광경을 볼 수 없었지만, 그래도 "평화의 궁전" 안에서 옥신각신한 분위기는 바깥 세계로 흘러나왔다. 수요일 오전의 긴급 외무장관 회의는 "치열"하고 "긴박"했다고 논평되었다. 하지만 ASEAN 사무총장인 태국의 수린 피추완Surin Pitsuwan은 끝까지 낙천적으로 보이려고 작심하고, 논의는 "순조롭게 진행되고 있다"고 기자들에게 능청을 떨었다.

목요일이 되자, 그 대단한 수린도 의사 진행에 "작은 문제"가 생긴 것을 인정할 각오를 했다. 그러한 가운데서 마티 나탈레가와 인도네시아 외무장관은 문제를 해결하려고 노력을 하면서도, 다른 장관들의 행동을 "전적으로 무책임"하다고 비난했다. 그는 제16단락에 대해 적어도 18종류의 대안을 제시했으나, 아무 소용이 없었다. 긴급회의가 또 열렸다. 캄보디아의 한 외교관은 캄보디아가 "괴롭힘"을 당하고 있다고 불만을 토로했다. 이름을 밝히지 않은 외교관들이 기자단에게 한 말에 따르면, 호남홍 캄보디아 외무장관은 가끔 초안을 들고 회의실 밖으로 나가, 모습을 드러내지 않은 조언자에게 상의하러 갔다고 한다. 중국 관리들에게 초안을 보여 주었을 것이라고 한다.[32] 캄보디아 외교 당국은 이 주장을 비판했지만 (예컨대, 《프놈펜 포스트》에 보낸 편지에서), 실제로 한 번도 부정하지 않았다.[33]

이번에는 힐러리 클린턴의 차례가 왔다. 미국 국무장관은 미소 짓는 얼굴로 프놈펜에 왔으나, 논의가 "긴박"하다는 걸 잘 알고 있었다. 남중국해 분쟁에선 어느 편도 들지 않는 게 미국의 방침이라고 재언하고 스카버러 암초에서의 "적대적 행동", "경제적 위압의 우려스러운 사례", "마찰을 일으키는 조치"를 비판함으로써 분쟁과 관련해 한쪽 편을 들었다.[34] 어느 나라의 얘기를 하는지는 너무도 분명했다. 클린턴 장관은 ASEAN에게 "한 목소리를 내라"고 촉구했다. 커뮤니케와 관련해 ASEAN 의 결속을 겨냥하는 말같이 들렸다.

금요일 오전, 수린 피추완은 여전히 평화의 궁전의 상황을 "작은 문제"라고 말하고 있었다. 싱가포르 외무장관 샨무감은 귀국 비행기에 탑승하려고 했는데 인도네시아 외무장관 나탈레가와로부터 긴급한 전화를 받고 다시 돌아갔다. 필리핀과 베트남이 타협안 표현에 동의했다는 것이다. 최후의 긴급회의가 열렸다. 토의 중 수린이 발언을 하고 있는 중인데도 호가 마이크 스위치를 껐다.[35] 호는 타협안에 대한 간절한 호소를 물리치고 서류를 들고 회의실을 박차고 나갔다.[36] 최악의 상황이었다. 45년의 역사상 처음으로 ASEAN 외무장관 회의는 공식 커뮤니케를 발표하지 않고 끝나게 되었다. 나탈레가와는 "깊고도 심각한 실망"을 표명했으며, 수린은 "작은 문제"를 "큰 문제"로 상황 평가를 격상했다. 다른 참석자들도 각각 표현의 정도를 높이고 있었다. 그 날 금요일, 질문이 마구 쏟아지자 캄보디아 외무장관은 "ASEAN의 외무장관 회의는 분쟁에 대한 판결을 내리는 법정이 아니다"라는 기이한 설명을 내놓았다.[37] 누구도 이 회의에서 그런 일을 하라고 말하지 않았다.

캄보디아가 중국 편에 서서 행동한 것에 놀란 사람은 거의 없었으나, 그렇게 철면피한 방식으로, 그리고 ASEAN에 큰 피해를 준 것에는 아연실색했다. 하지만 캄보디아 정부는 별다른 신경을 쓰는 것같이 보이지 않았다. 캄보디아는 왜 ASEAN의 이익을 위해 행동해야 하는가? 훈센에게 중요한 건 자신의 미래였다. 성명을 내지 않음으로써 중국 정부의 기분을 사고 동시에 베트남을 화나게 할 수 있었다. 일석이조, 잃는 것은 하나도 없었다. 미국과의 관계가 소원해지는 일도 없을 것이다. 오히려 미국은 캄보디아가 이 이상으로 중국 측에 기우는 걸 막기 위해 한층 더 노력할 것이다—일석삼조인 셈이다.

그러나 지역의 결속이 강한 이익을 가져다줄 국가들에게 프놈펜의 회의는 대참사였다. 이 피해를 복구하려는 복안과 권위를 가진 자는 인도네시아 외무장관 마티 나탈레가와뿐이었다. 수뇌회의 5일 후, 나탈레가와는 자카르타를 출발해 마닐라, 하노이, 프놈펜, 방콕, 싱가포르로 갔다. 그의 노력은 환영을 받아 대성공으로 칭송되었지만, 달성한 일이라고는, 지금까지 여러 번 되풀이해 온 여섯 항목—DOC, 가이드라인, 행동규범, 국제법의 지지, 행동의 자제 그리고 분쟁의 평화적 해결—을 ASEAN 국가들에게 재확인시킨 일뿐이었다. "스카버러 암초"라든가 "배타적경제수역" 등의 어구는 보이지 않았다. 하지만 프놈펜의 실패 후에, 오로지 중요한 것은 외무장관 전원의 서명이 들어 있는 한 장의 문서를 마련하는 일이었다.

그러나 이 문제는 그 후에도 제자리 걸음만 하고 비틀거리고 있었다. 더욱이 외교관답지 못한 외교관이 쓴 독설적인 신문기사로 인하여 더욱 악화되었다. 전투 개시의 사격을 한 이는 알베르트 델 로사리오의 외무차관 엘린다 바실리오Erlinda Basilio였다. 필리핀의 두 신문에 수뇌회의에 관한 장문의 기사를 게재했다. 캄보디아 외교관들도《방콕 포스트》,《네이션》,《프놈펜 포스트》,《캄보디아 데일리》,《저팬 타임스》,《필리핀 스타》에 게재된 기사에 대해 감정적 반론을 표명했다. 마닐라 주재 캄보디아 대사 호 세레이톤Hos Sereithonh은 "추잡한 정치"라고 필리핀을 비난했다. 필리핀 외무부는 호 대사가 면담에 나오도록 캄보디아 대사관의 정문과 신문 1면에 공고를 냈으나, 호는 신병을 이유로 출석하지 않고 대리인을 보냈다. 10일 후, 캄보디아 대사관에 따르면, 관계 회복을 하고자 하는 조치로 호는 프놈펜으로 소환되어 경질되었다. 그 후 사태는 다소 진정되었다. 12월, 필리핀은 중국 대사로 엘린다 바실리오를 임명했다—

필리핀 정부는 앞으로도 강경한 자세를 취하겠다고 하는 의사 표시였다. 하지만 무슨 목적으로? 이 글을 쓰고 있는 지금, 프놈펜의 대결이 있은 지 꽤 오랜 시일이 흘렀는데도, 행동규범은 여전히 합의에 이르기 요원하며, "평화·자유·우호·협력 존"은 캐비닛 서류철에 꽂혀 있는 그대로다.

* * * * * *

2011년, 미국 국무부 아시아 팀의 어니 바우어Ernie Bower의 말을 빌리면, "완전히 패닉이었다. 임박한 이라크·아프가니스탄으로부터의 철수를 중국은 계속되는 약세로 보고 있었다"[38] 따라서 이 사태를 긍정적으로 표현하는 방법을 모색하고 있었다. 일단 "아시아로의 전환"이라는 표현에 낙착했으나, 전략통신 담당의 국가안전보장 부보좌관 벤 로즈Ben Rhodes에게는 더 나은 안이 있었다. 힐러리 클린턴은 2011년 11월 외교전문지 《포린 폴리시》에서, 이라크와 아프가니스탄의 흙탕물로부터 발을 뺄 뜻을 재확인했다. "퇴각"은 아니고, "방향 전환"도 아니다. "회귀 (피보트pivot)"다. 클린턴의 논문에는 여섯 가지 "행동 지침"이 요약되어 있었다. 그 중 네 가지는 데렉 미첼의 2009년의 CSI 보고서에서 인용한 것인데 (동맹국을 지원하고, 신흥국과의 관계를 발전시키고, 지역의 다국 간 조직과의 관계를 강화하고, 경제 문제와 관련해 동남아시아 국가들과 긴밀히 제휴한다), 그 이외에 두 가지가 첨가되어 있었다—아시아에서 미국의 군사적 존재감을 넓히고 민주주의와 인권을 신장한다는 것이다.

전략적 마케팅의 실천으로서 "피보트"는 놀라운 성공을 거두었다. 이제 누구도 미국이 아시아를 무시하고 있다고 말할 수 없다. 이 용어의 선택은 기대했던 효과를 가져왔다. 단, 문제는 여섯 가지의 "행동 지침" 중단 한 가지와만 연결되어 있다는 것이다. 피보트가 가져온 첫 구체적 성과는 클린턴의 논문이 발표되고 며칠 후 나타났다. 오바마 대통령이 오스트레일리아에 가서 미 해병대 2500명을 다윈에 항구적으로 배치할 것에 합의했다고 발표했다. 그리고 그 후 인도네시아의 발리를 방문해, 미국 대통령으로서 처음으로 동아시아 서미트에 참가했다. 데렉 미첼—얼마 전에 국방부를 떠났다—마저도 "처음엔 메시지가 그다지 잘 전달되지 않았다"라고 인정하고 있다.[39] 피보트는 군의 배치와 너무도 밀접한 관계가 되어 버렸다. 일시적이라는 뜻을 피할 수 없었다. 미국이 아시아로 회귀할 수 있다면, 다른 곳으로 회귀하는 것도 간단히 가능할 것이다. 미국 정부로서는 좀 더 영속적으로 들리는 표현이 필요했다. 반년 후, "피보트"는 "리밸런스 (재균형)"로 바뀌었다.

동남아시아 국가들의 대부분은 미국의 "리밸런스"를 환영하고 있다. 그것은 대중對中관계를 균형 있게 할 수 있고 행동의 자유를 누릴 수 있게 해 주었다. 캄보디아 같은 국가들은 의도적으로 대국끼리 경쟁하게 만들었다. 단 주로 해양국가의 경우이지만, 이 재균형을 이용해 특히 남중국해에서 자국의 입장을 강화하려고 한 나라들도 있었다. 미국으로선, 이 남중국해 분쟁 때문에 그것과 관련된 나라들과의 관계 강화가 더 용이해졌다. 두 가지의 과제가 상호 공생적으로 발전되었다. 즉 중국의 격화 일로에 있는 야집에 대한 지역의 불안 그리고 중국의 세계 전략상의 역할에 대한 미국 측의 우려. 서서히 이 두 문제—영토를 둘러싼 지역의 분쟁과 미·중 간의 "글로벌"상의 갈등—가 서로 맞물리고 있다. 남중국해가 이렇게 정치적으로 위험한 장소가 되어 있는 건 이 때문이다. 데렉 미첼의 말을 빌리면, "개가 꼬리에 휘둘릴" 위험이 있다. 즉 대국이 소국에 쥐어 흔들릴 리스크가 있다고 하는 말이다.

"그것은 단지 중국만 관련된 문제가 아니다"—미첼과 다른 미국 외교관들은 "재균형"을 운운할 때마다 이 주문呪文을 부르짖어야 한다. 그건 맞는 말이다. 재균형이란 일본, 한국, ASEAN 국가들, 그리고 남아시아와의 관계를 새롭게 강화하는 일이기도 하다. 하지만 이들 국가들과 지역이 그리는 원호円弧의 중심에 있는 건 …… 중국이다. 클린턴의 여섯 항목의 행동 지침도 역시 상징적인 의미에서 중국을 둘러싸고 원호를 그리고 있다. 지침마다 하나의 키워드와 관련되어 있으며 그 키워드는 그 기저에 있는 초점을 지지하고 있다. 클린턴이 "신흥국과의 관계를 심화한다"라고 말하는 건, "룰을 기반으로 하는 지역적·국제적 질서의 형성에 동참하자"고 하는 호소다. 그리고 "룰을 기반으로 하는 질서"란 미국의 세계적 우위를 보증하는 국제적 체제를 말하며, 그 우위를 유지하는 데 필요한 것이 유엔안전보장이사회의 거부권, 브레턴우즈 체제, 달러의 패권, 자유무역의 원칙, 항행 자유의 원리 등의 관습이다. 장래의 미국 안보와 번영은 대두하는 새로운 세계적 강대국이 기존 국제체제의 규범을 지키느냐에 달려 있을 것이다. 전략적인 관점에서 볼 때, 미국의 우위는 무엇보다 세계의 모든 바다에 접근이 가능한가에 달려 있다. 미국의 2011년 판《국가 군사전략》의 구절에 따르면, "미국의 국가적 안보의 핵심은 글로벌 공공재 (글로벌 코몬즈) 및 사이버 공간에의 접근access을 확보하는 일이다. …… 글로벌 코몬즈와 글로벌하게 연결된 영역이, 모든 국가의 안보와 번영을 담보하는 결합조직을 이룬다".

남중국해는 이 "글로벌 코몬즈"에 있어서 결정적 연결점으로, 태평양을 인도양에, 페르시아 만에 그리고 유럽으로 연결하고 있다. 현 시점에 있어선 동중국해와 더불어 세계에서 분쟁이 가장 많은 해역이며, 현재 중국의 의도를 각국이 경계하고 있는 것도 이 바다가 중요한 이유의 하나다. 미국 국방부의 정책 입안자였던 사람이 말한 것처럼, "미국으로선, 거기에서 여러 나라가 소동을 일으키는 것은 나쁘지 않다. 좋지 않은 것은 독점적 행동이다. 직접 공격하든 은밀하게 조이는 방식이든 다른 나라를 모두 밀어내는 것이 나쁘다".[40] 중국은 국제적 시스템의 틀 안에서 움직여야 한다고 미국인이 말할 때, 그 말은 무엇보다 남중국해를 미 해군이 자유롭게 항행하는 걸 인정하라는 뜻이다.

"독점"을 못하게 하고 기존 체제에 완전히 따르게 하기 위해, 지금 중국에게 많은 노력을 들이고 있다—바꿔 말하면 서방식으로 게임을 하라고 타이르고 있다. 중국은 공식 방문부터 군사 문제의 협의회, 식물 검역의 작업반에 이르기까지 외교관과 정치가의 "애정 공세"를 받고 있다. 2013년 커트 캠벨Kurt Campbell이 오스트레일리아에서 강연했을 때 말한 것처럼, "우리가 추구하는 것은, 중국이 국제사회로 들어오는 것입니다. 그래서 우리가 함께 정의하고자 노력하는 규범과 가치관과 절차를 공유하는 겁니다. 그것이 세계의 모든 나라의 최대 이익이 됩니다"[41] 외교관과 전략가가 이 같은 노력을 쏟는 것은 현재의 국제체제의 이점을 중국 지도부는 이해하지 못하고 있으나, 앞으로 수십 년 내에 그것에 도전해 나올 것이라고 생각하기 때문이다.

클린턴이 동맹관계를 강조함으로써 제2의 키워드를 가지게 되었다. 피보트에 의해 세계는 새로운 지리 구분을 갖게 되었다. 즉 "인도태평양"이다. 인류학자와 동물학자가 오랫동안 사용해 온 용어이지만, "재균형"의 지지자들은 거기에 새 의미—중국의 대두를 우려하는 나라들의 느슨한 대결이라는—를 추가했다. 인도태평양은 현대의 전략적 지역이다. 마치 "동남아시아"가 제2차 세계대전 중과 냉전 중에 그러했던 것과 똑같다. 이 지역은 인도로부터 일본, 오스트레일리아를 경유해 미국까지 펼쳐지는 거대한 사각형을 형성한다. 특히 인도양과 태평양 양쪽에 해안을 가진 나라, 즉 오스트레일리아는 이 용어를 처음으로 떠올린 나라이기도 하다. 오스트레일리아, 일본, 미국은 2005년부터 "3개국 안보 대화"

를 하고 있다. 일본의 아베신조 당시 수상이 2006년 인도를 가입시켜 "4개국 대화"를 하자고 제안했지만, 당시의 오스트레일리아 수상 케빈 러드Kevin Rudd의 모호한 태도 때문에 그 제안은 빛을 보지 못했다. 그 일이 있은 후, 노동당 당수로서 러드의 선임자인 킴 비즐리Kim Beazley가 미·중의 장래 적대관계를 경고한 2009년 11월의 논문에서 "인도태평양"이라는 말을 사용했다.[42] 시드니의 로위 국제정책연구소의 로리 메드카프Rory Medicalf가 이 개념을 더욱 넓혀, 2010년 10월 힐러리 클린턴이 하와이에서 한 연설에서 미국도 이를 인정하는 결과를 낳았다. 인도태평양이라는 사각형에 있어서 그 정치적 중심은 남중국해다.

이것은 전략적 전망을 나타내는 용어다. 즉 지금까지는 아시아태평양이라고 알려진 지역에 인도를 "끌어넣는"다는 것이다. 클린턴은 문제의 피보트 논문에서 이렇게 선언했다. "미국은 전략적으로 인도의 장래에 기대를 걸고 있다. 세계 무대에서 인도가 더 큰 역할을 함으로써 평화와 안정이 강화될 것이다" 커트 캠벨의 말을 빌리면, "인도는 이 체제의 쐐기이며 앞으로 동아시아에 있어서 인도의 역할은 크고 또 중요할 것이다"[43] 인도는 오랫동안 미국 주도의 군사 협력 체제에 있어서 역할의 담당을 거부해 왔다. 하지만 중국의 대두 (그리고 파키스탄 및 아프가니스탄의 상황 변화)를 눈앞에 두고, 2009년에 인도·미국 전략 대화를 정기적으로 갖기로 합의했다. 그 이후 인도는 약 130억 달러 상당의 미국산 군수품을 구입했다. 헬리콥터, 수송기, 총포류 등인데, 그 대부분은 신설된 산악부대—히말라야에서 중국과의 국경선을 지키는—를 지원하기 위한 것이었다.

오스트레일리아는 다시 "인도"를 "태평양" 안으로 끌어넣기 위해 열심히 노력해 왔다. 양국은 2009년 안전보장공동선언을 채택했으며, 또 2013년 6월 회담에선 해군의 합동연습을 실시하고 지역의 안정보장 문제에 관해 정기적으로 협의할 것을 합의했다.[44] 인도는 다른 나라와도 관계를 발전시키고 있는데, 베트남과는 "전략적 파트너십"을 맺고, 일본과는 "방위정책 대화"를, 또 일본, 한국과는 "3개국 대화"를 실시하고 있다. 베트남에 1억 달러를 저리로 대부해 주어, 베트남 앞바다에 있는 인도 경영 유전을 지킬 순시정을 구입하고, 또 말레이시아, 싱가포르, 태국, 일본과의 합동연습을 할 수 있게 했다.[45] 그러나 인도의 정치적 풍토는 여전히 "전략적 자율"을 지지하고 있으며, 미국과의 정식 동맹관계를 맺을 것 같지 않다.

이 사각형 안에서 오스트레일리아, 뉴질랜드, 일본, 한국, 타이완, 필리핀, 태국은 수십 년 전부터 미국과 상호방위조약이나 협정을 맺고 있다. 최근엔 ASEAN 가맹국 중 7개국이 미국과 일정 형태의 군사적 협의 관계를 체결할 것을 합의했다 (예외는 미얀마, 베트남 그리고 내륙국인 라오스인데, 앞의 두 나라는 조심스럽게 어떤 협정의 체결을 향해 움직이고 있다). 한편, 군사적으로 중국에 가까운 나라는 더욱 한정되어 있다. 북한, 캄보디아, 라오스, 미얀마, 방글라데시, 스리랑카, 파키스탄이다. 하지만 어느 나라도 동맹국이라고 볼 수 없으며, 북한을 제외하고 이들은 모두 대드는 자들끼리 싸우게 해 이득을 노리는 국가들이다. 현재 미얀마가 서방 국가에 문호를 개방하고 있는 건, 중국에 대한 의존을 줄이고 싶은 생각이 큰 이유다. 라오스는 중국과 베트남을 저울질하고 있다. 캄보디아는 서로 싸우게 하여 어부지리를 취하려 하며, 그 점은 스리랑카도 마찬가지다. 미국·중국 양대 강국 간에 전략적 경쟁이 일어난다면, 미국은 압도적으로 유리한 출발을 하게 된다. 동남아시아에 있어서 문제는 그 유리한 위치를 지속할 수 있느냐 하는 것이다.

2013년, 미국은 첩보 활동에만 500억 달러 이상을 썼는데, 이것은 ASEAN 가맹국의 군사비를 모두 합한 금액보다 많다.[46] 이에 더해, 2014

년 공식 군사 예산은 6250억 달러로 책정되었다.[47] 국방비는 미연방 정부 지출의 5분의 1 이상을 차지했다—2014년엔 22%였다. 이 글을 쓰고 있는 현재, 국가 채무액은 17조 달러인데[48], 삭감은 필수적이다. 미국이 언제까지 이 지역에 관여할지 모르기 때문에, 각국은 양다리를 걸치고 중국과의 관계도 개선하게 되는데, 그것이 미국에 악순환을 가져다준다. 각국의 불안을 해소하기 위해선 지출을 늘려야 한다. 지출을 늘리게 되면 국내에선 예산 증가로 고통을 받게 되고, 점점 군사적 입지를 축소할 가능성이 현실적으로 커진다. 그렇게 되면 사각형 안의 국가들은 중국 정부의 의향에 따라갈 이유가 강해진다. 이것은 중국 정부가 열심히 강조해 온 이야기다—미국이 아시아에 대한 지원을 열심히 하는 것처럼 보일수록, 아시아 국가들은 다른 곳에서 지원을 찾고 싶어할 것이다.

그래서 제3의 키워드는 "부담의 공유"다. 이것은 "피보트"가 지역의 다국 간 조직을 중시하는 것과 겹친다. 미국 정부는 "중국을 우려하는" 국가들이 각각 "대등한" 군사적 관계를 구축할 것을 적극적으로 권장하고 있다. 일본은 필리핀에게 1100만 달러 상당의 연안 경비정 10척을 제공하고 베트남의 연안 경비대를 훈련시키고 있다. 한국은 필리핀에 군함 한 척을 증여하고, 오스트레일리아는 장비와 훈련을 제공했다. 오스트레일리아는 또 2012년에 이웃나라 인도네시아와의 방위협력협정에도 조인했으며, 일본과의 협력 사업도 추진하기 시작했다. 예컨대, 2012년 6월의 일본 · 오스트레일리아 트라이덴트Trident가 그 하나다.[49] 또한 1971년에 체결된 "5개국 방위 협약"에 의해 지금도 오스트레일리아, 뉴질랜드, 싱가포르, 말레이시아, 영국은 연결을 유지하고 있다.

하지만 이 모든 활동을 다 합쳐도 무슨 물건이 되겠는가? 한국과 일본은 아직까지 섬의 영유권을 놓고 대립하고 있으며, 베트남은 중국의 위협이 존망에 관계되지 않은 한, 미국 주도의 방위협정에 참가할 것 같지 않다. 그 밖의 ASEAN 국가들은 자진해 미국의 군사력의 산하에 들어와—더욱이 ASEAN 내부의 대립에 방패로 이용하고 있다—있으나, SEATO 같은 동맹조직을 부활시킬 생각은 없다. ASEAN은 동맹도 연립도 제휴관계도 아니다. 이것에 가까운 것을 나타내는 용어가 물리학 분야에 있다. 그것은 "흐름flux"—끊임없이 배열을 바꾸는 입자와 에너지를 가리키는 단어다. 그러나 앞에서도 언급한 전 국방부 직원에 따르면, 그것은 반드시 나쁘지만은 않다는 것이다. "외교적 의미에 있어서 중국에 대한 미국의 최대 강점은 군함도 비행기도 총포도 아닙니다. 중국인은 아직 다국 간의 게임을 할 줄 모릅니다. 미국은 알고 있지요. 힘이 약해지면 약해질수록, 더 잘해야 하는데, 다행히 미국은 하는 방식을 알고 있지요. 오래전, 제2차 세계대전 전에 하던 일을 생각해 내기만 하면 됩니다. 이건 사실인데, 미국을 찾는 나라가 많습니다. 힘이나 공격을 위해서가 아니라, 전술 면에서 말입니다"[50]

그렇다면, 어떻게 해서 이 입자들을 설득해 미국의 축에 모여들어 줄서게 할 수 있을까? 결론부터 말하면, 여섯 가지 행동 지침 중 네 번째, 무역과 투자의 확대가 그 답이다. 여기서 키워드는 "환태평양 파트너십"이다. 피보트가 나오게 된 동기의 하나는 미국이 동아시아 시장에서 밀려 나가지 않을까 하는 불안이었다. 2004년엔 미국은 ASEAN의 최대 무역 상대국이었다. 2010년엔 중국, 일본, EU를 이어 제4위로 전락해 있었다. 그 해, 중국-ASEAN 자유무역협정이 발효되어, 중국은 더욱 광범한 동아시아 자유무역협정을 추진하고 일본과 한국을 받아들여 동북아시아 및 동남아시아 전역에 큰 영향력을 행사할 수 있었다. 어니 바우어에 따르면, "아시아의 경제 통합에는 진정코 반대의 소리가 있었습니다. 그리고 중국인이 장사를 독점하는 것에 대해서도요. 중국은 'ASEAN + 3'의 구조를 지배하려고 하기 시작했었다. 무엇을 현안 안건으로 선정하느냐를 중국이 결정한다는 의미이지요. 일본인과 한국인과 이야기를 해 보면, 정말 걱정하고 있었으며, 오스트레일리아인과 뉴질랜드인은 아시아의 통합이 자신들 없이도 굴러가기 시작했다고 해서 난리가 났지요. 그래서 미국에 많은 경고가 쏟아졌지요"

2008년 1월, 아직 조지 W. 부시George W. Bush가 대통령이었을 때, 미국 정부는 돋보이지 않는 4개국, 어울리지 않게 모인 그룹인 브루네이, 칠레, 뉴질랜드, 싱가포르가 "환태평양 파트너십TPP"이라고 내세우고 있는 것을 주목했다. 그리고 그것을 미국의 아시아를 향한 경제 정책의 전면에 내세웠다. 오바마 정권은 처음에는 열의가 적었다. 2009년 11월, 첫 아시아 공식 방문을 위해 대통령 전용기에 탑승했을 때, 오바마에게는 무역에 관한 성명을 발표할 예정이 없었다. 그런데 비행 중, 힐러리 클린턴, 커트 캠벨과 대담을 나눈 결과 같은 생각을 가지게 되어, 모두가 놀랍게도 일본 방문 중 느닷없이 미국은 TPP에 참여하겠다고 발표했다. 그 후 몇 년 사이, TPP는 성장해 12개국을 가지게 되었다. 거기에는 ASEAN의 가맹국 2개국 (베트남과 말레이시아), 그리고 일본도 들어와 있다. 한국도 참가할지 모른다. 미국으로선 최종적으로 TPP가 확대해 "아시아태평양 자유무역권"을 만드는 게 바람이지만, TPP는 제1목표나마 달성할 수 있을까 하는 의문의 소리는 여기저기서 들려오고 있다. 그 제1목표에는 노동자의 권리와 환경 보호, 지적재산권, 정부조달의 추진이 포함되어 있지만, 이 같은 부유한 나라의 과제는 아시아에선 아직 먼 화제다.

ASEAN은 자체의 약칭을 내걸고 밀고 나갔다. 즉 RCEP인데, 역내 포괄적경제동반자협정이다. 그 틀은 TPP보다 훨씬 낮은 수준으로, ASEAN 가맹국의 기존 "자유무역지역—중국을 포함—을 통합하는 데 초점을 두고 있다. 미국이 밀고 있는 TPP와 중국을 포함하는 RCEP 간의 대립에 관해 논의가 많았으나, ASEAN이 굳이 RCEP를 밀기로 한 (동아시아 자유무역지역이 아니고) 것은, 여기에는 일본과 한국 이외에 인도, 오스트레일리아, 뉴질랜드도 포함되어 있다는, 즉 중국의 중요성이 크게 줄어들기 때문이라는 점에도 주목해야 할 것이다. 그렇기는 했지만 ASEAN은 불만을 품고 있었으며 가장 중요한 시장과의 통합을 지향했다.

ASEAN 국가들을 TPP의 수준에 접근시키기 위한 지원 프로그램 (확대경제관여 이니셔티브)을 별도로 하면, 인도태평양 지역을 그 방향으로 끌고 가기 위한 경제적 자극이라는 면에서 미국은 공식으로 제공한 게 거의 없다. 이것은 미국 국내의 압력 단체 때문이다. 그들에겐 아시아의 공업제품과의 불평등한 경쟁이 큰 문제이지, 아시아에서의 미국의 전략적 지위는 이차적인 것이다. 그 대신 민간 부문은 계속적으로 활동을 요청받았다. 2012년, ASEAN 국가의 외무장관이 커뮤니케를 놓고 왈가왈부하고 있을 때, 미국 · ASEAN 비즈니스 평의회 및 미국상업회의소의 주최로 "미국 · ASEAN 비즈니스 포럼 인 캄보디아"가 조직되었다. 하지만 이것은 2013년에는 열리지 않았다. 피보트는 여전히 빵보다 총에 비중을 더 많이 두는 것 같다.

하지만 어떤 종류의 총인가? 중국 정부가 제안한 국제법의 해석에 따르면, 미국 해군은 남중국해에 들어오지 못할 가능성이 있다. 게다가 중국은 이와 병행해서 미국 함대를 저지할 수 있는 위력을 가진 병기를 개발하고 있다. 미국 정부는 이런 사태 진전이 해군만이 아니라, 미국의 세계적 지위를 근본적으로 흔드는 위협이라고 보고 있다. 힐러리 클린턴이 발표한 제5의 요소는 "폭넓은 군사적 존재"인데, 다음 장에서 논하게 되는 것처럼, 그것은 "공해전空海戰"이라는 어구와 연관이 있다. 전쟁이 일어날까? 꼭 일어나야 된다는 것은 아니다. 미 해군은 과거에도 신흥세력에게 자리를 양보한 적이 있었으므로, 또 그렇게 할 수 없는 것도 아닐 것이다. 1962년 쿠바 위기로부터 수십 년 사이 소비에트연방은 "외양해군"을 창설하고 극동함대는 블라디보스톡을 떠나 멀리까지 활동했다. 그러나 그 당시에 이 양국은 모두 휴고 그로티우스Hugo Grotius를 신봉하고 있었다. 남중국해이든 어디든 자유로이 항행할 수 있는 것이 자국에 이익이었기 때문이다. 지금은 상황이 다르다. 중국 정부는 수천 년이나 지켜오던 관습을 뒤집고 항행의 자유라고 하는 권리를 군함으로부터 빼앗고 싶어하는 것처럼 보인다.

피보트의 최후 항목은 "보편적 가치"라는 슬로건 아래서 "민주주의와 인권을 증진"한다는 것이지만, 피보트 가운데서 진전이 가장 적은 요소가 이것이다. 미얀마—이 책을 쓰고 있는 지금, 데렉 미첼이 미국 대사로 재직하고 있는—에선 민주주의의 승리가 높이 평가되었지만, 인권에 대한 의견 차이로 베트남과의 관계는 진전이 보이지 않는다. 궁극적으로 말하면 그것은 미국과 중국의 근본적 차이다. 중국 지도부는 개인 권리의 확대는 중국 정치 체제를 흔들고 또다시 제국주의의 지배를 초래한다고 확신하고 있다. 앞으로의 전략적 대결에 있어서 인권 문제는 비교적 작은 역할밖에 하지 못할 것 같다.

남중국해에선 두 가지의 전략상의 요건과 많은 지역적 이익이 충돌하고 있다. 이 대립이 지극히 위험한 것은 두 나라의 자신의 대한 이념의 차이가 거기에 확연히 드러나고 있기 때문이다. 미합중국도 중화인민공화국도 원대한 목적을 기반으로 하여 건국되었으며, 이 목적은 엘리트들의 의식 속에 깊이 각인되어 있다. 중국 공산당 지도자에게 있어 지배의 정통성은 반제국주의 투쟁의 역사에서 나오며, 식민주의자와 매국노에 의해, 국체國體로부터 탈취당한 영토를 회복하고자 하는 현재 진행 중인 캠페인에서 나온다. 그들은 역사적으로 아무리 틀렸다고 하더라도 그 영토에는 남중국해도 포함된다고 믿고 있다. 한편, 미국의 엘리트도 자국의 "자명한 운명"을 절대적으로 확신하고 있다. 미국은 "예외의 나라"이고, 세계의 "최후이자 최선의 희망"이고, "없어서는 안 되는 대국"이고, 국제사회의 규범과 룰의 수호자다. 남중국해는 그 규범과 룰이 위협을 받고 있는 첫 장소다. 만일 미국이 이 해역에 접근하지 못하게 되면, 미국은 글로벌한 역할을 상실하고 보통의 대국이 되고 만다. 그런 경우 충격은 이만저만이 아닐 것이며, 미국의 정체성, 번영, 안전보장에 파괴적 영향을 미칠 것이다. 그렇다면, 그걸 위해 싸울 가치가 있다고 해도 좋을 것이다. 나중에 알게 되겠지만, 계획은 이미 짜여지고 있는 중이다.

중국

추강

광저우

광둥성

광서

마카오

홍콩

시아먼

후지안성

타이페이

타이완

타이완 해협

카오슝

하노이

하이퐁

장장

프라타스 군도

루손

톤킨만

하이코우

하이난 섬

제8장

전장戰場의 형성形成
군사 문제

루손

쑤빅만

남 중 국 해

캄란만

보디아

프놈펜

노스 댄저 둑

리드 둑

시투 섬

아투아바 섬

호치민시

팔라완

푸키

스프래틀리 군도

콘손 섬

스프래틀리 섬

만

뱅가드 둑

루이자
암초

코타키나발루

사바

브루네이

반다르 세리 베가완

나투나
(인도네시아)

사라왁

레 이 시 아

쿠칭

가포르

그 것은 거대한 회색 상자 모양이고 최고 속력의 경우 10노트 (약 시속 18.5km), 우수한 스파이 못지않게 평범한 직명職名을 방패로 그 아래 정체를 숨기고 있다. "해양 감시선"인 미해군보조함USNS 임페카블 호는 평소에 각광을 받지 않는다. 멀리 해상에서 국제법이 미치는 맨 끝에서 단독 행동을 하고 있다. 미국 정부의 소유이고 국방부의 관할 아래 있지만, 운영하고 있는 건 민간기업이다. 대형 해운기업 머스크의 "특명사업부"라는 거창한 이름을 가지고 있는 부서다. 임페카블 호가 하는 일, 그게 이 상자 같은 모양을 하고 있는 이유인데, 풍랑이 심한 바다에서 고가의 케이블을 예항曳航하는 일이다. "특명"은 중국 잠수함을 탐지하는 일인데, 그걸 위해 길이 150m의 탐색예항 아레이 센서 시스템SURTASS을 끌고 있다.

2009년 3월 5일 목요일, 하이난 섬의 율린 잠수함 기지에서 140km 떨어진 해역에서 임페카블 호가 단독으로 항행을 하고 있는데 느닷없이 중국의 프리게이트가 전방을 가로질렀다. 두 시간 후, 중국 정찰기가 11번이나 저공 패스를 하고 다시 프리게이트가 전방을 가로질렀다. 3월 7일 토요일에는 또 다른 중국 군함—소위 정보수집함 (약칭 AGI, 스파이선에 대한 완곡한 표현)—이 이 해역에서 물러가라고 명령했다. 불응하면 심각한 사태가 발생할 것이라고 했다. 임페카블 호는 떠나지 않았으며, "심각한 사태"는 닥쳐왔다.

무슨 일이 있었는지 조금이나마 알게 된 것은, 미국무부가 동영상을 공개했기 때문이다. 임페카블 호의 승조원 한 사람 (승조원 사이에서 "보비"라고 불린다) 이 촬영한 것이다. 구름 한 점 없는 푸른 하늘 아래 잔잔한 바다 위에서 동영상이 펼쳐진다. 임페카블 호는 이미 잡다한 배에 포위되어 있다. 민간인의 트롤어선 두 척이 어로에 지쳤는지 임페카블 호를 따르고 있다. 그 배들 가운데 두드러지게 우뚝 높이 눈에 들어오는 것은 어로단속처에서 온 배 한 척, 국가해양감시국의 배 한 척 그리고 그 전날과 같은 AIG다. 트롤선은 모두 어망을 끌지 않았으며, 선수와 선미 그리고 배 중심부에 중국기를 걸고 있었다. 그 가운데서 선체가 낡았지만 붉은 색으로 다시 도색된 어선 한 척이 접근해 왔다. 브리지의 창문에 승조원 몇 사람이 서 있는데 얼굴이 보일 정도로 가까운 거리다. 뱃머리에 두 사람이 서 있고 한 사람은 기를 흔들고 있다. 트롤선이 움직였다. 굴뚝에서 검은 연기가 뿜어 나오자 임페카블 호 후방 옆을 가로질러 돌진했다. SURTASS를 절단하려고 한 것이 분명했다. 임페카블 호의 승조원은 각자 정위치에 서서 뛰어오르는 자가 있으면 격퇴할 태세를 하고 있었으나, 아무래도 장난을 치고 있는 기분이 들기도 했다. 사진을 찍고 있던 보비는 "루와 윌선이 호스를 들고 있고, 중국인은 정말 지긋지긋하다"라고 상황을 설명하고 있다.

용골龍骨로 케이블을 절단하는 데 실패하자 붉은 트롤선의 뱃머리에 서 있던 한 사나이가 긴 막대기로 바다 속의 케이블을 끌어올리려고 했다. 승조원도 이걸 보고 더 재미가 났다. SURTASS의 케이블은 155톤이다. "케이블을 잡기만 하면 데크에 그냥 서 있지 못할 거야. 끌려들어 가 바닷물을 마셔야 할 게다"라고 한 사람이 말한다. 그러다가 다른 장면에 가선, 동영상에는 나오지 않는데, 루와 월선에게 명령이 내려졌던 것 같다. "어부" 두 사람을 제지하기 위해 임페카블 호로부터 소화 호스의 물대포가 발사된다. 하지만 두 사람은 단념하지 않는다. 속옷만 입은 채 막대기로 계속해 찾고 있다. 그러나 몇 분 동안이나 헛되게 "낚시"를 하고 나서야, 트롤선의 선장은 작전을 바꾼다. 또다시 검은 연기를 뿜으면서 어선은 임페카블 호 좌현으로 방향을 돌리더니 바로 정면에서 멈춘다. 푸른 선체의 트롤선이 우현 쪽에서 똑같은 행동을 한다. 정부의 배 두 척은 여전히 가까이에서 움직이고 있다 — 적당한 거리를 유지하면서, 만일 어선이 임페카블 호에게서 "위협을 받으면" 방위할 생각일 것이다. 모두가 가만히 지켜보고 있는 가운데, 두 척의 트롤선은 서서히 서로가 접근해 완전히 임페카블 호의 앞을 막아 버렸다. 그러자 흰색으로 포장된 어로단속처의 배가 접근해, 푸른 트롤선 바로 뒤에 붙는다. 전진할 수도 없고, SURTASS의 케이블을 선미에 연결해 예인하고 있기 때문에 방향 전환도 할 수 없어, 임페카블 호는 상부의 지시를 기다릴 수밖에 없었다.

바깥 데크에서 처음에 잡담하고 있던 승조원들이 조용해졌다. 동영상의 마지막 몇 초간에 누군가 이렇게 동료에게 말하고 있는 것이 들렸다. "긴급 파괴 지시다." 국방부로서는 초고성능 정보수집 기기가 중국 손에 넘어가는 위험을 감당할 수 없는 일이다. 만일 임페카블 호에 침입하려는 움직임이 있었다면, 사전에 계획한 수순에 따라 서류와 기기를 파괴했을 것이다. 그러나 그런 사태까지는 가지 않았다. 임페카블 호의 선장은 떠날 테니 항행 방해를 하지 말 것을 무선으로 전했다. 중국선은 요구에 응하고 임페카블 호는 서서히 수평선을 향해 퇴거했다.

그 후에 심한 비난전이 벌어지고 양국 정부는 상대방이 국제법을 위반했다고 소리 높이 비난했다. 중국 외교부 대변인 마쪼우수馬朝旭는, 미국이 "남중국해의 중국 배타적경제수역에서 중국의 허가 없이 활동했다"고 주장하면서 "같은 행위가 재발하지 않도록 적절한 조치를 취할 것"을 요구했다. 그런데 화이트하우스 대변인 로버트 깁스Robert Gibbs는 강경했다. "우리는 공해에서의 활동을 계속할 것이며, 그 점과 관련해 중국이 국제법을 준수하기를 기대한다" 하지만 깁스가 무심코 사용한 "공해"란 어구는 바로 문제의 핵심을 찔렀다. 난해하게 보일지 모르지만, 한 나라의 군함이 다른 나라의 배타적경제수역EEZ에서 무엇을 할 수 있고 무엇을 할 수 없다는 법률적 논쟁으로 미국과 중국은 이미 충돌의 벼랑에 와 있다. 미국은 "글로벌 공공재 (글로벌 코먼즈)"를 요구하며 중국은 자국의 안전보장을 추구한다. 이 대립은 아시아의 미래를, 나아가서는 세계의 미래를 좌우하게 될 것이다.

* * * * * *

제4장에서 본 것처럼, EEZ에 관한 규칙은 1982년에 채택된 "해양법에 관한 유엔협약 (유엔해양법협약)에 규정되어 있다. 중국은 이 협약을 비준한 163개국의 하나이고, 미국은 비준하지 않은 30개국 (그중 16개국은 내륙국이다)의 하나다. 미국 상원이 비준을 거부하는 것은, 상원의원 과반수가 유엔해양법협약은 미국의 주권을 약화한다고 생각하고 있기 때문이다—정부의 관련 부서 모두가 그런 일은 없을 것이라는 주장을 하고 있지만. 비준하지 않았기 때문에 타국에 이 협약에 따라 행동하라고 타이르더라도 설득력이 없다. 그럼에도 불구하고 미국 역대 정권은 모든 나라가 이 협약의 구속을 받는다고 주장하고 있다. 지금은 그것이 "관례적 국제법"의 일부이기 때문이다. 또 미국 해군으로선 비준은 하지 않았지만 항상 유엔해양법협약에 따라 행동하고 있다고 말하고 있다.

이 협약의 수백이나 되는 조문에는 타국의 EEZ 안에서 무엇이 가능하며 무엇이 불가능한지를 규정하고 있는 조문도 몇 개 있다. 중국 정부는 그 중에서 특히 세 가지를 집어서 USNS 임페카블 호의 활동은 위법이라고 주장하고 있다. 즉 제56조 ─ 연안국은 EEZ에 있어서 "해양의 과학적 조사"의 관할권을 가진다, 제58조 ─ 모든 나라는 "연안국의 권리 및 의무를, 합당하게 인정하며 ……이 조문 및 국제법의 다른 규칙에 따라 연안국이 제정한 법령을 준수한다", 그리고 제 246조 ─ "EEZ 및 대륙붕에 있어서의 해양의 과학적 조사는 연안국의 동의를 얻어 실시한다" 등의 세 가지다. 미국은 조사활동에 대해 허가를 신청도 안 했으며, 따라서 얻지도 못했으므로 당연히 위반이라고 중국 정부는 말하고 있다.

그러나 미국 정부의 말에 따르면, 그런 논의는 전혀 관련이 없다고 한다. 임페카블 호와 그 자매 배들이 하고 있는 일은 해양의 과학조사가 아니라 단지 스파이 활동이다. 임페카블 호가 석유 탐사 같은 평화적 조사를 하고 있었다면, 그 활동은 유엔해양법협약에 비추어 위법일 것이다. 그러나 그 활동의 목적은 상업과 과학에 관계가 없으며 12해리를 넘은 바깥의 해역을 항행하는 것은 모든 배에 인정되는 권리이므로, 임페카블 호도 그 권리를 행사할 수 있다. 또 유엔해양법협약에 따르면, 12해리 바깥 해역에 대해서는 나라가 주권을 주장할 수 없으므로, 중국이 200해리의 EEZ 내에서의 활동을 규제할 목적으로 성립시킨 모든 법률은, 미국 정부의 견해로는, 그 자체가 위법이다.

연안국과 해양국 간의 법적 논쟁의 결과로 생겨난 것이 유엔해양법협약이다. 전자는 자국의 앞바다에서 일어나는 건 모두 관리하고 싶어했으며, 후자는 항행의 자유를 확보하고 싶어했다. 하지만 토의의 의장이었던 싱가포르의 토미 코Tommy Koh는 그 타결에 대해 그 뒤에 이렇게 요약했다. "조약의 문면에 들어 있는 해결법은 매우 복잡하다. 제3국이 연안국의 EEZ 내에서 군사행동을 할 수 있는지에 대해선 어디에도 명확히 규정되어 있지 않다. 하지만 우리가 협상하고 합의한 그 조문에 의하면 그런 행동은 허용된다는 것이 일반적인 이해였다"[1] 그러나 그 "일반적 이해"에 반대하는 나라들이 몇몇 있었는데 이들은 그 변경을 극구 요구했다. 중국이 가장 적극적이었으나, 그 밖에도 브라질, 말레이시아, 몰디브, 베트남 등의 나라들이 다 함께 외국 군함이 타국의 EEZ를 지날 때는 허가를 얻어야 한다고 주장하고 있다. 문제는—중국과 세계에 있어서—EEZ의 성격을 이렇게 바꾸는 것은 국제체제의 규칙을 근본적으로 바꾸는 일이다. 그것은 또 미국의 군사적 우위에 정면으로 도전하는 일이다. 태평양에서 중동에 직접 접근하는 루트를 차단하게 되기 때문이다.

미국의 서해안과 아시아 사이에 군함과 병력을 이동하기 위해서는 태평양, 남중국해, 멀래카 해협, 인도양을 자유롭게 항행하지 않으면 안 된다. 인도네시아 내해나, 인도네시아와 오스트레일리아 사이를 통과하는 건 항해 기술상으로나 정치적으로 곤란하고, 그렇다고 해서 오스트레일리아 남쪽을 우회하면 페르시아 만까지의 항해 시 몇 주가 더 소요된다. 즉 대함대의 경우엔 몇 천만 달러의 연료비가 더 필요하다. 만일 군함이 EEZ를 통과하지 못하게 되면, 미국은 아시아 지역의 기지와 동맹국에 접근하지 못하게 된다. 미국 해군이 접근하지 못하면, 타이완의 방위력은 크게 저하할 것이다. 다른 동아시아, 동남아시아 국가들도 똑같이 위험한 처지가 될지 모른다. 동남아시아에 있어서의 미국의 영향력이 줄어들 가능성도 있다. 더욱 우려되는 건, 펜타곤이 볼 때, 군의 접근이 보장되지 않으면 민간의 접근도 보장되지 않는다. 적대국이라면 미국의 경제가 의존하는 제품과 에너지의 흐름을 절단할 수도 있다. 미국이 1979년 이래 알려지지 않은 "항행의 자유FON" 프로그램을 추진한 것은 그 때문이었다. 그 프로그램은 EEZ를 봉쇄하려는 시도에 적극적으로 대응하는 일이다.[2] FON에 있어서는 외교협상과 실력행사가 맞물리게 된다. 국무부가 항의문만 발송하는 경우가 있다. 그러나 때로는 미국 해군이 다른 나라의 EEZ에 들어가서, "자, 보아라" 하는 식으로 행동하는 경우도 있다. 이른바 현대판 함포외교다. 그러나 미국 같으면, 세계의 무역과 안전보장을 위해 열린 바다를 지키는 노력은 모든 사람에게 이익이 되는 일이라고 말할 것이다.

미국 정부는 유엔해양법협약 제301조에 대해서도 똑같이 강경하게 그 타당성에 반대 주장을 하고 있다. 301조에는 "체결국은 무력에 의한 위협이나 행사를 어떤 나라의 영토보전이나 정치적 독립에 대해 삼가야 한다"고 되어 있다. 그러나 미국은 단순한 정보 수집은 무역의 위협에 해당되지 않는다고 주장하고 있다. 한편, 중국도 꿈쩍하지 않았다. 정보수집은 앞으로 있을 무력 대결의 준비이고, 해안까지 12해리나 가까운 해역에서 하는 미국 군의 활동은 국가 존립에 관계되는 위협이라고 주장하고 있다.

하이난海南 섬에서 앞바다를 바라다보면, 중국이 안고 있는 딜레마는 심각한 것 같다. 1980년 덩샤오핑이 선전深圳시를 첫 경제특구로 지정한 이래 중국의 번영은 이 해안선을 둘러싸고 그려지는 원호圓弧모양의 집적한 도시군에 의존해 왔다. 그 도시들을 떠받쳐온 것은 수출입품의 유통이었다. 2007년 이래, 중국은 식량의 순수입국이며, 또한 2013년 9월 막 셰일가스 붐이 미국의 에너지 자급률을 가능케 하게 되자, 때를 같이하여 미국을 제치고 세계 최대의 원유 순수입국도 되었다.[3] 무역은 중국의 GDP 절반 이상을 차지하고 있지만 (미국은 3분의 1 미만), 이 나라에는 공해로 나가는 뚜렷한 항로가 없다. 지구물리학적 힘에 의해 연안 주위엔 섬들이 늘어서 있고, 지정학적 힘에 의해 그 섬들이 모두 적대할 가능성이 있는 인근국이 되어 버렸다. 중국남해연구원 원장 우쉬춘吳士存의 생각으로는, 중국이 남중국해에 대해 이 같은 입장을 취하는 건, 첫째 이 바다를 통해 공해로의 전략적 항로를 확보하기 위한 것이다. 그 항로의 유지를 진지하게 생각하고 있는 나라—그리고 미국의 의도에 대해 의심을 품는 나라—는 그런 항로를 방위할 역량을 개발해야 하는 건 당연하다. 이 이치대로 가면 남중국해에 있어서의 무력 충돌의 가능성은 적지 않다.

2013년 4월, 중국 국방부는 국방부의 목표를 천명하는 백서를 발표했다. 그에 따르면, "중국 경제가 서서히 세계 경제 시스템 속에 흡수되는 가운데, 해외 이익은 이제 중국의 국가 이익의 중요한 일부가 되었다. 해외의 에너지 자원, 전략적 해상 통로, 해외 동포와 법의 안전과 관련된 과제는 나날이 불거지고 있다. 해상의 선박 보호, 해외 동포의 철수, 긴급구호 등의 해외 활동은 인민해방군이 국가 이익을 지키고 국제 의무를 수행하는 중요한 방식이 되었다"[4] 아시아의 미래를 결정하게 될 모순은 이것이다. 즉 중국이 연안 도시들을 지키고 원거리에 설치된 보급선을 지키기 위해 군사력을 사용하는 방식을 선택한다면, 현재의 해상 패권국과 맞설 능력을 개발하지 않을 수 없다. 하지만 해상 패권국 미국은 중국이 이 방침을 자위를 위한 것이라고 보지 않고 지역적 패권을 장악하기 위한 것이 아닐까 의심하고 있다—그래서 대항할 것이다. 미국으로선 "액세스"가 모든 열쇠를 쥐고 있다. 그렇기 때문에 워싱턴의 싱크탱크와 군의 사령부에 그렇게 많은 노력과 돈이, 미국의 "액세스"를 모든 바다에, 특히 남중국에 계속해서 확보하기 위해 쏟아져 들어가고 있다.

* * * * * *

2012년 1월, 미국 국방부는 "합동작전 액세스 구상JOAC"을 발표, 솔

직한 표현으로 그 과제를 이렇게 말했다. "글로벌한 권익을 가진 대국으로서 미합중국은 자국의 권익을 지키는 데 있어서 세계 모든 지역에 군사력을 투입할 수 있는 확실한 능력을 유지하지 않으면 안 된다"[5] JOAC는 전략 문서의 서열에 있어서 중간 자리를 차지한다. 그 아래에 어떻게 해서 "액세스"를 쟁취할 수 있는지에 대한 구체적 계획이 있는데, 그 중에서 가장 중요한 게 "공해 전투 구상"이다. 이 "공해 전투 구상 (에어 시 배틀 콘셉트)"은 실제는 다른 계획보다 먼저 작성된 것인데, 현재의 미국의 대對중국 전략은 대개 이것을 축으로 해 입안되었다.

"에어 시 배틀 콘셉트"의 기원은 1996년 3월의 타이완 해협 위기로 소급된다. 타이완 총선거 직전에 중국군이 위협을 목적으로 한 일련의 연습을 전개하고 있는 걸, 빌 클린턴Bill Clinton 대통령이 항공모함 전투군 두 개를 투입해 중지시킨 사건이다. 이 사건이 계기가 되어 인민해방군해군PLAN은 이 같은 사태의 재발을 방지하는 대책을 강구하기 시작했다. 1996년 이후 중국군의 예산은 해군, 공군, 마사일 부대로 크게 비중이 이동했다. 그리고 "샤쇼지안"—암살자의 철퇴—라는 새 단어가 군의 문서에 등장하기 시작했다. "샤쇼지안"은 비교적 값싼 병기를 사용해 월등한 고성능 병기를 가진 적의 허를 찔러 무력화시키는 전략을 말한다.[6] PLAN의 능력이 높아짐에 따라서 새로운 임무가 부여되었다. 2001년 장쩌민江澤民 주석은 해군에게 "원해遠海 방위" 능력을 강화하도록 촉구했으며, 이듬해 주석으로 취임한 후진타오胡錦濤도 그 필요성을 강하게 표명했다.[7] 다시 2007년 1월, 중국군은 궤도상의 인공위성을 파괴하는 미사일 실험에 성공했다. "샤쇼지안"의 위력은 강해지고 있는 것 같았다. 통신 위성과 유도 병기를 가진 미군에게 이 실험이 무엇을 의미하는지는 명확했다.

간단하게 말하면, 암살자의 철퇴는 태평양 서부와 남중국해의 미공군 기지와 항공모함에서 중국 내의 표적을 향해 비행기와 미사일을 날리는 걸 저지하는 능력을 말한다. 서방의 전문가의 생각으로는, 그 주된 목적은 장차 미국이 타이완 지원을 위해 개입하려고 하는 경우, 그걸 저지 또는 지연시키는 일일 것이라고 한다. 만일 장래의 타이완 정부가 독립의 움직임을 보이면, 중국해군에게는 일정한 봉쇄나 침공을 주도해 미 해군의 개입을 저지하는 역할이 주어질 것이다. "샤쇼지안"은 실제로 사용할 필요는 없다. 미국의 제독提督들이 불안을 갖게 하여 미해군의 최강 무기를 배치하는 걸 포기하는 마음을 갖게 하면 충분한 것이다. 한편, 미군에서는 이 전술에 더욱 산문적인 명칭을 붙여, "접근 저지Anti-Access" 즉 "A2"라고 한다. 같은 수법이 목표지역 근처에서 사용되는 경우에는 "영역 거부Area Denial"라고 하며, 이 둘을 합쳐서 "A2/AD"라고 한다. 중국의 "A2/AD" 전술에선 기뢰나 잠수함의 어뢰 그리고 순항 미사일 또는 사이버 공격이 사용될 것이지만, 가장 주목을 끄는 것은 신병기, 즉 "동풍 21-DDF21-D"라고 부르는 대對함 탄도 미사일이다. 사정거리 1500km를 넘는데다 강하 시 유도가 가능하므로 적어도 이론상으로는 중국 본토의 기지로부터 대형 함선에 명중시킬 수도 있다.

2007년 중반에 이 신형 미사일의 개발에 관한 정보가 널리 퍼지고, 2008년 10월엔 미국 태평양 공군은 이미 그 대응책을 연습하고 있었다.[8] 즉 태평양 공군 공보관 에드워드 토마스Edward Thomas 중령은 이 작전 연습을 "수상함 및 육상기지에 대한 장거리 통상通常 병기에 의한 위협과 관련한 작전 구상"이라고 설명했다. "퍼시픽 버전" 제1과 제2라고 이름을 붙여 실시된 두 번의 탁상 연습에서는, 2028년 아시아태평양 지역에 있어서 국명이 명시되지 않은 "거의 대등한 경합국"으로부터 공격을 받았다고 상정해, 거기에 미군이 어떻게 대응하는지를 시뮬레이션하고 있다. 연습이 끝날 때엔 그 대응법에 명칭이 붙어 있었다 ― "공해空海전투Air-Sea

Battle"라고.

퍼시픽 버전의 자금 일부는 국방부의 내부 연구 그룹 "최종 평가부"에서 나온다. 1973년 창설 이래, 미국에 있어서 최악의 시나리오를 가상해, 그 회피법을 상정하는 걸 업무로 하고 있는 부서다. 부장은 창설 당시부터 바뀐 적이 없으며, 이 책을 쓰고 있는 시점에 92세인 앤드류 마샬Andrew Marshall이다. 마샬이 사는 세계는 미국의 안전보장을 위협할 잠재적 위험이 있는 고도의 기밀 세계다. 그 위험 중엔 뚜렷이 현존하는 것도 있고 까마득한 가설적인 것도 있다. 대부분의 공포의 작가와 달리, 마샬은 워싱턴의 안전보장 관계자들의 공포심을 부채질하는 데 연간 1300만 달러 이상의 예산을 받고 있다.9) 마샬은 정책수립자로부터도, 평론가로부터도 의례히 정해진 듯 "대단한 영향력을 가진" 인물이라고 평가받고 있다. 그의 현자賢者인 척하는 발언 때문에 "제디 마스터Jedi Master"라고 불리게 되었다.

이 연습에 관여한 스태프에 잔 반 톨Jan van Tol이라는 사람이 있었다. 본래 미해군 대령으로 네트 어세스먼트 부部에 수년 근무 후, 신뢰하는 싱크탱크인 전략예산평가센터CSBA로 옮겼다. 톨에 따르면, 이 연습은 중국의 새 테크놀러지가 동아시아 힘의 균형을 얼마나 극적으로 바꿔 놓았는지를 잘 나타낸다고 했다. "퍼시픽 버전에 있어서 중요한 점은 중국의 탄도 미사일의 사정거리가 점점 길어지면, 서태평양의 고정적 기지가 크게 취약해질 것이라는 걸 보여 주고 있다는 사실입니다. 기지의 위치 결정은 전쟁의 전략상에 있어서 기초라는 점도 말하고 있습니다. 정말 큰 충격이었으므로 상부의 주의를 끌게 되었습니다"10)

퍼시픽 버전 후 몇 주일이 지나는 사이 그 결과는 군의 지휘 계통을 따라 위로 올라가 공군참모총장 노톤 슈와르츠Norton Schwartz 장군과 해군

작전국장 개리 러프헤드Gary Roughead 제독에게 보고되었다. 같은 시기에 그 싱크탱크는 워싱턴의 정책수립자들에게 건의를 제출했다. 거의 바로 이 무렵에 일어난 게 중국의 해양 당국에 의한 USNS 임페카블 호의 진로 방해였다. 마치 때를 맞춘 것처럼, 남중국해에서의 항행의 자유에 대한 위협을 보여 주는 교과서적 사례를 제공한 셈이다. 워싱턴의 방위문제 관계자 모두가 이 문제에 신경을 곤두세우고 있는 가운데, 네트 어세스먼트 부와 전략예산평가센터CSBA는 아무런 장애 없이 일을 할 수 있었다. "공해전투" 구상이 국방부에 건네졌을 땐 이미 그것을 지지하는 목소리가 쓰나미처럼 높았다. 국방부장관 로버트 게이츠Robert Gates는 2009년 7월, 해군과 공군에 대해 이 문제에 대응하도록 명했으며, 9월엔 슈와르츠 장군과 러프헤드 제독이 각서 (아직 기밀이 해제 안 된)에 서명하여 공해전투는 작전 구상이 되었다.

논의는 그 후에도 계속되어 드디어 2010년 12월, 브라이언 클라크 Bryan Clark — 원자력잠수함에서 근무하다가 은퇴 후 해군작전국장 특별보좌관이 된—가 명령을 받아 그 논의를 정리하여 조리가 맞는 문서를 작성하게 되었다. "목적으로 하는 콘셉트는 해군의 서비스 부대 (병참 지원을 담당하는)의 개발 활동을 지도하는 것이다"라고 클라크는 말했다. "무엇을 구입하느냐, 무슨 훈련을 하느냐, 원칙을 어떻게 하느냐, 모든 것을 언젠가 전장의 지휘관에게 건네줄 전력을 준비하기 위해 하는 일이다" 클라크에 따르면, 그 콘셉트는 전략예산평가센터의 연구 결과를 직접 참고로 해 입안되었다. "CSBA의 잔Jan 일행의 업무는 매우 유익하여 그 상당한 부분을 기밀 DoD국방부 구상에 포함했다" 클라크의 44쪽에 달하는 문서는 2011년 2월에 완성되고 4월에 서비스 부대장 등의 승인을 받았다. 그 해 가을엔, 클라크의 말을 빌리면, 국방부는 "그 구상을 의도적으로 군의 투자에 적용했다. …… 예산 책정, 연습 개발, 실시하는 훈련과 원칙의 지침으로 사용하게 되었다"

그러나 국방부 바깥에선 "에어 시 배틀" 구상은 격렬한 물의를 가져왔다. 이 구상에 관한 유일한 공식 설명은 2010년 5월에 CSBA에 의해 발표되었다. 처음엔 미국은 중국에 대해 대결하거나 봉쇄할 생각이 없다고 주장했으나, 전체 문면은 중국의 "암살자의 철퇴"가 유발하는 위협에 대한 솔직한 경고로 되어 있다. "미국은 과거 60년간 모든 정권이 중요한 안보상의 이익이라고 주장해 온 지역으로부터 사실상 밀려나오게 될 것이다"라고 CSBA는 설명했다. 이 문서의 제3장은 미국이 어떻게 반격할 수 있는지를 다루고 있다. 필요한 것은, "운동성 및 비운동성" (즉 폭발물과 전자적 수단 양쪽을 이용)의 타격을 내륙부의 사령부, 레이더 시스템, 정보 수집 시설에 가하고, 미사일 제조·격납 시설을 습격하고, 중국의 인공위성에 대해 "눈을 어둡게 하는" 작전을 하는 것이라고 한다. 또 중국의 "해상 무역의 흐름을 차단한다. 그 목적은 중국 경제에 큰 압력을 가하고, 최종적으로 내부에 대한 압력을 겨냥하는 것"이라고 기술되어 있다. 이 문서는 논의를 이끌어 낼 의도로 작성되었지만, 저자들의 기대 이상으로 대성공을 거두었으며 멀리 베이징까지 그 소식이 전해져 중국 정부를 놀라게 했다.

2013년 5월이 되어 겨우 미국 정부는 기밀이 아닌 공해空海전투의 요약을 발표했다. 클라크의 원안 44쪽 중, 검열에도 불구하고 살아남은 것은 16쪽뿐이었다. 공해전투의 본질 부분에는 너절한 약어가 붙어 있다—N1A/D-3이다. 즉 네트워크화된networked, 통합된integrated 부대에 의한 종심縱深공격attack-in-depth으로써 적군을 혼란disrupt, 파괴destroy, 타도defeat한다는 의미다. 가장 많은 우려를 낳은 것은 "종심"의 부분이다. "중국"이라는 단어는 나와 있지 않지만 잔 반 톨의 문서의 다른 주요 부분은 나와 있다. 즉 A2/AD의 위협—"접근 저지"와 "영역 거부" 전술의 기본이 되는 "암살자의 철퇴"나 대對함 탄두 미사일―을 극복하기 위해서 전장으로부터 멀리 떨어진 지휘 통제 조직을 공격하지 않으면 안 된다고 하는 부분이다. 클라크가 설명하는 대로, "안에 들어가서 외과수술을 하고 A2/AD 네트워크의 특정 요소를 가지고 나와야 합니다" 하지만 그가 강조하고 싶어한 건, "공격"은 반드시 죽음과 파괴를 의미하지 않는다는 점이었다. "비운동적 (역학적 파괴를 동반하지 않은) 공격이 될지도 모릅니다. 어떤 장치의 스위치를 끈다든가, 이쪽을 보이지 않게 한다든가, 통신 불능으로 한다든가, 그런 것도 충분한 '중심 공격'이지요"

클라크는 또 이것은 중국을 표적으로 하고 있지 않다고 주장하고 있다. 국방부를 떠나기 전 몇 주 동안 클라크는 "공해전투"와 관련해 우셍리吳勝利―중국 해군 참모총장이며 워싱턴을 방문 중이었다―와 논의했다. "이것은 이란 형 …… 아니면 시리아 형의 상황에 훨씬 가깝다고 설명했습니다. 중국만이 아니라고. 이런 능력이 이미 그런 곳으로 확산되고 있는 걸 알고 있지요. 나쁜 일을 하는 나라는 세계가 개입하는 걸 막고 싶어하지요" 하지만 그런 말은 우셍리의 귀엔 들리지 않았다. 이 중국의 최고위 군인이 공해전투에 관해 들은 것은 중국이 가장 두려워하는 것, 미국의 의도에 관한 최악의 선입관을 확인해 주었다.

이 지역의 문제는 양대국이 모두 공포와 선입관을 근거로 결정을 내리고 있다고 하는 점이다. 어느 쪽도 상대를 믿지 않고 있다. 네트 어세스먼트 부의 예언자와 그 신뢰하는 싱크탱크는 보수를 받는 데 대한 일을 하며, 미국의 세계적 우위에 대한 위협을 예측해 왔다. 그 위협이 있을지 없을지 하는 건 크게 문제가 되지 않는다. 중요한 건 가능성이 있다는 점이다. 잔 반 톨은 2010년 5월의 논문에 다음과 같이 쓰고 있다. "미·중 분쟁을 '생각할 수 없는' 것이라고 주장하는 사람들에 대해서는 재차 이 점을 역설해 주어야 한다. '생각할 수 없는 것을 생각하는' 목적은,

그렇게 함으로써 서태평양에 있어서 안정된 군사적 균형을 유지·강화해, 나아가 이 지역에서의 분쟁을 '생각할 수 없는' 것으로 남겨 두게 하는 것이다" 요컨대, 남중국해와 그 주변에서 미국의 압도적인 군사적 우위를 미래에도 유지해, 그것에 도전하려는 나라가 감히 나서지 못하게 하지 않으면 안 된다는 것이다. 그렇다고 하면, 미국의 우위성에 대한 위협의 가능성이 발견될 경우, 정치적으로 허용되는 유일한 대응책은 새 전략과 무기 체제를 확보해 그것을 타도하는 일이다.

* * * * * *

남중국해와 그 너머의 해역에 있어서 "중국의 위협"은 과연 미국의 접근을 어느 정도로 위협하고 있을까? 숫자만을 보면 놀랄 만하다. 지금 중국은 세계 제2위의 해군력을 가지고 있으며 세계 제2위의 군사비 ^(미국은 물론 양쪽 모두 제1위)를 쓰고 있다. 스톡홀름 국제평화연구소의 추산에 따르면, 중국의 2012년 국방비는 1660억 달러, 전년에 비해 12% 증가했다.[11] 류화칭劉華淸 제독이 착수한 해군현대화 계획 ^(제3조 참조)은 1990년대 전반에 러시아제의 잠수함과 구축함을 수입하는 것으로부터 출발해 이젠 독자적으로 군함과 무기 체계를 설계·건조하는 단계에 이르렀다. 국방부는 매년 연방의회에 중국군에 관한 보고서를 제출하고 있는데, 그에 따르면 중국해군은 2014년 현재 "주요 수상전투함 77척, 잠수함 60척 이상, 중형·대형의 수륙양용함 55척, 미사일 탑재 소형 전투기 약 85척"을 보유하며, 2012년 9월엔 첫 항공모함 랴오닝遼寧도 이에 합류했다.[12]

미해군과 비교하면 이 함선의 수는 더욱 놀랍게 느껴진다. 미해군은 대형 전투함 96척 전후, 잠수함 72척, 대형 수륙양용함 30척, 항공모함 10척을 보유하고 있다.[13] 그런데, 중국해군의 함선은 한 해역에 집중해 있는 데 대해, 미해군의 함선은 전 세계에 퍼져 있다. 하지만 그냥 숫자만으로는 어느 쪽이 강한지 알 수 없다. 개리 리Gari Li는 독립연구가로서는 중국해군에 정통한 최고급에 속하는 인물이다. 런던의 국제전략연구소의 애널리스트를 역임하고, 현재는 해운정보를 다루는 IHS 매리타임의 베이징 사무소에 소속해 인민해방군 해군의 함선능력을 면밀히 조사하고 있으나, 크게 감명을 받지 못하고 있다. "중국 배들은 미국 배에 비하면 2, 3세대 뒤떨어집니다. 미국의 알레이 버크 급의 구축함은 소규모 해군을 상대한다면 단독으로 대처할 수가 있지요. 물론 중국은 미친 듯이 군함을 건조하고 있지만, 1990년대 미국의 수준을 따라갈까 말까 하는 정도입니다. 해군력이 지금의 미국에 따라 붙을 때까지는 아마 20년은 더 걸릴 것이고, 미국도 조금씩 전진하고 있지요—예산 삭감이 있었는데도 불구하고"[14]

논의의 대상이 되고 있는 항공모함 랴오닝마저도 항공기를 출격시키는 발사기가 없고 "스키 점프 갑판"을 사용하고 있다. 그래서 랴오닝에서 발사되는 제트기 J-15는 사정이 짧은 가벼운 미사일밖에 탑재하지 못하며, 연료를 가득 실은 채 출항할 경우엔 전자 방해 장치도 탑재할 수 없다.[15] 2013년 중국 미디어에 보기 드문 비판적 기사가 나왔는데, 랴오닝도 그 탑재기도 베트남 군의 공격에 취약할 것이라고 경고한 바 있다. 개리 리가 말하듯이, "새로운 장비가 하나씩 보태질 때마다 현대적 해군에 좀 더 가깝게 보일 것입니다. 그렇다고 해서 현대적 해군이 되었다는 말은 아니지요" 해결되지 않은 근본적 문제들이 발목을 잡고 있다. 2013년 12월, 인문해방군 기관지《해방군보》의 중국어 기사에 따르면, 최근의 해군 연습 시 거기에 참가한 4척의 승조원은 서로 대화가 가능했으나, 정보기기의 호환성이 없었기 때문에 전투 데이터를 송신할 수 없었다.[16] 이 중국 함대에는 전투 수행에 있어서 불가결한 보급선이 없어, 이 함대는 물론, 다른 함선들도 항을 떠나 먼 해역에서 활동을 할 수 없다.

　장비를 실제로 사용하는 단계가 되면 다시 문제가 발생한다. 대부분의 병사들의 교육 수준이 낮다. 사병들은 주로 소농가의 아들이고, 14세 이후에 교육을 받은 자는 거의 없다. 장교 중에 대학 졸업자는 3분의 1도 안 된다.[17] 신병 보충은 지금도 징병제이며, 병역은 불과 2년이므로 고도의 기능을 익힐 기회도 거의 없다. 2013년 5월, 인민해방군 참모총장 팡펑휘房峰輝는 난징육군지휘관대학에서의 강연에서, "실전, 전장, 전투의 필요에 맞추어 재능을 계발하는 것"이 불가결하다고 말했다. 이 말은, 즉 그 시점까지 그것이 잘 이루어지지 않았다는 뜻일 것이다.[18] 인민해방군 해군은 전반적으로 현대전의 경험이 없다. "최후의 큰 해전은 1974년의 파라셀 군도에서 있었지요"라고 리는 지적했다. "영국과 미국은 항공모함과 관련해서 1세기 가까운 경험을 쌓아 왔지요. 중국은 약 1년입니다. 중국은 대잠수함 전투라든가 장거리 미사일 공격은 아예 경험한 적이 없으며, 소해정掃海艇마저도 충분히 보유하고 있지 않습니다. 미국이 보하이渤海 만에 기뢰를 부설하는 날이면, 그것만으로써 인민해방군 해군의 북해함대는 송두리째 꼼짝 못하게 될 것입니다" 게다가 양국이 직접 교전하게 되는 경우엔, 일본, 한국, 대만 그리고 아마 다른 곳으로부터 고도의 능력을 가진 해군이 미군을 지원할 가능성이 있다.

　공해전투Air-Sea Battle 구상을 쓴 브라이언 클라크까지도 현재의 중국 해군은 거의 미국에 위협이 되지 않는다고 인정하고 있다. "미국은 바로 지금 전자전이나 직접적 운동성 공격이든 다른 수단이든 중국이 가지고 있는 A2/AD 능력을 모두 타도할 수 있습니다"[19] 이 책을 쓰고 있는 시점에, 대對함 탄도 미사일 동풍東風21-D는 아직 해상의 움직이는 표적을 이용해 실험을 거치지 않았으며, 그에 필요한 복잡하기로 짝이 없는 센서와 유도 시스템—이른바 "킬 체인"—을 배치·통합하는 능력이 인민해방군에 있을지 의심스럽다.[20] 또 국방부는 그런 시스템과 싸울 능력은 이미 가지고 있다고 자신하고 있었다. 2011년 9월, "중국의 킬 체인을 완전이 흐트려 버렸어요"라고 당시 미공군 참모본부 작전국장이었던 허버트 칼라일Herbert Carlisle 중장은 《에어로 스페이스 데일리》에서 말했다.[21] 2014년 1월에 밝혀진 일인데, 중국이 2007년에 다른 버전의 미사일을 사우디 아라비아에 팔았을 때, 미국 정보부의 애널리스트가 그걸 분해해 철저하게 조사했다.[22]

그런 이유로 외국 정부에선 중국군의 전력 증감이 지배적인 화제이지만, 중국군 내부에선 자신들의 상대적 취약성만이 화제가 되고 있다. 중국의 정책 입안자들과 가까운 관계에 있는 중국인 학자에게서 베이징에서 들은 얘기는, "미국에 의해 해상 수송로가 봉쇄되는 건 반대하지만, 그렇게 되었을 경우 어떻게 대응하느냐에 대한 명확한 전략이 중국엔 없습니다. 어떻게 하면 좋을지를 모릅니다" 하지만 중국의 지도부가 잘 알고 있는 것처럼, 중국인들은 대단히 운이 좋다. 군은 준비가 안 되었지만, 절박한 치명적 위협은 없으며, 미래의 과제에 대응하기 위해 경제적·군사적 체력을 구축할 시간이 있다. 중국의 이론가가 말하는 "전략적 기회의 시기", 즉 비교적 평화롭고 안정된 번영 속에서 오늘의 삶을 누리고 있다.

민간이든 군대이든 중국 지도부의 생각으로는, 국가의 전체적 발전은 가급적 이 시기를 얼마나 오래 지속하는가에 달려 있다. 이를테면, 2013년 2월 4일, 댜오위다오釣魚 군도 (센카쿠도)를 둘러싸고 중국과 일본이 전쟁의 벼랑 끝에 다다르고 있는 것처럼 보였을 때, 그 메시지가 뜻밖의 장소에서 공공연하게 뚜렷한 글로써 표명되었다. 평소에 《환구시보》는 미국, 일본, 필리핀, 베트남에 대한 규탄 기사를 대부분 게재하고, 중국의 주권을 침해하는 자에는 단호한 행동을 취해야 한다고 주장했다. 그런데도 류유안劉源 장군이 이 신문을 통해, 주전론자主戰論者에게 입을 다물라고 한마디하자, 약간의 소동이 벌어졌다. 류는 "중국의 경제발전은 이미 지금까지 두 번, 일본과의 전쟁 때문에 중단되었다"라고 썼다. 그리고 그것은 "다시는 우발적 사건으로 방해되는 일은 절대 있어선 안 된다" 류는 텔레비전 방송 인터뷰에서도 이 점을 역설했다. 류 장군은 비둘기파와는 거리가 멀다. 아버지는 공산 중국의 제2대 국가 주석이며 혁명의 영웅 (마오쩌둥의 문화대혁명에서 희생된 주요 인물), 즉 류사오치劉少奇다. 시진핑 주석과 매우 가깝다고 알려져 있으며, 중국군 최고 기구인 중앙군사위원회 주석으로 승진할 것이라는 말이 있다. 서방의 한 통신사의 보도에 따르면, "정치의 공개성과 시민의 자유라는 서구적 이상을 거부하는, 이른바 중국의 전투적 내셔널리즘을 제창하는 연설과 논설"로 잘 알려진 인물이다. 요컨대, 공산군의 주류파를 대표하는 인물로 보인다. 보기에는 매파의 "인증서"를 가진 그가 왜 이 같은 비둘기파적인 태도를 주창하고 있을까? 그 힌트는《환구시보》에 게재된 그의 논설 제목, "전략적 기회의 시기를 지켜라, 전쟁은 최후 수단이다"에 있다. 류의 주장에 따르면, 중국을 분쟁으로 유인해 넣어 약하게 만들려는 게 중국의 적이 가진 악랄한 계략이다. 10년이나 20년 이내에 미국과 싸우게 되면, 군은 창피를 당할 것이고 경제는 정체되어 숨이 막히게 될 것이라고, 중국군의 지도부가 생각하고 있는 것은 틀림없다. 국민으로부터 정통성을 인정받는 것을 절실히 바라고 있는 중국 정부로서는, 사소한 후퇴일지라도 큰 문제가 된다. 베이징의 학자들 생각으로는, "중국 정부는 무력 대결에서 약간의 패배도 치명적일 수가 있다"는 것이었다.

하지만 이렇게 되면 중국으로선 큰 문제다. 남중국해 주변의 국가들이 중국은 절대로 전쟁을 하지 않을 거라고 생각하게 되면, 중국의 전략적 영향력은 크게 감퇴할 것이다. 어쨌든 영유권을 주장하는 상대국들이, 중국은 전쟁을 선택할지 모른다는 걸 믿도록 하지 않으면 안 된다—
비록 그것이 분명히 이치에 맞지 않게 보일지라도. 그것이 중국의 "미디
어 매파"가 하고 있는 전략적 역할이다. 그들은 국내의 내셔널리즘을 고
양함과 동시에 (제6장 참조), 중국의 전략적 연출에 있어서 지극히 교묘하
고 중대한 역할을 수행하고 있다. 오스트레일리아의 연구자 앤드류 첩
Andrew Chubb은 중국의 제1급 유명 군사평론가, 예를 들어 루오유안羅援 육
군소장, 장자오종張召忠 해군소장, 다이수戴旭 공군대령 등에 의한 호전적
언사와 발언의 타이밍을 집중적으로 분석했다. 그가 믿는 바에 따르면,
이들 군사평론가는 "국가 의식"을 국민에게 고취하는 (이것은 2001년부터 법률
로 정해져 있다) 데 기여했으며, 이에 못지않게 중요한 건, 중국의 적국에 대
해 압력을 계속해서 가하고 있다는 점이다. 문관지도부로부터 더욱 단호
한 행동을 이끌어 낼 "강경파"의 이념을 창출함으로써 문관지도자의 협
상 시 입장을 확고하게 하는 데 기여하고 있다. 동시에 그들의 위세 충만
한 언사는 국가의 능력을 확대해 보여 주며, 중국이 공격 태세가 되어 있
다는 인상도 줄 수 있다. 전반적 목적은 순추孫子의 말대로 "최고의 전술
은 싸우지 않고 적을 굴복시키는 것이다"

　그 결과가 중국의 매파와 세계의 미디어와 미국의 매파를 연결하는
부도덕한 삼각형이다. 첫째, 중국의 매파는 인민해방군의 정치 공세로서
무력을 과시하는 강경한 발언을 던지고 있다. 세계의 미디어는 대립을
부추기는 호전적 언사가 귀중한 "고객"을 끌어모은다는 걸 알고 있다. 그
리고 미국의 매파는 그러한 "중국 위협"의 새 증거를 빼놓지 않고 모두
포착해 군사비 증액과 중국을 표적으로 하는 데 정당화의 조건으로 이
용하고 있다. 그리고 이번엔 그것이 인민해방군의 매파에게는 미국의 악
랄한 음모에 대한 새 증거가 되며, 자국민과의 관계에 있어서 그들의 입
장이 강화된다. 그 베이징 학자가 웃으면서 털어놓았는데, "중국에는 음

모론을 믿는 사람이 너무도 많아요. 미국이 의도적으로 중국을 함정에 유인해 넣으려 하고 있다고 덮어놓고 믿고 있지요" 다른 중국 학자, 베이징대학 국제전략연구소의 짜다오지웅査道炯 교수는, 가장 걱정되는 일은 "중국군이 미국의 과장된 말을 믿고 군비 확장에 뛰어들어 소비에트 연방이 하는 대로 따라가는 것이 아닐까 하는 것입니다. 나는 그렇게 하지 말 것을 조언하려고 하고 있습니다. 위험한 것은 군이 지나치게 커지고 군사비가 지나치게 팽창하고 국내에서 갖는 영향력이 너무 크게 되는 것입니다" 남중국해의 EEZ에의 접근을 둘러싼 대립은 세계의 세력 균형의 요체다. 우위를 위한 미국과 중국의 싸움은 자기보존과 동시에 자기파괴의 가능성이 있는 것인데, 이런 상황 속에서 미·중 양국의 강경한 매파세력의 정치적 충돌이 결정하는 안보 정책의 세계는 마구 휘둘려 행방을 잃게 될지 모른다.

하지만 당분간은 중국이 의도적으로 공공연하게 무력 충돌을 추구하지는 않을 것 같다. 중국 자신에게 주는 결과가 너무나 큰 부담이 되기 때문이다. 미국에 지게 되면 정권은 불안정하게 되어 회복 불가능할지 모른다. 중국은 미국을 쫓아내고 싶은 마음이 있을지 모르지만, 이를 실행할 군사적 능력이 없다 — 현재로서는. 그러나 서서히 양국 간의 차는 좁혀질 것이며, 그렇게 되면 군사적 충돌의 위험은 커질 것이다. 그러는 사이 한쪽 군은 상대의 위협을 크게 선전하고 그에 따른 예산 지원을 받을 것이다. 위험한 것은 남중국해에 두 종류의 대립이 발생하고 있다는 점이다. 하나는 액세스를 둘러싼 대립이고, 또 하나는 영유권을 둘러싼 중국과 인근 국가들의 대립이지만, 이 둘이 어떤 상호 작용을 할지 예측할 수 없다.

중국은 동남아시아 국가들과 공공연하게 싸우려고 하지 않을 것이다. 이기더라도 외교면에서의 정당성이 손상될 것이다 — 평화적 공존을 제창한 정책이 거짓말이 되고 만다. 하지만 무력 행사 이외의 선택지는 지금도 남아 있다. 필리핀이 스카버러 암초를 잃은 사건, 또는 2014년 중간, 베트남이 주장하는 EEZ 내의 파라셀 군도 근해에 중국이 석유굴삭장치를 설치한 사건 등은 대내적으로 보도되었다. 그러나 인도네시아와 말레이시아와 관련한 사건처럼 알려지지 않은 것도 있다. 이 경우 중국은 빠지지 않고 실력 행사를 했으나, 직접적으로 무력 행사는 하지 않았다. 후앙 징Huang Jing은 싱가포르 대학 리콴유 공공정책대학의 아시아 글로벌라이제이션 센터 소장인데, 2013년 《뉴욕타임즈》와의 인터뷰에서 "중국은 양쪽 팔을 등 뒤로 돌리고 큰 배로 상대를 밀어내어, 상대가 먼저 손을 내밀게 하는 방식을 취하고 있다"고 말했다.[23] 하지만 결과는 똑같다. 동남아시아는 중국 정부의 간사한 목소리를 그대로 신용할 생각은 없다. 최악의 사태를 대비할 뿐이다―만일의 경우를 생각해서.

* * * * * *

미해병대 한 개 중대가 가로수 그늘 밑에 모여 있다. 위장할 목적도 있고 햇빛을 피할 목적도 있었다. 건조기가 되어 기온이 오르고 있는 가운데, 전투용 장비가 무거워 이렇게 나무 밑에서 휴식을 취하게 되어 한결 좋았다. 그 근처에 숨어 있는 것은 태국의 해병대원이었다. 이들은 동남아시아의 이 지역 더위와 흙먼지에 아주 익숙했다. 높은 곳에서 내려다보면 녹색으로 보이는 계곡도 내려와서 보면 말라 있는 상태다. 높은 나무 몇 그루가 건조 상태를 가리고 있다. 나뭇가지 아래는 지난 우기雨期에 자랐던 풀이 건조된 채 시들어 있다. 비가 오지 않아 논바닥은 갈라져 있고 농부들은 보이지 않는다. 지상의 전술 행동에 겁을 먹고 새들도 도망가 버리고 없다. 평평한 계곡 바닥으로부터 높이 솟아 있는 몇 개의 석회암의 꼭대기로 날아가 버렸다. 고요했다.

비행기 2기가 해병대원 머리 위를 굉음과 함께 지나간다. 태국의 F-16이다. 그 목표는 계곡의 절벽 기슭이다. 전방 항공관제관이 유도하고 목표에 레이저를 쏘아 제트기로부터 500파운드 폭탄이 투하되기를 기다린다. 계곡에 있는 전원이 "충격"이라는 말의 참뜻을 알게 되려는 순간이었다. 오렌지색의 불꽃이 순간적으로 번쩍, 폭격이 성공했는지 몰랐으나 몇 초 뒤에 폭발음이 들렸다. 엄청났다. 위험지대 밖인데도 고막이 터질 것 같았다. 기둥 같은 연기가 높이 솟아오르자, 두 번째 비행기가 절벽 가까이에 폭탄을 떨어뜨린다. 또다시 섬광, 귀가 터지는 굉음, 거기에 미해병대 FA-18 두 대가 합류, 500파운드 폭탄이 또 두 발. 목표물은 사라졌다.

멀리 보이지 않는 곳으로부터 곡사포가 터졌다. 30초 후, 절벽 한가운데 바위 턱에 포탄이 날아와 바위 조각과 뜨거운 파편이 숲을 찢어 버린다. 조준이 조절되어 더 많은 포탄이 날아온다. 파편이 흩어져 연기가 쏟아진다. 포격이 그치자, 해병대에 전진 명령이 내린다. 태국 부대가 선두에 서서, 박격포의 이동사격을 피해 수목과 들을 벗어나 조심해 이동했다. 사전에 계획된 사격 위치에 도착해 연발 사격을 시작했다. 미군은 2~300m 옆에서 사격에 합류했다. 장갑차 두 대가 앞을 막았으나 해병대원들은 AT-4 로켓탄 발사기를 어깨에 짊어졌다. 두 표적에 두 발의 로켓탄을 쏘고 불타는 잔해를 남긴 채 해병대가 전진, 숲속까지 사격을 가해 최종 목표까지 향했다. 임무는 완료되었다. 저쪽 언덕 높은 곳, 관측소에선 햇빛을 피해 시원한 물을 마시면서 여러 부대에서 모인 지휘관들이 지상 보병들의 분투에 박수를 보내고 있었다.

이 전투엔 없는 것이 단 하나 있었다. 적이다. 반격하는 자가 없었다. 절벽에 반란군은 없었고 "장갑차"는 두 대의 낡은 세단 차였다. 그러나 투하된 폭탄, 발사된 총탄은 모두 진짜였다. 왜냐하면 이곳은

CALFEX — 연합부대실탄연습Combined Arms Live Fire Exercise — 해병대원이 말하는 "이마 위에 탄두Warheads on Foreheads" 훈련장이었기 때문이다. CALFEX는 정의대로 무한의 신뢰가 실증되는 자리다. 부하의 생명을 상대 군의 파일럿과 포수의 손에 맡긴다. 폭탄이나 총탄이 빗나가면 대참사다. 롭부리 도道의 외진 땅에서 전개되는 이 몇 시간은 미국과 태국의 군사동맹을 결속하는 끈끈한 접착제 역할을 한다.

이 연합 돌격은 2012년의 "코브라 골드" 연습—아시아 최대의 다국간 연습—의 마지막을 장식했다. 이번에는 7개국으로부터 9000명 이상의 병력이 참가했다. 미국에서 5300명, 태국에서 3600명, 한국에서 300명. 이 지역의 긴장이 동남아시아 국가들로 하여금 자국의 안전보장을 위해 양다리를 걸치게 하지 않을 수 없게 하는 가운데, 그것을 실증하는 듯 말레이시아와 인도네시아도 처음으로 전 일정에 참가했다. 양국 모두, 그리고 싱가포르와 일본에서도 각각 70명씩 참가했다. "코브라 골드"는 1982년에 미국과 태국의 2개국 간의 행사로서 시작했으나, 점점 주변 지역은 물론, 먼 곳에서도 참가하는 나라가 늘어났다. 2012년엔 스리랑카와 모잠비크 같은 먼 곳에 있는 나라도 옵저버로서 참가했다. 중국군도 시찰하도록 초대를 받았다. 미국에는 중국의 참가를 바라는 이유가 있었다.

"코브라 골드"는 명확하게 세 부분으로 나눠져 있다. CALFEX 등의 지상훈련, 고급장교를 위한 "지휘소 연습CPX", 그리고 현지 사회를 위한 "하트 앤드 마인드" 프로그램이다. "코브라 골드"의 가장 주목할 점은 그것이 전혀 눈에 띄지 않는다는 것이다. 매년 수천 명의 미국 병사들이 태국의 여러 지역에 나타나 동맹군과 협력군과 함께 전투 훈련을 하고 떠들어 대더라도 아무도 눈 하나 깜짝하지 않는다. 미디어는 해마다 해안 공격 훈련을 취재하고 정글 훈련에서 뱀의 피를 마시는 해병대원을 촬영한다. 미국대사관은 언론 보도문을 발표해 "하트 앤드 마인드" 부대가 세우고 수리한 학교와 고아원과 병원의 수를 발표한다. 그 일이 끝나면 모두가 귀국하고 이듬해 2월에 다시 온다. 이 모든 일을 하는 건 무엇 때문인가?

지휘소指揮所 연습은 전투 연습을 하는 곳으로부터 150km 떨어진 훨씬 환경이 좋은 수라나리 기지에서 실시했다. 이 기지는 나콘 라차시마라는 평범한 지방도시의 변두리에 있다. 필자는 고생할 것이라고 생각하고 출발했으나, 가보니 이 곳 병사들은 컴퓨터와 전화를 무기로 삼아 싸우며, 호텔에 투숙하며 레스토랑에서 식사를 하고 있었다. 공통어는 영어이므로 모두가 서로 어울릴 수 있었고, 전쟁놀이의 하루가 끝난 후에도 놀 수 있는 방법은 많이 있었다. 이 연습을 "코브라 골프"라고 부르는 고참병이 있는 것도 이해할 수 있었다. 골프 코스가 육군기지에 하나, 바로 옆의 공군기지에도 하나 있다.

지휘소 연습은 흰 2층 건물의 장교식당에서 이루어졌다. 1층의 강당이 작전지휘소Combat Operation Center로 바뀌었다. 100명 이상이 일할 수 있는 공간이 마련되어 있고, 흰 플라스틱 의자와 접이식으로 된 테이블이 있고 퍼서컴은 COWAN ─ 연합작전 광역 네트워크Combined Operations Wide Area Network ─ 에 연결되어 있다. 모든 군사 연습엔 시나리오가 있었으나, "코브라 골드"의 시나리오는 가장 정밀하게 작성되어 있다. 무대는 태평양의 한복판에 있는 가공의 섬인데, 크기와 지형도 미국 서해안과 똑같다. 도시와 거리의 위치도 같으며 이름까지도 같다. 이 섬의 이름은 퍼시피카인데, 시애틀의 바로 북쪽으로부터 샌디에이고 바로 남쪽까지 뻗어 있고, 내륙부는 솔트레이크 시티와 알버커크까지 이른다. 큰 차이점은 악당이 사는 북방의 아르카디아 국과 착한 주민이 사는 인근 국 쿠히스탄, 그리고 네 개의 소국 ─ 이슬라 델 솔 (아래쪽의 캘리포니아 반도를 자른 섬),

모하베, 소노라, 티에라 델 오로—으로 나누어져 있는 점이다. 쿠히스탄
에는 소수민족 아르카디아인도 살고 있고 그 밖의 숱한 지역적 차이 때
문에 상황이 더 복잡하다.

시나리오는 다양하다. 2012년엔 아르카디아가 쿠히스탄을 공격했기
때문에 다국적군이 그걸 격퇴하려고 했다. 지휘소 연습의 참모장 서리
역을 맡았던 미육군 대령 데이브 파커Dave Parker에 따르면, 이것은 "최고급
전쟁 수행 시나리오, 즉 평화의 집행"이다. 파커의 말은 그의 "크루컷" (빡
빡 깎기 두발)처럼 명쾌했다. 필자는 그에게 중국인 기자들의 입에서 나온
질문을 던져 보았다. 이 연습은 적국으로서 중국을 겨냥하고 있느냐라
고. "물론 중국인은 불안할 것이다. 통합작전센터에 와서 보면 말레이시
아인 옆에 싱가포르인이, 그 옆에 태국인이, 인도네시아인이, 한국인이,
미국인이 앉아 있지요. 물론 우리가 교류를 가지고 하나의 다국적군으로
서 행동할 수 있지 않을까, 다소는 우려할 겁니다—실제로 걱정해야 할
겁니다. 그것이 많은 걸 다 얘기하고 있습니다. 이렇게 수많은 나라가 다
국적군을 만들 수 있으므로"

"코브라 골드" 지휘소 연습은 반드시 전쟁과 관련한 연습만 하는 것
은 아니다. 2011년은 인도적 지원과 재해구조 연습이었으며, 2013년도
같은 연습이 될 것이었다. 하지만 파커의 설명처럼 시나리오는 거의 중
요하지 않다. 중요한 건, 여러 나라의 파견부대가 함께 활동하는 일이다.
"우리는 하나의 표준작전수순SOP, 즉 다국적군 SOP에 따라 작전을 수행
합니다. 그런데 이것은 이곳 태평양 지역 사령부에서 개발된 것입니다.
SOP를 유지하는 기구—다국적 계획 강화 팀—는 미태평양 사령부에
상주하며 이 SOP에 참가하고 있는 34개국 전부를 지원합니다. 관련 업
무가 엄청나고 끊임없이 진행되는 일입니다" 다국적군 SOP는 지휘 팀
내의 서로 다른 부서 간에 정보를 공유하는 방법을 정하고, 또 그 정보

를 현장의 지휘관에게 전하는 방법도 정한다. 그것은 컴퓨터 시스템의 설계부터 회합을 여는 순서까지 관련된다. 파커 대령은 미태평양사령부 PACOM의 계획국 국장이기 때문에 이 같은 업무를 잘 알고 있다.

"코브라 골드"의 중요성은 이 지역의 서로 다른 여러 군대가 공통 목적을 향해 단일 부대로서 움직이는 태평양군 휘하에서 다국적군 SOP에 따라 훈련을 하는 일이다. 여기서 배운 교훈은 이미 현실에서도 여러 번 활용되었다. 특히 2004년의 인도양 주변의 쓰나미, 2011년의 일본의 쓰나미 그리고 2013년에 필리핀을 덮친 태풍 하이얀이 있은 후다. 파커에 따르면, "가장 중요한 것은 다른 나라들의 군과의 관계를 구축하는 일입니다. 이를테면 또 인도네시아에서 자연 재해가 발생하더라도 대응해야 한다는 것입니다. 그런데 현지의 주요 인사들 중에는 이 연습에 관여한 사람들도 더러 있는데, 이들의 협조로 일들은 원활하게 진행되지요. 역시 상호간의 좋은 관계가 되어 있기 때문입니다" 하지만 파커의 말처럼, 시나리오는 중요하지 않고, 그러한 접촉은 자연 재해 때와 마찬가지로 미래의 분쟁 상황에서도 도움이 될 것이다.

태평양군은 이상한 존재다. 세계 각처에 배치되어 있는 미국의 모든 지역군과 대조적으로, 사이공 함락 이래, 그 작전 지역 내에서 거의 전쟁을 치른 적이 없다. 최후에 태평양군이 본격적 군사 작전에 관여한 것이 언제인지 파커도 기억이 잘 나지 않았다. 생각해 낸 것은 1999년 동티모르에서 있었던 소규모 개입이었다. 그 대신에 상당한 시간과 노력을 인도적 원조에 쓰고 있다. 파커는 "이 지역에 얼마나 많은 지진과 쓰나미가 있는지 보면 압니다. '만일 발생하면'이 아니라 '언제 발생하느냐'의 얘기입니다"라고 말했다. 그러나 태평양군은 단지 자금이 풍부한 구호 조직은 아니다. 주로 하는 일은 격변을 가져올 북한 또는 최근엔 중국과의 대결에 대비하는 일이다. 이 원조와 공격이라는 두 측면은 각각 독립한 역할은 아니고 모두 태평양군의 임무—대결을 준비함으로써 대결을 피하는—로서 통합되어 있다. 그 전략을 떠받치는 세 기둥은 "확고한 관계를 구축하고", "지역 내에서 확고한 존재를 유지하고", "의지와 결의를 효과적으로 전달하는" 것이다. "코브라 골드"는 이 세 지주支柱 모두에 대응하고 있다. 중국을 옵저버로서 초청한 것도 그 때문이다. 2014년엔 참가를 허용하기도 했다—인도적 원조 작전에만, 전쟁 수행 작전은 아니고.

이 접근 방식은 앞에서 본 것처럼, 2012년 1월에 발표된 미국의 "통합 작전 액세스 구상JOAC의 전면에 내세워져 있다. 이 구상에선 "작전 액세스"를, "임무 달성에 충분한 행동의 자유를 확보해 군을 작전지역에 투입하는 능력"이라고 정의했다. 첫 페이지에 밝히고 있는 것처럼, "A2/AD (중국의 전술인 "암살자의 철퇴")를 타파하기 위한 전투는 여러 해 전에 시작되었다.

작전 액세스의 과제를 결정하는 것은 대체로 전투작전이 개시되기 전에 형성된 조건이다. 따라서 전투의 성공은 바람직한 액세스 조건을 조성하는 사전의 노력에 좌우되는 경우가 많다. 그리고 그 노력은 관계 기관들의 상호 협조가 필요하다. 통합군은 분쟁에 앞서서 작전 지역의 형성을 시도한다. 그 절차는 다양한 안전 보장 및 전투 활동, 즉 다국간 연습, 액세스·지원 협정, 해외 기지의 건설과 강화, 보급품의 사전 배부, 병력의 전방 배치 등이다.

요컨대, 태평양군이 하는 모든 일은, 연습과 함대의 방문으로부터 구호작전과 학술 세미나와 골프 토너먼트에 이르기까지, 미군이 이 해역에 접근하지 못하게 하려는 시도에 대항하는 전략의 일부다. 이것이 사전의 "전장의 형성"이라는 것이며, 그 일에 있어서는 관련 국가들과의 관계가 중요하다.

태평양군은 해상에서도 똑같은 접근 방식을 취하고 있다. 1995년에 CARAT — 협력해상적응훈련Cooperation Afloat Readiness And Training — 프로그램에 착수했다. 지금은 이 프로그램에 따라 ASEAN 10개국 중 7개국이 매년 해상 연습을 실시하고 있다. 아직 참가하지 않고 있는 나라는 내륙국인 라오스, 최근까지 고립해 있던 미얀마 그리고 신중한 베트남뿐이다. 그러나 베트남도 지금은 자주 미국 함선의 방문을 받아들이고 있으며, 전문가가 말하는 "CARAT식" 활동에 참가하기 시작해, 서서히 태평양군과의 관계를 깊게 하고 있다. 2012년 6월, 미국 보급함 로버트 버드 호에서 연설을 했는데, 이 배는 이때 베트남의 캄란 만에 있는 광대한 천연 항구의 수리 시설을 이용하고 있는 중이었다. 이 항에 있는 시설의 대부분은 본래 베트남전쟁 시 미국 기술자가 건설한 것이다. 당시 이 항은 거대한 미국의 보급 거점이었다. 파네타는 장래 협력 관계가 한층 더 깊어지길 바란다고 열렬하게 말했다.[24]

전장을 형성하는 데 있어서 거대한 기지는 필요하지 않았다. 액세스만 확보되면 된다. 미국 지휘관들이 고심 끝에 배우게 된 것은, 아시아 사회에 다수의 병력을 배치하는 건 골칫거리라는 사실이다. 오키나와에서 해병대 후텐마 항공기지가 그 항공기의 소음 때문에 지방의 반대운동을 일으켜 그것이 꺼지지 않는 골칫거리의 씨앗이 되었다. 또 한국에서 2002년 미군의 장갑차가 여자 중학생 2명을 압사시켜 대규모 반미운동이 일어났다. 필리핀에선 미군 병사에 의한 지방 여성들에 대한 학대가 사람들의 분노를 유발, 그것이 수빅 만 해군기지의 폐쇄를 가져왔다. 기억의 뿌리는 깊이 남게 된다. 2013년 10월, 필리핀의 파라완 섬 오이스터 만에 새 기지—미해군도 이용할—를 건설한다는 안이 발표되자, 지방 마을의 이장里長 5명 중 4명이 즉각 반대를 표명했다. 매춘이 증가할 것이라는 이유였다. 군복을 입은 미국인이 많아질수록 지방민의 반미 감정은 늘어나는 것 같다. 군의 "족적"이 작아지면 이런 사건도 최소한으로 줄게 되고 수십억 달러도 절약할 수 있다.

미국의 기지가 있는 곳이라 하더라도, 곳에 따라 모습이 다르다. 싱가 포르엔 태평양군의 병참단인 서태평양군 (CARAT 연습의 주축이며 미국의 재균형 구상에 있어서 중요한 요소이다)의 기지가 셈바왕의 민간 화물 터미널 내에 설 치되어 있다. 그곳은 "5개국 방위협약"하에 있는 뉴질랜드군에 의해 관 리되고 있는 안전보장 지대다. 여기에 계속적으로 주둔하고 있는 건, 군 인 150명 정도, 민간 청부업자 150명 정도에 불과하다.[25] 싱가포르의 창 기Changi에 있는 군항은 신세대의 "연해역沿海域전투함" 2척 (최종적으로는 4 척이 된다)을 위한 이 해역의 허브 항港이다. 이 함은 동남아시아의 해역에 서 성조기를 눈에 띄게 하기 위해 설계되었으나, 승조원은 육지에서 사 는 게 허용되지 않는다. 입항 중일 때는 선내에서 기거를 한다 (비번일 때 는 자유로이 기지를 떠날 수 있다). 필리핀엔 더 이상 주요한 기지가 없을지 모르 겠으나, "상호보급지원협정"에 따라 급유, 보급, 군의 숙소와 수송수단을 제공하게 되어 있다. 오스트레일리아 북부의 다윈에는 미해병대원 2500 명이 주둔하고 있지만, 이것은 "항구적"인 주둔이라고 하지 않는다. 파견 부대가 반년의 임기로 기지에 왔다가 돌아가기 때문이다. 따라서 이 기 지엔 한때 필리핀에 있었던―그리고 지금도 일본, 한국, 괌에 있는―것 과 같은 정착민 사회의 인프라가 발달하지 않는다. 그러나 위급한 경우, 군함, 항공기, 무기·탄약, 보급물자 및 인원이 이 허브를 통과해 이 지역 의 중심에 미국은 바로 병력을 투입할 수 있다. 그러므로 "액세스"는 지 극히 긴요하다.

동남아시아 각국의 정부는 이 지역에 있어서 미국의 "발자국"이 이렇 게 가벼운 걸 환영한다. 그것은 미국 정부의 지속적인 정치적 관여를 표 시할 정도로 크지만, 정치적 어려움을 낳는 리스크를 줄이기에는 충분하지 않다. 병참의 허브 기지는 군사기지만큼 눈에 띄지 않으며 의심을 품은 외국이나 국내의 반대운동의 비판도 적게 받을 것이다. 하지만 존재가 얇아지면 긴장을 자아낼 수도 있다. 동남아시아 국가들은 수십 년 전부터 이 지역의 해상의 안전 유지를 미국에 의존해 왔다. 필리핀은 공공연하게, 다른 나라는 묵시적으로, 소비에트연방의 붕괴 후에는 베트남조차 그러했다. 그러나 지역의 정부는 미국 정부 내에서 예산 삭감의 압력이 높아짐에 따라 그 이전처럼 미해군에 의존할 수 없다는 걸 깨달았다. 남중국해에 있어서 자신들이 주장하는 영유권을 미해군이 지켜 주지 않는 건 확실하다. 그렇다면 다른 길을 찾아야 한다. 결국 무기업자가 호황을 맞게 되는 것이다.

* * * * * *

19³³년 제임스 힐턴이 히말라야의 도원경桃源境을 소설로 썼을 때, 아시아의 군사·산업 단지가 모이는 성대한 행사에 그 도원경의 이름이 붙을 줄은 힐턴 자신은 꿈에도 생각하지 못했을 거라고 확신한다. 그러나 그가 《잃어버린 지평선》에서 푸른 산중의 파라다이스를 묘사한 지 69년이 지난 후, 깨달음의 길을 찾는 장군과 외교관들이 처음으로 모인 것은 "샹그릴라 회담"이었다. 그 이름을 듣고 생각나는 건, 현자의 초자연적인 회의라든가, 의식을 확대하는 향로로 현기증을 일으키는 분위기 속에서 순례자가 기도를 중얼거리는 모습이다.

하지만 히말라야를 배회하던 체험에서 생각했던 때부터 샹그릴라는 먼 길을 걸어 왔다. 그 여정의 시작은 1960년대 후반, 중국계 말레이시아인의 실업가 로버트 쿠옥Robert Kuok이 국제적인 사탕 시장에서 크게 돈을 번 일이었다. 본국 말레이시아에선 반중 감정이 높아져, 쿠옥은 재산 일부를 옮길 안전한 피난처를 찾아 이웃 나라 싱가포르에서 부동산을 구입했다. 그래서 1971년, 샹리라는 처음으로 확고한 실체를 갖게 되었다―티벳 사원이 아닌 24층의 호화 호텔로서. 그가 생각하는 아름다움을 찾아오는 사람이 너무나 많아, 쿠옥은 그 생각을 아시아 대륙 전역으로 펼쳤다. 지금 아시아를 중심으로 세계에 72개의 샹리라 호텔이 있다. 근무 중의 임원들이 손쉽게 이용 가능한 열반涅槃인 셈이다.

샹리라의 그 다음 변신은 영국의 안전보장 문제의 싱크탱크인 국제 전략 연구소IISS와 싱가포르 정부의 협의에서 나왔다. 아시아는 나라와 나라가 평화 (또는 그 반대)에 관해 회담할 쾌적한 장소가 필요하다고 생각했는데, 그것이 샹리라 호텔이었다. IISS가 초대자 리스트를 담당하고, 싱가포르 정부가 안전보장 문제를 해결하고, 그 밖의 모든 것은 스폰서 측이 부담한다. 싱가포르와 IISS는 칭찬을 받고 각료들은 몇 분간 스포트라이트를 받는다. 그리고 스폰서는 쟁쟁한 인사들과 만날 기회를 갖는다.

이렇게 해서, 2002년 이후 매년 6월에 싱가포르에서 샹리라 회합이 개최되게 되었다. 모든 것이 흡족했다. 사이렌 소리도, 긴 자동차 행렬도 없고 도로 봉쇄도 없다. 국제회의가 개최되고 있다는 걸 나타내는 것은 맨홀의 뚜껑에 찍힌 고무 봉인과 보안을 위해 외부를 감싼 우체통 정도―모두가 호텔 역내 폭발물의 반입을 막기 위한 것이다. 건물 내부에서도 보안은 눈에 띄지 않는다. 일단 금속 탐지기를 통과하면 정장을 입고 있는 각료들이나 예복을 착용한 장군과 자유롭게 사귈 수 있다. 경호를 담당하고 있는 구르카인 (용맹으로 유명한 네팔 민족―역자)도 검은색 정장 차림으로 전체 배경 속에 섞여 있기 때문에, 그 냉철한 시선을 의식할 필요가 없다. 눈에 띄는 건, 대형 손가방뿐―꼭 기관단총을 감출 만한 크기다. 바로 신사를 위한 안전보장이다. 이것이 21세기 샹리라, 히말라야의 남자들이 철저히 지키고 있는 곳이다.

　더 큰 총포를 구하고 있는 나라에 대해서도 이 2012년의 회합은 많은 것을 제공할 수 있었다. 스폰서들의 덕택이다. 보잉社 (공격 헬리콥터 '아파치', F/A-18 전투공격기, C-17 장거리 수송기, 대對함 미사일 '하푼' 등의 제조사), EADS (2014년 1월, 에어버스 그룹으로 회사명 변경. 헬리콥터 '쿠가르', 전투기 '타이푼', 수송기 A400M, 대對함 미사일 '에그조세' 등을 취급), 미쓰비시상사 (일본 정부가 무기수출 3원칙의 완화를 결정한 5개월 후에 참가), 싱가포르에 본사가 있는 ST엔지니어링 (전지형全地形 대응차 '브론코', 대對구축물 · 대對경장갑차 양용 로켓탄 발사기 MATADOR, 피어리스급 초계정의 제조사)이 참가했으며 그 밖의 비방위산업의 스폰서도 2개사가 참가했다. 일본의 아사히신문과 막대한 자금력을 자랑하는 매카서 기금이다. 이 여섯 스폰서의 사명社名은 사회적으로 평등하게 평가되고 있으며, 매카서 기금이 협찬금액을 25만 달러라고 공포하고 있는 점을 고려하면, 2일간의 행사 비용 총액은 족히 150만 달러를 초과한다고 보는 것도 틀리지 않을 것이다. 어떤 관계자는 400만 달러에 가까울지 모른다고 했다.

　보잉사는 협찬금 이상으로 이익을 얻고 있다고 느끼고 있는 게 분명하다. 2012년으로 스폰서가 되는 게 11번째다. 이유는 간단하다. 이렇게 많은 중요한 인물들이 같은 호텔에 숙박하게 되면 인맥을 만들 기회가 무한하다. 2012년의 회합 기간 중, 방위 · 우주 · 안전보장 부문의 사장 겸 CEO 데니스 뮤일렌버그Dennis Muilenburg는 13개국이나 되는 국가의 방위장관과 면담을 가졌다. 그들은 모두 장차 고객이 될 후보이며, 회사를 위해 꼭 필요한 대화의 상대자다. 뮤일렌버그는 기자의 질문에 답하면서, 그가 속한 부문의 수익의 4분의 1을 해외 매출에서 얻는다고 밝혔다. 미국과 유럽의 방위 예산의 삭감에 따라 아시아는 중요한 시장이 되고 있다. 2012년 6월 보잉사의 방위 부문에서 동남아시아 고객이라고는 1개국, 싱가포르뿐이었다. 하지만 동남아시아에선 모든 나라가 부유해지고, 게다가 안보가 불안해져, 지금 이 지역은 위협이 기회와 맞물려 있는 장소가 되고 있다.

이렇게 많은 사람이 매년 "회합"에 모이는 것은 그 때문이다. 세상의 주목을 받는 건 거물급 인사의 연설일지 몰라도, 캐나다 대표단의 한 사람이 엘리베이터 안에서 속내를 밝혔듯이, 1대1의 면담이야말로 "진짜 노리는 자리"다. 2012년의 회합 시 인도 방위장관의 전략적 사고인 "패러다임" 쉬프트에 관한 연설을 들으러 온 사람은 많지 않았으며, 또한 캄보디아 방위장관의 지역 안정에 관해 태국과의 국경 분쟁 (그 전 해, 이 문제로 전쟁 직전 상태까지 갔다)에 관한 불과 60개 단어로 된 연설을 들으려고 모인 사람도 많지 않았다. 대부분의 참석자에 관한 한, 이 회합의 목적은 밀실에서 진행되는 것에 있다.

그런 진상이 엿보인 것은 레온 파네타 미국 국방장관의 연설이 끝날 때쯤이었다. 이것은 모두가 듣고 싶어한 연설이었다. 방은 꽉 찼다. 열지은 의자엔 500명 이상이 앉아 열심히 경청, 더 많은 사람들이 벽을 둘러싸고 있는 가운데, 미국방장관은 미국의 아시아에로의 "회귀"가 진실로 무엇을 의미하는지를 설명했다. 아마 세계의 신문들은 제1면을 장식할 것이다. 그런데 그 연설이 끝나기 직전, 군복 차림의 두 집단이 자리에서 일어나 퇴장했다. 독일과 베트남의 대표단은 양자 회담을 열어 군사협력을 협의할 것을 예정하고 있었다─파네타의 연설 마지막의 몇 분간을 듣는 것보다 그쪽이 더 중요했던 것이다. 그래서 오프레코드의 대담을 위해 허둥지둥 떠났다. 하지만 그것은 시작에 불과했다. 대표단 일원에 따르면, 베트남은 주말의 이틀 사이에 모두 12회의 공식 양자 회담을 가졌다.

2012년은 동아시아의 군에 있어서 중요한 해였다. 근현대사를 통해 처음으로 동아시아 국가들의 군사 예산이 유럽의 NATO 가맹국의 그것을 상회했다.[26] 유럽의 예산 삭감이 주된 이유인데, 스톡홀름 국제평화연구소에 따르면, 아시아 각국이 군대에 쓴 금액도 2011년에 대비해 7.8% 증가해 총액이 3010억 달러에 이른다고 한다. 그 중, 중국이 55%, 일본·한국·대만이 합해서 33%를 차지한다. 이것과 비해서 동남아시아의 소규모 빈국들은 자국의 방위에 거의 돈을 못 쓰고 있다. 남중국해의 영유권 경쟁과 관련한 5개국—브루네이, 인도네시아, 말레이시아, 필리핀, 베트남—의 군사비는 합하더라도 동아시아 전체의 6%에 불과해 약 180억 달러다. 터키와 비슷하다. 나머지의 대부분은 이 지역에서 정비가 가장 잘된 군대를 가진 두 나라, 싱가포르와 태국이 차지하고 있다. 그렇지만 군사비가 급증하고 있다. 2012년 베트남은 20%, 필리핀은 10%, 인도네시아는 16%, 싱가포르는 5% 증가했다. 말레이시아와 브루네이는 약간 줄었으나 이는 2011년의 수치가 컸기 때문이다. 무기 제조사에겐 흥미 있는 시장이다. 2006년 이래, NATO 국가들이 군사 예산을 11% 삭감하고 있기 때문에, 제조사는 그 타격으로부터 회복할 길을 찾고 있다.

무기 제조사의 대표자들은 샹리라의 여러 바에서 몇 시간을 보내고 나서 농담을 섞어 중국 지도부와 건배하고 있다. 매상 목표를 달성하는 것을 도와주었기 때문이다. 액세스를 잃는 데 대한 미국의 우려가 중국의 안전보장에 대한 우려를 불러일으키게 되면, 중국은 안보를 위해 돌진하게 되고 다른 모든 나라의 위기감에 불을 붙이게 된다.

1992년 후반, 중국은 영해법을 성립시켜 남중국해의 섬들의 영해권을 주장하고 크레스톤에 베트남 앞바다의 유전권을 양도했는데 (제5장 참조), 인도네시아는 그 후 얼마 안 되어 보란 듯이 옛 동독 해군 장비의 3분의 1을 구입했다. 프리게이트, 양륙함, 소해정을 포함한 총 39척의 함선이다.[27] 지금은 이들 함선이 시대에 뒤떨어진 것이며, 그것은 인도네시아 최대의 군함 6척—네덜란드에서 입수한 건조 60년의 프리게이트—도 마찬가지다. 중국선에 의한 침입이 점점 늘어나고 있는 중에도, 인도네시아 해군의 국방 능력은 점점 떨어지고 있다. 어느 규모 할 것 없이 현대적 배라고 할 수 있는 것이라고는 네덜란드제의 코르베트 4척, 한국제의 수륙 양용 양륙함 5척뿐이다. 그 밖에 초계정 50척, 소형 미사일정 4척이 있을 뿐이다. 1만 3000개의 섬을 가진 나라로서 인도네시아는 해군력을 중시하지 않는 것 같다. 공중 조기경계 시스템도 없으며 해상의 장거리 초계를 지원하는 공중 급유기도 없고, 지휘통제 시스템도 부실하다.[28] 연안 및 함재 레이더에 의한 "통합해양감시시스템IMSS"을 가지고 있는 것은 오로지 미국이 돈을 내고 있기 때문이다. 미국방부의 말을 빌리면, 그 목적은 표면상으로 "해적행위, 불법어로, 밀수, 테러"와 싸우기 위해서다.[29]

인도네시아 군의 부패는 악명이 높으며 무기 구입에 있어서도 국가가 직면하고 있는 도전을 고려한 선택을 하지 않는다. 2013년 8월에 5억 달러로 공격 헬리콥터 '아파치' 8기를 (보잉사로부터) 구입하는 계약을 했다. 2012년에 독일로부터 잉여주력전차를 103량 구입했다. 어느 것도 용도가 확실하지 않다. 해상의 주권을 지키는 데 유용하지 않은 건 확실하다. 대규모의 현대적 해군 장비에의 투자 계획은 예산 문제로 계속해 연기되고 중지되고 있다. 신품 러시아제 잠수함을 구입할 생각을 했다가, 그 대신 값싼 한국제를 구입할 수밖에 없었다. 이 책을 쓰고 있는 지금, 세 척이 건조 중이며 더 구입할 것이라는 말이 있다. 중고 러시아제 구축함 한 척과 해양순시선.

세 척을 브루네이로부터 매입하려고 한 계획도 취소되었다. 그렇지만 중국이 해상에서 야심을 품고 노리고 있는 데 대한 두려움 때문에, 드디어 인도네시아 정부도 행동에 나섰다. 소형 함정을 구입해 신형 대對함 미사일을 탑재할 계획이 진행되고 있다. 미사일로는 에그조세 (EADS제)와 러시아의 야혼트 이외에, 아이러니하게도 중국 설계이지만 자국에서 건조한 C-802 등이 예정되고 있다.

필리핀은 또다시 군의 현대화를 논하고 있지만, 이 나라는 수년마다 일을 해나가다가, 돈이 헛되게 쓰인 것을 알게 된다. 1995년 당시, 상원 국방·안전보장위원회 위원장 올란도 메르카도Orlando Mercado는 《파 이스턴 에코노믹 리뷰》에 "우리 공군은 날지 못하며 우리 해군은 바다로 나가지 못한다"라고 했는데,[30] 지금의 필리핀 군의 상황은 그때보다 더 악화되어 있다. 해군의 최대 함선 두 척은 본래 미국 연안경비대의 커터 (경비선)이며, 그 다음의 대형은 제2차 세계대전 중에 건조한 것이고, 나머지 대부분은 영국이나 한국에서 퇴역한 소형 순시정이다. 수륙양용함과 신형 프리게이트를 구입한다는 말은 여러 해 전부터 있었으나, 이 글을 쓰고 있는 지금까지 아직 해결되지 않았다. 일본으로부터 약 1억 8400만 달러의 차관을 받아 새 연안경비대의 배 10척을 구입하려고 하는데, 이것은 민간용이지 군대용이 아니다. 공군엔 헬리콥터와 수송기 몇 대가 있을 뿐이다. 최후의 제트전투기가 퇴역한 것은 2005년이다. 4억 1500만 달러로 한국으로부터 신조의 FA-50 제트전투기 12기를 구입할 계획이 발표되었으나, 조정사가 전투 임무에서 비행할 수 있게 되기까지는 몇 년 더 있어야 할 것이다. 한국은 2014년 5월, 그 거래를 마무리하는 뜻으로 건조된 지 30년의 소형 코르베트 한 척을 필리핀에 기증한다고 발표했다.

말레이시아는 타국들보다 오랫동안 전략적으로 예산을 사용해 왔으며, 연안경비대에 순시정, 해군에는 더 큰 함선이라는 형태로 함대를 건설했다. 지금은 프랑스제 잠수함 두 척을 보유하고 있으며, 앞바다의 유전 근처 보르네오 섬의 코타키나발루가 그 기지다. 2013년 10월, 7개월 전에 중국이 제임스 암초에서 대규모 해군 연습을 실시한 것을 보고, 말레이시아는 새로이 해병대를 창설할 계획을 발표했다. 잠수함 기지로부터 남쪽으로 내려와 빈툴루 항—제임스 암초에 가장 가까운 항—에 배치한다고 한다. 해병대를 신설하면 새 장비가 모두 필요하다. 최소한으로 새 수륙양용함 한 척이 필요하고 양륙정과 헬리콥터도 필요하다. 말레이시아는 이 지역에서 또 한 가지의 위험에 직면하고 있다. 술루 왕의 후손들이 사바 주州의 영유권을 계속적으로 주장하고 있다. 2013년 전반에 소규모의 침략을 일으켜 말레이시아인 15명을 살해한 사태가 되었다. 하지만 그것은 잠수함을 구입하는 이유가 되지 않는다.

베트남은 말레이시아에 비해 군사비는 훨씬 적지만, 베트남 판의 "암살자의 철퇴"—값싼 무기로써 훨씬 강대한 적게에 피해를 줄 수 있는 전략—에 집중적으로 돈을 쏟아 넣고 있다. 2014년 전반, 베트남은 신조의 러시아제 잠수함 6척 중 최초의 한 척을 받았다. 또 러시아제 지대함 미사일 시스템 두 개 이외에, 사정거리 150km의 이스라엘제 탄두 미사일도 구입했으며, 게다가 러시아의 함대함 미사일 '우란'을 국내에서 제조할 예정이다. 만일 이 분쟁 해역에서 대대적인 격돌이 발생하게 되면, 아마 베트남이 최강일 것이라고, 개리 리Gari Li는 주장한다. "중국 해군은 그렇게는 하지 못합니다. 리스크가 너무 큽니다. 베트남 연안을 지나가려면, 그곳은 사격장과 같습니다. 베트남군에는 신형 대함 미사일 '바스천', 킬로급 잠수함, 그리고 소형의 공격형 잠수함도 있습니다. 베트남군은 손상을 입으면 즉각 기지로 돌아갑니다. 하지만 중국선은 손상되더라도 나라는 1000마일이나 떨어져 있는데다, 이 주변엔 큰 해군기지를 가지고 있지 않습니다"[31]

동남아시아에 있어서의 비교적 소량의 무기 구입은 "군비 경쟁"에 해당되지 않는다. 중국의 군사비와 경쟁할 수 있는 나라는 없다. 그럼에도 불구하고 반갑지 않은 해군의 행동을 저지하기 위해 한층 강대한 함대에 타격을 줄 수 있는 무기를 가지려고 노력하고 있는 건 분명하다. 중국이 총력으로 남중국해에서 해전을 시작한다면, 그것에 저항한다는 건 무리다. 그렇지만 어느 쪽도 발포를 먼저 하는 걸 원하지 않는 경우, 위협이 될 수 있는 병력을 배치하는 것만으로도 유리할지 모른다. 예를 들어, 중국의 연안경비대 배가 "U자형 라인" 내부의 석유 굴삭을 방해하려고 하는 경우다. 물론 연안경비선이 위협을 받으면 거기에 중국이 어떻게 반응할 것인가 하는 건 미지수다. 그것이 계기가 되어 본격적인 무력 충돌로 치닫게 될 가능성도 없지 않다.

미국은 영유권 분쟁과 관련해선 공식 입장을 취하지 않고 있다. 문제의 섬들에 관한 견해는 1950년의 영국 참모본부의 그것과 동일하다. 즉 "스프래틀리 군도는 그다지 전략상의 가치가 없다. …… 전시에 적에게 점령되더라도 남중국해의 제해권을 보유하는 한에 있어선 심각한 전략상의 위험은 되지 않을 것이다"[32] 비록 무력 분쟁이 된다고 하더라도, 고립된 섬의 토치카들은 멀리서 발사되는 유도 미사일의 좋은 표적이 될 뿐이다. 미국의 과제는 언제까지 "남중국해의 제해권을 확보"할 수 있느냐 하는 것이다. 중국의 잠재력에 대해 말들이 많지만, 지금으로선 미국의 지위는 안전한 것 같다. 하지만 언젠가 중국의 국력이 커지면 중국 정부의 지도부는 자국의 뒤뜰로부터 제국주의적 침략자를 밖으로 밀어내고 싶어할 때가 올지 모른다. 마치 1세기 전에 미국이 영국을 카리브해로부터 추방했던 것처럼.

그렇게 되는 사이에 무력 분쟁이 일어난다면, 그것은 중국과 이 지역의 주권 주장 국가가 맞닥뜨리는 가운데 생기는 오산에서 기인할 것이다. 중국 당국은 베트남, 인도네시아, 말레이시아, 브루네이, 필리핀의 앞바다에서 유전 개발과 어장 보호를 물리적으로 저지하기 위해 군사력을 행사할 것인가? 또한 이들 국가는 자국이 주장하는 권리를 지키기 위해 군사력을 행사할 것인가?

중국 정부와 국민은 초등학교 때부터 "U자형 라인"은 재론할 여지 없이 중국의 것이라고 의식화되어 있으며, 대결도 불사한다는 수사修辭에 얽매여 개전밖에 다른 선택이 없다고 결단을 내릴까? 동남아시아 국가들은 미국을 끌어들이려 할까? 미국은 이런저런 일들이 "항행의 자유"에 대한 위협이라고 간주하고 개입할까? 아직 선택의 여지는 많이 남아 있으나 남중국해라는 전장은 이미 형성되어 가고 있다.

중 국

추강

광저우

광둥성

마카오

홍콩

시아먼

후지안성

타이페이

타이완

타이완 해협

카오슝

광서

하노이

하이퐁

장장

프라타스 군도

루손

톤킨만

하이코우

하이난 섬

베

트

남

라

오

스

캄보디아

프놈펜

호치민시

푸키

콘손 섬

캄란만

루손

수빅만

남 중 국 해

노스 댄저 둑

리드 둑

시투 섬

아투아바 섬

팔라완

스프래틀리 군도

스프래틀리 섬

밴가드 둑

루이자
암초

코타키나발루

사바

브루네이

반다르 세리 베가완

나투나
(인도네시아)

사라왁

말 레 이 시 아

싱가포르

쿠칭

제9장

협력과 비협력

분쟁의 해결

사 리마녹 호는 소원을 성취시켜 주는 배라고 하지만, 이번 어로 항행에서 에릭 팔로본Eric Palobon의 소원은 많이 성취되지 않았다. 그의 배는 잘될 때는 최대 100kg이나 되는 다랑어를 30마리나 싣고 돌아 간다. 그런데 이번엔 겨우 여섯 마리, 제일 큰 것이 60kg밖에 안 된다. 흰색으로 도색된 선수에 그려져 있는 신화의 새도 먼 바다의 참치 떼의 대폭적인 감소를 보상하지 못했다. 에릭은 누산타오의 생활양식을 지금도 계승하고 있으며 이 "반카"라고 부르는 배도 뱃전이 높은 카누와 같다. 단 남중국해의 험한 파도에 넘어지지 않기 위해 길고 굵은 장대가 부재 浮材로 부착되어 있다. 조타실은 세 사람이 들어갈 만하지만, 에릭의 말에 따르면 지난 2주간은 이 배에도 12명의 승조원이 탔으며 쌀과 어획물을 먹고 살았다고 했다. 머리 위에 높이 있는 중앙의 원재圓材 (스파)가 방수용 시트를 떠받치고, 그걸 풀어 내리면 거대한 텐트가 되어 삐걱거리는 배 전체를 햇빛과 비로부터 보호해 준다. 그러나 마닐라 안에 들어가면 시트는 감아 올려지고 그 대신 색구索具에는 세탁물이 나부껴 꽃으로 장식된 줄같이 보였다.

승조원들이 지켜보는 가운데 배가 도크로 미끄러지듯이 접근하자

기다리고 있던 몇몇 소년들이 뒤로 공중제비를 해 부두에서 탁한 물속으로 뛰어들었다. 어획물의 인양을 도와주고 팁 한두 푼을 얻기 위해서다. 에누리를 하기 위해 중개상인들이 커다란 창고 입구에 모여 있다. 로프가 부두로 던져지고 낡은 스티롤 상자를 거물로 묶어서 만든 뗏목에 첫 번째 다랑어가 내려진다. 거대한 황다랑어에 걸터 서서 소년 하나가 그 비싼 물건을 끌어당겨 나보타스 어항의 동굴같이 생긴 창고로 끌고 간다. 대도시 마닐라 주민 1200만 명이 먹는 물고기의 80%가 이런 건물을 경유해 운반된다. 물고기를 대량으로 소비하는 나라 중에서 이곳은 단연 최대의 어항이다.[1] 에릭은 60kg 참치가 1kg당 200 내지 300페소가 되리라고 계산하고 있었다. 총액 1600~2000달러, 12명이 14일 일했으므로 1인당 하루 10달러가 된다. 나쁘지 않은 수입이다. 국가 평균의 약 두 배다.

필리핀은 황다랑어를 잡는 데는 절호의 장소다. 다랑어 (참치)는 6월부터 8월까지 남중국해로부터 술루해로 들어와서 8월부터 10월 사이에 돌아간다. 그리고 돌아가는 도중에는 섬들 사이의 비교적 좁은 수로를 빠져나간다. 미국의 슈퍼마켓의 선반에 진열되어 있는 투나의 4분의 1은 필리핀이 공급하고 있다.[2] 그런데 그런 슈퍼마켓에서는 엄청나게 큰 것을 좋아했다. 에릭의 반카로부터 도크를 사이에 두고 그 반대편에는 전혀 다른 종류의 다랑어 산업이 자리하고 있다. 레이크 로자다 호는 에릭의 배보다 훨씬 더 거대했으나 항해에는 적합하지 않았다. 선체는 본래 푸른색이라는 걸 알 수는 있겠으나, 지금은 거의 완전히 녹슬어 붉은색이다. 군데군데 흘수선吃水線 바로 위는 금속이 녹슬어 구멍이 크게 나 있다. 선수에 작살을 쏘는 좌대가 있는 것을 봐서 한때 일본 포경선이었으나, 지금은 아무것도 잡을 수 없을 것같이 보인다. 그 승조원에 따르면, 레이크 로자다 호의 일은 일 년 동안 외양에 나가 하루에 300 내지 500

마리의 다랑어를 잡는 일이었다. 운이 좋은 날은 그것이 2000마리가 되기도 했다. 운반선이 이틀마다 와서 잡은 것을 육지의 통조림 공장으로 운반하기 때문에 어로 작업을 중단할 필요는 없었다고 한다.

남중국해의 다랑어 자원의 현황에 대해서 정확하게 아는 사람은 없다. 연안국들이 확실한 조사에 협력을 하지 않기 때문이다. 수산 자원을 타국과 공동으로 관리하는 걸 인정하면, 상대국의 영유권 주장을 강화해 줄 위험이 있다고 생각한다. 당분간은 상황이 파국으로 치닫고 있는 것 같다. 가장 신뢰할 수 있는 수치는 동남아시아어업개발센터에서 나왔다. 이 센터는 바로 이 같은 문제를 해결하기 위해 1967년에 창설된 정부간 조직이다. 하지만 이 센터도 잡은 수만 추계할 수 있을 뿐이지, 바다 속에 있는 것까지는 알 수 없다. 2001년 이 지역의 어부들이 잡은 다랑어는 합계 87만 톤이었다. 2008년엔 그것이 배 이상인 190만 톤으로 증가했다. 이는 동남아시아의 전 어획고의 14%가 되는 수치였다.[3] 그러나 2010년엔 다랑어를 발견하기가 점점 어려워져 어획고는 160만 톤으로 폭락했다.

다랑어뿐만이 아니다. 모든 종류의 물고기가 압력을 받고 있다. 남중국해 연안에는 5억 명이 살고 있지만, 지방 사람들이 도시로 이주해 와 생활이 나아지자, 물고기의 수요가 급증했다. 바다에서 고기가 잡히면 잡힐수록, 남아 있는 고기를 잡는 건 어려워진다. 1980년 필리핀엔 58만 4000명의 어업 종사자가 등록해 있었다. 2002년에는 그것이 180만 명이 되었다. 같은 시기에 소규모 연안 어업자의 평균 어획고는 20kg에서 2kg으로 줄었다. 겨우 입에 풀칠할 수준이었다.[4] 중국에선 1970년부터 2010년 사이 국민소득이 증가해, 그에 따라 식사에 생선이 차지하는 비율이 5배가 되어 1인당 연간 25kg으로 증가했다. 나라가 부요해짐에 따라 이 수치가 더 늘어난 것이다. 인도네시아에선 35kg, 타이완에선 45kg, 그리고 일본에선 65kg이다. 문제를 더욱 악화시키고 있는 게 같은 시기에 해산물의 수출 대국이 되었다는 사실이다. 중국의 해산물 공급량의 70%가 양식에 의한 것이지만, 바다에서의 총 어획고는 1978년에 300만 톤이었던 것이 1988년엔 4배로 1200만 톤이 되고, 중국의 공식통계에 따르면 그 후에도 같은 수준이다.[5] 연간 어획량이 일관해서 일정한 데다가 발표된 목표치도 일치한 점을 놓고 이 수치의 정확성을 의심하는 전문가도 있다. 특히 2008년의 국가해양국의 보고서에 따르면, 지속가능한 어획고는 단지 800만 톤으로 추산되고 있다. 어획고가 증가함에 따라 자원량은 감소했다.

싱가포르의 라자라트남 국제관계학원의 장홍쪼우張宏洲는 이 문제의 추이를 연구하고 있다. 그에 따르면, 법률과 보상으로써 어선의 수를 감소시키려고 한 중국의 정책은 실패했다. 그 정책이 시작된 1998년보다 수가 더 늘어났을 뿐만 아니라, 어선은 더 대형으로, 더 강력한 것이 되었다. 그 결과, 어선은 더 많이 바다로 나갔다. 1988년엔 중국 어업의 90%가 근해 어업이었다. 2002년에 그것이 64%로 떨어졌는데, 이는 어선의 3분의 1 이상이 먼 바다로 나갔기 때문이다. 이 경향은 계속되고 있다. 2006년 광동성의 어획고의 60%가 먼 바다에서 나왔다. 공식통계에 따르면, 전체적으로 중국에서 얻어지는 어획고는 늘어나지 않았지만, 그 중 원해 어획의 비율은 세 배로 증가했다. 중국 어선이 모항母港으로부터 멀리 떨어진 곳으로 나가게 됨에 따라, 타국의 연안 경비대와 경합하는 어선과 조우하게 되었다. 중국 미디어에 따르면, 지난 20년간 중국 어선이 방해를 받았다고 주장하는 사건이 수천 건이나 발생했다.[6]

방해를 받고 있는 건 타국의 어선도 마찬가지다. 수산자원의 회복을 위한 노력의 일환으로서 중국은 1999년 이후, 스프래틀리 군도 북부 해역 (북위 12도선 북쪽)에서의 조업을 5월부터 8월까지 10주간에 걸쳐 금지했다. 금지 자체는 자원보호가 목적이었을지 몰라도, 일방적으로 밀어붙였기 때문에 타국들은 이에 합류하지 않았다. 그에 추종하면 중국의 주권을 인정하는 것이라고 해석될 우려가 있었기 때문이다. 그 결과, 베트남과 필리핀 어선은 금지 해역에 들어가 조업을 하려고 하며, 중국의 해양당국은 주권과 어류의 산란을 이유로 단호하게 규제를 집행하는 가운데 양자의 충돌이 매년 늘어나고 있다. 중국 당국은 이 조업 금지가 자국의 어선에 주는 영향을 소리 높이 선전하고 있다. 정부 측의 미디어에 따르면, 2013년 하이난 성 등록의 9000척, 광동성 등록의 1만 4000척이 영향을 받았다. 출항을 못해 수입을 얻지 못한 배에 대해 보상금이 지불되었으나, 물론 외국의 배는 대상 밖이었다.[7]

그러나 같은 중국선이더라도 스프래틀리 군도 주변의 분쟁 수역에서 조업할 수 있는 정식 허가가 있으면, 이 금지령은 적용되지 않는다. 이들 배에 주는 메시지는 분명하다. 즉 분쟁 수역에 들어가서 중국기를 걸고 다랑어를 잡아 오라는 것이었다. 난사南沙 군도까지의 장거리를 항행하기 위해 배를 새로 구입하면 중국 정부로부터 보조금이 지급된다. 보조금액은 엔진이 클수록 많아진다. 게다가 스프래틀리 군도에 갈 때마다 선주는 추가 보조금을 받는다.[8] 2012년 8월의 《스트레이츠 타임즈》(싱가포르의 신문) 기사에 따르면, 중국 정부 관계자가 하이난 섬의 탄먼 항을 찾아와 스프래틀리 군도로 가는 어부들을 격려했다.[9] 2012년에 금어기 동안, 하이난 성 해양어업청은 과거 최대의 어선단을 조직해, 스프래틀리 군도로 출항했다. 3000톤의 보급선을 포함한 30척의 대선단이었다. 기자들까지 동행하고 있었는데, 이것은 중국의 의도를 확실히 세계에 전하기 위해서였다. 2013년의 금어기에 또 30척이 파견되었으며, 해양어업청 어로부장 후앙웬휘黃文輝는 신화사에 대해, 궁극의 목적은 "원양 자원을 조직적으로 이용하는 방법을 탐색"하는 것이라고 했다. 스프래틀리 군도 주변의 어로를 둘러싼 충돌은 중국 연안에서의 남획과 새 공급원을 개발한다고 하는 의도적 정책과 맞물린 결과다.

그러나 이 정책은 명백한 현실을 무시하고 있다. 스프래틀리 군도에선 이미 타국의 어선단들이 증가하는 자국의 인구를 먹여 살리기 위해 남획을 하고 있다. 일찍 1994년에 말레이시아와 필리핀 연안의 암초에서는 성어成魚를 발견하기가 어렵다는 조사 결과도 있다.[10] 어획고가 일정한 해역마저도 그 어획을 위한 노력이 증가되었다. 1995년부터 2005년 사이 사바 주의 수산자원은 70% 감소했다. 태국 만에선 암담한 미래상을 경고하는 현상이 일어나고 있었다. 일찍 1990년에 어부들은 20년간의 남획의 결과로 그물에 걸리는 물고기의 85%가 "잡어"라고 보고했다. 자국의 해역에서 의존할 만한 수입이 없어, 태국의 어부는 이 지역에서 제일가는 불법 조업자로 악명을 떨치고 있다. 매년 수천 명의 어부가 타국의 EEZ 내에서 조업을 하다가 체포되고 있다.[11] 남중국해도 똑같은 운명을 향해 가고 있으며, 5억 명의 식량 공급이 위협받고 있다. 장기적 통계 모델에 따르면, 대형 어종의 스톡은 1960년부터 2000년까지 절반 이하로 감소한 것 같다. 극히 깊은 해역을 제외하면, 한때 남중국해는 물고기가 풍부했다. 지금은 상업적으로 보면 넓은 해역들이 텅텅 비어 있다. 자원이 비교적 좋은 상태에 있는 것은 오로지 브루네이의 먼 바다다. 이것은 석유 굴삭 장치가 다수 설치되어 있어, 파괴적인 대규모의 어업이 불가능했기 때문이다. 어떻게 하면 좋을까? 물고기가 완전히 없어져 너무 늦기 전에 분쟁을 해결할 수 없을까?

존 맥마너스John McManus 교수는 20년에 걸쳐 남중국해의 수생생물을 연구해 왔으며, 현재는 마이애미대학의 국립산호초연구센터 소장을 하고 있다. 맥마너스의 생각으로는 남중국해 전역의 생물에 있어서 분쟁 수역은 지극히 중요한 역할을 하고 있다. 그 곳에서 물고기는 산란하며 태어난 치어는 해류를 따라 남중국해의 먼 곳까지 확산한다. "스프래틀리 군도의 산호초는 세계에서 다양성이 가장 높은 장소"라고 교수는 설명했다. "주변의 해안선은 과도하게 난개발되고 있지만, 연안에 살고 있는 특정 어종의 멸종이 방지되고 있는 것은 스프래틀리 군도와 다른 남중국해의 산호초로부터 때때로 치어가 흘러 들어오고 있기 때문인 것 같습니다" 맥마너스는 몇 해 전부터 해역 전체의 이익을 위해 스프래틀리 군도가 해양 보호 공원으로 전환되어야 한다고 주장하고 있다. 이 곳을 "피스 파크"로 만들면 대형어의 보육원인 이 장소가 보존되고, 다른 곳의 어군의 수도 회복할 것이다. 단 다른 곳의 어업이 더욱더 지속 가능하게 될 경우에.

비교적 최근에 그와 같은 것을 만들기 위한 시도가 있었다. 2001년 3월, 남중국해 분쟁 당사국들 모두가 입장 차이를 제쳐두고 유엔 환경 계획이 주도하는 예산 3200만 달러의 "남중국해·태국 만灣 환경 악화 경향 개선" 프로젝트에 협력하기로 합의했다. 이 프로젝트는 2002년부터 2008년까지 6년간에 실시되어 몇 가지 성공을 거두었다. 하지만 그 최종 평가보고서는 안타깝게도 이렇게 결론 짓고 있다. "결국, 다국간 협정에 필요한 안건, 특히 국경을 너머 수산자원에 관한 일에 중국·말레이시아를 끌어 넣는 데는 아직 성공하지 못했습니다"[12] 맥마너스도 그 점을 인정하고 있다. "저 프로젝트에 중화인민공화국이 참가하게 되면, 스프래틀리 군도의 문제가 공식으로 다루어지지 않는 건 틀림없습니다" 유엔 팀은 한 번에 복수의 나라가 관여하는 프로젝트를 추진하는 것이 거의 불가능했으며, 분쟁 수역에서는 어떠한 프로젝트도 착수하지 못했다. 당초의 목표 — 물고기가 산란하고 성장하는 장소를 보호하기 위한 바다의 "레퓨지아refugia (과거에는 광범위하게 분포했던 유기체가 소규모의 제한된 집단으로 생존하는 지역—역자)"를 만드는 일 — 는 달성되지 못했다.

국제자연보호연합은 "피스 파크" 구상에 찬성표를 던졌으며, 맥마너스에 따르면, "모든 분쟁 당사국의 과학자와 자연보호 활동가들은 모두 찬동합니다. 특히 필리핀, 대만, 베트남이 그렇습니다. 문제는 정부 레벨에 있습니다. 분쟁 당사국 중에 공식으로 찬동을 표명한 건 대만 정부뿐이지요. 비록 필리핀의 라모스 대통령도 한 번 지원 약속을 했습니다만 정치 지도자는 대개 이 일로 PRC ^(중화인민공화국)와 대화하기를 꺼리고 있지요"라고 안타까워했다. "해역 분지에 유전이 있을지도 모른다는 얘기도 일을 복잡하게 만든다. 남중국해는 스프래틀리 군도 주변의 깊은 해역보다 대륙붕이 석유 매장량도 많고 채굴하는 데 비용이 적게 든다고 알려져 있지요" 그렇기 때문에 장래는 낙관하기 어렵다. 남중국해의 어업이 완전히 붕괴하는 걸 막기 위해 각국이 협력할 가능성은 희박하다.

이론상으로는 수산자원이 석유와 천연가스보다 관리하기 쉽다. 이유는 두 가지, 즉 재생이 가능하며 움직이기 때문이다. 회유어回遊漁를 한 나라가 관리한다는 건 의미가 없다. 그 때문에 전 세계에 어업을 관리하는 지역의 조직이 만들어져 그 지역의 모든 국가들이 의존하는 수산 자원을 공동으로 감시하고 있다. 동남아시아에서 지역의 수산 자원을 보호하기 위해 조사·활동하는 데 있어서 최고 기록을 가지고 있는 것은 동남아시아어업개발센터다. 중국은 생각이 있으면 쉽게 참가할 수 있는 데도, 이에 참가하지 않고 있다. 비슷한 지역적 활동에 과거에도 참가하지 않은 점을 생각하면, 앞으로도 참가할 것 같지 않다. 중국 정부는 어업협정에 원칙상으로 반대하는 건 아니다. 일본과는 1997년에, 한국과는 2000년에, 베트남과도 역시 2000년에 협정을 맺었다. 2005년엔 "필리핀－중국어업합동위원회"에서 한 번 회의를 가졌으나, 그것으로 끝났다.[13] 곤란한 문제는 남중국해의 문제와 관련해 중국이 다국 간의 협상을 거부하는 점이다. 베트남과의 협상이 적용되는 건 톤킨 만뿐—이 곳은 두 나라가 영유권 주장으로 분쟁하고 있는 지역—이다. 하지만 다랑어는 국경 등에 개의치 않기 때문에 2국 간의 협의로 문제가 해결되기 어렵다. 남중국해의 연안국들은 모두 국민을 먹여 살리기 위해 값싼 생선에 의존하고 있다. 수산 자원을 보호하는 협정이 없으면 근시안적인 남획이 증가해 이 지역의 모든 국가가 심각한 식량 위기에 빠질 위험이 있다. 중국과 그 인근 국가들이 기아의 리스크를 피하기 위해 기본적 합의조차 할 수 없다면, 주권과 영유권이라고 하는 더 광범위한 문제는 어떻게 합의할 수 있을까?

* * * * * *

주권과 영토에 관한 항구적 합의가 이루어지면 이 지역의 수많은 소원이 받아들여지게 될 것이다—특히 필리핀에서. 해사해양문제위원회 사무국장 헨리 벤사르토Henry Bensarto는 남중국해 문제에 있어서 필리핀 측의 정책을 뒷받침하는 브레인이다. 그의 부드러운 목소리와 검은 눈에 현혹되기 쉽지만, 실은 강경한 의지의 소유자다. 그는 지금까지 필리핀의 지배층을 설득해 해상 영유권을 국제법에 따라 주장하도록 하고, 나아가 무수한 국제회의에서 그 주장을 옹호해 왔다. 그가 치른 오랜 투쟁으로 한때 검었던 머리가 백발이 섞이기 시작했다. 그것이 이마에 뿌린 회색의 무늬와 어울렸다. 그 날은 가톨릭에서 말하는 재Ash의 수요일이었다 (이 날은 재로 십자를 이마에 그리는 관습이 있다—역자). 벤사르토는 국제법의 신봉자이기도 하다. 국제법에 의해 바다의 평화를 실현할 수 있다고 믿고 있었다. 그의 지도로 필리핀 정부는 영유권의 근거를 변경했다. 한때 문제의 섬들을 "발견"한 토마스 클로마 "제독"으로부터 인수한 (제3장 참조) 초창기의 전제를 유엔해양법협약UNCLOS에 근거하는 주장으로 전환했다. 2009년 벤사르토는 새로운 필리핀영해기선법을 강하게 추진했다.

클로마의 "칼라얀 군도"라는 거대한 다각형에 대한 영유 주장을 버리고, 유엔해양법협약에 입각한 주장을 가능케 하는 법률이다. 이어서 2011년, 벤사르토는 새 희망을 제시했다. 그는 그것을 "평화 · 자유 · 우호 · 협력 존^{zone}"이라고 이름 붙였다.

이 "존"을 한마디로 말하면, 첫째로 남중국해의 어느 해역이 분쟁 대상이고, 어디가 그렇지 않은지를 영유권 주장국이 밝히고, 그 다음에 분쟁의 해결을 지향한다는 것이다. 분쟁은 두 종류로 나뉜다. 하나는 "국경 분쟁"—남중국의 도서와 기타 지형의 정당한 "소유권"의 문제다. 단 한 가지는 "해양 경계 분쟁"—유엔해양법협약에 따라 각 도서나 지형에 의해 얼마나 큰 "수역"이 발생하느냐의 문제다. 특정한 섬에서 계속적 거주나 경제 활동이 가능하다고 재판소가 판단하면, 최고 반경 200해리의 배타적경제수역EEZ이 부여된다. 계속적 거주나 경제 활동이 불가능한 단순한 "바위"라고 판단되면, 12해리의 영해뿐이고 EEZ는 인정되지 않는다. 자연 상태에서 조수가 높을 때 해면 밑으로 들어가는 경우에는 영해도 EEZ도 인정되지 않는다.

전임자들과는 다르게 벤사르토는 제2의 문제를 먼저 다루기로 결심했다. 그가 제안한 것은, 분쟁 수역을 "엔클레이브^{enclave} (어떤 국가 영역의 일부로 외국 영토에 의해 둘러싸여 있는 영토—역자)로 하는 것이었다. 먼저 12해리의 영해가 될 만한 섬이나 지형을 특정해 그 주위에 12해리의 경계선을 긋는다. 다음에 똑같이 EEZ의 경계선을 긋는다. 2012년의 국제사법재판소의 판결—콜롬비아와 니카라과 간의 도서 분쟁에 관한—에 따라 EEZ가 분쟁 중의 섬의 "바깥쪽", 즉 주변국 해안 방향에 인정되는 일은 있을 수 없다고 벤사르토는 생각했다. 이렇게 되면 분쟁 수역은 그 섬에 가까운 부분만으로 좁아진다. 그리고 그곳이 "엔클레이브"가 된다. 즉 더 이상의 논쟁은 중단되고 필리핀과 다른 연안국들도 자국의 앞바다에서 석유가스 개발을 할 수 있다. 그리고 "엔클레이브"가 된 수역과 관련해 분쟁 당사국 간에 어떤 합의나 협정에 도달하기 위해 노력하면 된다. 그렇지만 어느 섬이라도 완전한 EEZ가 인정되는 경우, 엔클레이브가 된 해역의 대부분을 삼킬 것이다.

"평화 · 자유 · 우호 · 협력 존"은 표면상, 참으로 합리적으로 타당한 전진 방향을 제시하고 있다. 단지 문제는 필리핀이 제안했다는 데 있었다. 베니그노 아키노Benigno Aquino가 대통령이 된 이후, 필리핀과 중국의 관계는 악화해, 스카버러 암초에서의 대치 때에 급강하고, 이어 2013년 1월 22일 필리핀 정부가 기본적으로 벤사르토 계획을 국제법정의 판단에 맡긴다고 발표하자 밑바닥으로 추락했다. 필리핀은 계획의 주요 사항과 관련해 헤이그의 상설중재재판소의 판단을 구했다. 즉 "U자형 라인"은 유엔해양법협약에 부합하는가, 중국이 점거하고 있는 8개의 암초 중 다섯은 "수면 아래"로 간주해야 하고 영해도 EEZ도 생기지 않는 것이 아닌가? 나머지 셋도 암석에 불과하고 EEZ를 주장할 수 없는 게 아닌가? 그리고 앞바다에 타국이 지배하는 도서나 지형이 존재하더라도 필리핀에는 200해리의 EEZ가 완전히 인정되는가?

중국은 중재 절차에 참가하기를 거부하고 있지만, 법정은 법적 수속에 착수해, 빠르면 2015년에라도 판결을 내릴 수 있다. 하지만 법정은 판결을 집행할 권한은 없다. 워싱턴에서 활동하는 필리핀 정부의 변호사 폴 라이클러Paul Reichler는 이 점을 잘 알고 있다. 1986년, 그는 니카라과 정부가 국제사법재판소에서 미국 상대로 승소하는 데 기여했다. 재판소는 미국이 니카라과의 좌익정권에 적대한 콘트라의 반란을 지원하고, 항구에 대對함기뢰를 부설한 행위는 위법이라고 판결했다. 미국은 그 판결을 일축했다. 오히려 우익의 정치연합에 자금을 원조해, 1990년엔 그 정치연합이 정권을 장악하고, 2년 후에 이 정권은 배상 청구도 취하했다. 이

재판에서 필리핀이 승리했다고 하더라도, 역시 희생만 많고 얻는 게 없는 결과가 될 가능성이 있다. 헨리 벤사르토가 장차 중국과 논의할 때 새롭게 마련된 정의의 칼을 최소한으로 휘두를 수 있다고 하더라도 별다른 소득은 없을 것이다. 그러나 이 소송을 통해서 필리핀이 국제법적 상황을 분명히 하려고 하는 중에도 남중국해의 반대편에선 중국 이론가들이 논점을 바꾸려고 하고 있다.

* * * * * *

그런 논점의 일부는 붉은 벽돌 건물들이 줄지어 있는 넓은 캠퍼스 내에서 고찰, 발표되고 있다. 하이난 섬의 하이코우海口시에서 동쪽으로 차로 한 시간 걸리는, 대학과 해변 리조트를 둘로 나누어 놓은 것 같은 복합시설인데 조금 걸어가면 진짜 해변 리조트가 나온다. 수목이 울창한 남중국해의 해변을 따라 리조트 시설이 서 있는 이 일대는, 중국이 바다 자체에 대해 지니고 있는 생각을 상징하는 듯하다. 미개발이던 토지가 계량·개발되어 주거지가 되었으며, 새 야심과 넓은 안목을 가진 사람들이 모여들었다. 이렇게 하여 호화 아파트, 소득이 많은 사람들의 세컨드 하우스가 모래언덕과 논밭에서 쑥쑥 올라가는 풍경이 생겨났다. 국가가 후원하는 이 부동산 붐의 한가운데 건립되어 있는 게 국립남중국해연구원이다. 그리고 그 두 고층 건물의 하나에 원장인 우쉬춘吳士存 박사의 사무실이 자리하고 있다.

우 박사는 최근에 중국의 남중국해 외교의 얼굴이 되어 있다. 머리카락 하나도 흐트러지지 않은 두발과 밝은 웃음을 띤 얼굴로 워싱턴의 연구회와 싱가포르의 세미나에서 자리를 빛내고 있다. 남중국해에 있어서 중국의 "논의의 여지가 없는" 주권을 옹호해 강경한 노선을 내세우고 있지만, 그의 발언에는 중국의 공식 생각의 뉘앙스가 풍긴다. 이 일을 하는 데 있어서 그의 정치적 경력엔 한 점의 결함도 없다. 난징대학 청년단 위원회 부서기를 거쳐 난징성 공산당 위원회에 들어갔으며, 그 후에는 하이난성 외무국 정보부 부장으로 승진하는 등, 공산당 체제에서 줄곧 승승장구했다. 당의 신뢰를 받아 해외에서 공식 견해를 제시하는 일을 하고 있는 게 분명하다. 1996년, 하이난성은 그 권익을 추진하기 위해 "하이난 중국 남중국해 연구원"이라는 새 조직을 설립했고, 우 박사는 그 초대원장이 되었다. 2004년 중국 외교부는 우 박사의 재능을 이용할 수 있다고 판단해, 연구원에 특별 자금을 지급해 국립연구원으로 격상했다. 2011년, 이 연구원은 하이코우시의 음침한 오피스 빌딩으로부터 해변의 새 캠퍼스로 이전했다.

남중국해를 연구하는 기관은 이 연구원만이 아니다. 해양발전전략연구소 (중국 연안 경비대를 관할하는 국가해양국이 출자)도 영유권의 주장을 뒷받침하는 법적 · 역사적 근거를 연구하면서 한층 넓은 해양 개발에 관해 연구하고 있다. 또 중국현대국제관계연구원 (국가안전부의 부속기관)은 이 문제에 대한 외국의 대응을 집중 연구하고 있다. 두 기관 모두 고고孤高한 면이 없지 않지만, 대조적으로 국립남중국해연구원은 지나칠 정도로 접근하기가 쉽다. 캠퍼스의 태반 이상의 시설이 중국의 메시지를 전달하기 위해 쾌적한 환경을 조성하고 있다. 200석의 강당과 100석의 회의실이 있고, 그 밖에 소형 세미나룸, 강의실, VIP룸, 집회실, 자료실, 전시실 등이 갖추어져 있다. 최상층엔 방문 연구자와 저술가를 위해 설비된 오피스도 준비되어 있다. 별관엔 대소 식당 이외에, 빈틈없는 객실이 13실 있고 (평면스크린 TV, 욕실엔 바스로브와 "록시탄"의 화장품), 최상층의 앰버서더 스위트룸에는 부인과 애인의 전용 입구도 마련되어 있다. 한편 40명의 연구진은 세 개의 넓은 방에서 일하고 있으며, 캠퍼스 내에선 셔틀 버스로 오간다.

우 박사의 사무실은 넷째 층에 있는데 중국에선 4가 운이 안 좋은 숫자 (死와 음이 같기 때문에)인데 대해 6은 길수吉數로 생각되고 있다 (부富를 뜻하는 단어와 같은 음). 그래서 이 건물엔 4층과 5층이 없고, 우 박사는 6층에서 집무를 하고 있다. 확고한 신념을 지닌 공산주의자이면서도 미신적인 면이 있는 탓인지, 우 박사는 지금 가깝지도 않고 멀지도 않은 입장을 취하고 있다. 외교부와의 연결을 가지고 있으나, 그 대표는 아니다. 남중국해와 관련해 새 발상을 시도하거나 문제해결의 길을 모색하는 자유를 가지고 있으나, 정부에 어떤 부담을 주지는 않는다. 우 박사의 의견은 여러 논의에 있어서 하나의 의견일 뿐일지 모르겠으나, 중국의 지도부가 고려하는 선택지의 폭에 관해서 다소 알게 해 준다. 우 박사는 늘 미소짓는 표정이지만, 그의 태도는 낙관적이라고 하기보다 결의에 차 있는 인상이다. 그는 "주권문제에 있어서 가까운 장래에 해결할 길은 없습니다"라고 단언하고 있다. 중국의 역사적·법적 주장에 의해 다른 나라들이 흔들리지 않을 것을 인정하고 있다.

2009년 5월 7일, 국제연합의 대륙붕한계위원회에 제출한 서류에 중국 정부는 "U자형 라인"이 있는 지도를 첨부했다. 그 이후 중국 정부는 이 라인이 구체적으로 무엇을 의미하는가, 그걸 밝히라고 하는 압력을 받아 왔다. 이에 대해 중국의 국가 부서마다 다르게 대처하고 있다. 2011년 4월, 중국 외교부는 국제연합에 또 다른 공식 문서를 제출해 "남중국해의 도서 및 인접 해역에 대한 논의의 여지가 없는 주권"을 언급했으나, "U자형 라인"에 대해선 언급이 없었다. 그러나 이전의 중국해감총대中國海監總隊와 어정지휘漁政指揮센터 (2013년에 중국해경국으로 통합)의 행동 — 2011년, 2012년, 2013년의 필리핀, 베트남, 말레이시아, 인도네시아의 나투나 군도의 앞바다에서의 — 과 2012년 6월 베트남 연안의 광구의 탐광을 허가한 중국해양석유총공사에 의한 결정 등을 보면, 이 모든 조직들은 문제의 라인을 그 전역에 대한 영유권의 주장 근거로 해석하고 있음을 시사한다.

중국 정부의 다른 기관들이 공식 성명을 발표해 이 상황은 한층 어렵게 되었다. 문제의 라인은 없어지지 않고 존재가 이어졌다. 예컨대 중국에서 출판되는 지도는 모두 국가측량지리정보국의 승인을 받아야 한다. 비록 작은 NGO가 중국의 어디서 활동하고 있는지를 나타내는 경우라도, "U자형 라인"이 포함되지 않으면 출판될 수 없다.[14] 2012년 4월 이후에 발행된 중국의 여권에는 이 라인이 들어 있는 지도가 인쇄되어 있다. 그 라인의 정확한 의미가 뚜렷이 밝혀지지 않았으나, 수많은 중국인은 단순히 그것이 자국이 주장하는 국경이라고 받아들이고 있다. 그런 입장으로부터 후퇴한다는 건 국내에서 격렬한 비판의 대상이 되기도 했다. 하지만 남중국해연구원은 다른 길을 취했을 때 해외는 어떻게 반응하는지, 각국의 기관과 정부를 시험해 보고 있는 것 같다. 현재의 출발점은 필리핀의 벤사르토가 하고 있는 것처럼 유엔해양법협약의 규정 범위 안에서 중국의 영유권을 확고히 주장하는 일이다. "9단선에 대해선, 이 선 안에 있는 도서와 그 밖의 지형; 그리고 그에 인접하는 수역에 대한 영유권을 표시하는 선이라고 하는 게, 저의 견해입니다"라고 우 박사는 말한다. "이것은 국제회의에서도 설명하고 있습니다만, 9단선 안의 남중국해 전역이 역사적으로 자국의 영해라고 중국은 주장하고 있지는 않습니다"

얼마 전부터 해외의 중국통 관계자가 우려하는 것은, 국제법 범위 내에서 자국의 주장이 옹호되지 않으면 중국은 완전히 유엔해양법협약에서 탈퇴하지 않을까 하는 점이다. 하지만 중국이 "무법자가 되는" 것은 중국 정부로서도 경계할 일이다. "화평 굴기"라는 구호 아래 수십 년이나 전개해 온 신중한 외교가 무너진다. 남중국해연구원은 남중국해에 대한 영유권 주장을 국제법에 맞추려고 하는 국가적 노력의 일환이 되고 있는 것으로 보인다. 우 박사의 대외적인 발언이 바로 그것을 나타내고 있는 게 확실하다. 이것은 어려운 임무이며, 게다가 지금은 상당한 리스크가 도사리고 있다. 만일 상설중재재판소에서 필리핀이 승소하는 경우, 유엔해양법협약에 따른 중국의 주장은 그 범위가 축소되거나 제로 상태가 되고 나아가 이 전략은 뿌리부터 흔들리게 되기 때문이다.

그렇기 때문에 남중국해연구원은 한층 고도의, 동시에 한층 난해한 법적 대안을 찾기 시작했다. 2013년 10월에 개최된 국제회의에서 중국이 "역사적 권리"라는 법적 개념을 사용해, 이 라인 안의 자원에 대한 권리를, 주권을 주장하지 않고도, 주장할 수 있는지를 검토했다. 우 박사는 찬·반이 어려운 논쟁대상이라고 인정하고 있다. "이론이 있는 건 확실합니다. 이 문제에 대해 넓은 합의에 도달하기는 어렵습니다. 역사적 권리는 이 해역에서 어로 활동을 할 권리에 불과하다고 말하는 연구자도 있습니다. 연구가 더 필요합니다. 이 분야에는 어업권, 항행권, 천연자원개발 등이 포함됩니다. 중국에는 당연히 섬들에 대한 주권이 있어야 하며, 누계적 근거로서도 역사적 권리를 가져야 합니다" 유엔해양법협약에는 "역사적 권리"가 아예 언급되지 않고 있다. 그 개념은 의도적으로 조문에서 제외되었다. 그 주장이 진전되게 하려면 중국 정부는 국제법의 미개척 영역으로 파고 들어가야 할 것이다.

이 같은 노력을 하고 있는 건 남중국해연구원만이 아니다. 2013년 1월, 해양발전전략연구소 소장 가오찌귀高之國 (국제해양법재판소 재판관)와 칭화대학 국제법교수 지아빙빙賈兵兵은 공동으로 장대한 논문을 발표해 "U자형 라인"은 국제법에 그 근거가 있다고 논하고 있다.[15] 연구원이 검토하고 있는 "역사적 권리"에 초점을 맞추지 않고, 종래와는 다른 주장을 전개해 중국은 문제의 해역에 대해 "역사적 권원權原"을 가진다고 주장하고 있다. 저자들의 말에 따르면, "9단선은 중국이 유엔해양법협약 아래서 지는 의무와 모순되지 않는다. 오히려 이 협약의 규정을 보완한다" 바꿔 말하면, 비록 9단선이 유엔해양법협약과 상치된다고 판단된다고 하더라도, 국제법의 다른 측면에서 그래도 근거가 있다는 말이다. 베이징에 거주하는 한 법률전문가 (본인의 희망에 따라 익명)의 설명에 따르면, "유엔해양법협약 전문은 이 협약이 포괄적인 것을 의도하고 있지 않음을 밝히고 있다. 관습법과 나라의 전통을 역시 고려해야 한다" 필리핀의 제소에 있어서 이것이 문제가 될지 모른다. "필리핀의 주장은, 해양에 관한 국제법은 오로지 유엔해양법협약밖에 없다는 전제를 깔고 있다. 맨 먼저 해결되어야 하는 건 이것이다" 이 전문가의 견해는, 상설중재재판소는 먼저 주권 문제를 별도 법정에서 심리할 필요가 있는지를 판단하지 않지만, 도서 등의 정의를 심리할 수 없을 것이라고 한다. 이렇게 되면 헨리 벤사르토의 전략은 완전히 뒤집힐 것이다.

줄잡아 말하더라도 이런 주장은 이론의 여지가 있다. 게다가 그 밑에 깔려 있는 역사 이해는 역사적 증거보다 민족적 감정에 더 많이 기인한다. 예컨대 가오찌궈의 논문에는 "남중국해는 중국 어부와 뱃사람에게는 고대로부터 알려져 있어 왔다"라고 서술되어 있으나, 그 이상의 설명은 없다. 그럼에도 불구하고 현재 중국이 쏟고 있는 노력을 볼 때, 중국의 정부기관들이 남중국해 내의 국익을 지키기 위해 진지하게 골몰하며, 동시에 현 국제법의 틀 속에서 살아가는 길을 모색하고 있다는 걸 알 수 있다.

넓게 보면 중국의 이익에 네 가지의 주요 요소가 있다. 제1은 국위 선양을 바라는 감정과 맞물린 남중국해는 역사적으로 중국의 것이라는 의식, 제2는 중국의 연안 도시를 지키기 위한 "전략적 종심성從深性의 필요성, 제3은 인도양 및 태평양의 공해역에의 전략적 접근을 확보하는 일, 제4는 남중국해 그 자체의 자원—특히 수산 자원과 석유가스 자원—

을 차지하고자 하는 욕구다. 이 네 가지 과제는 각각 중국 내의 서로 다른 권력 기반에 의해 추진되고 있다. 이를테면, 외교부는 소송 상대국의 강점을 인정할 마음이 있을지도 모르지만, 군부, 국가해양국, 중국해양석유총공사 그리고 대규모 어업을 가진 성省은 인정하지 않을 것이다. 외교부는 중국의 정치 기구의 정점에 위치하지 않으며, 오히려 계층상 저 아래에 있다. 국가의 주요 기관 50개 중에서 40번째로 보는 전문가도 있다.[16] 실제적으로, 중국 정부의 최고 레벨의 의사 결정에 있어서 외교부는 다른 관료적 기관들보다 영향력이 적다.

이들 정부의 부처들과 기관들은 부단한 로비 활동을 통해 중국의 정치체제 내에서 영향력을 유지하고 있다. 그 로비 활동은 국가 예산을 더 많이 받기 위해서이기도 하고, 더 많이 벌 수 있는 기회이기도 하고 지방 고용문제와 관련되기도 한다. 그들은 모두 중앙 지도부의 마음에 드는 내용 범위에서 이유를 그럴듯하게 만들어 내는 데는 오랜 경험을 갖고 있다. 남중국해의 자원에 대해 확실한 액세스를 차지하겠다고 하는 중국의 "국가적 요청"에 자신의 주장을 맞추는 건 어렵지 않다. 2012년 5월, 중국해양석유총공사가 초심해의 굴삭장치 HS981을 설치했을 때, 왕이린王宜林 회장은 이 장치를 가리켜 "중국의 움직이는 영토"의 일부이며, 또 "우리나라의 해저 유전 산업의 발달을 추진하는 전략 무기"의 일부라고 말했다.[17] 회장은 8억 4000만 달러에 가까운 굴삭 장치에 들어간 국가 보조금의 금액에 대해서도, 또 그것이 이 회사의 수익에 보태줄 영향에 대해서도 언급하지 않았다. 아마 이 문제가 그에게 더 중요했을 것인데도 중국의 정책은 이성적 논의를 통한 심사숙고된 결론이 가져다준 결과라기보다, 로비 활동이 결집되어 나온 예측 불가능한 결과인 경우가 많다. 한몸이 되어 움직이면 이런 이익 단체는 엄청난 힘을 발휘한다. 내셔널리즘이든, 안전보장이든, 이익이든, 일자리든, 그 이유가 무엇이든 간에 그들의 의견이 모두 일치하는 것은, 중국은 남중국해의 자원에 접근할 수 있어야 한다는 한 가지뿐이다. 자국 해안의 앞바다는 수산 자원도 석유가스 자원도 이미 개발이 다 되었기 때문에 국내의 압력 단체는 더 멀리 눈을 돌리자고 우겨대고 있다. 초기에는 중국 지도부도 현실적이어서, 그렇게 하면 반감과 대립을 일으킨다는 걸 알고 있었다. 중국의 동남아시아에 대한 "제안"은 사반세기 동안 변함이 없다. 우 박사의 말에 따르면, "합리적이고 실용적 방법은 공동 개발을 지향하는 것"이라고 한다.

이 점과 관련해 중국의 정책은 줄곧 일관성이 있었다. 이를 최초에 인근 국가들의 지도자에게 제안한 것은 덩샤오핑인데, 1980년대의 일이다. 또 1990년 8월 13일엔 리펑이 싱가포르에서 세계를 향해 이렇게 발표했다. "중국은 주권 문제는 우선 제쳐두고, 동남아시아 국가들과 공동으로 난사 군도를 개발할 용의가 있다" (제5장 참조).[18] 하지만 그 후 몇 년 동안이나 이 정책은 대체로 미사여구로 남아 있다. 이를테면, 2003년에 전국인민대표대회 상무위원회 위원장 우방궈가 같은 것을 필리핀에서 제안했으며 2005년에 말레이시아에서 제안했다. 같은 해 후진타오도 브루네이에서 제안했다. 필리핀에서 이 제안은 합동지진탐사협의를 발족시켰으나, 이것은 정치적 스캔들로 끝장이 나고 개발의 기회는 상실되고 말았다. 이 제안을 수용하는 나라라곤 하나도 없었으며 이 제안은 자취가 사라진 상태다. 그런데 2011년 여러 가지 "케이블 절단" 사건이 발생해, 그에 대한 국제적 비판이 높았던 탓인지, 그해 9월 6일, 중국국무원 정보부는 "중국의 평화적 개발에 관한 백서"를 발표하고 공동 개발에 관한 덩샤오핑의 지도를 강조했다.[19] 2012년 12월 남중국해연구원이 이 문제에 관한 국제회의를 열고 덩샤오핑의 주장에 박차를 가했다. 그 이후 중국 정부는 공식 외교와 과대 선전을 뒤섞어 이 방침을 전보다 한층 강하게 추진해 가고 있다.

2013년 10월, 중국 언론은 브루네이와 베트남이 남중국해에 있어서의 "공동 개발"에 합의했다고 대대적으로 보도하고, 사설에선 "다른 나라들" — 필리핀, 말레이시아, 인도네시아일 것이다 — 도 "마법의 지팡이를 잡아야" 한다고 호소했다.[20] 그러나 선전으로 알려진 합의는 중국의 웹사이트를 읽어서 받는 인상보다 훨씬 가벼운 것이었다. 중국과 브루네이의 합의는 실제로는 중국해양석유총공사와 브루네이의 국영석유회사의 민간 합작 벤처이며, 유전의 관리 서비스를 제공하는 게 그 목적이었다. 남중국해의 분쟁 수역에 있어서의 석유가스 자원을 공유하는 문제와 아무런 관계가 없었다.[21] 베트남과의 합의는 더 구체성이 없었다. 다만 해양에서의 협력을 연구할 실무 팀을 조직하는 것일 뿐인데도,《신화사》는 이것을 "돌파구"라고 표현했다.[22] 그 기사에 인용된 우 박사의 말에 따르면, 이 합의는 "주권을 주장하는 다른 나라들에게 명쾌한 메시지를 확실히 던져 준다. 주권을 둘러싼 논쟁은 접어 두고 공동 개발을 논의하는 테이블로 나오는 게 실용적인 선택이다"

확실히 공동 개발은 타당한 방도인 것으로 생각되며, 동남아시아 내에서도 더 넓은 범위에서 잘 되고 있는 곳이 많다. 하지만 남중국해에서 걸림돌이 되는 건 어디서 그 일을 착수하느냐를 결정하는 문제다. 우 박사는 필자와 대화하는 가운데 두 해역만을 강조했다. 즉 "필리핀이 주권을 주장하고 있는 리드 퇴堆와 베트남이 실효지배를 주장하는 뱅가드 퇴입니다" 따라서 중국의 시점에서 보면 스프래틀리 해역 전체가 공동 개발의 대상이 될 수도 있다. 리드 퇴와 뱅가드 퇴는 최근에 탐광이 실시되었으며, 상업적으로 채산이 맞는 유전과 가스전이 있다고 생각되고 있다. 그러나 양쪽 모두 중국으로부터 멀고, 필리핀도 베트남도 그 자원에 대한 주권을 양도할 의사는 없는 것 같다. 스프래틀리 군도의 북부는 비교적 분쟁이 적기 때문에 공동 개발이 용이하지 않느냐고 필자가 물어보았더니, 우 박사는 이렇게 답했다. "스프래틀리 군도의 북부에 유전이 있는지 본인은 모릅니다. 이것은 정치적 문제가 아니라 상업적 또는 기술적인 문제입니다" 원칙적으로는 공동 개발에 찬동하는 사람이 있을지 모르지만, 문제는 중국의 제안을 자진해 하려는 나라가 없다는 것이다. 탱고는 혼자서 출 수 없으며 중국은 아직 파트너를 찾지 못하고 있다.

* * * * * *

어니 바우어Ernie Bower는 중국의 제안을 받아들일 것 같은 인사들의 대부분과는 퍼스트 네임으로 호칭하는 사이다. 그는 워싱턴 DC의 전략국제문제연구센터에서 동남아시아 연구 스미토모 기념강좌의 좌장이다. 정부 관계자들은 미국의 여러 가지 정책과 관련해 정치적으로 그를 찾아가 상담을 하고 있다. 또한 개인적으로 경영하고 있는 컨설턴트 회사인 바우어그룹아시아를 통해 민간 기업들의 상담도 받고 있다. 그의 업적이 인정을 받아 바우어는 말레이시아 국왕과 필리핀 대통령으로부터 표창을 받고, 남중국해에 직접 이해 관계를 가진 유명 인사들로부터 칭송을 받았다. 스미토모 강좌 좌장의 자문단에는 리처드 아미티지Richard Amitage (전 미국무차관, 지금은 석유회사 코노코필립스의 이사), 윌리엄 코헨William Cohen (전 미국방장관, 지금은 방위산업의 컨설턴트 회사의 사주·사장), 하심 조요하디이쿠소모Hashim Djoyohadikusomo (인도네시아 석유회사 PT 페르타미나 전 사장), 티모시 키팅Timothy Keating 제독 (전 미태평양군 사령관), 멜로디 메이여 (셰브론 아시아퍼시픽 사장), 에드워드 토르토리치Edward Tortorici (퍼스트 퍼시픽 부회장. 이 회사는 포럼 에너지의 경영 지배권을 쥐고 있으며, 리드 퇴에서 가스전을 개발하려고 하고 있는 회사다.), 제임즈 블랙웰James Blackwell (셰브론의 수석부사장), "스킵" 보이스"Skip" Boyce (보잉 동남아시아 사장), 조지 데이비드George David (항공우주산업의 복합기업인 유나이티드 테크놀러지즈 전 회장) 등이 포함되어 있다.

바우어는 수많은 주요 인사들과 이야기를 하고 있기 때문에 남중국해의 해결에 관한 그의 견해는 워싱턴의 정책 수립자들 사이에서 나오고 있는 공통 인식을 반영한 것일 것이다. "아시아 태평양 지역의 안정에 무엇이 필요한지에 대한 미국 측 견해의 핵심은 중국이 에너지와 물 그리고 식료면에 있어서 불안을 품고 있는 한, 안정도 안전도 누릴 수 없다는 사실이다"라고 그는 말했다. "번거롭게 둘러말하기는 쉬우나, 안정하고 안전한 아시아를 실현하는 방법은 하나밖에 없다. 중국이 이웃 나라들과 더불어 미국의 후원을 받아 남중국해의 공동 개발을 추진하는 길을 찾는 일이다. 결국 그렇게 되어야 한다" 놀랍게도 분쟁 해결의 길을 찾고자 하는 점에 있어서 미국과 중국의 의견은 같다. 하지만 한 가지 중대한 문제가 있다.

하이코우海口시의 우 박사의 노력과 병행해 서방의 싱크탱크도 전향적인 길을 모색하고 있다. 예컨대, 존 D. & 캐서린 T. 맥아더재단의 아시아 안전 보장 이니셔티브의 출자로 내셔널아시아연구소는 3년간의 조사 연구를 진행하고 있으며,[23] 싱가포르국립대학 국제법센터에선 가능성이 있는 법적 틀을 검토하고 있다. 이들 연구원은 모두 대체적으로 동일한 결론에 도달했다. 영토·영해에 대해 일단 합의가 이루어지지 않는 한, 공동 개발은 불가능하다. 결국 다시 원점으로 돌아간다. 중국에게 아이러니한 건, "주장을 접고 공동 개발을 추진하기" 위해선 먼저 중국이 자신의 주장을 정식으로 구체화해야 한다는 것이다. 하지만 이것이야말로 중국이 하고 싶지 않은 일이다. 왜냐하면 국가의 관료 체제의 여러 기관들 간에 내분이 일어나기 때문이다.

인도네시아의 외교관 하심 자랄Hasjim Djalal은 사반세기 이상 이 논란에 깊이 관여해 왔다. 조용하고 끈기 있게 숱한 당사자가 공통의 입지를 발견하도록 힘을 보탰다. 1970년대에서 1980년대에 걸쳐 유엔해양법협약을 기초起草하는 등 협상을 담당했던 한 사람이었으며, 한때 유엔대사이기도 했다. 존슨 암초의 전투 (제3장 참조) 얘기를 들었을 때, 그것이 동남아시아에 어떤 의미를 던져 줄지, 그는 정확히 이해하고 있었다. "다소 불안하네요. 중국, 미국, 일본, ASEAN 국가들은 물론, 인도와 러시아마저도 남중국해를 전략적인 관심의 대상으로 보고 있기 때문에"[24] 자랄의 생각으로는, 외부 세력의 개입 없이 지역 내에서 분쟁을 해결하는 것이 중요하다. 그가 두려워한 것은, 바다의 자원을 거머쥐기 위해 다투게 되면, 지역 내의 긴장과 대립이 고조되어 경제 발전이 저해되는 일이었다.

다소 장기적으로 보더라도 공식 협상에선 문제 해결이 불가능하다는 게 그가 얻은 결론이었다. 또 나라들도 외부자가 해결을 중재하는 것을 바라지 않았다. 기회가 있다면 유엔해양법협약, 그 중에서도 폐쇄되었거나 반폐쇄된 해역의 주변국들이 서로 협력할 의무가 있다고 하는 규정이다. 자랄은 태평양 경제협력회의의 어장문제 태스크포스의 중심 멤버였으며, 그 이전의 정식 시도는 실패했지만 여기서는 동남아시아, 태평양 제도 및 남아메리카의 태평양 연안 국가들의 정부가 협력하도록 하는 데 성공했다. 1989년 전반, 동남아시아의 유전 공동 개발에 관한 회의에 참석했을 때, 그는 캐나다의 브리티시 컬럼비아대학 법학교수 이안 타운젠드 골트Ian Townsend Gault를 알게 되었다. 대화를 해 본 결과, 두 사람은 같은 결론에 도달했다. 즉 남중국해 문제도 실제적인 협력이 가능한 비공식 자리가 필요하다. 타운젠드 골트가 이 안을 캐나다 외무부에 밀어 넣어 5년간 이 프로젝트에 대한 보조금을 지급받게 되었다.[25]

1989년 말경, 자랄은 인도네시아 외무장관 알리 알라타스Ali-Alatas의 허락을 받아 타운젠드 골트와 함께 ASEAN의 대사관과 정부기관을 순방했다. 그리고 그 결과, 모두가 어떤 조치가 있어야 한다고 생각하고 있으며, 비공식적인 접근이 최선의 길이고 타국과의 협의에 앞서 ASEAN 국가들이 먼저 그들의 입장을 조정해야 한다는 결론에 도달했다. 자랄과 타운젠드 골트는 목표를 두 가지 세웠다. 하나는 누구나 협력할 수 있는 영역을 찾아 잠재적 대립에 대처하는 일, 또 하나는 대립하는 나라와 나라 간에 신뢰를 구축하는 수단을 개발하는 일이었다. 인도네시아엔 카드가 두 장 있었다. 분쟁 수역 내의 도서에 대한 주권을 주장하지 않는다는 것과 조용한 해변에 호화로운 호텔이 여러 개가 있어 대표단이 조용한 가운데서 대화가 가능하다는 것이었다. 그 후 곧 1990년 1월, 첫 "남중국해에 있어서의 잠재적 대립에 대처하기 위한 워크숍"이 발리에서 열렸는데, 참석자는 ASEAN 6개국에서 온 대표뿐이었다. 이듬해에는 다른 나라들도 초청되었다. 비공식 회의였기 때문에 어려운 쟁점을 제쳐둘 수 있었다. 중국도 대만도 참석할 수 있었으며 영토 문제를 논할 수도 있었고 정책상의 선택지도 검토할 수 있었다. 자랄에 따르면, 중국은 처음에 참석을 망설이기도 했지만, 문제가 "지역화"되는 걸 원하지 않았기 때문에 나중에 참석하기로 했다.

논의의 출발은 좋았다. 일부 아이디어는 정식으로 채택되어 1992년에 조인한 남중국해에 관한 ASEAN의 "마닐라 선언" (중국이 수개월 전에 발표한 새 영해법에 대한 대항책이었다.)에 들어갔다. 그 해 비공식 워크숍 간의 합의에 따라 구체적인 과제를 연구할 전문 실무팀을 구성하기로 결정했다. 최종적으로 다루게 된 부분은 자원, 과학적 조사, 환경보호, 항행의 안전, 그리고 법률 문제 등이다. 진행은 순조롭지 못했지만 1995년엔 과학적 조사 프로젝트 두 가지가 승인되었다. 하나는 해수면 상승에 관한 조사, 또 하나는 데이터 공유에 관한 연구다. 캐나다는 또 5년간의 지원금을 승인했다. 하지만 바로 그때, 자랄에 따르면 문제가 발생했다. "중국이 자국의 기관만이 그런 연구·조사를 실행하기를 바라고 있으며" 지역의 기관은 안 된다고 했던 것이다. 예를 들면, 1998년 중국 정부는 인도네시아가 제안한 석유가스 자원의 연구를 반대했으며, 수산 자원에 관한 태국의 연구 계획과 지질학적 지역 데이터베이스의 창설 계획마저 반대했다.[26)]

1993년 자랄은 진정한 공동 개발을 위한 예비 작업이 가능한 구체적 지역을 제안했다. 그 위치는 여론의 반발을 막기 위해 비밀로 했다. 대부분의 나라가 찬동, 일부는 태도를 유보, 그러나 한 나라는 "제안된 '존'에 대해 언급하기를 완전히 거부"했다. 이 안은 폐기되고 1998년에 자랄은 수정안을 제출했다. 워크숍에 의해 "협력 존 연구 그룹"이 구성되어 그 안의 실현을 위해 노력했다. 이 연구 그룹은 극복해야 하는 문제 네 개를 지적했다. 그 개발을 어디서 하는가, 어느 자원을 개발하는가, 어떤 조직이 개발을 운영하는가, 그리고 어떤 나라가 참가하는가의 네 가지였다. 그 후 또 3년간 논의는 계속되었지만 구체적 결론을 얻지 못했다. 논의하는 일 자체가 신뢰를 쌓는 수단이기는 하지만, 결국 남중국해 워크숍이 낳은 실제 프로젝트라고는 단 하나, 2002년 3월 생물 다양성 조사를 위한 공동 연구 원정이었다. 그런데 이것마저 분쟁 대상이 아닌 인도네시아의 아남바스 섬 주변에서만 가능했다. 캐나다 정부도 재정 지원을 중단하기로 결정하고 있었으며 워크숍의 활동도 멈추게 했다.

자랄이 보기에는 이것은 중국 정부의 승리였다. 중국은 "그것은 지나치게 멀리 나갔으며, 속도도 너무 빨랐고 너무 많은 문제를 다루었다고 느끼고 있는 것 같았기 때문입니다. 따라서 워크숍의 대응은 속도를 늦추는 게 좋다고 중국은 생각한 것 같습니다" 공동 개발과 관련한 지난 10년간의 논란을 회고하면서, 자랄은 이렇게 말했다. "중국이 말하는 공동 개발은 중국이 상대국과 자국이 주권을 주장하는 해역의 자원을 공동으로 또는 양국이 —즉 관련 분쟁국들과 함께— 개발한다는 것 같습니다"[27] 바꿔 말하면 중국은 타국이 주장하는 EEZ 내의 공동 개발에만 흥미가 있다는 것이다.

이것이 근본적인 대립의 원인이고 이 해역에서 공동 개발이 안 되는 것도 그 때문이다. 우 박사는 공동 개발에 관해 논할 때, 중국의 EEZ 내의 해역을 말하는 게 아니라, 타국의 EEZ 내의 해역에 대한 개발이라고 공언했다. 워싱턴의 전략국제문제연구소 어니 바우어가 말하듯이, 그런 프로젝트에 가담할 나라는 없다. "예컨대 이 지역의 최대 플레이어가 중국이고, 조건을 정하고 밀어붙이는 것도 중국이라는 조건하에선, 중국 이외의 나라가 공동 개발에 참가할 리가 없다. 중국이 중요한 동반자로서 조건을 협상하되 스스로 결정해 강요하지 않는다는 자신을 가질 수 있을까, 가진다면 언제 가질 수 있느냐가 큰 문제다"

2011년 11월, 발리에서 열린 ASEAN-중국 서미트에서 중국의 웬쟈바오溫家宝 수상은 30억 위안 (4억 7000만 달러)의 "중국-ASEAN 해상협력기금"을 설립한다고 발표했다. 그 이후 중국의 고급 공무원들은 기회 있을 때마다 기금을 선전했다. 2013년 9월 웬쟈바오의 후임 리케캉李克强은 ASEAN-중국 엑스포의 개막 연설에서 이렇게 말했다. "우리나라에서는 일련의 협력 프로젝트의 추진과 관련해 연구를 하고 있습니다. 주요 항목은 어업 기지의 건설, 바다 생태계를 위한 환경 보호, 해산물의 생산과 무역, 항행의 안전과 수색·구조 그리고 해상 교통의 편리화입니다" 이것들은 하심 자랄의 워크숍 때 중국이 협력을 거부한 과제와 거의 같다. "ASEAN 국가들의 적극적인 참가를 기대하고 있습니다"라고 그는 계속했다.[28] 하지만 ASEAN 국가들은 참가하지 않고 있다 —정치적인 끈이 붙어 있어 영유권의 주장을 타협할 수 있을지 모른다고 생각하고 있기 때문이다. 이 글을 쓰고 있는 시점에 ASEAN 관련의 프로젝트에는 1위안도 투입되지 않았다. 잘되고 있는 프로젝트는 하나밖에 없다. 그것은 중국의 국영 기업인 광시베이부 만灣 국제항만그룹에 혜택을 안겨 줄 것이다. 2014년 말레이시아의 쿠안탄 항의 주식을 매입해 설비를 개선할 예정이다. 이것도 역시 국가의 미사여구와 중국 기업의 이익이 우연히 일치한 예라고 할 수 있다.[29]

* * * * * *

런던의 템즈 강변, 리처드 스프래틀리 선장의 출생지에서 몇 마일 상류이지만, 그의 사망지에서 몇 마일 하류 부근에 있으면서 그 템즈강을 내려다보는 아파트에서 또 하나의 해결책이 강구되고 있다. 정부 청사가 많은 이 화이트홀의 한복판에 있는 이 호화 아파트는 동아시아 전역에서 모인 미술품과 골동품과 진품으로 장식되어 있다. 올드 잉글랜드와 뉴 잉글랜드의 자택에서 대서양을 넘어 오가는 엘리트를 자주 손님으로 맞이하고 있다. 그리고 남중국해 문제를 해결할 수 있다고 자처하는 조직의 본거지이기도 하다. "성聖요한의 콜로니아 왕국"이라고 하면 동화 속에 나오는 가공적인 나라처럼 들리지만, 지지자들의 말에 따르면, 이것은 필리핀의 "제독" 토마스 클로마 제국의 정당한 후계국이며, 클로마가 주장했던 남중국해의 영유권도 이어 받고 있다. 이 권리의 관리자는 토마스 더 리스라는 필명을 사용하고 있는 은행가이며, 이전엔 마르코스 일가와 가까웠고 장제스 부인—국민당 당수의 처로 "드래곤 레이디"라고 불렸다—의 재무 고문을 지낸 인물이다.

더 리스가 필자에게 보여 준 문서 "프리덤랜드국 최고 평의회 포고"에는 토마스 클로마가 1974년 8월 24일에 서명한 것 같은데, 프리덤랜드란 이름을 "콜로니아"로 변경하고, 자 콜로마는 국가 원수로서 사임하고 영국의 부동산 개발업자 존 반즈John Barnes (그 후 존 더 마리벨레스로 개명)에게 양도한다고 적혀 있었다. 서명의 증인은 토마스의 동생 필레몬 클로마 Filemon Cloma와 반즈의 동료이자 전에 U보트의 부함장이었던 에릭 스로카 Eric Sroka였다. 이 문서는 그 후 마닐라의 변호사 루피노 A. 사닉Rufino A. Sanic 에 의해 공증되었다. 더 리스에 따르면, 클로마는 필리핀 정부 내의 사람들로부터 경고를 받고 있었는데, 마르코스 대통령이 클로마가 주장하는 권리를 필리핀 정부에 강제로 넘겨주겠다는 것이었다. 이 사실을 알고 클로마는 선수를 치려고 했다고 한다. 1974년 12월 4일, 클로마는 2개월 가까이나 구금되어 있다가 마침내 정부의 문서에 서명했다. 그 속에는 "앞에서 말한 프리덤랜드라고 부르는 섬들과 관련해 취득되는 권리·권익은 모두"라는 문구가 사용되어 있지만, 이 표현은 실제로 아무런 권익이 남아 있지 않다는 걸 시사했는데 마르코스는 아는 바가 없었다.

더 리스의 주장은 기본적으로 이렇다. 1951년에 샌프란시스코조약에 따라 일본국은 스프래틀리 군도의 영유권을 포기했다. 따라서 이 섬들은 법률적으로 보면 지배자가 없는 토지—무주지無主地—가 되었으므로 클로마가 영유권을 주장한 것은 합법이다. 여기까지 읽은 독자는 알고 있겠지만, 여섯 섬에 대해선 1933년부터 프랑스가 영유를 주장하고 있으며, 1946년 10월에 갱신되었다. 또 중국도 1946년 12월부터 이투아바 섬의 영유를 주장하고 있다. 그러나 더 리스의 견해에 따르면, 클로마는 이런 문제를 회피했다. "이 프랑스의 주장을 존중해 클로마는 스프래틀리 섬을 포함한 남서 모퉁이를 제외했다. 클로마가 주장하는 범위가 사다리꼴이 된 것은 그 결과다. 중화민국의 주장에 관한 구체적 사항은 "소멸"된 것으로 생각되고 있지요. 중화민국은 국제법상으로는 "국가"로 생각되고 있지 않기 때문이지요. 그리고 중화인민공화국의 주장에 관한 구체적 사항은 중국이 오늘까지 밝히지 않았습니다. '9단선'은 그렇지 않습니다만 베트남이 주장하는 영유권은 프랑스의 권리를 인수했다는 주장을 근거로 하고 있지만, 프랑스는 이를 인정하지 않지요"

예부터 자신의 나라를 세우려고 시도한 기업가는 많았다. 예를 들면, 브루크 일가는 사라왁 (보르네오 섬 북안 지역. 원래 영국의 보호령—역자)에서 그런 일을 처리했다. 그러나 대부분은 그 순수성이 의심스러웠다. 미국 정부는 산호초를 영토라고 하는 나라의 대표라고 자칭하면서 국제적 금융계에 접근하려는 사기꾼을 다루는 데 골치가 아팠다. 남중국해 지역에도 몇몇 있었다. 1971년, 모턴 프레드릭 미즈Morton Frederick Meads라는 미국인이 "미즈 제도"를 영토로 하는 "인간애 왕국Kingdom of Humanity" 또는 "모락·송라티·미즈 공화국"의 원수라고 자칭하고, 한동안 말레이시아 정부를 속이는 데 성공했다. 이 왕국 또는 공화국에는 불운한 일이었지만, 그 지지자들은 1972년 6월의 태풍에 익사했다고 전해지고 있다. 그 라이벌 격인 "프리덤랜드 공국公國"은 1974년에 프랑스의 사기꾼이 발표한 것 같으며, 알려진 바로는 토마스 클로마와는 관계가 없다. 또한 2004년엔 루이자 암초를 수도로 하는 "소마터지 공화국"이 어리석은 투자가에게 정부채를 팔려고 한 사건이 있었다. 실제로 환초를 영토로 하는 국민국가라든가 기사단이라든가, 폐위된 왕가 등의 대표라고 자칭하는 집단과 개인이 모여 완전히 하나의 국제적 하위 문화 (서브 컬처)를 형성하고 있는 셈이다.

하지만 "성聖요한의 콜로니아 왕국"은 다르게 보인다. 그 주장을 뒷받침하는 실제 주소도 있고 살고 있는 주민도 실존 인물이고 문서도 있다. 더 중요한 것은 영향력 있는 사람과 실제로 접촉도 하고 재정 지원도 받고 있다. 토마스 더 리스가 속하고 있는 동해안의 미국 귀족 가문은 돈을 낳는 원천을 아시아에 구축했으며, 나중에 재무장관을 한 사람을 미국에, 그리고 훌륭한 신축 건물을 예일 대학에 제공했다. 더 리스의 우인들

중에는 사기꾼 같은 자본가로부터 수완 좋은 변호사까지 권력의 사다리를 잘 아는 사람이 적지 않다.

버지니아 그레이먼Virginia Greiman은 오래된 문제에 새 해결법을 고안하는 일을 전문으로 하고 있다. 한때 "빅딕"—보스턴의 지하에 거대 터널을 건설하는 공사—의 변호사였고, 지금은 하버드대학교 법과 대학에서 가르치고 있다. 콜로니아 왕국을 위해 그녀가 전개한 주장은, 가오찌궈高之國와 지아빙빙賈兵兵의 논문과 동일한 논점에서 출발한다. 즉 유엔해양법협약이 전부가 아니고 국가는 영토에 대해 "역사적 권원"을 주장할 수 있지만, 콜로니아는 프리덤랜드의 정당한 후계국이며 따라서 1956년 이래 프리덤랜드의 영유권을 인수하고 있다는 것이다. 런던 중심부에서 점심을 먹으면서 그녀는 자신이 제안한 개발 모델 "하이브리드의 연구 기관"에 대해 설명했다. 대형 프로젝트에서 쌓은 자신의 경험을 바탕으로 한 것이라고 했다. 그녀의 접근은 자랄과 타운젠드 골트가 지적한 네 가지 문제에 대해 정부 간의 모델이 아니라 민간 부문의 모델로 대응하려고 했다. 모든 권리 주장국으로 구성된 공동 연구 그룹이 나오게 되면 대화의 틀을 만들게 되고 합의를 위해 협상하게 된다. 그 합의에 따라 "스프래틀리 섬 영업허가해역SICA"을 정하고 그 해역 내의 자산 할당을 정한다. 그 해역은 모든 권리 주장국에 개방될 것이며 분쟁이 생기면 그 해역 독자의 중재재판소에 제소한다. 또 독자의 관리 기관을 두어 자원을 이용하는 허가를 거기서 할당하게 한다.[30]

"이것은 중국과 필리핀 간의 가교 역할을 하게 될 겁니다. 관건은 민간 부문에 국한해 두어서 나라들이 국제 사법의 자리에 가는 걸 막는 일입니다" 이 방법 같으면 중국도 필리핀도 이득이 있을 거라고 그녀는 확신하고 있었다. 그렇다면 콜로니아는 어떻게 되는가? 이 SICA 모델에선 콜로니아는 수익의 일부를 받을 것이며, 그 수익을 어떻게 할지를 결정하는 건 콜로니아의 "통치자"다. 일부는 고상한 목적을 위해 사용될 거라고 그녀는 말한다. "콜로니아는 자원을 세계를 위해 공유할 것을 바라고 있어요. 그래서 교회와 기타 단체와 연대해서, 이를테면 빈곤 해소를 위한 신탁 기금 등을 만들고 싶어합니다" 이 장대한 계획에는 분명히 장애물이 있다. 최대의 걸림돌은 주권 주장국들이 콜로니아를 진지하게 상대해 줄까 하는 커다란 의심이다. 그리고 다음의 장애물은 그레이먼의 "공동 연구 그룹"에 당사국들이 합의할 수 있을까 하는 점이다. 비공식 워크숍과 국제적 중재 조직을 통해 각국이 참가할 수 있는 구조가 이미 존재하기 때문에 이 모델은 엉뚱한 생각으로 보일지 모르겠지만, 남중국해에 있어서 "논의의 여지가 없는 권리"를 중국이 포기하기를 기대하는 것보다 비현실적인 것일까?

* * * * * *

이 책을 여기까지 읽어 지친 독자라면, 갑자기 기후 변화가 일어나 해수면이 높아져 남중국해의 섬이나 바위가 완전히 물속에 잠겨 버리기를 바라고 있을지 모르겠다. 줄잡은 예상일지라도 2100년경엔 해수면이 39 내지 58cm는 상승한다고 하므로, 그렇게 되면 기존 도서·암초 몇 곳은 바다 속으로 내려갈 것이다. 유감스럽게도 그것으로 문제가 해결되기는커녕, 다른 불안정한 일이 생길 것 같다. 유엔해양법협약이 초안되었을 때는 장래의 해수면 상승은 중대한 관심사가 아니었으므로, 그것을 어떻게 다루어야 할지에 대한 구체적인 지침이 없었다. 가설적인 논의는 이미 시작되었으며, 국제법의 정확한 해석에 따르면 도서·암초 등의 위치는 1982년 시점의 위치로 유지되든가 아니면 국경이 이동할 수 있다는 게 학자들의 주장이다. 바다 깊숙이 가라앉는다고 하더라도 국가들은 아마 영유의 주장을 중단하지 않을 것이다. 이미 일본은 거액의 자금을 투입해 멀리 태평양에 있는 오키노토리시마라는 환초의 바위가 침식되는 걸 막고 있다. 이것은 진정한 섬이며 완전한 EEZ를 가질 자격이 있다고 하는 주장을 지키기 위해서다.

해수면 상승에 의한 "해결책"이 불가능할 것 같으면, 달리 어떤 방책이 있을까? 2009년 5월의 한 달 동안 좋은 소식과 나쁜 소식이 뒤섞여 나타났다. 말레이시아와 베트남이 유엔대륙붕한계위원회에 공동 신청을 했는데, 그 신청에 있어서 분쟁 대상의 섬들로부터가 아니라 본토로부터의 거리에 따라 권리를 주장했다.[31] 그러나 그것이 계기가 되어 중국은 며칠 뒤에 "U자형 라인"의 지도를 발행했다. 중국을 제외하고 모든 국가들이 서서히 그 주장을 유엔해양법협약에 바탕을 두는 방향으로 나갔다. 동남아시아 국가들은 서로의 주장의 타당성을 인정하지 않을지 모르지만, 의견차를 해결하는 기본에 대해서는 합의가 이루어지고 있다. 조금씩 남중국해 문제의 일부는 풀리고 있다.

베트남, 말레이시아, 인도네시아 3국은 그 국경이 접하는 해역의 해저의 영해 주장에 관해 이미 합의에 도달했으며, 지금은 EEZ의 경계를 확정하려고 움직이고 있다. 동시에 EEZ와 겹치는 해역의 공동 개발을 추진하고 있다. 말레이시아와 브루네이의 국경은 원래 1958년에 영국의 식민지 총독에 의해 정해졌으나, 2009년 5월 16일 2국 간 협정에 의해 기간이 연장되었다. 브루네이의 대륙붕 연장에 관해서 지금도 논의가 계속되고 있으나—말레이시아와 베트남의 공동 개발 해역까지 뻗치게 된다—이것이 대립을 초래하지는 않을 것 같다. 이 글을 쓰고 있는 지금도 베트남, 필리핀, 말레이시아, 브루네이 5국은 아직 대륙붕에 대한 주장을 완전히 밝히지 않고 있다.

ASEAN 내부의 최대 문제는 말레이시아 사바 주에 대한 필리핀의 계속되는 영유권 주장이다. 그 근거는 영국북보르네오회사가 1878년에 맺은 협정이다. 술루족 (필리핀의 한 부족)의 술탄이 이 회사에 이 지역을 양도 또는 대여 (정확한 번역이 중요하다)했다. 2013년 2월, 당시 술탄의 지지자들이 사바 주에 대해 행한 무력 "침공"을 보아도 알 수 있듯이, 이 주장은 지금도 지극히 민감한 문제다. 술탄은 2013년 10월에 사망했지만, 그의 최후의 소원은 영토를 지키라는 것이었다. 그 결과, 필리핀은 말레이시아와의 국경 획정에 있어서 출발점마저도 합의를 못하고 있다. 한쪽이 먼저 사바 주에 대한 상대방 권리의 정통성을 인정하지 않으면 안 되기 때문이다. 필리핀의 헨리 벤사르토는 2011년 12월, "평화·자유·우호·협력존"의 구상을 말레이시아 정부의 해사문제연구소에 제시했을 때, 말레이시아와 브루네이의 국경으로부터 필리핀의 국경이 시작하고 있는 슬라이드를 보여 주었는데, 외교적으로 좋은 방법은 아니었을 것이다. 그 후 말레이시아가 그 안을 지원하지 않은 것은 이해할 만한 일이다.

이들 분쟁에 대해 법률이 최종적인 답을 줄 것 같지 않다. 비록 상설중재재판소가 필리핀에 유리한 판결을 내리더라도, 그 판결을 집행할 수 있는 경찰은 세계의 어디에도 없을 것이다. 그러나 중국이 미군에 대해 남중국해의 항행을 제한하려고 한다면, 미국 정부의 대응을 정당화하기 위해 국제법을 거론할 것은 틀림없다. 그 사이 위협을 받는 것은 중국이 아니라 필리핀이다. 필리핀 정부는 리드 퇴의 석유가스 자원을 개발할 수 있게 되면 필리핀 국민의 생활수준이 향상할 것이라고 주장하고 있다. 바꿔 말하면, 정부가 자원을 개발하지 못하기 때문에 영양 실조의 비율과 유아 사망률이 떨어지지 않는다고 하는 주장이 될 수도 있다. 남중국해의 분쟁 때문에 사람들이 죽고 있다. 포럼에너지나 그 밖의 회사가 중국 정부의 동의 없이 리드 퇴에서 조사나 굴삭을 하려고 한다면, 중국 선이 방해하러 온다. 장기적으로 볼 때 필리핀도 언젠가는 해군력을 증강해서 굴삭 장치를 방위할 수 있게 되겠지만, 그건 먼 훗날의 일일 것이다. 그때까지는 충분한 군사력이 없어 적절히 방위할 수 없으므로 개발을 연기하든가 중국의 요구에 굴복할 수밖에 없다. 필리핀 정부는 다급한 나머지 타협할 수 있을까? 상설재판소가 판결을 내리기 전이나 후에 중국이 어떤 협정에 응할 수 있을까?

긴장이 계속되고 있는 남중국해의 분쟁에는 간단한 해결책이 없다. 어느 쪽도 무력 대결을 원하지 않지만 영유권의 주장을 양보함으로써 긴장을 완화하려고 나서지도 않는다. 지금은 모든 암석이 어느 한 나라에 점거 또는 실효지배되고 있기 때문에, 중점 사항은 그 암석과 암석 사이의 공간으로 이동하고, 또 그 밑에 있을지도 모르는 자원 쪽으로 옮겨갔다. 안타깝게도 충돌이 발생해 확대될 위험은 매우 크다. 영유권 분쟁이 액세스와 안보를 둘러싼 미·중 간의 더 큰 대립과 결합되는 날이면, 더욱 위험한 상황이 될 뿐이다. 식품 공급 같은 긴요한 과제에 대해 정부들이 협력하지 않는 걸 생각해 보면, 지역 협력을 향해 전진할 것 같지 않다. 공동 개발은 좋은 안이라고 생각되지만 중국이 스스로의 입장을 밝히지 않는 한 실현 가능성이 없다. 그래서 또 이야기는 역사적인 영유권 주장으로 돌아간다.

제임스 암초와 같이 바다 속에 있고 더욱이 타국의 EEZ 안에 있는 장소에 대해 영유권을 주장하는 것은 법적으로 터무니없는 것이며, 중국 정부의 관계자들도 개인적으로 그렇게 인식하고 있다. 비록 "U자형 라인" 안에 일부가 들어 있더라도 중국은 나투나 군도 주변 해역에 영유권이 없다고 중국 외교관이 인도네시아에 확인했다고 전해지고 있다. 하지만 이 관계자들이 정치적 이유로 "U자형 라인"을 정식으로 수정할 수 없다고 한다. 국내의 비판이 너무 커 그 주장을 계속 지원해야 한다는 것이다. 이것은 부분적으로 계산된 정치적 선전이다. 국내의 압력이 크다는 메시지를 확산함으로써 정부의 해외에서의 입장을 의도적으로 강화하는 것이다. 그러나 그런 리스크가 있다는 것은 사실이다. 현재 입장으로부터 "후퇴"한다면 국민의 비판소리는 높을 것이다. 그렇다면 어떻게 하면 국민을 설득해서 남중국해에 관한 역사관을 바꿀 수 있을까?

아마 그 한 가지 답은 대만에 있을 것이다. 중국사에 관한 논의는 본토보다 대만에서 한층 자유롭게 할 수 있는 기회가 훨씬 많다. 20세기의 역사에 관해, 여러 측면을 재검토하는 "반체제 인사" 학자가 이미 많이 등장해 있다. 게다가 대만엔 "U자형 라인"을 최초에 그린 정부, 즉 중화민국의 문서가 보관되어 있다. 문제의 라인이 어떠한 우연의 절차로 그려졌는지, 공개적으로 그리고 철저하게 검토하면, 여론을 형성하는 영향력 있는 사람들이 생각을 바꾸고 절대적인 진리라고 오랫동안 선전해온 국수주의적 신화를 일부나마 재검토하게 될지 모른다. 그리고 대만에서 시작해야 하는 최대의 이유는 이것이다. 즉 중국의 당국자가 우려하는 것은, 이 문제로 양보를 하면 대만으로부터 강하게 비판을 받을 것이라는 점이다. 베이징대학의 짜다오지웅查道炯 교수가 설명한 것처럼, "단순합니다. 공산당 대對 국민당입니다" 대만을 통치하고 있는 국민당 정부가 남중국해에 있어서의 역사문헌학적인 충돌을 축소하는 방향으로 움직이면, 중국 정부도 같은 일을 하기가 더욱 쉬워질 것이다. 평화로운 미래에의 관건은 과거를 성실하고 비판적으로 검증하는 데 있을 것이다.

에필로그

2014년 3월, 말레이시아 항공 MH370편으로부터 연락이 끊어지자, 베트남, 중국, 필리핀, 싱가포르, 인도네시아, 태국, 미국의 배가 남중국해에서 생존자의 수색에 돌입했다. 해상에서 이 같은 협력은 전례가 없는 일이었다. 그러나 추락한 장소가 더 멀리 남동쪽이었다면, 어처구니없는 국제적 논란이 일어났을지 모른다. "U자형 라인" 안에서 어떠한 수색 구조 활동이더라도 중국이 주도해야 한다고 주장해, 중국의 주권을 인정하는 셈이 되기 때문에 타국은 협력을 거부했을 것이기 때문이다. 그러나 이번에는 영유권 문제가 거의 해결된 해역에서 발생한 사고였기 때문에 당사국 모두가 협조해 작업할 수 있었다.

이러한 사례가 쌓이면 남중국해에 평화 공존의 새 시대가 열린다고 생각하는 낙관주의자도 있을지 모른다. 신뢰감이 생기고 자신이 쌓이는 선순환이 시작된다는 것이다. 실제적인 협력은 언제나 좋은 것이며 올바른 방향으로의 첫걸음임은 틀림없지만, 근본적 대립이 해소되지 않는 한, 영토 문제는 평화를 계속해 위협할 것이다. 사실, MH370편의 사고 후 2개월이 되기 전에 협력은 충돌로 변했다. 파라셀 군도 앞바다에서 중국이 석유를 채굴하려고 했는데, 거기에 베트남이 저항했다. 이 지역은 또다시 파국적 대결로 치닫고 있는 것 같다. 당사국의 한쪽이 멀리 떨어져 있는 환초로부터 다른 한쪽을 추방하기 위해 무력을 사용할 가능성이 있다는 점과 미·중 간의 대립이 충돌을 낳아 예상치 못한 불을 붙일 가능성도 있다. 한 곳에 화재가 나면 당장 다른 지역으로 퍼져 선순환은 악순환으로 변할 것이다.

남중국해에 섬이 없다면 쟁점도 없을 것이다. 점거할 땅도 없으며 이 땅이 누구의 것이란 것도 무의미하며, 광대한 바다의 영유권을 주장할 근거도 없고, 중요한 국제 항로를 봉쇄할 수단도 없고, 전략적 접근을 둘러싼 언쟁이 일어나지도 않을 것이다. 하지만 이 같은 손바닥만한 토지로부터 역사적 논쟁과 현대적 해양 영토가 생겨나고, 국제적 위협 경쟁의 무대가 생긴다. 그리고 이 무대에선 한 국가의 지위, 오히려 국가를 운영하는 엘리트의 지위가 외국에서 더 중요한 건 국내에서도 그 업적에 따라 판정되기 때문이다. 이런 해상의 토지를 소유해 실제적으로 어떤 이익이 있으며, 얼마나 비용이 드는가, 이에 대한 계산보다 심리적·인지적 영향이 우선되는 그런 세계가 되었다.

남중국해에 있어서의 중국의 주장은 전략적 포커게임에서의 거대한 허풍에 불과하다고 보는 사람도 있다. 테이블에서 좌석을 확보해 관객에게 감동을 주도록 하고 있다고. 그러나 필자는 이 문제는 그 뿌리가 더 깊다고 생각하고 있다. 초등학교부터 정치국에게까지 "U자형 라인"은 세속의 종교가 되어 있다. 이 신화는, 그 기원이 제국으로부터 공화국으로 이행하는 중국의 혼란의 역사와 함께하는바, 좀처럼 떨쳐 버리기 쉽지 않을 것이다. 저 멀리에 있는 바다의 암초의 귀속이 국내 문제로부터 마음을 다른 곳으로 유도하고 싶어하는 지도자에겐 완벽한 눈가리개가 되는 한편, 정부가 호언장담하는 레벨을 높이면 높일수록, 아래로 내려와서 기본적인 결말을 짓기가 어려워진다. "U자형 라인"은 앞으로도 동남아시아의 관계를 해칠 것이다. 내셔널리즘에 빠진 지도 제작자가 20세기를 통해 정치적 지도를 만들어 왔기 때문에, 새로운 "아시아의 세기"는 위협을 받아 수십억이나 되는 사람들에게 번영의 기회를 안겨 주지 못했다.

중국의 지도부 중에도 논쟁의 조건을 바꾸고 유엔해양법협약의 원칙에 따라 화해에 도달하기를 원하는 사람들이 있는 건 분명하다. 그러나 위신이나 이익을 목적으로 과대한 요구를 고집하는 압력 단체의 힘이 강하다. 이들 국내의 이익 단체, 특히 군과 석유회사, 몇몇 연안의 주州가 취하는 행동은 동남아시아의 식품, 에너지, 정치적 안정에 대한 위협이 되고 있다. 이런 행동은 중국 정부가 공언한 "평화적 굴기"라는 정책의 신뢰성을 손상하고 있는데도, 중앙 지도부는 통치의 끈을 조이고 싶은 뜻이 없는 것 같다. 당분간 공산당 지도부의 정통성은 국외의 인정보다 오히려 이들 압력 단체의 승인에 달려 있다. 그러나 압력 단체가 중국의 정책을 이 방향으로 이끌면 이끌수록, 이웃 나라들 간에는 "중국 위협론"이 점점 커져 대항책을 취하고 싶은 욕구가 커진다―그 수단은 군을 증강하든가, 미국에 접근하든지 또는 그 두 가지를 취하든지. 중국의 전반적인 전략적 이익은 일당제 국가 내의 중견 세력에 의해 위기로 몰리고 있다.

그렇지만 모든 것이 잘 될 수도 있다. 중국은 '평화적으로 굴기'할 수 있으며, 동남아시아는 공포를 느끼지 않고 동북을 바라볼 수 있으며 미·중은 해양 접근에 관해 화해할 수도 있을 것이다―중국이 "U자형 라인" 전체에 대한 권리 주장을 포기하기만 한다면. 그러나 중국군이 자신들이 만들어 낸 선전을 믿고 "U자형 라인" 내의 영유권 주장을 실력으로 밀고 가려고 하면, 미국과의 정면 충돌이 기다리고 있다. 양자의 실력 차를 감안하면, 당분간은 그런 일이 일어날 것 같지 않다. 하지만 언제쯤 중국군의 지도부는 이길 수 있다고 생각하게 될까? 세계 평화를 위해서 남중국해 문제는 그 전에 해결되지 않으면 안 된다.

중국은 국제 무대에서 비교적 새 연기자다. 몇 십 년 동안, 관여보다 고립을 택했다. 그리고 그 대외 정책은 바깥 세계에 대한 일관된 인식의 결과라기보다 국내의 권력 투쟁의 연장인 경우가 많았다. 그것이 덩샤오핑 시대에 바뀌었다. 많은 회의주의자들이 놀란 것은, 중국 지도부는 1980년대 이후, 한때 제국주의자라든가 최소한 부르주아라고 보았던 넓은 세계 속으로 합류했다. 중국은 지금도 이 새로운 역할을 어떻게 연출하는가를 배우고 있는 중이다. 그리고 남중국해는 국내적·국제적 중요한 문제에 대해 상대적으로 어느 쪽이 중요한가를 판단해야 하는 장소다. 현대 세계의 규범에 따라 특권 의식을 수정하는 일은 쉽지 않다.

필자가 이 책을 쓰게 된 것은, 수많은 다른 사람처럼 남중국해와 그 주변에 어떤 충돌이 곧 일어날 거라고 생각했기 때문이다. 그러나 그 생각은 조사·연구의 최후 단계에 와서 바뀌었다. 무기를 사용하는 본격적인 전쟁이 일어나면 잃기만 한다는 걸, 중국 지도부는 잘 알고 있다고 확신하고 있기 때문이다. 비록 전쟁 이외의 어떠한 수단도 유익한 정책 수단이라고 생각하고 있지만, 앞으로도 수십 년에 걸쳐 때때로 낮은 수준의 충돌은 일어날 것이다. 그것들이 속진해 외교적·군사적 위기가 초래되고 초강대국 간의 충돌로 확대될지 모른다. 필자가 조사를 진행하는 동안, 남중국해를 중심으로 새로운 세계가 만들어지고 있었다. 중국은 대두하고 있으며 미국은 축소하고 있으며 동남아시아는 새 현실에 적응하고 있다. 이 새 세계를 설명하기 위해 숱한 비유analogy가 동원되었다. 특히 많이 언급된 것은 고대 지중해 세계이며, 쇠퇴하고 있는 스파르타와 대두하고 있는 아테네 사이의 필연적인 대결 양상이 남중국해라는 신세계와 흡사하다고 전해져 왔다.

하지만 남중국해가 향후 나아갈 역사에 필연이라는 것은 존재하지 않는다. 증대하는 중국의 역량과 관련해 태평양 이쪽 저쪽에서 떠들어대고 있지만, 양국 군의 상대적 실력과 그것을 떠받치고 있는 사회에 대한 냉정한 실증적 분석에 따르면, 예측 가능한 미래에는 미국이 계속해서 패권을 가질 것이라고 보고 있다. 그러나 필자는 그것과는 다른 지중해적인 아날로지를 제시하고자 한다. 그것은 좀 더 부유한 미래로 통하는 아날로지다. 남중국해는 주변국들에는 공통의 역사와 서로 얽혀 있는 현재가 있으며, 그리고 전체가 부분의 총합보다 큰 반폐쇄성의 바다다. 남중국해는 보편적 원리에 입각한 국경을 획정·합의하고, 책임을 공유해 자원을 최대한 현명하게 활용하며, 수산 자원은 전체의 이익을 위해 일원적으로 관리되는 바다가 되어야 할 것이다. 그렇게 되면 석유 탐사와 국제 해운의 충돌은 완화되고, 수색과 구조救助는 누구에게도 저지받지 않고 실행된다. 그러한 바다도 불가능하지 않다. 단지 선 하나만 다시 그으면 된다.

주석

저자 머리말

1. 유엔해양법협약 제121조.

제1장   잔해殘骸와 오해誤解: 선사시대~1500년

1. Atholl Anderson, 'Slow Boats from China: Issues in the Prehistory of Indo-Pacific Seafaring', in Sue O'Connor and Peter Veth (eds), *East of Wallace's Line. Studies of Past and Present Maritime Cultures of the Indo-Pacific Region* (Rotterdam, 2000) *(Modern Quarernary Research in Southeast Asia,* vol. 16), 13–50 및 개인적 통신.
2. 'Historical Evidence to Support China's Sovereignty over Nansha Islands', Ministry of Foreign Affairs, People's Republic of China, 17 November 2000. 다음을 참조 <http://www.coi.gov.cn/scs/article/z.htm>.
3. Pierre-Yves Manguin, 'Trading Ships of the South China Sea', *Journal of the Economic and Social History of the Orient,* vol. 36, no. 3 (1993), 253–80.
4. Michael Churchman, 'Before Chinese and Vietnamese in the Red River Plain: The Han–Tang Period', *Chinese Southern Diaspora Studies,* vol. 4 (2010), 25–37.
5. Pye, Lucian W "China: Erratic State, Frustrated Society" *Foreign Affairs.* 1 Sept. 1990. Web. 17 July 2014. <http:l/www.foreignaffairs.com/articles/45998/lucian-w-pye/china-erratic-state-frustrated-society>
6. Wilhelm Solheim, *Archaeology and Culture in Southeast Asia: Unraveling the Nusantao* (Quezon City 2007), 74.
7. Derek Heng, *Sino-Malay Trade and Diplomacy from the Tenth Through the Fourteenth Century* (Athens, Ohio, 2007).
8. 저자와의 면담에 의함. 2012년 6월 1일, 싱가포르에서.
9. Kate Taylor, 'Treasures Pose Ethics Issues for Smithsonian', *New York Times,* 24 April 2011.
10. 저자와의 면담에 의함. 2012년 6월 1일, 싱가프로에서.
11. "차이나"라는 단어의 기원은 동남아시아에 있는 것 같다. 이에 대해 도움을 참조. Anthony Reid, *Imperial Alchemy: Nationalism and Political Identity in Southeast Asia* (Cambridge, 2011)의 제3장, 그리고 Geoff Wade, 'The Polity of Yelang and the Origins of the Name "China", *Sino-Platonic Papers,* no. 188 (May

2009). 도움을 참조 <http://wwwsino-platonic.org>

12. Geoff Wade, 'An Early Age of Commerce in SoutheasAsia 900-1300 CE', *Journal of Southeast Asian Studies,* vol. 40 (2009) 221–65.

13. 저자에게 온 이메일. 2013년 12월 12일.

14. 다음에서 인용. Geoff Wade, 'The Zheng He Voyages: A Reassessment', *ARI Working Paper,* no. 31 (October 2004). 다음을 참조 <http://www.ari.nus.edu.sg/docs/wps/wps04_031.pdf>.

15. 위와 같음.

16. Zhang Wei, 'The Problems Encounter [sic] in the Protection of UCH [underwater cultural heritages]', 이 논문은 the 15th ICOMOS General Assembly and Scientific Symposium in Xi'an, China, 17–21 October 2005에 게재되어 있음. 다음을 참조 <http://wwwinternational.icomos.org/xian2005/papers/4-45.pdf>.

17. Jeff Adams, 'The Role of Underwater Archaeology in Framing and Facilitating the Chinese National Strategic Agenda', in Tami Blumenfield and Helaine Silverman (eds), *Cultural Heritage Politics in China* (New York, 2013), 261–82.

18. 'China Starts Building Base for Researching Underwater Relics', *Xinhua,* 17 March 2012. 다음을 참조 <http://news.xinhuanet.com/english/china/2012-03/17/c_131473287.htm>.

19. 'On China's Sovereignty over Xisha and Nansha Islands', *Beijing Review,* 24 August 1979, 24.

20. Chi-Kin Lo, *China's Policy Towards Territorial Disputes: The Case of the South China Sea Islands* (London, 1989), 94.

제2장   지도地圖와 선線: 1500년~1948년

1. Robert Batchelor, 'The Selden Map Rediscovered: A Chinese Map of East Asian Shipping Routes, *c.*1619', *Imago Mundi,* vol. 65 (2013), 37–63. 이 지도가 영국으로 오게 된 경위에 관해선 또 다른 설도 있다. Timothy Brook's *Mr Selden's Map of China: The Spice Trade, a Lost Chart and the South China Sea* (Rotterdam, 2014).

2. David Sandler Berkowitz, *John Selden's Formative Years: Politics and Society in Early Seventeenth-Century England* (Cranbury, New Jersey, 1988).

3. Roderich Ptak, 'Ming Maritime Trade to Southeast Asia 1368–1567: Visions of a "System"', in Claude Guillot, Denys Lombard and Roderich Ptak (eds), *From the Mediterranean to the China Sea* (Wiesbaden, 1998), 157–92.

4. Roderich Ptak, 'Portugal and China: An Anatomy of Harmonious Coexistence (Sixteenth and Seventeenth Centuries)', in Laura Jarnagin, *Culture and Identity in the Luso-Asian World: Tenacities & Plasticities* (Singapore, 2012) (*Portuguese and*

Luso-Asian Legacies in Southeast Asia, 1511-2011, vol. 2), 225-44.

5. Léonard Blussé, 'No Boats to China. The Dutch East India Company and the Changing Pattern of the China Sea Trade 1635-1690', *Modern Asian Studies,* vol. 30 (1996), 51-76.

6. 위와 같음.

7. Angela Schottenhammer, 'The Sea as Barrier and Contact Zone: Maritime Space and Sea Routes in Traditional China', in Angela Schottenhammet and Roderich Ptak (eds), *The Perception of Maritime Space in Traditional Chinese Sources* (Wiesbaden, 2006), 3-13.

8. Dennis O. Flynn and Arturo Giráldez, 'Born with a "Silver Spoon": The Origin of World Trade in 1571', *Journal of World History,* vol. 6 (1995), 201-21.

9. Léonard Blussé, 'Chinese Century. The Eighteenth Century in the China Sea Region' *Archipel,* vol. 58 (1999), 107-29.

10. Cornelis Koeman, *Jan Huygen van Linschoten* (Coimbra, 1984).

11. Peter Borschberg, 'The Seizure of the *Sta Catarina* Revisited: The Portuguese Empire in Asia, VOC Politics and the Origins of the Dutch-Johor Alliance (1602-c. 1616)', *Journal of Southeast Asian Studies,* vol. 33, no. 1 (2012), 31-62; Peter Borschberg, *Hugo Grotius, the Portuguese and Free Trade in the East Indies* (Singapore, 2011); Martine Julia van Ittetsum, *Profit and Principle: Hugo Grotius, Natural Rights Theories and the Rise of Dutch Power in the East Indies, 1595-1615* (Leiden, 2006).

12. Bardo Fassbender *et al.* (eds), *The Oxford Handbook of the History of International Law* (Oxford, 2012), 369.

13. 2009년 가을, 예일대학 법과대에서 있은 *Freedom of the Seas; 1609: Grotius and the Emergence of International Law*라는 전시 (큐레이터: Edward Gordon and Mike Widener)를 위해 Edward Gordon이 보낸 온라인 주석.

14. Roderich Ptak. The Sino-European Map (*Shanhai yudi quantu)* in the Encyclopaedia *Samcai Tuhui'*, in Angela Schottenhammer and Roderich Ptak (eds). *The Perception of Maritime Space in Traditional Chinese Sources* (Wiesbaden. 2006), 191-207.

15. Léonard Blussé, 'No Boats to China. The Dutch East India Company and the Changing Pattern of the China Sea Trade 1635-1690', *Modern Asian Studies,* vol. 30 (1996). 51-76.

16. Hvdrographic Office, The Admiralty, *The China Sea Directory* (London. 1889), vol. 2. 108.

17. David Hancox and Victor Prescott, *Secret Hydrographic Surveys in the Spratly Islands* (London, 1999). 스페인의 지도 제작자는 그 이전부터 스카버러 암초의 존재는 알고 있었으며, 마로나 암초(그 후에는 바호 데 마싱록)라고 불렀다.

18. Edyta Roszko, 'Commemoration and the State: Memory and Legitimacy in Vietnam'. *Sojourn: Journal of Social Issues in Southeast Asia,* vol. 25, no. 1 (2010), 1–28.

19. David Hancox and Victor Prescott, 'A Geographical Description of the Spratly Islands and an Account of Hydrographic Surveys Amongst those Islands', *Maritime Briefings,* vol. 1, no. 6 (1995). 다음을 참조 <https://www.dur.ac.uk/ibru/publications/view/?id=229>.

20. Wang Wen Tar, *Hong mao fan yingji Ii kao lue [To Study the Foreigners],* 1843. quoted in Han Zhen Hua, Lin Jin Zhi and Hu Feng Bin (eds), *Wo guo nan hal shi liao hui bian [Compilations of Historical Documents on our Nanhai Islands].* Dong fang chu ban she, 1988, 163, 다음에 인용. François-Xavier Bonnet, 'Geopolitics of Scarborough Shoal', Irasec's Discussion Papers, no. 14 (November 2012), 13. 다음을 참조. <http://www.irasec.com/document40>.

21. 위와 같음.

22. James Horsburgh, *The India Directory Or, Directions for Sailing to and from the East Indies, China, Aisstralia and the Interjacent Ports of Africa and South America,* 6th edn (London, 1852), vol. 2, 346.

23. Dennis Owen Flynn and Arturo Giráldez, 'Cycles of Silven Global Economic Unity through the Mid-Eighteenth Century', *Journal of World History,* vol. 13 (2002), 391–427.

24. David P. Chandler *et al., In Search of Southeast Asia: A Modern History,* rev. edn (Honolulu, 1987).

25. Carl A. Trocki, *Prince of Pirates: The Temenggongs and the Development of Johor and Singapore. 1784–1885* (Singapore, 2007).

26. Hydrographic Office, The Admiralty; *The China Sea Directory* (London, 1889), vol. 2, 103, 원 인용은 François-Xavier Bonnet, 'Geopolitics of Scarborough Shoal', Irasec's Discussion Papers, no. 14 (November 2012). 다음을 참조 <http://www.irasec.com>.

27. Eric Tagliacozzo, 'Tropical Spaces, Frozen Frontiers: The Evolution of Border Enforcement in Nineteenth-Century Insular Southeast Asia', in Paul H. Kratoska, Remco Raben and Henk Schulte Nordholt (eds), *Locating Southeast Asia: Geographies of Knowledge and Politics of Space* (Singapore, 2005).

28. Edward J. M. Rhoad, *China's Republican Revolution: The Case of Kwangtung, 1895–1913* (Cambridge, Massachusetts, 1975).

29. *Straits Times,* 21 October 1907, 5.

30. *Straits Times,* 23 July 1909, 3.

31. *Straits Times,* 29 March 1909, 7.

32. *Straits Times,* 28 October 1909, 7.

33. *Straits Times,* 23 December 1910, 7.

34. Guangdong dong tu [General map of Guangdong Province], 1866, in Wan-Ru Cao and Zheng Xihuang (eds), *An Atlas ofAncient Maps in China* (Beijing, 1997), vol. 3, no. 196; Guangdong Yudi Quantu [Atlas of Guangdong Province], 1897, in Ping Yan, *China in Ancient and Modern Maps* (London, 1998), 247.

35. P. A. Lapicque, *A propos des Iles Paracels* (Saigon, 1929), 원 인용은 Monique ChemillierGendreau, *Sovereignty over the Paracel and Spratly Islands* (Leiden, 2000), 101.

36. Guangdong yu di quan tu [New map of Guangdong Province], 1909, in François-Xavier Bonnet, 'Geopolitics of Scarborough Shoal', Irasec's Discussion Papers, no. 14 (November 2012), 15. 다음을 참조 <http://www.irasec.com>.

37. William A. Callahan, 'The Cartography of National Humiliation and the Emergence of China's Geobody', *Public Culture,* vol. 21, no. 1 (2009), 141–73.

38. Han Zhenhua (ed.), *A Compilation of Historical Materials on China's South China Sea Islands* (Beijing, 1988), 원 인용은 Zou Keyuan, *Law of the Sea in East Asia: Issues and prospects* (Abingdon, 2005), 28.

39. Han Zhenhua (ed.), *A Compilation of Historical Materials on China's South China Sea Islands* (Beijing, 1988), 원 인용은 Zou Keyuan, 'The Chinese Traditional Maritime Boundary Line in the South China Sea and its Legal Consequences for the Resolution of the Dispute over the Sprady Islands', *International Journal of Marine and Coastal Law,* vol. 14, no. 1 (1999), 27–55.

40. William Callahan, 'Historical Legacies and Non/Traditional Security: Commemorating National Humiliation Day in China', paper presented at Renmin University; Beijing, April 2004. 다음을 참조 <https://www.dur.ac.uk/resources/china.studies/Commemorating%20National%20Humiliation%20Day%20in%20China.pdf>.

41. Stein Tøennesson, 'The South China Sea in the Age of European Decline', *Modern Asian Studies,* vol. 40 (2006), 1–57.

42. François-Xavier Bonnet, 'Geopolitics of Scarborough Shoal', Irasec's Discussion Papers, no. 14 (November 2012), 15. 다음을 참조 <http://www.irasec.com>.

43. Stein Tøennesson, 'The South China Sea in the Age of European Decline', *Modern Asian Studies,* vol. 40 (2006), 24.

44. *WaiJiao bu nan hai zhu dao dang an hui bian* [*Compilation by the Department of Foreign Affairs of all the records concerning the islands in the South Sea*] (Taipei, 1995), vol. 1, 47–9, 원 인용은 François-Xavier Bonnet, 'Geopolitics of Scarborough Shoal', Irasec's Discussion Papers, no. 14 (November 2012), 15. 다음을 참조 <http://www.irasec.com>.

45. Zou Keyuan, 'The Chinese Traditional Maritime Boundary Line in the South

China Sea and its Legal Consequences for the Resolution of the Dispute over the Sprady Islands', *International Journal of Marine and Coastal Law,* vol. 14, no. 1 (1999), 27-55.

46. François-Xavier Bonnet, 'Geopolitics of Scarborough Shoal', Irasec's Discussion Papers, no. 14 (November 2012), 18. 다음을 참조 <http://www.irasec.com>.

47. Li Jinming and Li Dexia, 'The Dotted Line on the Chinese Map of the South China Sea: a Note', *Ocean Development and International Law,* voi. 34 (2003), 287-95.

48. William A. Callahan, *China: The Pessoptimist Nation* (Oxford, 2009).

49. Wu Feng-ming, 'On the New Geographic Perspectives and Sentiment of High Moral Character of Geographer Bai Meichu in Modern China', *Geographical Research,* vol. 30 (2011), 2109-14.

50. Han Zhen Hua, Lin Jin Zhi and Hu Feng Bin (eds), *Wo guo nan hai shi liao hui bian*, Dong fang chu ban she, 1988, 353, 원 인용은 François-Xavier Bonnet, 'Geopolitics of Scarborough Shoal', Jrasec's Discussion Papers, no. 14 (November 2012), 22. 다음을 참조 <http://www.irasec.com>.

51. United States Pacific Fleet, Patrol Bombing Squadron 128, Action report 3 May 1945, 다음을 참조 <http://www.fold3.com/image/#295881925>. United States Pacific Fleet Commander Submarines, Philippines Sea Frontier War Diary, 11/1-30/45. 다음을 참조 <http://www.fold3.com/image/#301980047>.

52. A. B. Feuer, *Australian Commandos: Their Secret War Against the Japanese in World War II* (Mechanicsburg, Pennsylvania, 2006), Chapter 6.

53. US Navy Patrol Bombing Squadron 117 (VPB-117), Aircraft Action Report No. 92, 다음을 참조 <http://www.fold3.com/image/#302109453>.

54. US Navy; USS Cabrilla Report of 8th War Patrol. 다음을 참조 <http://www.fold3.com/image/#300365402>.

55. 원 인용은 Kimie Hara, *Cold War Frontiers in the Asia-Pacific: Divided Territories in the San Francisco System* (Ahirigdon, 2006), 146.

56. 위와 같음, 147.

57. Ulises Granados, 'Chinese Ocean Policies Towards the South China Sea in a Transitional Period, 1946-1952', *The China Review,* vol. 6, no. 1(2006), 153-81, 특히 161.

58. Yann-Huei Song and Peter Kien-hong Yu, 'China's "historic waters" in the South China Sea: An Analysis from Taiwan, R.O.C.,' *American Asian Review,* vol. 12, no. 4 (1994), 83-101.

59. Zou Keyuan, 'The Chinese Traditional Maritime Boundary Line in the South China Sea and its Legal Consequences for the Resolution of the Dispute over the Spratly Islands', *International Journal of Marine and Coastal Law,* vol. 14, no. 1

(1999), 27-55, 특히 33.

60. Li Jinming and Li Dexia, 'The Dotted Line on the Chinese Map of the South China Sea: a Note', *Ocean Development and International Law,* vol. 34 (2003), 287-95, 특히 290.

61. *WaiJiao bu nan hai zhu dao dang an hui bian* [*Compilation by the Department of Foreign Affairs of all the records concerning the islands in the South Sea*] (Taipei, 1995), vol. 2, 784-88, 원 인용은 François-Xavier Bonnet, 'Geopolitics of Scarborough Shoal', Irasec's Discussion Papers, no. 14 (November 2012), 22. 다음을 참조 <http://wwwirasec.com>.

62. Zou Keyuan, *Law of the Sea in EastAsia: Issues and Prospects* (Abingdon, 2005), 83.

63. Euan Graham, 'China's New Map: Just Another Dash?', *Newsbrief of the Royal United Services Institute,* 3 September 2013. 다음을 참조 <https://www.rusi.org/publications/newsbrief/ref:A5225D72CD72F8/#.VbBQbPntmko>.

제3장 위험과 골칫거리: 1946년~1995년

1. Spencer Tucker, 'D'Argenlieu, Georges Thierry', in Spencer Tucker (ed.), *The Encyclopedia of the Vietnam War: A Political, Social and Military History,* 2nd edn (Santa Barbara, California, 2011).

2. Stein Tøennesson에 인용, *Vietnam 1946: How the War Began* (Berkeley, 2010).

3. Stein Tøennesson, 'The South China Sea in the Age of European Decline', *Modern Asian Studies,* vol. 40 (2006), 1-57.

4. Michael Sullivan, *The Meeting of Eastern and Western Art,* rev. edn (Berkeley, 1997), 99.

5. Ulises Granados, 'Chinese Ocean Policies Towards the South China Sea in a Transitional Period, 1946-1952', *The China Review,* vol. 6, no. 1 (2006), 153-81.

6. Stein Tøennesson, 'The South China Sea in the Age of European Decline', *Modern Asian Studies,* vol. 40 (2006), 1-57, 특히 33.

7. 위와 같음, 21.

8. Daniel J. Dzurek, 'The Spraty Islands Dispute: Who's On First?', *Maritime Briefings,* vol. 2, no. 1 (1996), 15. 다음을 참조 <https://www.dur.ac.uk/ibru/Pub1ications/view/?id=232>.

9. 필레몬 클로마의 아들, 라미르 클로마와 인터뷰, 2012년 7월 22일.

10. 위와 같음.

11. A.V.H. Hartendorp, *History of Industry and Trade of the Philippines: the Magsaysay Administration* (Manila, 1958), 209-30; Jose V. Abueva, Arnold P. Alamon and

Ma. Oliva Z. Domingo, *Admiral Tomas Cloma: Father of Maritime Education and Discoverer of Freedomland/ Kalayaan Islands* (Quezon City; National College of Public Administration and Governance, University of the Philippines, 1999), 36–7.

12. Monique Chemillier-Gendreau, *Sovereignty over the Paracel and Spratty Islands* (Leiden, 2000), 42.

13. Stein Tøennesson, 'The South China Sea in the Age of European Decline', *Modern Asian Studies,* vol. 40 (2006), 1–57, 특히 50.

14. Monique Chemillier-Gendreau, *Sovereignty over the Paracel and Spratly Islands* (Leiden, 2000).

15. Stein Tøennesson, 'The South China Sea in the Age of European Decline', *Modern Asian Studies,* vol. 40 (2006), 1–57, 특히 50.

16. Rodolfo Severino, *Where in the World is the Philippines?* (Singapore, 2010).

17. A.V.H. Hartendorp, *History of Industry and Trade of the Philippines: the Magsaysay Administration* (Manila, 1958).

18. Rodolfo Severino, *Where in the World is the Philippines?* (Singaporc, 2010).

19. Daniel J. Dzurek, 'The Spratly Islands Dispute: Who's On First?', *Marititme Briefings* vol. 2, no. 1 (1996), 19. 다음을 참조 <https://www.dur.ac.uk/ibru/publications/vicw/?id=232>.

20. Marwyn S. Samuels, *Contest for the South China Sea* (London, 1982).

21. Robert S. Ross, *The Indochina Tangle. China's Vietnam Policy 1975-1979* (New York, 1988).

22. Chinese amphibious assaults in the Paracel Archipelago SRD-SR-44-74. US Army Special Research Detachment, Fort Meade, January 1974. US Army Military History Institute에서 입수 가능.

23. US Embassy Saigon, Weekly Roundup January 10–16 1974 US Embassy Saigon. 다음을 참조 <http://aad.archives.gov/aad/createpdf-rid=10696&dt=2474&dl=1345>. 또 RVN Captain Ha Van Ngac, *The January 19, 1974 Naval Battle for the Paracels against the People's Republic of China's Navy In the East Sea* (Austin, Texas, 1999), 40도 참조.

24. Ho Van Ky Thoai, *Can Thuong Thong Chien Bai: Hanh Trinh Cua Met Thuy Thu* 용기있는 패배-한 수병의 여행(Centreville, Virginia, 2007, 자가출판).

25. US Embassy, Saigon, telegram GVN/PRC DISPUTE OVER PARACEL ISLANDS, 17 January 1974. 다음을 참조 <http://aad.archives.gov/aad/createpdf-rid=4752&dt=2474&dl=1345>.

26. Kiem Do and Julie Kane, *Counterpart: A South Vietnamese Naval Officer's War* (Annapolis, Maryland, 1998).

27. *Foreign Relations of the United States 1969–1976,* vol. 18, China, 1973–1976,

Document 66. 다음을 참조 <http://history.state.gov/historicaldocuments/frus 1969-76v18/d66>.

28. *China: People's Liberation Army* (Washington, JPRS Report, Foreign Broadcast Information Service, JPRS-CAR-90-005, 22 January 1990).

29. Garver, John W., 'China's Push through the South China Sea: The Intersection of Bureaucratic and National Interests', *China Quarterly* 132 (December 1992) 999–1028.

30. You Ji, 'The Evolution of China's Maritime Combat Doctrines and Models: 1949-2001', *RSIS Working Papers,* no. 22 (Singapore, May 2002). 다음을 참조 <http://dr.ntu.edu.sg/handle/10220/4422>.

31. Yang Guoyu (ed.), *Dangdai Zhongguo Haijun* [*The Modern Chinese Navy*] (Beijing, 1987), 원 인용은 John W. Garver, 'China's Push through the South China Sea: The Interaction of Bureaucratic and National Interests', *The China Quarterly,* no. 132 (1992), 999–1028.

32. Bill Hayton, *Vietnam. Rising Dragon* (New Haven and London, 2010) 제8장 참조.

33. M. Taylor Fravel, *Strong Borders, Secure Nation: Cooperation and Conflict in Giinai Territorial Disputes* (Princeton, New Jersey, 2008), 292.

34. Chen Hurng-Yu, 'The PRC's South China Sea Policy and Strategies of Occupation in the Paracel and Spratly Islands', *Issues & Studies,* vol. 36, no. 4 (2000), 95–131.

35. John W. Garver, 'China's Push through the South China Sea: the interaction of Bureaucratic and National Interests', *The China Quarterly,* no. 132 (1992), 999–1028.

36. David Hancox and Victor Prescott, 'A Geographical Description of the Spratly Islands and an Account of Hydrographic Surveys Amongst those Islands', *Maritime Briefings,* vol. 1, no. 6 (1995). 다음을 참조 <https://www.dur.ac.uk/ibru/publications/view/?id=229>.

37. 이 가운데 2척은 제2차 세계대전 중에 미국이 건조한 전차양륙함인데 베트남 전 종결시에 내버려진 것이었다. HQ-550은 본래 미국함. 불록 카운티 호인데 1943의 건조. 세번째는 화물선이었다.

38. 'Chinese Navy Detains Filipino Fishermen in Spratlys: Report', *Agence France Pressce',* Manila, 24 January 1995; *Lianhe zaohao* [*United Morning Post*], Singapore, 25 January 1995, 34, 원 인용은 Chen Hurng-Yu, 'The PRC's South China Sea Policy and Strategies of Occupation in the Paracel and Spratly Islands', *Issues & Studies,* vol. 36, no. 4 (2000), 95–131.

39. Liselotte Odgaard, 'Between Deterrence and Cooperation: Eastern Asian Security after the "Cold War"', *IBRU Boundary and Security Bulletin,* vol. 6, no. 2 (l998),

73 (map). 다음을 참조 <https://www.dur.ac.uk/ibtu/puhlications/view/?id=131>.

40. 'Philippines Orders Forces Strengthened in Spratlys' Reuters News Service, 15 February 1995, 원 인용은 Ian James Storey, 'Creeping Assertiveness: China, the Philippines and the South China Sea Dispute', *Contemporary Southeast Asia,* vol. 21(1999), 95-118.

41. 'Dragon Flexes its Muscles in Islands Dispute', *Independent on Sunday,* 19 March 1995, 원 인용은 위와 같음.

42. 'Spratlys Tension Helps Push Forces Upgrade', *Jane's Defence Weekly,* 25 February 1995, 원 인용은 위와 같음.

43. Renato Cruz de Castro, 'The Aquino Administration's 2011 Decision to Shift Philippine Defense Policy from Internal Security to Territorial Defense: The Impact of the South China Sea Dispute', *Korean Journal of Defense Analysis,* vol. 24 (2012), 67-87.

44. *East Asia Today,* BBC, 리콴유와 인터뷰, 1995년 6월 6일 방영.

45. Ian James Storey, 'Creeping Assertiveness: China, the Philippines and the South China Sea Dispute', *Contemporary Southeast Asia,* vol. 21(1999), 95-118.

46. 'China Accepts Natunas Drill, Says Indonesia', AFP report, *Straits Times,* 12 September 1996, 21.

제4장 바위와 그 밖의 단단한 곳: 남중국해와 국제법

1. Geoffrey Marston, Abandonment of Territorial Claims: the Cases of Bouvet and Spratly Islands', *The British Yearbook of International Law 1986* (Oxford, 1986), 337-56.

2. 인도차이나에 있는 프랑스 총판무관 겸 최고사령관 대리 자코 장군으로부터 온 1955년 6월 16일자 편지. 원 인용은 Monique Chemillier-Gendreau, *Sovereignty over the Paracel and Spratly Islands* (Leiden, 2000), Annex 40.

3. Ulises Granados, As China Meets the Southern Sea Frontier: Ocean Identity in the Making, 1902-1937', *Pacific Affairs,* vol. 78 (2005), 443-61.

4. 'Truong Sa Lon: Growing Town at Sea', Vietnam News Agency, 18 May 2011.

5. 'Spratlys to Become Self-sufficient in Food', *Viet Nam News,* 19 July 2011.

6. 'Vietnam Navy Commemorates Soldiers Killed in 1988 Clash with China', *VoV* [*The Voice of Vietnam*], 8 January 2012.

7. Rommel C. Banlaoi, *Philippines-China Security Relations: Current Issues and Emerging Concerns* (Manila, 2012).

8. "이 티자드 퇴"라는 환초는 1860년대 이곳을 측량한 영국 해군의 부함장의 이름에 따라 지어졌다. David Hancox and Victor Prescott, 'A Geographical Description of the Spratly Islands and an Account of Hydrographic Surveys

Amongst those Islands', *Maritime Briefings,* vol. 1, no. 6 (1995). 다음을 참조 <https://www.dur.ac.uk/ibru/publications/view/?id=229>.

9. 후안초 사반 장군과의 인터뷰, 2012년 3월 5일, 필리핀의 푸에르토 프린세사 에서.

10. 'Notification and Statement of Claim', Republic of the Philippines, Department of Foreign Affairs, 22 January 2013. 다음을 참조 <http://www.seasresearch. wordpress.com/2014/12/17/2nd-press-release-from-pca-the-arbitral-tribunal-sets-further-proceedings/>.

11. 판결문 전문은 다음을 참조. <http://www.icj-cij.org/docket/files/124/17164.pdf>.

제5장 있는 것something과 없는 것nothing: 남중국해의 석유와 천연가스

1. Nayan Chanda and Tai Ming Cheung, 'Reef Knots: China Seeks ASEAN Support for Spratly Plan', *Far Eastern Economic Review,* August 1990, 11.

2. 'Oil Discovered on Nansha Islands', *Xinhua,* 24 July 1987.

3. *China Daily,* 24 December 1989.

4. John W. Garver, 'China's Push through the South China Sea: the Interaction of Bureaucratic and National Interests', *The China Quarterly*, no. 132 (1992), 999– 1028.

5. Knut Snildal, *Petroleum in the South China Sea–a Chinese National Interest?* Thesis, Department of Political Science, University of Oslo, 2000.

6. 저자와의 전화 인터뷰, 2013년 12월 2일.

7. 'Benton, Successful in 2 International Ventures, Plunges into Disputed China Play', *Oilgram News,* 13 December 1996. 또 John R. Engen, Where Hope and Risk Go Hand in Hand', *World Trade Magazine,* February 1996 참조.

8. *World Trade Magazine,* February 1996.

9. 'British Gas, Arco Begin Drilling in Area Claimed by Vietnam', *The Oil Daily,* 7 June 1994.

10. 'Crestone Begins Project in South China Sea Despite Dispute over Sovereignty of Area', *The Oil Daily,* 20 April 1994.

11. R. Thomas Collins, *Blue Dragon*: *Reckoning in the South China Sea* (Vienna, Virginia, 2002), 116.

12. 'Heat Builds and Vietnam and China Begin to Drill', *Offshore,* August 1994.

13. Chan Wai-fong, 'PLA Flexes its Muscles for Vietnam's Benefit', *South China Morning Post,* 3 August 1994.

14. 'Benton Oil And Gas Company Completes Acquisition of Crestone Energy Corporation', PR Newswire, 5 December 1996.

15. 'North Rail Project Launched; RP China Start Building Rail Project from Manila

to Ilocos', *Manila Bulletin,* 6 April 2004.

16. <http://www.asean-china-center.org/english/2010−07/12/c_13395670.htm> 참조.

17. 'RP, China to Push Formation of Asian Anti-Terror Alliance', *Philippines Star,* 1 September 2003.

18. 'Oil Giants to tap Ocean Resources', *China Daily,* 13 November 2003. 다음을 참조 <http://chinadaily.com.cn/en/doc/2003-11/13/content_281157.htm>.

19. Maria Eloise Calderon, 'Government Mulls Oil Search at Spratlys with China', *Business World,* 24 August 2004.

20. Aileen S.P. Baviera, 'The Influence of Domestic Politics on Philippine Foreign Policy: The Case of Philippines-China Relations since 2004', *RSIS Working Papers,* no. 241 (Singapore, June 2012). 다음을 참조 <http://www.rsis.edu.sg/wp-content/uploads/rsis-pubs/WP241.pdf>.

21. 'China, Philippines, Vietnam Get Seismic Data from South China Sea', *Xinhua,* 19 November 2005.

22. Barry Wain, 'Manila's Bungle in the South China Sea', *Far Eastern Economic Review,* January/February 2008.

23. US State Department Cable 07HANOI1119, 'Conoco Phillips and BP Concerns About Projects in the South China Sea', 15 June 2007. 다음을 참조 <http://www.wikileaks.org/plusd/cables/07HANOI1119_a.html>.

24. US State Department Cable 08TOKYO544, 'Japan Plans No Action in South China Sea Dispute', 29 February 2008. 다음을 참조 <https://www.wikileaks.org/plusd/cables/08TOKYO544_a.html>.

25. US State Department Cable 07HANOI1599, 'Sino-Vietnam Territorial Dispute Entangles Multiple Multinational Energy Firms', 7 September 2007. 다음을 참조 <https://www.wikileaks.org/plusd/cables/07HANOI1599_a.html>.

26. 'Fu Ying Visits Wytch Farm Oilfield of the (sic) British Petroleum', Chinese Embassy, London, 25 September 2007. 다음을 참조 <http://www.chinese-embassy.org.uk/eng/EmbassyNews/2007/t377632.htm>.

27. US Embassy Cable 08 HANOI579 'BP Transfers Operatorship of South China Sea to Petrovietnam; Exploration Work Resumes', 16 May 2008. 다음을 참조 <https://www.wikileaks.org/plusd/cables/08HANOI579_a.html>.

28. 'Petrovietnam Surveying Oil Block Eyed by China-BP', Reuters, 22 July 2008.

29. US State Department Cable 07GUANGZHOU317, 'The Tiger Sprints Ahead: Exxonmobil First Western Oil Major to Launch Fully Integrated Joint Venture in China', 9 March 2007. 다음을 참조 <https://www.wikileaks.org/plusd/cables/07GUANGZHOU317_a.html>.

30. Greg Torode, 'Oil Giant Is Warned over Vietnam Deal', *South China Morning Post,* 20 July 2008.

31. US State Department Cable 08HANOI1241 'Vietnam Negotiates Deal with Gazprom, Bypasses ExxonMobil', 6 November 2008. 다음을 참조 <https://www.wikileaks.org/plusd/cables/08HANOI1241_a.html>.

32. US State Department Cable 08HANOI897, Russian Concern about Chinese Pressure on ExxonMobil', 4 August 2008. 다음을 참조 <http://wikileaks.org/cable/2008/08/08HANOI897.html>.

33. Chevron Corporation, *2010 Supplement to the Anrnwl Report*, March 2011. 다음을 참조 <http://www.chevron.com/documents/pdf/chevron2010annualreportsupplernent.pdf>.

34. Buku Bertemu Ruas, 'The RMN Against China Maritime Surveillance Agency'. Malavsii Flying Herald blog, 16 April 2013. 다음을 참조 <http://malaysiaflyingherald.wordpress.com/2013/04/16/buku-bertemu-ruas-the-rmn-against-china-maritime-surveillance-agency/>.

35. Jon Savage, 'Oil and Gas Potential of the Area, Seismic Activities to Date and the Delays to Hydrocarbon Exploration Caused by Disputes'. 다음을 참조 <http://cil.nus.edu.sg/wp/wp-content/uploads/2011/06/Session-1-Jon-Savage-South-China-Sea-Conference-June-20111-pdf.pdf>.

36. 'Minister Reveals Spratly Islands' Oil Potential', *Xinhua,* 5 September 1994.

37. US Energy Information Administration, 'South China Sea Energy Brief', 7 February 2013. 다음을 참조 <http://www.eia.gov/countries/regions-topics.cfm?fips=scs>.

38. US Geological Survey, 'Assessment of Undiscovered Oil and Gas Resources of Southeast Asia', Fact Sheet 2010–3015, June 2010. 다음을 참조 <http://pubs.usgs.gov/fs/2010/3015/pdf/FS10-3015.pdf>.

39. 저자와의 인터뷰, 2013년 6월 4일, 싱가포르에서.

40. 2012년 일본의 에너지 수입량에서 산출. 액화천연가스: 1088억 7000만 m^3/365일/20만m^3 (액화천연가스 탱커의 평균 적재량): 원유: 1일 365만 배럴, 대형 석유 탱커의 평균 적재량: 200만 배럴. 다음을 참조 <http://www.reuters.com/article/2013/04/04/lng-gas-japan-idUSL5N0CR3XZ20130404>.

41. Jian Zhang, 'China's Energy Security: Prospeas, Chailenges and Opportunities'. *Working Paperc by CEAP Visiting Fellows,* Brookings Institution Center for East Asia Policy Studies. no. 54, July 2011.

제6장 북소리와 상징: 내셔널리즘

1. 베트남의 정치와 사회에 관해선, Bill Hayton, *Vietnam:Rising Dragon* (New Haven and London, 2010)에서 상술.

2. David Brown, 'State Secrets Revealed in Vietnam'. *Asia Times,* 22 December

2012.

. 'Police Caught Napping while Vandals Attack US Embassy', *Philippine Daily Inquirer.* 17 April 2012.

4. 미국의 대對 필리핀 경제정책에 관한 상세한 것은 다음을 참조. David Joel Steinberg, *The Philippines: A Singular and a Plural Place,* 4th edn (Boulder, Colorado, 2000). 22.

5. 저자와의 인터뷰. 2012년 2월 23일, 마닐라에서.

6. Benedict Anderson, 'Cacique Democracy in the Philippines: Origins and Dreams' *New Left Review,* 169 (May-June 1988), 3-31.

7. Michael Cullinane, *Ilustrado Politics: Filipino Elite Responses to American Rule, 1898-1908* (Manila, 2003), 53.

8. Caroline Sy Hau, "Patria é intereses": Reflections on the Origins and Changing Meanings of Ilustrado', *Philippine Studies,* vol. 59 (2011), 3-54,

9. Lisandro E. Claudio, 'Postcolonial Fissures and the Contingent Nation: An Antinationalist Critique of Philippine Historiography', *Philippine Studies,* vol. 61(2013) 45-75.

10. 'America's Global Image Remains More Positive than China's', PewResearch Global Attitudes Project, 18 July 2013.

11. '"West PH Sea" Now Official: So What?', 12 September 2012, <http://www.rappler.com/nation/12277-west-ph-sea-now-official-so-what>.

12. 저저와의 인터뷰. 2012년 2월 24일, 마닐라에서.

13. 다음을 참조 <http://www.forbes.com/philippines-billionaires/list/>.

14. Caroline S. Hau, 'Conditions of Visibility: Resignifying the "Chinese"/"FiIipino" in *Mano Po* and *Crying Ladies', Philippine Studies,* vol. 53 (2005), 491-531.

15. Caroline S. Hau, 'Blood, Land, and Conversion: "Chinese" Mestizoness and the Politics of Belonging in Jose Angliongto's *The Sultanate', Philippine Studies,* vol. 57 (2009), 3-48.

16. 위와 같음.

17. 말레이시아는 1983년에 스왈로 초, 1986년에 마리벨레스 퇴와 아르디시어 암초, 1999년에 인베스티게이터 모래톱과 에리카 암초를 실효지배하고 있지만, 라이자 암초에 대해선 브루네이도 주권을 주장하고 있기 때문에 점거하지 않고 있다.

18. 'China-Malaysia Trade to Touch US$100b', *The Star,* 16 March 2012.

19. Cheng-Chwee Kuik, 'Making Sense of Malaysia's China Policy: Asymmetry, Proximity, and Elite's Domestic Authority', *Chinese Journal of International Politics,* vol. 6 (2013), 429-67.

20. 다음을 참조 <http://www.china.org.cn/china/2012-05/12/content_25367605.htm>.

남중국해: 아시아의 패권투쟁

21. <http://wwww.fmprc.gov.cn/eng/wjb/zzja/yzs/gjlb/2762/2764/t929748.shtml> 다음을 참조 <http://ph.chineseembassy.org/eng/sgdt/t929659.htm>.

22. Bill Bishop, 'Todayis China Readings May 10, 2012', *The Sinocism China Newsletter* (웹사이트), 다음을 참조 <http://sinocism.com/?p=4684&utm_source=feedburner&utm_medium=email&utm_campaign-Feed%3A+Sinocism+%28Sinocism%29>.

23. 다음을 참조 <http://news.sohu.com/20120426/n341700751.shtml> (중국어).

24. David Lague, 'Special Report: China's Military Hawks Take the Offensive', 17 January 2013, <http://www.reuters.com/article/2013/01/17/us-china-hawks-idUSBRE90G00C20130117>.

25. Long Tao, 'The Present is a Golden Opportunity to Use Force in the South Sea', *Global Times* (Chinese edition), 27 September 2011. 2011년 9월 29일의 영어판에 "Time to teach those around South China Sea a lesson"이라는 제목으로 다시 게재되었을 때, 이 부분은 "군사충돌이 일어나면 모든 것이 재로 변한다. 서방의 대형 석유회사가 철수하면 가장 곤란한 사람은 누구일까?"로 바뀐 것에 주목. 영어판은 다음을 참조 <http://www.globaltimes.cn/content/677717.shtml>.

26. Zhang Jianfeng, 'Luo Yuan the "Hawk"', *Southern Weekend*, 9 April 2012. 영어로는 다음을 참조 <http://southseaconversations.wordpress.com/2012/05/03/luo-yuan-a-profile/>.

27. Mark Stokes and Russell Hsiao, 'The People's Liberation Army General Political Department: Political Warfare with Chinese Characteristics', *Project 2049 Institute Occasional Paper,* 14 October 2013. 다음을 참조 <http://project2049.net/publications.html>.

28. 다음을 참조 <http://southseaconversations.wordpress.com/2013/06/07/the-enigma-of-cefcs-chairmm ye/>.

29. Andrew Chubb, 'Propaganda, Not Policy: Explaining the PLAs "Hawkish Faction" (Part One)', *China Brief* (Jamestown Foundation), vol. 13, issue 15, 26 July 2013.

30. <http://www.news.xinhuanet.com/ziliao/2005-03/16/content_2705546.htm>. 번역은 Zheng Wang, 'National Humiliation, History Education, and the Politics of Historical Memory: Patriotic Education Campaign in China', *International Studies Quarterly,* vol. 52 (2008), 783−806.

31. 다음을 참조 <http://english.cntv.cn/program/cultureexptess/20110304/106181.shtml>.

32. Leni Stenseth, *Nationalism and Foreign Policy. The Case of Chinac Nansha Rhetoric,* thesis, Department of Political Science, University of Oslo (1998), 92.

33. David Bandurski, 'How Should We Read China's "Discourse of Greatness"?', 23 February 2010. 다음을 참조 <http://cmp.hku.hk/2010/02/23/4565/>.

34. Yuan Weishi, 'Nationalism in a Transforming China', *Global Asia,* vol. 2, no. 1

(2007), 21-7.

제7장 개미와 코끼리: 외교

1. US Embassy, Beijing, Cable 09BE1J1NG3276, 'MFA Press Briefing', 8 December 2009. 다음을 참조 <http://wikileaks.org/cable/2009/12/09BE1J1NG3276.html>.
2. US Embassy, Beijing, Cable 09BE1J1NG3338, 'MFA Press Briefing', 15 December 2009. 다음을 참조 <http://wikileaks.org/cable/2009/12/09BEIJING3338.html>.
3. US Embass Phnom Penh, Cable 09PHNOMPENH925_a, 'Update On Uighur Asylum-Seekers in Cambodia', 16 December 2009. 다음을 참조 <https://search.wikileaks.org/plusd/cables/09PHNOMPENH925_a.html>.
4. US Embassy, phnom Penh, cable 09PHNOMPENH954, 'Corrected Copy-Deportation Scenario For 20 Uighur Asylum-Seekers', 21 December 2009. 다음을 참조 <http://wikileaks.org/cable/2009/12/09PHNOMPENH954.html>.
5. 'Two Mote Uyghurs Get Life Sentenccs', *Radio Free Asia,* 27 January 2012. 다음을 참조 <http://www.rfa.org/english/news/uyghur/life-012720122017554.html>.
6. US Embassy, Beijing, Cable 09BEIJING3507, 'PRC: Vice President Xi Jinping Strengthens Relations with Cambodia during Decernber 20-22 Visit', 31 December 2009. 다음을 참조 <http://wiki1eaks.org/cable/2009/12/09BEIJINIG3507.html>.
7. 'Selected Comments during the Visit to New Bridge Prek Kadam', Cambodian Prime Minister's Office, 14 September 2009. 다음을 참조 <http://cnv.org.kh/en/?p=1438>.
8. 여기서 언급되어야 할 사항은, 미국도 이 시기에 미국 자체의 위구르족 인권 문제를 안고 있었다. 아프가니스탄과 파키스탄에서 체포된 22명의 위구르인 남성이 근거 없이 테러 행위로 고발되어, 쿠바의 구안타나모 수용소에 구속 되었다가 국외 추방이라는 형태로 "석방"되었다는 내용이다.
9. 'U.S.Suspends Some Aid to Cambodia over Uighur Case', Reuters, 1 April 2010.
10. 다음을 참조 <http://www.army.mil/artic1e/42598/soldiers-jump-into-history-with-cambodians-during-angkor-sentinel-2010/>.
11. Carlyle A. Thayer, 'The Tug of War Over Cambodia', *USNI News,* 19 February 2013.
12. Craig Whitlock, 'U.S. expands counterterrorism assistance in Cambodia in spite of human rights concerns, *Washington Post,* 15 November 2012. 다음을 참조 <http://articles.washingtonpost.com/2012-11-15/world/35503439_1_human-rights-asia-advocacy-director-cambodia>.
13. Saing Soenthrith and Paul Vrieze, 'Hun Sen's Second Son in Meteoric Rise Through RCAF Ranks', *Cambodia Daily,* 30 January 2012.
14. Vong Sokheng, 'China Steps up Military Aid', *Phnom Penh Post,* 24 January 2013.

15. US Embassy, Beijing, Cable 09BEIJING3507, 'PRC: Vice President XiJinping Strengthens Relations with Cambodia during December 20-22 Visit', 31 December 2009. 다음을 참조 <http://wikileaks.org/cable/2009/12/09BEIJING3507.html>.

16. Deborah Brautigam, 'Chinese Aid in Cambodia: How Much?', *China in Africa: The Real Story*, 17 May 2010. 다음을 참조 <http://www.chinaafricarealstory.com/2010/05/chinese-aid-in-cambodia-how-much.html>.

17. 'Cambodia: An Ant Dodging Elephants', *Eugene Register-Guard*, 22 October 1964.

18. Donald K. Emmerson, '"Southeast Asia": What's in a Name?', *Journal of Southeast Asian Studies*, vol. 15 (1984), 1–21.

19. Nicholas Tarling, 'From SEAFET and ASA: Precursors of ASEAN', *International Journal of Asia Pacfic Studies*, vol. 3, no. 1 (2007), 1–14.

20. Robert Gates, 'Challenges to Stabilityin the Asia-Pacific', Shangri-La Dialogue 2008, 31 May 2008. 다음을 참조 <https://www.iiss.org/en/events/shangri%20a%20dialogue/archive/shangri-la-dialogue-2008-2906/first-plenary-session-1921/dr-robert-m-gates-bce8>.

21. Kurt M. Campbell, 'The United States, China and Australia', Address to United States Studies Centre's Alliance 21 project, Emerging Asia, Customs House, Sydney, 14 March 2013.

22. 저자와의 전화 인터뷰, 6 November 2013.

23. Hillary Rodham Clinton, Remarks at Press Availability, Hanoi, 23 July 2010. 다음을 참조 <http://m.state.gov/md145095.htm>.

24. Ian Storey, 'China's Missteps in Southeast Asia: Less Charm, More Offensive', *China Brief* (Jamestown Foundation), vol. 10, issue 25 (17 December 2010). 다음을 참조 <http://www.jamestown.org/uploads/media/cb_010_07d25e.pdf>.

25. 'China Pledges US$ 70m Aid to Cambodia', 1 April 2012. 다음을 참조 <https://sg.news.yahoo.com/china-pledges-us-70m-aid-cambodia-075004737.html>.

26. Hu Wants Cambodia Help on China Sea Dispute, Pledges Aid', Reuters, 31 March 2012. 다음을 참조 <http://www.reuters.com/article/2012/03/31/us-cambodia-china-idUSBRE82U04Y20120331>.

27. 'China Offers $20 Million in Military Aid Ahead of Asean Meeting', *Voice of America, Khmer Service*, 29 May 2012. 다음을 참조 <http://www.voacamhodia.com/content/china-offers-20-million-in-militarv-aid-ahead-of-asean-meeting-155432515/1356122.html>.

28. 'Cambodia Takes $430m China Loan', *Phnom Penh Post*, 14 June 2012. 다음을 참조 <http://www.phnompenhpost.com/business/cambodia-takes-430m-china-loan>.

29. Carlyle Thayer, 'Securing Maritime Security in the South China Sea: Norms, Legal

Regimes and Realpolitik', paper presented to the International Studies Association Annual Convention, San Francisco, 6 April 2013.

30. Carlyle A. Thayer, 'ASEAN'S Code of Conduct in the South China Sea: A Litmus Test for Community-Building?', *The Asia-Pacfic Journal: Japan Focus,* vol. 10, issue 34, no. 4 (20 August 2012).

31. 'Cambodian Prime Minister Hun Sen Meets Yang Jiechi', *Xinhua,* 10 July 2012.

32. Ernest Z. Bower, 'Southeast Asia from the Corner of 18th and K Streets: China Reveals Its Hand on ASEAN in Phnom Penh', *CSIS Newsletter,* vol. 3, no. 14 (19 July 2012). 다음을 참조 <http://csis.org/publication/southeast-asia-corner-18th-and-k-streets-china-reveals-its-hand-asean-phnom-penh>.

33. 'Setting the Record Straight' (letter from Koy Kuong, Cambodian government spokes-person), *Phnom Penh Post,* 25 July 2012.

34. 'US, China Square off over the South China Sea', *Associated Press,* 12 July 2012.

35. 'Cambodia Rejects ASEAN Ministers' Plea to Issue Joint Communiqué', *Japan Economic Newswire,* 13 July 2012.

36. Jane Perlez, 'Asian Leaders at Regional Meeting Fail to Resolve Disputes Over South China Sea', *New York Times,* 12 July 2012.

37. 'South China Sea: ASEAN Talks Fail; No Joint Statement', *Zeenews,* 13 July 2012.

38. 저자와의 전화 인터뷰, 2013년 11월 6일.

39. 저자와의 인터뷰, 양곤에서, 2013년 11월 20일.

40. 저자와의 전화 인터뷰, 2013년 8월 4일.

41. Kurt M. Campbell, 'The United States, China and Australia', Address to United States Studies Centre's Alliance 21 Project, Emerging Asia, Customs House, Sydney, 14 March 2013.

42. Kim Beazley, 'A Shift in Thinking Is Needed to Clear Jndo-Pacific Hurdles', Special Issue: In the Zone: Crisis, Opportunity and the New World Order, *The Australian,* 7–8 November 2009.

43. Kurt Campbell and Brian Andrews, 'Explaining the US "Pivot" to Asia', Programme paper, Chatham House, August 2013, 다음을 참조 <http://www.chathamhouse.org/publications/papers/view/194019>.

44. Vinay Kumar, 'India, Australia Raise the Pitch on Maritime Cooperation', *The Times of India,* 5 June 2013.

45. Sandeep Dikshit, 'India Offers Vietnam Credit for Military Ware', *The Hindu,* 28 July 2013.

46. Barton Gellman and Greg Miller, 'U.S. Spy Network's Successes, Failures and Objectives Detailed in "Black Budget" Summary', *Washington Post,* 29 August 2013.

47. Bill Carey, 'Congress Passes 2014 Defense Authorization Bill', *Aviation*

International News, 3 January 2014.

48. 다음을 참조 <http://www.treasurydirect.gov/NP/debt/cutrent> (2014년 5월 23일의 자료 참조).

49. Christian Le Mière, 'Rebalancing the Burden in East Asia', *Survival: Global Politics and Strategy,* vol. 55, no. 2 (April-May 2013), 31–41.

50. 저자와의 전화 인터뷰, 2013년 8월 4일.

제8장 전장戰場의 형성形成: 군사 문제

1. 원 인용은 J. M. Van Dyke, 'Military Ships and Planes Operating in the Exclusive Economic Zone of Another Country', *Marine Policy,* vol. 28 (2004), 29–39, 특히 36.

2. Dennis Mandsager, 'The U.S. Freedom of Navigation Program: Policy Procedure, and Puture', *International Law Studies,* vol. 72, 1998, 113–27.

3. 'Short Term Energy Outlook', US Energy Information Administration, 8 October 2013. 다음을 참조 <http://www.eia.gov/forecasts/steo/outlook.cfm>.

4. 다음을 참조 <http://eng.mod.gov.cn/Database/WhitePapers/2013-04-16/content_4442755.

5. US Department of Defense. Joint Operational Access Concept. 17 January 2012. 다음을 참조 <http://www.defense.gov/portals/1/Documents/pubs/JOAC_Jan%20 2012_Signed.pdf>.

6. Jason E. Bruzdzinski, 'Demystifying *Shashoujian:* China's "Assassin's Mace" Concept', in Andrew Scobell and Larry Wortzel, *Civil-Military Change in China: Elites, Institutions, and Ideas After the 16th Party Congress* (report issued by the Strategic Studies Institute, US Army War College, 2004), 309–64. 다음을 참조 <http://www.mitre.org/publications/technical-papers/demystifying-shashoujian-chinas-assassins-mace-concept>.

7. Nan Li, 'The Evolution of China's Naval Strategy and Capabilities: From "Near Coast" and "Near Seas" to "Far Seas"', in *The Chinese Navy: Expanding Capabilities, Evolving Roles* (Washington, 2011), 109–40.

8. Wendell Minnick, 'PACAF Concludes 2nd Pacific Vision Exercise', *Defense News,* 17 November 2008.

9. Greg Jaffe, 'U.S. Model for a Future War Fans Tensions with China and Inside Pentagon', *Washington Post,* 1 August 2012.

10. 저자와의 전화 인터뷰, 2013년 10월 29일.

11. Information from the Stockholm International Peace Research Institute (SIPRI) Military Expenditure Database, released 15 April 2013. 다음을 참조 <http://www.sipri.org/research/armaments/milex/milex_database>.

12. 'Annual Report to Congress: Military and Security Developments Involving the People's Republic of China 2014', Office of the Secretary of Defense, May 2014.

13. US Naval Vessel Register. 다음을 참조 <http://www.nvr.navy.mil/nvrships/FLEET. HTM> (accessed 6 January 2014).

14. 저자와의 인터뷰, 2013년 11월 8일 베이징에서.

15. Wendell Minnick, 'Chinese Media Takes Aim at J-15 Fighter', *Defense News,* 28 September 2013.

16. Ministry of National Defense of China, 'Military Forces in Urgent Need of Standardization', *PLA Daily,* 10 December 2013. 다음을 참조 <http://news.mod. gov.cn/headlines/2013-12/10/content_4478350.htm>, 영어판은 다음을 참조 <http://chinascope.org/mainl content/view/5995/105/>.

17. Roy Kamphausen, Andrew Scobell and Travis Tanner (eds), *The 'People' in the PLA: Recruitment, Training, and Education in China's Military* (report issued by the Strategic Studies Institute, US Army War College, 2008). 다음을 참조 <http://www.strategicstudiesinstitute.army.mil/pdffiles/pub858.pdf>.

18. 'PLA Chief of General Staff Stresses on Cultivating (sic) High-quality Military Personnel', *People's Daily Online,* 31 May 2013. 다음을 참조 <http://en.people. cn/90786/8265768.html>.

19. 저자와의 인터뷰, 2013년 10월 31일.

20. Barry D. Watts, 'Precision Strike: An Evolution', *The National Interest,* 2 November 2013.

21. David A. Fulghum, 'USAF: Slash and Burn Defense Cuts Will Cost Missions, Capabilities', *Aerospace Daily & Defense Report,* 30 September 2011, 6.

22. Jeff Stein, 'CIA Helped Saudis Secret Chinese Missile Deal', *Newsweek* 29 January 2014. 다음을 참조 <http://www.newsweek.com/exclusive-cia-helped-saudis-secret-chinese-missile-deal-227283>.

23. Jeff Himmelman, 'A Game of Shark and Minnow', *New York Times,* 27 October 2013.

24. US Department of Defense, 'Media Availability with Secretary Panetta in Cam Ranh Bay, Vietnam', *News Transcript,* 3 June 2012. 다음을 참조 <http://www.defense.gov/ transcripts/transcipt.aspx?trancriptid=5051>.

25. 'SECNAV Visits Logistics Group Western Pacific and Navy Region Center Singapore', *Naval News Service,* 8 August 2012; Ian Storey, 2014년 2월 개인 서신.

26. International Institute for Strategic Studies, 'Military Balance 2013 Press Statement', 14 March 2013. 다음을 참조 <http://www.iiss.org/en/about%20us/ press%20room/press%20releases/press%20releases/archive/2013-61eb/march-c5a4/ military-balance-2013-press-statement-61a2>.

27. Michael Richardson, 'Indonesia to Acquire One-Third of Navy of Former East Germany'. *The New York Times,* 5 February 1993.

28. Benjamin Schreer, 'Moving beyond Ambitions? Indonesia's Military Modernisation' Australian Strategic Policy Institute, November 2013. 다음을 참조 <https://www.aspi.org.au/publications/moving-beyond-ambitions-indonesias-military-modernisation/Strategy_Moving_beyond_ambitions.pdf>.

29. Office of the Spokesperson, US Department of State, 'DoD-funded Integrated Maritime Surveillance System', *Fact Sheet,* 18 November 2011. 다음을 참조 <http://www.state.gov/r/pa/prs/ps/2011/11/177382.htm>.

30. Rodney Tasker, 'Ways and Means: Manila plans an expensive military upgrade', *Far Eastern Economic Review,* 11 May 1995, 28.

31. 저자와의 인터뷰, 2013년 11월 8일 베이징에서.

32. Stein Tøennesson, 'The South China Sea in the Age of European Decline', *Modern Asian Studies,* vol. 40 (2006), 1–57.

제9장 협력과 비협력: 분쟁의 해결

1. Food and Agriculture Organization of the United Nations, 'Philippines, Fishery Country Profile', November 2005. 다음을 참조 <ftp://ftp.fao.org/FI/DOCUMENT/fcp/en/FI_CP_PH.pdf>.

2. Statement of the Southeast Asian Fisheries Development Center to the Ninth Regular Session of the Scientific Committee of the Western and Central Pacific Fisheries Commission, 6–14 August 2013, Pohnpei, Micronesia.

3. 위와 같음.

4. Food and Agriculture Organization of the United Nations, 'Philippines, Fishery Country Profile', November 2005. 다음을 참조 <ftp://ftp.fao.org/FI/DOCUMENT/fcp/en/FI_CP_PH.pdf>.

5. Ministry of Agriculture Bureau of Fisheries, *China Fishery Statistics Yearbook 2011* (Beijing, 2011), 원 인용은 Zhang Hongzhou, 'China's Evolving Fishing Industry: Implications for Regional and Global Maritime Security', *RSIS Working Papers,* no. 246 (Singapore, August 2012). 다음을 참조 <http://www.rsis.edu.sg/wp-content/uploads/rsis-pubs/WP246.pdf>

6. Zhang Hongzhou, 'China's Evolving Fishing Industry: Implications for Regional and Global Maritime Security', *RSIS Working Papers,* no. 246 (Singapore, August 2012). 다음을 참조 <http://www.rsis.edu.sg/wp-content/uploads/rsis-pubs/WP246.pdf>.

7. 'China Starts Annual South China Sea Fishing Ban', *Xinhua,* 16 May 2013. 다음을 참조 <http://english.people.com.cn/90882/8246589 html>.

8. Kor Kian Beng, 'Fishing for Trouble in South China Sea', *Straits Times,* 31 August 2012.

9. 위와 같음.

10. John McManus, 'The Spratly Islands: A Marine Park?, *Ambio,* vol. 23 (1994), 181–6.

11. Daniel Coulter, 'South China Sea Fisheries: Countdown to Calamity', *Contemporary Southeast Asia,* vol. 17 (1996), 371–88.

12. United Nations Environment Programme, 'Terminal Evaluation', Reversing Environmental Degradation Trends in the South China Sea and Gulf of Thailand, 22 May 2009. 다음을 참조 <http://www.unep.org/eou/portals/52/Reports/South%20China%20Sea%20Report.pdf>.

13. Rommel C. Banlaoi, Philippines-China Security Relations: Current Issues and Emerging Concerns (Manila, 2012).

14. 규정 (중국어)은 다음을 참조 <http://www.sbsm.gov.cn/article/zxbs/xzxk/fwzn/200709/20070900001890.shtml>.

15. Zhiguo Gao and Bing Bing Jia, 'The Nine-Dash Line in the South China Sea: History, Status, and Implications', *The American Journal of International Law,* vol. 107 (2013), 98–124.

16. International Crisis Group, 'Stirring up the South China Sea (I)', *Asia Report,* No. 223, 23 April 2012, 14.

17. 'China's CNOOC Starts Deepwater Drilling', UPI, 10 May 2012.

18. Nayan Chanda and Tai Ming Cheung, 'Reef Knots: China Seeks ASEAN Support for Spratly Plan', *Far Eastern Economic Review,* August 1990, 11.

19. State Council Information Office, 'White Paper on China's Peaceful Development', 6 September 2011. 다음을 참조 <http://www.china.org.cn/government/whitepaper/node_7126562.htm>.

20. 'Commentary: Turn South China Sea Dispute into China–Vietnam Cooperation Bonanza', *Xinhua,* 13 October 2013.

21. Carl Thayer, 'China–ASEAN Joint Development Overshadowed by South China Sea', *The Diplomat,* 25 October 2013.

22. 'News Analysis: "Breakthrough" Helps China, Vietnam Build Trust, Boost Cooperation', *Xinhua,* 15 October 2013.

23. Clive Schofield (ed.), *Maritime Energy Resources in Asia: Legal Regimes and Cooperation,* National Bureau of Asian Research Special Report, no. 37, February 2012.

24. Hasjim Djalal, *Preventive Diplomacy in SoutheastAsia: Lessons Learned* (Jakarta, 2002), 57.

25. Hasjim Djalal and Ian Townsend-Gault, 'Managing Potential Conflicts in the

South China Sea: Informal Diplomacy for Conflict Prevention', in Chester A. Crocker, Fen Osler Hampson and Pamela Aall (eds), *Herding Cats: Multiparty Mediation in a Complex World* (Washington, 1999), 107-33.

26. Hasjim Djalal, *Preventive Diplomacy in SoutheastAsia: Lessons Learned* (Jakarta, 2002).

27. 위와 같음, 78.

28. 'Premier Li Keqiang's Keynote Speech at 10th China-ASEAN Expo', *Xinhua*, 4 September 2013. 다음을 참조 <http://www.globaltimes.cn/content/808525.shtml>.

29. Kristine Kwok, 'China's "Maritime Silk Road" Linking Southeast Asia Faces a Rocky Birth', *South China Mornzng Post,* 18 October 2013.

30. Virginia A. Greiman, 'Resolving the Turbulence in the South China Sea: A Pragmatic Paradigm for Joint Development', Proceedings of the International Management Development Association Twenty Second Annual World Business Congress, 25-29 June 2013, National Taipei University, Taipei, Taiwan.

31. 유엔해양법협약 제76조 제8장에 따라, 유엔사무총장을 통해 대륙붕한계위원회에 2009년 5월 6일 말레이시아 및 베트남사회주의공화국에 의한 공동 신청. 다음을 참조 <http://wwun.org/Depts/los/clcs_new/submissions_files/submission_mysvnm_33_2009.htm>.

32. Marion Ramos, 'Sulu Sultan Dies; Sabah Claim Lives on', *Philippines Inquirer,* 21 October 2013. 다음을 참조 <http://newsinfo.inquirer.net/510943/sulu-sultan-dies-sabah-claim-lives-on>.

감사의 말과 참고 문헌

이 책에서 기술하려고 한 것은 여러 나라, 광대한 면적, 4500년에 걸친 역사를 통해서 일어난 일들이다. 지나치게 피상적인 설명으로 끝난 데가 적지 않다. 이들 문제와 관련해 저보다 훨씬 소상하게 알고 계시며, 알게 모르게 도움을 주신 많은 학자, 연구자, 전문가 되시는 분들께 깊이 감사드린다. 직접 조언을 주신 여러 전문가에 대해선 그 성함을 본문에서 거명했으나 이 자리에서 다시 감사의 뜻을 표하고자 한다. 그리고 남중국해의 역사와 현재를 더 깊이 알고 싶어하는 독자를 위해 약간의 도움말을 드리고자 한다.

선사시대의 남중국해에 관심이 있으면, 다음 문헌이 참고가 된다. Atholl Anderson; Poter Bellwood (특히, 유명한 것은 2004년에 Iam Glover와 공동 편집해 낸 *Southeast Asia: From Prehistory to History, Routledge Curzon*이다); Wilhelm Solheim (특히 *Archaeology and Culture in Southeast Asia: Unraveling the Nusantao*, University of the Philippines Press, 2006). 그 후의 역사에 관해선, Kenneth Hall (특히 *A History of Early Southeast Asia: Maritime Trade and Societal Development, 100-1500*, Rowman & Littlefield, 2011) 이외 다수의 논문이 있다. 예컨대, Derek Hong, Pierre-Yves Manguin, Roderich Ptak, Angela Schottenhamment, Li Tana, Nicholas Tarling과 Geoff Wade는 크게 참고가 될 것이다. 남중국해의 역사 전체를 개관한다면, 아무래도 Wang Gungwu의 *The Nanhai Trade: The Early History of Chinese Trade in the South China Sea* (중국어 원 제목《南海貿易: 南中國海華人早期貿易史研究》)이 지금도 최고의 저서다. 초판의 간

행은 1958년이지만, 그 후 여러 번 재판되었다. Wang은 그 후에도 이 지역에 관해 수많은 저술을 발표했으며, 모두가 좋은 참고 자료다. Anthony Reid(유명한 것은 두 권으로 된 *Southeast Asia in the Age of Commerce 1450-1680*, Yale University Press, 1988 및 1995와 *Imperial Alchemy: Nationalism and Political Identity in Southeast Asia*, Cambridge University Press, 2009)의 저작은 단연코 뛰어난 지침이자 동반자다.

후고 그로티우스와 동인도회사에 대한 새로운 고찰은 Julia van Ittersum(참조: *Profit and Principle: Hugo Grotius, Natural Rights Theories and the Rise of Dutch Power in the East Indies, 1595-1615*, Brill Academic Publishers, 2006)과 Peter Borschberg(Hugo Grotius, *The Potuguese, and Free Trade in the East Indies*, NUS Press, 2011)가 있다. 셀덴의 지도에 관해선 Rovert Batchelor와 Timothy Brook가 그 역사와 배경을 상세히 다루고 있다. Batchelor는 *London, the Selden Map and the Making of a Global City, 1549-1689* (University of Chicago Press, 2014), 그리고 Brook는 *Mr Selden's Map of China: The Spice Trade, a Lost Chart and the South China Sea* (Profile Books, 2014)를 발표했다. 20세기의 남중국해 역사에 관해선 François-Xavier Bonner, Ulises Granados, Zou Keyuan, Stein Tønnesson의 저술 등이 뛰어나다.

현대의 상황과 관련해선, Aileen Baviera, David Brown, John W. Garver, Christian Le Mière, Li Mingjiang, Clive Schofield, Ian Storey, Carl Thayer, Mark Valenaia는 필독이다. 법적 문제에 관해선, Robert Beckman과 Greg Austin이 크게 도움이 되었다. 제6장은 Benedict Anderson (*Imagined Communities: Reflections on the Origin and Spread of Nationalism*, Verso, 1991), William Callahan (특히 *China: The Pessoptimist Nation*, Oxford University Press, 2012), Andrew Chubb, Caroline Hau, Kuik Cheng-

Chwee, Tuong Vu and Brantly Womack (*China and Vietnam: The Politics of Asymmetry*, Cambridge University Press, 2006)에게서 얻은 바가 많다. Patricio Abinales, Ari Dy, Benedict Kerkvliet와의 의견 교환을 통해 필리핀의 내셔널리즘에 대해 생각을 정리하는 데 도움을 얻었다.

실제 조사를 하는 데 있어서 이동과 조사의 편의를 보살펴 주고 귀중한 조언을 통해 필자의 견해를 심화시켜 준 많은 분들에게 감사를 드리고 싶다. 중국에선 남해연구원의 吳士存 박사, 洪農 박사, 康霖 박사를 비롯한 여러 직원들은 남다른 친절과 열린 마음으로 필자를 대해 주었다. 베이징에선, 국제위기그룹의 謝艷梅와 다니엘 핑크스턴, 베이징대학과 칭화대학의 앤드류 첩, 그 밖의 연구자들(본인의 희망에 따라 익명)은 자신들의 시간을 아낌 없이 써 가면서 전문적인 분야에서 협력해 주었다.

필리핀에선, 콘수엘로 가르시아와 콜린 스텔레이에게 신세를 많이 졌다. 알마 아노나스-카르피오는 제반 일에 사전 준비와 번역을 맡아서 처리했다. 빅토르 파즈, 레이스 손버그를 비롯한 필리핀대학 고고학부 관계자들은 필자에게 선사시대의 문을 열어 주었다. 또 롬멜 반라오이, 레나토 크르즈 데 까스트로 그리고 《마닐라 불리틴》의 원더풀 머나 벨라스코의 조언에 대해 심심한 감사를 드린다.

국립싱가포르대학에선 많은 분들이 조언을 해 주었으며, 전문 지식도 제공해 주었다. 그 가운데 동아시아연구소의 왕궁우 교수, 에너지연구소의 후만 페이마니 그리고 동남아시아연구소 관계자들, 특히 이안 스토리, 로돌포 세베리노와 존 믹식의 도움은 컸다. 싱가포르에선 다른 곳에서도 즐겁고 유익한 논의를 가졌는데, 예를 들면 플래츠 에너지의 송 옌링, 파멜리아 리, NYK(일본우선)의 히다카 쓰토무, IDC의 브라언 마,

트라이젠의 토니 리간, SEAPEX의 마크 해리스 등이다. 국제전략연구소의 승낙을 받아 싱가포르의 샹리라 회의에 출석할 수 있었는데, 아키모토 카즈미네 제독의 호의로 일본의 해양정책연구재단이 주최한 전문회의에 출석했다.

베트남 공안부는 필자에게 비자 발급을 거부했으나 (필자가 저술한 베트남 관련 책에 대한 감정이 해소되지 않았기 때문에) 베트남 연구 그룹의 회원들이 필자를 도와 주었다. 발라즈 살론타이, 숀 맥해일, 알렉스 부잉, 브레트 레일리에게 특별히 감사를 표한다. 또한 BBC의 베트남어 프로의 나 팜, 녹 구잉을 비롯한 직원들의 도움도 잊을 수 없다.

태국에선 출랄롱콘대학의 에이크 탕숩바타나와 와치라폰 옹나콘사왕 대령이 많은 시간을 내어 자신의 생각을 설명해 주었다. 미국 해병대의 에반 알마스 중위를 위시한 대민 관계 담당관들은 필자가 코브라 골드 연습을 참관할 수 있도록 배려해 주었다.

또 토마스 클로마 제독의 조카인 라미르 클로마, 제럴드 코시의 가족, 오스트레일리아의 그리피스대학 블라도 비보다,《디펜스뉴스》의 웬델 미닉,《프놈펜 포스트》의 셰인 워렐, 후이 두옹, 케리 브라운, 노라 러트머께서도 수고가 많았다. 영국에선, 짱샤오양이 중국어의 번역을 도와주었으며, 타이완에선 핀후에이 리도 번역에 협력해 주어, 그 도움으로 중화민국 신문의 과거 기사를 읽을 수 있었다. 위에 열거한 모든 분들에게 감사를 드린다.

홍콩해사박물관의 전 이사 스테펜 데이비스 그리고 현대동남아시아 연구소의 프랑스와 자비에 보네, 퇴임한 미국 외교관 데이비드 브라운, 오스트레일리아 국방대학의 칼세이어와는 유익한 이메일을 주고받을 수 있어 참으로 큰 힘이 되었다. 그 밖에도 이안 스토리와 스테인 테네선은 필자의 원고를 읽어 보고 조언을 해 주어 내용의 충실을 꾀할 수 있었다. 마음으로부터 고마움을 전하고 싶다. 또 예일대학 출판부의 친절하고도 인내심 깊은 편집자 헤더 맥캘럼은 필자가 집중력을 잃지 않고 재미있는 책이 나올 수 있도록 도와주었다. 정말 고맙게 생각한다.

아내 파멜라 콕스와 아이들—테스와 패트릭—은 아빠의 오랜 부재와 집안에 쌓이는 산더미 같은 자료를 상냥하게 남다른 이해로 참고 견뎌 주었다. 이 세 사람을 무한히 사랑할 뿐이다.

찾아보기

저자 소개

빌 헤이턴 (Bill Hayton)

런던의 BBC월드 뉴스 TV에 근무하는 저널리스트. 베트남에서 BBC의
리포터로 종사했으며, 2013년에 미얀마에서 미디어 개혁의 자문을 담당.
포린 폴리시, 사우스 차이나 모닝, 내셔널 인터레스트, 디플로맷 등에
기고하고 있다. 최초의 저서는 『베트남-라이징 드래건』(2010).
남중국해를 다룬 이 책은 영국 이코노미스트지가 선정한 2014년의 주요 도서.

역자 소개

박명섭

성균관대학교 무역학과 학·석·박사과정 수료 (ABD)
영국 리버풀대학 경제학과 (Ph.D.)
미국 USIS 초청 Summer Institute for U.S. Economic and Public Policy for
    Foreign University Teachers 과정 수료
부산수산대학교 및 부경대학교 교수 (1985.3~2002.2)
일본 코베대학 경영학부 외국인 연구원 (Japan Foundation Fellow)
외교통상부 WTO/DDA (NAMA) 협상회의 정부 대표
기획재정부 공공기관 경영평가위원, 경제인문사회연구회 기획평가위원·
    연구윤리위원, 근정포장 (2014년 무역의 날)
성균관대학교 무역연구소장, (사)한국무역학회장 역임
현) 성균관대학교 글로벌경영학과 교수
주요 저역서: 『국제해운론』, 『국제경제사』, 『대공황의 세계』,
        『비즈니스 윤리』 등

한국해양수산개발원 학술총서 6

남중국해: 아시아의 패권투쟁
THE SOUTH CHINA SEA: The Struggle for Power in Asia

발행일 2016년 12월 31일 초판 발행 | **저자** Bill Hayton | **역자** 박명섭
발행인 양창호 | **발행처** 한국해양수산개발원 | **주소** 부산광역시 영도구 해양로301번길 26
전화 051-797-4800 | **팩스** 051-797-4810 | **이메일** info@academypress.co.kr
웹사이트 www.kmi.re.kr | **출판등록** 제2015-000003호(1984. 8. 6)
ISBN 978-89-7998-039-4 93300

값 23,000원

판매처 아카데미프레스 | **전화** 031-947-7389